民法研究系列

2022年重排版

民法思维

请求权基础理论体系

王泽鉴 著

北京大学出版社
PEKING UNIVERSITY PRESS

北京市版权局著作权合同登记号　图字：01-2009-3931

图书在版编目（CIP）数据

民法思维：请求权基础理论体系/王泽鉴著.—北京：北京大学出版社，2009.12

（民法研究系列）

ISBN 978-7-301-15912-5

Ⅰ.民… Ⅱ.王… Ⅲ.民法—研究 Ⅳ.D913.04

中国版本图书馆 CIP 数据核字（2009）第 173719 号

简体中文版由元照出版有限公司（Taiwan）授权出版发行
民法思维：请求权基础理论体系，王泽鉴著
2009 年 7 月版

书　　　名	民法思维：请求权基础理论体系 MINFA SIWEI: QINGQIUQUAN JICHU LILUN TIXI
著作责任者	王泽鉴　著
责 任 编 辑	王建君
标 准 书 号	ISBN 978-7-301-15912-5
出 版 发 行	北京大学出版社
地　　　址	北京市海淀区成府路 205 号　100871
网　　　址	http://www.pup.cn　http://www.yandayuanzhao.com
电 子 邮 箱	编辑部 yandayuanzhao@pup.cn　总编室 zpup@pup.cn
新 浪 微 博	@北京大学出版社　@北大出版社燕大元照法律图书
电　　　话	邮购部 010-62752015　发行部 010-62750672　编辑部 010-62117788
印 刷 者	三河市北燕印装有限公司
经 销 者	新华书店
	650 毫米×980 毫米　16 开本　33.25 印张　522 千字 2009 年 12 月第 1 版　2025 年 2 月第 41 次印刷
定　　　价	79.00 元

未经许可，不得以任何方式复制或抄袭本书之部分或全部内容。
版权所有，侵权必究
举报电话：010-62752024　电子邮箱：fd@pup.cn
图书如有印装质量问题，请与出版部联系，电话：010-62756370

总　　序

拙著民法研究系列丛书包括《民法学说与判例研究》（八册）、《民法思维：请求权基础理论体系》《民法概要》《民法总则》《债法原理》《不当得利》《侵权行为》及《民法物权》，自2004年起曾在大陆发行简体字版，兹再配合法律发展增补资料，刊行新版，谨对读者的鼓励和支持，表示诚挚的谢意。

《民法学说与判例研究》的写作期间长达二十年，旨在论述1945年以来台湾地区民法实务及理论的演变，并在一定程度上参与、促进台湾地区民法的发展。《民法思维：请求权基础理论体系》乃在建构请求权基础体系，作为学习、研究民法，处理案例的思考及论证方法。其他各书系运用法释义学、案例研究及比较法阐述"民法"各编（尤其是总则、债权及物权）的基本原理、体系构造及解释适用的问题。现行台湾地区"民法"系于1929年制定于大陆，自1945年起适用于台湾地区，长达六十四年，乃传统民法的延续与发展，超过半个世纪的运作及多次的立法修正，累积了相当丰富的实务案例、学说见解及规范模式，对大陆民法的制定、解释适用，应有一定的参考价值，希望拙著的出版能有助于增进两岸法学交流，共为民法学的繁荣与进步而努力。

作者多年来致力于民法的教学研究，得到两岸许多法学界同仁的指教和勉励，元照出版公司与北京大学出版社协助、出版发行新版，认真负责，谨再致衷心的敬意。最要感谢的是，蒙　神的恩典，得在喜乐平安中从事卑微的工作，愿民法所体现的自由、平等、人格尊严的价值理念得获更大的实践与发展。

王泽鉴

二〇〇九年八月一日

2022年重排版说明

拙著《民法思维：请求权基础理论体系》中文简体字版初版刊行于2009年，曾经36次重印，谨对读者的爱护、法学界同仁的支持，表示诚挚的敬意。本次重排调整章节，参考最近立法、判例学说的发展增补内容，希望能更臻完善。修正重点系在第五章"民法请求权基础体系"，增加了61个案例研习。本书的目的在于建构请求权基础的理论体系，尤其强化案例研习的法学教育，使所有法律人都能具备处理案例及论证的能力，容易沟通，达成共识，促进法律适用的安定、可预见性，维护平等原则，并减少寻求法律、实现正义的成本。特别期望读者从大一开始能够认真、耐心、确实演练每一个案例，锻炼培养法律思维的方法。

法律进步、法学发展的关键在于方法的反省更新。撰写本书最大的鼓励，是请求权基础方法30年来已逐渐成为两岸法律人共同的语言及教学研究的内容，希望有助于增强所有法律人的思维能力、提升司法质量及奠定法治的根基。

本次重印由李昊教授负责专业审校，认真尽责，为本书增色不少，谨致谢意。

本书内容涉及甚广，案例研习思虑不周，难免发生错误或论证疏漏，敬请读者不吝指教，俾能于再版时加以补充修正。

最要感谢的是家人的宽容，神的恩典，在逝去的岁月，仍能以卑微工作，彰显 祂的荣耀。

王泽鉴
二〇二二年三月一日

序　　言

拙著《民法实例研习基础理论》刊行于1982年，多次再刷，谨对读者表示敬意。趁此次修订，更名为《法律思维与民法实例》，并调整章节，增补内容及斟酌最近立法、判例、学说的发展，期能更进一步建立请求权基础(Anspruchsgrundlage)的理论体系，作为学习民法的一种方法，强化法律人处理实例的能力，提升民法教学研究的效能。陈忠五教授审阅初稿，提供改进意见，林清贤君热心负责校阅全书，程明仁、林圣哲与洪西东君协助校对，备极辛劳，谨致谢忱。

王泽鉴

一九九九年四月一日

埃及西奈山优士丁尼大帝

勒建圣凯瑟琳修道院

目　　录

第一章　法律思维 ………………………………………………… 1
  第一节　法律人的能力 …………………………………………… 1
  第二节　法、法学与法律思维 …………………………………… 2
  第三节　法学教育和官方考试
  　　　　——法律思维的培育与测试 …………………………… 8
  第四节　法律概念的掌握 ………………………………………… 13
  第五节　案例研习 ………………………………………………… 23
  第六节　本书之目的、内容及学习的方法 ……………………… 31

第二章　请求权基础 ……………………………………………… 34
  第一节　请求权构造与法律思维 ………………………………… 34
  第二节　请求权基础的意义、构造和功能 ……………………… 36
  第三节　请求权基础的结构：请求权规范与辅助规范 ………… 42
  第四节　民法体系结构与请求权基础方法 ……………………… 49
  第五节　历史方法与请求权方法 ………………………………… 55
  第六节　请求权基础的探寻与检查 ……………………………… 61
  第七节　请求权与抗辩、抗辩权
  　　　　——请求权规范与抗辩规范 …………………………… 69
  第八节　规范竞合 ………………………………………………… 81

第三章　案例事实、法律问题及解答体裁 ……………………… 88
  第一节　案例事实 ………………………………………………… 88
  第二节　问题与解答 ……………………………………………… 101
  第三节　解题的体裁、结构与风格 ……………………………… 108
  第四节　法律问题、鉴定体裁、案例研习 ……………………… 122

第四章　法之适用
——法学方法论 ················· 127
第一节　法之发现 ························· 127
第二节　法律适用的逻辑、评价与论证 ············· 141
第三节　法律解释 ························· 159
第四节　法之续造 ························· 210

第五章　民法请求权基础体系
——案例研习 ·················· 239
第一节　体系构成 ························· 239
第二节　契约上的请求权 ····················· 244
第三节　类似契约请求权 ····················· 374
第四节　无因管理 ························· 388
第五节　物上请求权 ························ 397
第六节　不当得利 ························· 415
第七节　侵权行为 ························· 454
第八节　损害赔偿 ························· 495

主要参考书目 ··························· 511

索引 ································ 515

第一章　法律思维*

第一节　法律人的能力

最近数年来,学习法律的人,常自称为"法律人"(lawyer, jurist),带有几分自傲,几分期许。然则,法律人与所谓的外行人(非法律人),究竟有何不同?在一个法治社会,法律人常自负地认为,大者能经国济世,小者能保障人权,将正义带给平民。法律人为什么会有此理想,有此自信?

这个问题,不难答复:因为一个人经由学习法律,通常可以获得以下能力:

(1)法律知识。明了现行法制的体系、基本法律的内容、各种权利义务关系及救济程序。

(2)法律思维。依循法律逻辑,以具有价值取向的思考、合理的论证,解释、适用法律。

(3)解决争议。依法律规定,作合乎事理的规划,预防争议发生于先,处理已发生的争议于后,协助建立、维护一个公平和谐的社会秩序。所谓"争议",系从广义,除个案争讼的调解、仲裁、审判外,尚包括订定契约、章程,制定法令、规章等。

前述三种能力,使一个法律人能够依法律实现正义(justice according to law),担负起作为立法者(如"立法委员"、县市议员、乡镇代表)、行政者(如部会首长、公园管理员等)、司法者(如法官、检察官、"诉愿审议委员会"委员、交通警察等)或公私企业法律事务工作者等的任务。一个社会所贵于法律人者,即在于其具备此等能力!

---

* 本书中法律条文如无特别注明,皆为台湾地区现行"民法"之规定。——编者注

法律人亦应从广义解释,除法官、律师、教授、法务等本行工作外,尚包括其他曾经在大学法学院等接受法律教育之人,此在法律人中占多数,从事各行各业的工作,若能经由法律教育获得法律能力,对其个人事业、社会法治发展,更具意义。

第二节　法、法学与法律思维

法律思维是法律人能力的核心,即运用法学智识来制定法律规范,尤其将抽象的法律适用于具体的案例,此为本书的内容。应先说明的有三个基本问题:

1. 法是什么。
2. 法学的科学性。
3. 法律思维与法律适用。

第一款　法是什么

康德说:法学者还在寻找法的定义。法可从不同的观点加以观察。通常认为法系为维护人类社会生活、具有强制性的规范。分三点说明:①法的概念;②法的功能;③法与正义。

一、法的概念

(一) 法是一种规范秩序

人类社会生活需要一定的规范,包括法、道德与习俗,合称社会规范。社会规范属于当为规范,即命令或告诫受规范之人应为一定的作为或不作为。道德与习俗,例如《圣经》中的十诫、不得杀人、欠债还钱等。法系由法律规范所构成,法律规范的总和称为法秩序。

(二) 法是具有强制性的社会规范

1. 法的强制性

法具有公权力确保的强制性,使权利主体间受其拘束,不论其愿意与否,亦不得主张法系不正之法而不受拘束。法系权利主体间具有拘束力的规范秩序,使法能够维护社会生活的安定与进步。法的强制性系法与道德、习俗等社会规范区别之所在。对违反法律的行为得加以制裁,例如杀人者应受刑罚;不法侵害他人权益者需负赔偿责任;违章建筑得予拆除;对违规酒驾伤人者得处以刑罚、吊销驾照,并应对所生损害负赔偿责任。法律上的制裁体现于符合法律规定构成要件而发生的法律效果。

2. 法与道德、习俗的关系

道德系以善的理念为指向的伦理规范,道德与伦理具同一的意义,诉诸个人的良心,良心要求行其所当为而不考虑其行为的目的。违反伦理道德时,会受良心谴责,良心不安,不能心安理得。在多元的社会,个人常各有其道德观念或道德标准。因教育普及、媒体传播、各种政治经济文化活动产生了所谓的公共道德。在每一个社会存在着一定的道德共识,即所谓社会伦理,也就是法律人常说的社会通念,而成为法律的伦理基础。

习俗指社会人群应相互遵行的生活方式。习俗有来自道德的,有与道德无关的,诸如婚丧礼仪,社交场所的衣着、行为等。违反社会习俗时,常会受到非难、嘲笑、趋避、不受欢迎等。

法律与道德、习俗虽因强制力或内容而有不同,但具有密切关系,共同协力维护社会生活。习俗有因惯行具法之确信,而成为习惯法,并可作为解释契约的重要因素。道德与法律的关系尤为紧密,但法律不能将社会生活道德化,此将造成道德的专擅,必须保留个人生活的自由空间。法律是最小的道德,将社会生活所必要的道德加以实体法化。法律必须具备伦理的基础,体现法的道德性,始能为人们所遵从。人之所以不伤害他人,欠债还钱,出卖人交付其物并移转所有权、买受人支付价金,非尽因法律设有规定,而是本诸伦理道德观念或习俗。

法与道德、习俗具有重叠部分,必须随着社会发展,在制定法律规范及适用法律时作适时必要的调整,其沟通交流的管道系在法律规定不确定法律概念、概括条款,例如法律行为违反公序良俗者无效(第72条),故意以背于善良风俗方法加损害于他人者,应负赔偿责任(第184条第1项后段),行使权利、履行义务应依诚实及信用方法(第148条第2项),子女应孝敬父母(第1084条第1项)等。为期醒目,图示如下:

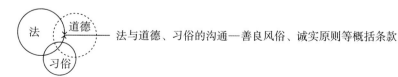

值得注意的是,在规范结构上道德系采直接的告诫,例如不得窃盗、爱你的邻人。法律规范具有两个特点:一是条件式的规则,明确其构成要件和法律效果,例如"民法"第184条第1项前段规定:"因故意或过失,不法侵害他人之权利者,负损害赔偿责任。"二是法律规范的技术性:法律原则常隐藏于复杂技术性的规定,例如"民法"关于意思表示瑕疵的规定(第86条至第93条,请阅读条文),涉及私法自治意思自主与交易信赖保护原则的调和,需用心研读,始能理解其所要体现的法律价值和伦理观念。

二、法的功能

法具有形成、引导、安定和统治的重要功能,并因社会变迁而有不同的任务、使命,分四点简述如下:

1. 和平秩序

法之首要功能系创造一个和平秩序,终止霍布斯所说的"众人对众人的战争"。此须建立一个法治国家,明确规范其与民众间的关系,在形式与实质上限制公权力,使统治具有正当性。此外需明确规定人们的权利义务(实体法)、解决争议、实践应受保障的权利的机制(程序法),期能维护增进社会和平与民众相互间的信赖和保护。

2. 人之尊严与自由

现代法的任务在于维护人之尊严和行为自由,使个人得经由法律,在法律之内有发展其人格的空间,尤其是要保障人身自由、表见自由,并使民众能够参与、形成政治和社会生活。

3. 社会安全

建构一个安和乐利的社会是现代法的重要任务。在少子化、高龄化的社会,要进一步完善年金、养老等社会保险安全制度,满足人们对生存保障的期待。

4. 合作与融合

法具有教育、培养法意识、塑造法律文化的功能,促进个人合作、组织社会生活的使命。并要融合不同族群,调和冲突,形成一个多元宽容、具有共同体意识的社会。

三、法与正义

(一) 正义的问题

法与正义密切相关,同伴而行,但非相同。任何国家和地区都会有不法之事,包括立法和公权力的行使。正义的观念使我们能够检验法律,修正或废除不正之法,引导法的发展和进步。思考正义,才能使我们思考最好的生活方式。① 问题在于何谓正义。正义,对个人而言是一种德性,为所当为。就社会生活而言,正义指公平、公正、具伦理正当性,值得肯定的行为或规则。公平正义的观念普遍存在。孩童分配一个蛋糕时,常因蛋糕大小而有不平之鸣,发生争吵,一种解决的方法是由一人切蛋糕,而由他人选择,采取所谓的程序正义。人们常为税捐、健保费、年金、最低工资而发生争议。之所以如此,系因为资源有限,必须分配,而如何分配又有各种基准和理论。正义具有相对性,使各人得其所应得。亚里士多德将正义区分为分配正义与平均正义,可作为判断的基础。

(二) 分配正义

分配正义涉及三人以上的关系,由有权力者(雇主、父母等)将某种利益、财货(职位、名誉、金钱、机会等)或不利益(税捐、健保费等),依一定标准(贡献、需要、能力;福利、自由、德行)分配给其他人。分配正义体现于平等原则,"民法"第6条规定:"人之权利能力,始于出生,终于死亡。"任何人均有享受权利、负担义务的能力,最能体现私法上的平等原则。"宪法"第7条规定:"……无分男女、宗教、种族、阶级、党派,在法律上一律平等。"平等原则指等者等之,不等者不等之,从而正义亦容许差别待遇,并要求为必要的差别待遇。差别待遇应符合事理,禁止恣意。问题在于差别待遇的判断标准,制定规范者及适用法律者对其所采用的分配基准负有论证义务。

(三) 平均正义

平均正义涉及二人关系,可分为自愿关系和非自愿关系。非自愿关系指侵权行为,即不法侵害他人权益者,应负损害赔偿责任,恢复损害发生前的原状。自愿关系指契约而言,即当事人基于私法自治原

---

① Michael J. Sandel, Justice: What's the Right Thing to Do? 陈信宏译:《正义:一场思辨之旅》,先觉出版股份有限公司2018年版。

则,得依其合意订立契约,创设相互间的权利义务关系。常被提出的是契约正义,即契约当事人间给付与对待给付的等值对价关系,尤其是公平的商品价格、合理的工资。契约正义原则上应由市场机制加以决定,公权力只在必要的情形始行介入,加以规范,例如制定或修正最低工资法等。

(四)依法实现正义

关于法与正义有许多永垂不朽的格言,诸如:法是实现善与公平的艺术;法来自正义,正义如法之母;正义先于法;正义永不死亡。但正义也常被嘲笑或践踏。① 在法制史和比较法上亦有诸多违反公义、侵害人权的不正之法。但正义公平的理念始终存在,引导法的形成与发展。

我们期待正义,却得到了一个法治国家(Wir hatten Gerechtigkeit erwartet, bekommen haben wir den Rechtsstaat)②;法治国家体现于依法实现正义。此两句名言一方面显现实体法与正义的分离,另一方面亦强调正义应随着社会变迁发展加以实体化,在法律适用上应邻近正义,追求实践正义。③ 此等问题将于相关部分再作论述。

第二款 法学的科学性

一、科学的概念

科学分为自然科学与社会人文科学。自然科学(如物理学、化学、生物学等)顾名思义系以自然为研究对象,旨在探寻发现自然法则,并经由实验加以检验。人文社会科学包括文学、哲学、法律、政治等。何谓科学,尚无定论,其可被接受的最小公约数系指得以理性论述,而为专业同行接受,促进智识进步的方法。科学性论述必须具备两个要件:①有理论依据;②可供检验。法学系以法为客体,法学在于理解法律,以一定的方法从事法之适用,并为论证说理,以供检验,其科学性应被肯定,称为 legal science 或 Rechtswissenschaft。

---

① Rüthers/Fischer/Birks, Rechtstheorie, S. 212.
② B. Bohley 名言,引自 Rüthers/Fischer/Birks, Rechtstheorie, S. 244 (Rn. 387).
③ Engisch, Auf der Suche nach der Gerechtigkeit; Engisch, Einführung in das juristische Denken; Bydlinski, Juristische Methodenlehre und Rechtsbegriff.

二、法学与价值判断[①]

法学系以法为研究对象,法由当为规范所构成。法律规范不是在描述事实,而是要求受规范者应为一定的行为(作为或不作为)。例如法律行为不得违反公序良俗(第72条);不得故意或过失不法侵害他人的权利,或故意以背于善良风俗之方法加损害于他人(第184条第1项);行使权利,履行义务,应依诚实及信用方法(第148条第2项)。此种"当为"一定的行为乃价值判断,故法律系价值取向的规范,法学具有价值性,而非价值中立。需强调的是,价值判断不影响法学的科学性,因为法学上的价值判断不是一种恣意、感觉或情感,乃是得经由理性的论辩过程,就某一个法律问题达成一定客观性的共识,作为法律适用的基础。关于法学上的价值判断应说明的有三:

1. 价值判断与事实陈述应予区别。事实可证明其真伪,价值判断则需以确认的事实作为基础加以论证。

2. 价值判断应由主张者为举证责任,经由相反质疑的论证而达成一定程度的共识,其有争论时,得由权威机构(例如法院)加以判断。

3. 不能因为价值判断难获定论,而采价值虚无主义,或绝对相对主义。应采取所谓的"相对的相对性",期能经由反省与批判的论述去认知价值的问题、价值的存在,并建立一定的价值体系。

三、法学与社会科学

法学被归类为人文社会科学,具有社会科学的通性,其特征在于规范性和价值判断,前已说明。法学与其他科学的关联及科际整合,对于制定法律或法律适用具有重大意义:

(一)法学与人文科学

法学与人文科学的哲学、历史学密切相关,发展出法哲学、法制史等专业领域。法律规范系以文字加以体现,法学以法律文本的解释作为重要的工作,从而法如何运用语言学和诠释学建构法释义学(法教条学,Rechtsdogmatik),应受重视。语言是思考的工具和表达的方法。立法、法院裁判及法学著作、各类法律文件的质量,在相当程度上取决于法律语言

---

① Larenz/Canaris, Methodenlehre der Rechtswissenschaft, S. 12, 36, 248, 265, 318.

的精确性,及对语言的驾驭能力。法学与语言是一个重要的研究课题。

(二)法学与社会科学

法律在于规范人类社会生活,法律规范的制定或解释需借助社会学、经济学等经验科学的方法和研究成果,始能更深刻认识法律所要规范的社会现实和社会条件,其所涉及的各种利益,何种法律手段最适于达成规范的目的,以及其可能产生的社会效果等。近年来若干关于精神损害赔偿(慰抚金)、惩罚性赔偿等的实证研究,为法学开启了一个重要的研究方向。

第三款 法律思维与法律适用

法是具强制性的社会规范。法学系以法为研究对象,是一种规范性、分析性(连接于人文科学)、经验性(连接于社会科学),具价值判断的科学。法学的基础是法律思维,法律思维(juristisches Denken, legal reasoning)系指运用一定的思考方法去理解、认识和运用法律,尤其是如何将抽象的法律规范适用于具体案例,乃法律思维的核心,其主要理由为:

1. 法经由适用而实践其规范功能。
2. 法学是实用之学。
3. 法的适用涵盖整个法的思考过程:个案事实的认定,法律规范的寻找(法之发现),法律规范的构成要件与法律效果的解析、涵摄、评价论证,以及法的解释、法之续造等。

法律思维是法律人的基本能力,前已再三提及。法院裁判是法律适用的典型。警察开违规告发单,税捐单位认定应予补税,亦属法律适用。律师、法务人员提供法律意见,亦涉及法的适用。制定法令,订立章程,缔结契约,拟定定型化契约条款,从事商务仲裁,均需认识适用法律时可能会发生的争议,始能制定较完善的法令规章、订立契约等法律文件,避免争议,减少交易成本。

第三节 法学教育和官方考试
——法律思维的培育与测试

法学教育的基本目的,在使法律人能够认识法律,具有法律思维、适用法律,解决争议。考试之目的,乃在于测验一个法律人是否具备此等能力。

传统的法学教育及考试方法,是否能够达成此项任务,兹分别说明如下:

第一款 法学教育

一、传统法学教育

台湾地区传统法学教育具有四项特色:

1. 课堂讲义

教授在课堂上讲授各种法律的社会功能、概念体系、构成要件及法律效果。学生听课,甚少发问讨论,通常亦无课外作业。

2. 教科书

为配合课堂讲义式教学的需要,教科书乃成为法学著作的主流。胡长清先生于1935年在其所著《中国民法总论》一书的弁言中曾谓:"关于民法著作,大陆诸国及日本多已由教科书的民法书时代,进入特殊问题研究之时代,我国因民法法典颁行未久,即教科书的民法书,求其内容充实能适合于法典精神者,亦不多见……"①民法学的研究,因胡长清大著《中国民法总论》《中国民法债篇总论》的刊行,而升进到一个新的境界,其后随着梅仲协、史尚宽、王伯琦、戴炎辉、洪逊欣、郑玉波、孙森焱、谢在全诸氏教科书的陆续问世,而奠定根基。近数年来,特殊问题的研究和判例评释,渐受重视,业已更向前迈进一大步。②

3. 考试题目偏重法律概念、议论题

笔者前在台大法律学系肄业期间,民法考试题目多属法律概念、议论题,例如:社团与财团有何不同;何谓消灭时效,其存在依据何在,期间长短如何;债务人给付迟延的构成要件及法律效果等。

4. 考卷评阅

任课教师于考试后甚少解说试题的内容,综合分析考生在法律思考的"形式"和"实质"③上常犯的错误或缺点。教授评阅试卷多未发还学

---

① 胡长清:《中国民法总论》,弁言第1页;《中国民法债篇总论》,弁言第1页。
② 作者在台大法律学系担任行政工作期间(1970—1976年),曾筹办《台大法学论丛》和"台大法学丛书",前者已发行28期(每期2卷,近改为4卷),后者已出版231册,具体展现法学研究的成果。
③ 一个社会的法律文化或风格是由法律制度和法律思考的"形式"(form)和内容(substance)所构成。P. S. Atiyah and R. S. Summers, Form and Substance in Anglo-American Law Oxford University Press, 1991, pp. 384-407.

生;其发还试卷的,多未指明应予改正之处。学生"意外"得高分而惊喜者有之,因分数不如预期而"错愕"者,亦甚常见。

二、改进途径

传统法学教育实有改进的余地,除课堂讲义外,应增设研讨会(Seminar),并给学生课外作业。教授应讲解试题的内容,分析学生易犯的错误。教科书的体裁应予多元化,有为初学者入门的教材,有供综合复习的参考用书,有为理论体系的著作等。专题研究或判决评释应更受重视,期能结合理论和实务。需有论文和判决研究作为基础,教科书始能推陈出新!法学著作(教科书、论文或判决研究)需更重视法学方法,使法学得以植根、生长、茁壮!

法学教育改革的一项关键重点,在于积极推展"案例研习"(德文称为Übung,在日本称为演习)的教学方法。易言之,即学生除上课听讲外,就每一门基本法律科目,尚需研习若干的案例,考试亦应以案例为原则,期能加强增进学生处理问题、适用法律的思维能力。

第二款 官方[①]考试

官方考试,主要指司法官考试及律师考试而言。此两种考试旨在选择适当的法律人,从事"本行"的工作,具有特定目的,同时由于考试领导教学,因此官方考试的出题方式及内容,应受重视,自有分析检讨的必要。

一、民法试题

为便于分析讨论官方考试的民法试题,先摘录1961年、1997年、2017年司法官、律师试题如下:

1. 1961年律师、司法官考试民法试题

(1)何项权利得为消灭时效之客体?何项权利不得为消灭时效之客体?试列举之,并附理由。

(2)试述留置权之性质及其与同时履行抗辩之异同。

(3)甲售与乙货物一批,托丙运交与乙收受。迨货物运到乙之处所,乙已他迁,丙复将货物继续运往乙之新迁处所,该货物于途

---

① 此称谓系编者对原书称谓的改动。

中因丙车与丁车相撞而毁灭。肇事原因双方均有过失。问：①乙可否请求丙赔偿其货物灭失之损失？②乙可否请求甲赔偿其给付不能所致之损失？③乙可否请求丁赔偿其货物灭失之损失？④甲可否请求丙赔偿其所受之损失？⑤甲与丙可否请求丁赔偿其各受之损失？

2. 1997年司法官考试民法试题

（1）简述"民法"上除斥期间与消灭时效之法理，并附理由说明下列权利之行使之限制究为除斥期间或为消灭时效期间？

①以抵押权担保之债权于消灭时效完成后5年间应实行其抵押权，在其期间行使之限制。

②买受人因物有瑕疵得向出卖人请求减少价金之请求权，应于物之交付后6个月期间内行使之限制。

③承揽人对定作人之损害赔偿请求权，因其原因发生后1年间应行使之期间限制。

④不动产共有人协议分割共有物之共有物分割登记请求权。

（2）某日，甲在乙百货公司选购了A牌洗碗机一台，价新台币3万元，货款付清后，店员丙告以可代客送货，甲乃于包装好之所购洗碗机箱上写明姓名、地址，请求丙代为送达。丙于当天下午交由与乙公司有送货特约之丁货运行送货，不意运送途中，丁货运行之司机戊，驾车不慎，与己所驾之自用车相撞，戊、己均有过失，洗碗机因撞车而损坏。则：

①该洗碗机之所有权究谁属？

②甲可依何种法律关系向乙主张权利？

③甲可否向丁、戊、己请求损害赔偿？

④乙可否向丁、戊请求损害赔偿？

（3）甲以其所有之房屋设定抵押权于银行，向银行借款，并以该房屋为标的物投保火灾保险，指定甲为被保险人。某日，因邻居乙之过失，该甲所有之房屋化为灰烬。请问：

①银行之债权是否还有担保物权？

②保险人、乙应如何清偿？

（4）何谓遗赠？何谓死因赠与？二者有何不同，试说明之。

3. 2017年司法官考试民法试题

甲男任职某地方法院检察署法警,成年之乙男因案受缓起诉处分,需至该"检察署"从事义务劳动。某日,乙在该检察署从事义务劳动时,甲竟不顾乙之反对及推阻,于违反乙之意愿下,强行以其性器官进入乙之口腔,对乙强制性交得逞。乙因本件事故而常有做噩梦、哭泣等创伤反应;乙之配偶丙及母亲丁,亦因甲对乙的侵害行为而受有情感上之伤害。乙、丙、丁三人因此分别向甲请求非财产上损害赔偿。甲对乙、丙、丁之请求,抗辩其并未侵害乙、丙、丁之任何权益,乙、丙、丁不得对其请求损害赔偿。试问:双方之主张,何者有理由?

二、分析讨论

司法官或律师考试的题目甚值研究,兹参照上揭试题,分五点加以说明:

1. 试题内容应在测验考生能否掌握案例事实,适用相关规范,把握法律概念,解释法律及补充法律漏洞(尤其是类推适用)的能力,故应以此作为设计试题的准则,并据此判断试题内容的适当性。

2. 民法试题早期多为3题,近年来增为4题,通常其中1题为民法总则,1题为债编,1题为物权,1题为亲属、继承,分由不同之人命题,而命题者间并不互相讨论题目内容。此种命题方式的优点在于其内容遍及民法全部,其缺点则在于难以贯穿民法各编,不易测试考生是否确实了解"民法"五编制"由一般到特殊,由抽象到具体"的体系构成及其解释适用关系。

3. 法律考试题目的比较研究,可供探究不同国家和地区的法律教育和法律文化。台湾地区"民法"继受德国民法,但教学方法及考题设计不同于德国。就教学方法言,德国重视案例研习及研讨会;台湾地区则偏重课堂讲义,前已论及。就试题设计言,德国的司法考试,民法通常只有"1个"案例题,答题时间为"5个小时",可以参考法典,考题内容涵盖民法各编(尤其是民法总则、债编及物权编),无突袭性的特殊问题,而是将基本概念和法律的解释适用纳入案例之中,题目人人皆懂,能否正确或适当解题,厥赖长期有系统地学习和训练。

4. 就1961年与1997年试题加以对照,可见前者的第一题与后者的第一题,均涉及消灭时效与除斥期间;前者的第三题与后者的第二题,涉及给付不能债务不履行。综观历年试题,题目内容重复雷同或相近的所占比例甚高,如何推陈出新,使试题内容反映民法学说与判例的发展,实值关切。

5. 民法试题,分为两类。第一类试题是议论题,例如:留置权与同时履行抗辩之异同;何谓遗赠,何谓死因赠与,二者有何不同,试说明之。法律概念或制度异同的比较是官方考试(包括"民法"以外的其他科目)的特点。第二类试题则为案例,如1961年律师及司法官考试第三题,1997年司法官考试第二题及第三题。此两类试题的功能,值得作较深入的说明,官方考试题目有从事专题研究的必要。

第四节　法律概念的掌握

第一款　法律概念、议论题的类型

如前所述,台湾地区法学教育和官方考试重视"法律概念、议论题",其理由有二:①此为传统科举的考试方法;②此类题目有助于训练或测试考生对法律理论的了解,以及区辨法律概念的能力。兹举若干典型试题如下:

1. "民法"规定权利之行使有何限制,试述之(1984年司)。
2. 何谓代理权之授与行为的无因性,其与代理权之消灭依其所由授与之法律关系定之(第108条第1项)之规定间有无矛盾(1995年司)。
3. 买卖不动产之契约,是否应以书面为之(1981年律)。

在议论题中最为常见的则是"法律概念异同的比较",例如:

1. 捐助行为、赠与行为与遗嘱(1969年司)。
2. 负担行为与处分行为(1992年司)。
3. 无权代理与无权处分(1995年律)。
4. 除斥期间与消灭时效(1997年司)。
5. 解除权与撤销权(1966年律司)。
6. 解除契约与终止契约(1978年司)。
7. 结果责任、过失责任、无过失责任各有何不同?又"民法"有关特殊侵权行为之规定中,更有所谓中间责任与衡平责任之规定,其间又有何差异,试分别说明之(1997年律)。

8. 分别共有与共同共有(1967年司)。

9. 动产质权与动产抵押权(1991年司)。

第二款　掌握法律概念的重要

法律概念题、议论题有助于测试考生的"法律知识",但较难培养"法律思维"及"解决争议"的能力。早期官方考试题目偏重此类问题,今日仍然有之,例如:何谓权利能力?自然人之权利能力的始终如何?胎儿有无权利能力?失踪人有无权利能力?经死亡宣告之自然人实际尚生存者有无权利能力(1996年司)。遗嘱可否撤回?如何撤回?(1995年司)可见此类题目的功能,仍受重视。就"遗嘱可否撤回,如何撤回"题目言,由"如何撤回",可以推知遗嘱"可以撤回"。关于遗嘱撤回,第1219条至第1222条设有明文,查阅即可知道,作为选拔司法官或律师的试题,功能何在,难免争议。本题占民法一科"25分",考生若不知"遗嘱如何撤回"将有落榜之虞,从而"遗嘱的撤回性"将决定一个法律人数年的学习努力和生涯规划。问题在于此类题目能否测试检验考生的法律能力。

关于法律概念,王伯琦先生于其1957年所著的《民法总则》一书中曾谓:"在清末以前,以现代目光观之,几无法学之可言。清末开始变法,即致力于采纳欧西之法典,故法制之建立,曾未求助于学说,1929年至1931年间,新'民法'陆续公布施行,法学著述,始见端绪。迄今二十余年,'民法'中许多基本概念之阐释,仍有待于努力也。"[①]

"民法"第1条规定:"民事,法律所未规定者,依习惯;无习惯者,依法理。"然则何谓民事?何谓法律?何谓习惯?何谓法理?皆属基本概念,含有重要理论,均有待阐释。如果将学习法律譬如"练功",则法律概念,犹如练功的基本动作,必须按部就班,稳扎稳打,确实掌握。一个练功者未有踏实的基本动作,临阵之际,破绽百出,暴露死角,必遭败绩。一个学习法律的人,如果不能区辨"债权行为"与"物权行为"、"无权处分"与"无权代理"、"消灭时效"与"除斥期间",则难正确适用法律。在某次考试中,有考生将"简易交付"解释为:以简单之方式交付其物,不必订立书

---

① 王伯琦:《民法总则》,第9页。

面或登记。(参阅第761条第1项但书)将"从物"解释为:"非主物之成分,常助主物之效用,而同属一人者,例如耳朵。"

"最高法院"曾数著判决认为,第118条所称之无权处分,除物权行为外,尚包括债权行为在内,从而"出卖他人之物"的买卖契约,例如乙擅自出卖甲所有的房屋给丙,系属无权处分,非经权利人甲的承认,不生效力,而权利人甲的承认,又可发生使买受人丙得径向其请求办理移转所有权登记的效力。此项见解,显有疑问,其主要原因在于未能明辨债权行为与处分行为。① 王伯琦先生在其深具哲理性的《论概念法学》的论文中谓:"我可不讳的说,我们现阶段的执法者,无论其为司法官或行政官,不患其不能自由,唯恐其不知科学,不患其拘泥逻辑,唯恐其没有概念。"② 由此可知,对于一个法律人,确实掌握法律基本概念,是如何的重要! 如何的不易! 法律人的基本能力体现于对法律概念的定义,此为法律解释适用的关键问题。

第三款 掌握法律概念

法律规范是由法律概念所构成,掌握法律概念是学习法律的入门功课,提出四点学习方法以供参考:

一、学说见解的整理

教科书的主要功能在于阐释法律基本概念,因此整理教科书的见解,甚有助益,兹举"物"的概念为例加以说明。何谓"物",民法未设明文,学者所下定义如下:

黄右昌:物者,除人体外,谓有体物及物质上能受法律支配之天然力。③

胡长清:在吾人可能支配之范围内,除去人类之身体,而能独立为一体之有体物。④

李宜琛:物者,存于吾人身体外部,能满足吾人社会生活之需

---

① 参见拙著:《出卖他人之物与无权处分》,载《民法学说与判例研究》(第四册),北京大学出版社2009年版,第101页。
② 王伯琦:《论概念法学》,载《社会科学论丛》1960年7月,第1页(以及第20页以下)。
③ 参见黄右昌:《民法诠解》(总则编),第187页。
④ 参见胡长清:《中国民法总论》,第171页。

要,且有支配之可能者。①

王伯琦:人力所能支配而独立成为一体之有体物。②

洪逊欣:除人之身体外,凡能为人类排他的支配之对象,且独立能使人类满足其社会生活上之需要者,不论其系有体物与无体物,皆为法律上之物。③

史尚宽:物者,谓有体物及物质上法律上俱能支配之自然力。④

就各家对物所下的定义加以比较,除其用语繁简有别外,范围亦有不同,有强调不包括身体,有未提及者;有认为应包括有体物及无体物;有认为仅限于有体物;有特别提出自然力,有未提及者。初视之下,似颇有差异,实则此仅为用语或强调的不同,关于其实质内容,殆属一致,可分四点言之⑤:

(1)物不包括人的身体,盖人身为人格所附,不能为物。

(2)物需为吾人所能支配(支配可能性),其不能由吾人为支配而由此取得某种利益的,例如日、月、星辰,不足作为权利客体。

(3)物必须独立为一体,能满足吾人社会生活的需要,如一滴油、一粒米,在交易上不能认为系能独立为人类的生活资料,非法律上之物(独立性)。

(4)有疑问的,是有体物或无体物及自然力的问题。胡长清、王伯琦、史尚宽诸氏所以特别强调有体物,乃认为权利系属无体物,应不包括于物的概念之内。至于固体、液体及气体,他如电气及其他的自然力,能为吾人所控制,而足为吾人生活资料的,则可称之为物。洪逊欣先生所谓无体物,并非指"权利"而言,而系指电、光、热等,凡人类能予支配之自然力,虽无一定形体,亦与有体物同,皆属法律上之物。

在分析学者对法律基本概念所下的定义之后,应自己整理,确实了解,而"记忆"之。法律诚非背诵之学,但经由理解而"记忆",确实把握基本概念则属必要,任何学科皆属如此,殆无例外。

概念是"抽象"的,须具体化于个别事物之上,因此"举例"阐释法律

---

① 参见李宜琛:《民法总则》,第173页。
② 参见王伯琦:《民法总则》,第104页。
③ 参见洪逊欣:《中国民法总则》,第202页。
④ 参见史尚宽:《民法总论》,第221页。
⑤ 参见拙著:《民法总则》,北京大学出版社2022年重排版,第212页。

基本概念至为重要,故考试题目常有"试举例说明之",盖可由所举之例判断其理解的程度。因此"概念的理解"与"举例说明",应同时学习之,始不致发生"人之耳朵为从物"的误会!

二、法律概念的分解

要确实把握法律概念,须善加运用分解方法,解析其构成因素。第92条规定:"因被诈欺或被胁迫而为意思表示者,表意人得撤销其意思表示。但诈欺系由第三人所为者,以相对人明知其事实或可得而知者为限,始得撤销之。被诈欺而为之意思表示,其撤销不得以之对抗善意第三人。"如何加以定义分析在此规定中出现的三个重要概念(阅读前请先思考,阅读后请再复习):即意思表示、诈欺及胁迫。

(1)意思表示。意思表示是法律行为的核心概念,指将企图发生一定私法上效果的意思,表示于外部的法律事实。意思表示可"分解"为客观要件和主观要件。客观要件指外部表示行为,包括明示和默示。主观要件须具行为意思、表示意识及效果意思。举例言之,如甲致函于乙表示愿购买乙所有的某车,其中甲致函乙为外部表示行为。此项行为系出于甲的意思,甲认识其具有某种法律上意义,并欲依此表示发生特定法律效果意思,构成甲欲与乙订立买卖的要约。

(2)诈欺。诈欺系故意欺罔他人,使其陷于错误而为意思表示的行为。"分解"之,其要素有五:①须有诈欺人的故意。②须有欺罔行为。③须相对人因欺罔行为而陷于错误。④须相对人因错误而为意思表示。⑤须其诈欺为违法。举例言之,如甲伪造鉴定书,对乙诈称其某古瓶系家传古董,致乙陷于错误而以高价购买之。

(3)胁迫。胁迫系故意表示加害,使他人发生恐惧而为意思表示的行为。"分解"之,其要素有五:①须有胁迫人的故意。②须有胁迫行为。③须相对人因胁迫而发生恐惧。④须相对人因恐惧而为意思表示。⑤须其胁迫为违法。举例言之,如甲对乙表示若不赠与某古瓶,将揭露其隐私,乙发生恐惧而赠与之。

(4)请自行研究两个概念:何谓"为诈欺的第三人";"不可对抗善意第三人"。[①]

[①] 拙著:《民法总则》,北京大学出版社2022年重排版,第409页以下、第417页以下。

分解法律概念,而明确其构成因素,是法律人必须培养的一种能力!

三、异同的比较

比较相关的法律概念,不但可更进一步了解其内容,使思考更为敏锐,而且有助于法律体系的构成。如正当防卫、紧急避难及自助行为同为违法阻却事由,其法律性质、构成要件(受保护的权利、侵害方式及救济方法)及法律效果的异同显示立法上的权益衡量①,对其比较分析,有助于培养慎思明辨的思考能力。郑玉波先生是著名民法学者,最善于教导学生学习此种方法。② 留置权、动产质权、同时履行抗辩权及抵销权功能上颇为类似,易令人混淆,为区别其异同起见,郑玉波教授曾综合整理列表如下,特为摘录,作为范例,以供观摩学习。③

权利类别 比较	留置权	动产质权	同时履行抗辩权	抵销权
性质	物权	物权	债权	债权
标的物	以动产为限	以动产为限	不以动产为限	不以动产为限
成立	基于法定	基于设定	基于双务契约之当然结果	基于双方债务之抵销适状
目的	债权担保	债权担保	促使双方交换履行	避免交换给付之劳费
效力	他方如不清偿得就标的物受偿	他方如不清偿得就标的物受偿	暂时拒绝他方之请求	使双方债务依抵销额而消灭
消灭	因他方另提担保而消灭	不因他方另提担保而消灭	不因他方另提担保而消灭	不因他方另提担保而消灭
备注	瑞士民法称为法定质权		参照"民法"第264条	参照"民法"第334条

---

① 参见拙著:《侵权行为》(第三版),北京大学出版社2016年版,第225页。
② 郑玉波善用列表方式比较基本概念,参见郑玉波:《民法总则》,第166页(法人)、第128页(法人之能力)、第207页(法律事实)、第212页(法律行为)、第314页及第315页(无效与撤销)、第377页(时效中断及时效不完成)。
③ 参见郑玉波:《民法物权》,第344页。

四、借着实例去理解法律基本概念

概念是法律的构成部分,处理问题的思考工具,因此必须借着实例的研习去理解应用。负担行为及处分行为、无权处分及无权代理是民法重要的概念,前已再三提及,官方考试中常见如下的题目:①何谓负担行为?何谓处分行为?二者之主要不同点何在(1992年司)?②无权处分与无权代理之区别何在?试就其性质或要件与效力言之(1966年律司)。实则借着一则简单的实例题,更能深刻地测试考生的理解程度及应用能力,此为民法上最基本的概念,务请彻底了解,请参照以下案例自行研究,写成书面!

> 甲寄存A、B两画于乙处,乙擅以之作为己有出售予善意之丙,并交付之。试问:
> (1)甲与乙间、乙与丙间共有多少法律行为,何种法律行为?
> (2)甲、乙、丙间的法律关系?
> (3)设乙系径以甲的名义让售A、B两画于丙,并移转其所有权时,其法律关系有何不同?

第四款　概念形成与体系构造

一、树枝法

法律规范系由概念所构成,建构法律体系,形成法秩序,此对法律适用至为重要。兹运用所谓的树枝法,说明法律概念形成与体系构造。树枝法源自希腊哲学,2世纪的罗马伟大法学家Gaius曾采用此种思考方法建构法学阶梯(Institution,此为欧陆法学经典著作),将民法分为人法、物法与诉讼法,为1804年法国民法所继受。1900年施行的《德国民法典》在19世纪潘德克顿法学[Pandekten(希腊文)、digest(拉丁文)]的基础上创设了总则、债之关系、物权、亲属、继承的编制体制。兹先将树枝结构图示如下:

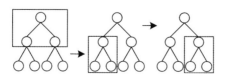

概念和体系构造系由不同阶层的通性,形成上下左右的关系,在法律思考上须认识各个概念在体系上的位置,并应用于法的解释适用。

二、民法基本法律关系的构造

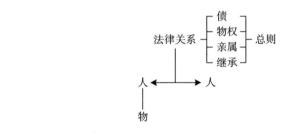

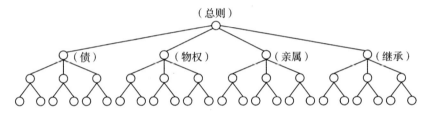

案例思考:民法的体系构成

(1)如何构成民法典?民法各编?

(2)甲制作便当,出售于乙,乙食后中毒:法律行为、买卖、债务不履行、侵权行为、债之关系。

(3)甲男与乙女结婚,收养丙。甲死亡,乙、丙继承甲的房屋。

三、人:权利主体

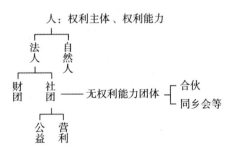

案例思考:

A 向 B、C 合伙经营的商店购买 D 公司制造的轮椅,赠送 E 财团法人医院。该轮椅设计上具瑕疵,B、C 疏于检查,E 医院的护士 F 操作不当,致病患 G 跌倒受伤。请查阅"民法"条文,分析当事人间的法律关系。

四、权利客体

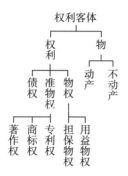

案例思考:

甲的财产有 A 屋、B 地、C 车、债权 1000 万元。试问甲如何出卖其全部财产于乙,并移转其权利?如何以其全部财产设定担保物权于丙银行?(查阅"民法"条文)

五、法律行为与意思表示

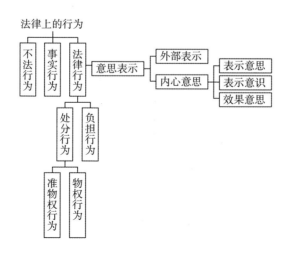

案例思考:法律行为、权利得丧变更、请求权基础?

A向B画家以高价购买其最近创作的骏马画,寄存C画商处,C的受雇人D为筹措父亲的医疗费,擅将该画出售于善意的E,并为交付。试分析当事人间的法律关系(请确实查阅"民法"条文)。

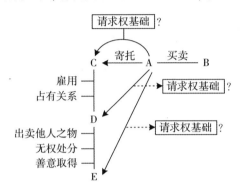

六、树枝法与法律学习

甲有房屋出租于乙,乙久病不愈,烧炭自杀。甲将该屋出售于丙。丙以受诈欺为由,向甲表示撤销买卖契约。"民法"第92条第1项中规定,"因被诈欺或被胁迫而为意思表示者,表意人得撤销其意思表示"。问题在于何谓诈欺。分解如下:

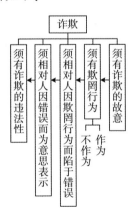

处理法律问题,须寻找待适用的法律规范(请求权基础),分析其构成要件,加以定义,涵摄于案例事实(由右向左逐步思考)。例如在本案

例,丙得否向甲主张就出卖凶宅应负物的瑕疵担保责任？甲得否向乙(及其继承人)就凶宅贬价,依侵权行为或债务不履行规定请求损害赔偿(请查阅"民法"条文)？

树枝法(配合案例思考)是学习法律、适用法律的利器,从学习法律第一天开始就要演练,善加应用,成为一种思考方法。

第五节　案例研习

第一款　法律思维能力的培养

实例最能训练、测试法律人的思考方法及能力,兹以某次考试所出两个简单实例为例加以说明:

第一个试题是:"18岁已婚之某甲,赠与8岁之乙一个名贵电动玩具,乙即将之转赠给7岁之丙,并即依让与合意交付之。试问乙父丁要乙向丙请求返还该玩具时,当事人间之法律关系如何？"

在二百余份的试卷中,有如下的发现:

(1)大多数考生在结论上均能肯定甲有行为能力,但其理由构成,甚不一致:有认为未成年人已结婚者,视为成年,故有行为能力;有认为未成年人已结婚者,依结婚成年制度,为成年人,故有行为能力。此两种说明均有误会,第13条第3项规定:"未成年人已结婚者,有行为能力。"故未成年人虽因结婚而有行为能力,但不因结婚而成年或视为成年[参见第1006条(现已删除)、第1049条]。

(2)考生多会认为,18岁已婚的甲有行为能力,8岁的乙为限制行为能力人,甲赠与乙玩具,乙系纯获法律上之利益(第77条但书),故甲与乙间的赠与契约有效。唯有部分考生认为8岁之乙将该玩具转赠给7岁之内,系属单独行为,未得法定代理人之允许,应属无效(第78条),对于"单独行为"与"单务契约"两个概念,显欠了解,有所混淆。

(3)多数考生未能认识"债权行为"与"物权行为"的区别,认为甲与乙间的赠与契约有效成立,乙因而取得该玩具的所有权。实则,乙之取得玩具的所有权,乃基于甲与乙间的让与合意与交付(物权行为,第761条),赠与契约系其取得该电动玩具所有权的法律上原因。

(4)大多数考生在处理乙与丙间的法律关系时,常不知"从何说起",不知所谓历史方法、请求权基础方法,何谓鉴定体裁或判决体裁(参见本书第108页以下)。

第二个试题为:"甲受乙之胁迫,将其画赠送给善意之丙,并即依让与合意交付之。乙遭扫黑送绿岛管训后,甲即说明事由,并向丙请求返还该画,有无理由?"

大部分考生均能肯定甲得依侵权行为规定对乙请求损害赔偿,但未能叙明究应依第184条第1项前段或后段。于论及甲撤销因受乙胁迫而为的意思表示时,大部分考生虽均能提到第92条规定,但关于本条规定在此具体案例的适用,意见分歧,有如下述:

(1)有人认为,甲得向乙及丙撤销其意思表示;有人认为,甲得向乙或向丙撤销其意思表示。仅有少数考生认为甲得对丙撤销其意思表示。

(2)有相当多的考生认为,甲得向法院申请撤销其受胁迫而为的意思表示,显然未能区别需申请法院(第74条)及不需申请法院(以意思表示为之即可)的撤销。

(3)有人认为,受胁迫而为的意思表示,无效;有人认为,受胁迫而为的意思表示,视为无效;有人认为,受胁迫而为的意思表示得撤销,故属无效。仅有约半数考生明确认为受胁迫而为的意思表示,表意人得撤销之,其法律行为经撤销者,视为自始无效(第114条第1项)。

(4)大部分考生未能说明所撤销的,究为债权行为(赠与契约),抑或物权行为,从而无从判断甲得向丙主张的,究为所有物返还请求权(第767条),或不当得利请求权(第179条)。

(5)多数考生不能在此具体案例中,依序论述撤销权的构成要件、撤销权的主体及相对人、撤销权的行使、撤销的客体、除斥期间及撤销的法律效果。

综合上述两个简单实例的解答,可见一般学生普遍欠缺理解条文的能力,未能彻底掌握法律概念,不能逻辑地思考问题、处理问题。倘若将上述两个实例题改为议论题,即:

(1)何谓行为能力?限制行为能力人所为法律行为的效力如何?

(2)何谓因胁迫而为意思表示,其效力如何?则"用功"的学生可以背诵条文、教科书而得高分,但是在其洋洋大观的抽象理论论述中,隐藏着多少法律思维上的瑕疵,没有彻底了解的条文,不正确的法律概念!这些缺点,只有在实例的测验中,才能显露出来,也因此才能被改正,被根除。

学习法律的最佳方法是,先读一本简明的教科书,期能通盘初步了解该法律(如《民法总则》)的体系结构及基本概念。其后再以实例作为出发点,研读各家教科书、专题研究、论文及判例评释等,作成解题的报告。在图书馆,经常可以看到同学们抱着一本厚重的教科书,反复阅读,口中念念有词,或画红线,或画蓝线,书面上琳琅满目。此种学习法律的效果,甚属有限,因为缺少一个具体的问题,引导着你去分析法律的规定,去整理判例学说,去触发思考,去创造灵感!如果有机会去德国大学法学院图书馆,当可看到无论上课期间或寒暑假期,从早到晚座无虚席,学生都在查阅图书,演练案例,撰写报告!这才是学习法律的方法!!

实例研习对于训练培养法律人的能力,具有重大功能,但有两点应予注意:

(1)实例多偏重特殊或个别问题,为避免"仅见树木,不见森林",实例研习应与传统法学教育方法密切配合,俾能彻底了然于法律的体系、规范目的及基本原则。易言之,就现代法学教育而言,实例研习、课堂讲义及研讨会应鼎足而立,不宜偏废。

(2)初学者对于实例,常不求甚解,偏重记忆,故在考试时不免凭借记忆,搜索曾经做过、听过的题目,有意识或无意识地,企图以此作为解答的样本。应强调的是,具体的案例事实,殊少雷同之处,差之毫厘,失之千里,务必慎思明辨。法律上实例,犹如数学演算题,不可徒事记忆,非彻底了解其基本法则及推理过程,实不足应付层出不穷的案例。实例研习的目的乃在于培养思考方法,去面对处理"未曾遇见"的法律问题。

第二款 案例研习、判例学说、法学方法与请求权基础

一、判例与学说

实例研习乃在培养处理案例的思维能力,可以说是为将来从事实务工作而准备,故研习的题目应多参考各级法院(尤其是最高法院)判例、判决加以设计,其功用有三:①以实例反映社会生活。②结合理论与实务。③法院的判决理由、当事人的主张及判决评释,可以提供各种不同的法律论证资料,有助于法律学习。

民法案例多取材于法院判决,可使研读判决及评释,成为教学研究的重点。官方考试民法考题,亦多以实务见解为内容,举两个试题加以说明:

(一) 已登记不动产所有人返还请求权的消灭

1980年律师考试有一试题谓:"'司法院'释字第107号解释:'已登记不动产所有人之回复请求权,无第125条消灭时效规定之适用。'又同院释字第164号解释:'已登记不动产所有人之除去妨害请求权,不在本院释字第107号解释范围之内,但依其性质,亦无第125条消灭时效规定之适用。'试就此两号解释加以评释。"要深入了解该题目的争点,必须阅读"大法官解释"的理由书,尤其是协同意见书及不同意见书。

(二) 出卖他人之物与无权处分

1980年司法官考试有一个题目谓:"甲赴日本经商,将其所有房屋一栋交其母乙保管,嗣乙因需款应急,擅将该房屋卖予丙,收清价款,并交予丙使用,旋乙死亡(甲为乙之概括继承人)。甲回来后,以其母无权处分其房屋,诉请丙恢复原状,丙则诉请甲办理所有权移转登记。应如何予以判断,并说明其理由。"(母出卖子委托保管的房屋)

1991年律师考试亦有一则考题谓:1950年台上字第105号判例谓:"系争房屋就令如上诉人所称系因上诉人前往加拿大经商,故仅交其母某氏保管自行收益以资养赡,并未授与处分权,但某氏既在上诉人提起本诉讼之前死亡,上诉人又为某氏之概括继承人,对于某氏之债务原负无限责任,以第118条第2项之规定类推解释,应认某氏就该房屋与被上诉人订立之买卖契约为有效,上诉人仍负使被上诉人取得该房屋所有权之义务,自不得借口某氏无权处分,请求确认该房屋所有权乃属于己,并命被上诉人恢复原状。"试就上开判例要旨分析讨论下列问题:①某氏与被上诉人所订买卖契约之效力。②设上诉人先于某氏死亡,而某氏又为上诉人之概括继承人时,其法律关系如何?③设某氏与上诉人为该房屋之共有人时,其法律关系如何?①

---

① 参见拙著:《出卖他人之物与无权处分》,载《民法学说与判例研究》(第四册),北京大学出版社2009年版,第96页;《私卖共有物、无权处分与"最高法院"》,载《民法学说与判例研究》(第八册),北京大学出版社2009年版,第102页。

出卖他人之物与无权处分涉及债权行为与物权行为的区辨,是民法的核心问题,是各类司法考试最常见的试题。

二、法院判决案例化

学习法律最好的方法是抽象的法律问题案例化,此有助于记忆,开发想象力,更能敏锐地理解核心争议问题。实务上较具争议的案例,具有研习的价值。

(一)婴儿在医院被盗:侵害生母何种权利?

在1996年台上字第2957号判决,被上诉人在上诉人所开设之妇产科医院产下一婴,因上诉人雇用的看护疏于注意,致被不知名者将该婴儿抱走,仍未寻获。被上诉人失子心碎,精神痛苦,乃向上诉人请求赔偿慰抚金及刊登寻子悬赏广告的费用。原审判决上诉人胜诉,关于慰抚金部分,原审谓按以故意或过失不法行为致他人受精神上之痛苦,亦属健康权之侵害,被害人得依第195条规定请求之。判决则认为:"按身份权与人格权同为人身权之一种,性质上均属于非财产法益。人之身份权如被不法侵害,而受有精神上之痛苦,应与人格权受侵害同视,被害人自非不得请求赔偿非财产上之损害。故父母基于与未成年子女间之亲密身份关系,因受他人故意或过失不法之侵害,而导致骨肉分离者,其情节自属重大,苟因此确受有财产上或非财产上之损害,即非不得依第184条第1项前段,并类推适用第195条第1项之规定,向加害人请求赔偿。"此一医院中婴儿被盗案件,可以转换为以下实例题:

> 甲妇在乙医院产下男婴,因医院看护疏于注意,致被他人抱走。甲刊登寻找悬赏广告支出调查费用而无结果,因失子精神痛苦,而诉请乙医院赔偿其支出费用及慰抚金。试就契约及侵权行为请求权说明之。

(二)借名登记与名义登记人的处分

"最高法院"2017年第三次民事庭会议决议:"不动产借名登记契约为借名人与出名人间之债权契约,出名人依其与借名人间借名登记契约之约定,通常固无管理、使用、收益、处分借名财产之权利,然此仅为出名人与借名人间之内部约定,其效力不及于第三人。出名人既登记为该不动产之所有权人,其将该不动产处分移转登记予第三人,自属有权处分。"

(参照"最高法院"2012年台上字第1722号判决)本件决议总结多年争议,可案例化为:

> 甲向乙购屋,为避免其债权人强制执行,乃借丙之名而为登记。丙擅将该屋出售于恶意之丁,并办理所有权移转登记,试问甲得向乙、丙主张何种权利?设乙系将该屋设定抵押权与丁,获得银行1000万元贷款时,甲得向乙、丁主张何种权利?

(三)指示给付与不当得利

"最高法院"2013年台上字第482号判决:"指示给付关系中,被指示人系为履行其与指示人间之约定,始向领取人(第三人)给付,被指示人对于领取人原无给付之目的存在。苟被指示人与指示人间之法律关系不存在(或不成立、无效或被撤销、解除),被指示人应仅得向指示人请求返还其无法律上原因所受之利益。至领取人所受之利益,原系本于指示人而非被指示人之给付,即被指示人与第三人间尚无给付关系存在,自无从成立不当得利之法律关系。"判决理由甚为抽象,可案例化为:

> 甲向乙购买A屋,甲出卖B屋于丙,并指示丙对乙付款。其后发现甲与乙间买卖契约不成立时,丙得向甲或乙主张不当得利?设甲与丙间买卖契约无效时,其法律关系如何?又设甲对丙的指示无效时,其法律关系如何?

(四)凶宅案件

"最高法院"2015年台上字第1789号判决:"按故意以背于善良风俗之方法,加损害于他人者,应负损害赔偿责任,固为'民法'第184条第1项后段所明定。该侵权行为类型之构成要件,须行为人主观上有故意以背于善良风俗为方法、手段,以达加损害于他人之目的,即行为人对加损害于他人,须有主观上之故意始足当之。而所谓故意,包括明知并有意使其发生(直接故意)或预见其发生而其发生并不违背其本意(间接故意)。原审未说明许育诚系明知并有意以自杀行为造成系争房屋之价值减损或预见其自杀行为将导致系争房屋价值之减损而不违背其本意所凭之依据,遽认许育诚应依'民法'第184条第1项后段规定,对被上诉人负损害赔偿责任,进而为不利上诉人之论断,不惟速断,且有判决不备理由之违法。"

本件判决基本上认定凶宅贬值系属纯粹经济上损失,不适用"民法"第184条第1项前段(侵害权利)或后段规定,可案例化为:

> 甲向乙租屋,因久病痛苦,烧炭自杀。乙得否以该屋成为凶宅贬值,而向甲(继承人)请求损害赔偿?设自杀者系甲之妻丙,或暂住该屋的客人丁时,乙得否向甲或丙、丁请求损害赔偿?又设甲系被戊所杀害时,戊应否赔偿该屋的贬值?

法律人从事的工作在于将抽象的法律适用于具体个案,涉及法律的解释、漏洞的补充或法律续造等法学方法问题,应为法学教育及官方考试的重点。在"医院中婴儿被他人抱走案件"涉及契约债务不履行、侵权行为、身份权的保护、慰抚金的请求权基础,以及"民法"第195条规定的解释及类推适用。"母出售子托保管房屋案件"涉及"民法"第118条"处分"的解释、负担行为与处分行为的区别。借名登记是台湾地区的案例类型。指示给付与不当得利涉及给付不当得利的核心问题。凶宅案涉及"民法"第184条权利侵害与纯粹经济上损失的区别。此类案例涵盖许多重要法律规定的解释适用的基本问题,经由案例化及案例研习更能有深刻的理解。

第三款　案例课程、案例设计与评分标准

一、案例研习:课程与方法

大学法律教育的课程除讲义、研讨会外,尚需有案例研习,用于训练学生如何运用法学方法、法律思维,适用法律处理具体案例。台湾地区法继受德国法,要认识德国法学教育的重心在案例研习,其目的系在训练养成适用法律的思维能力。不具备此种基本能力不能自称为法律人。在德国法学院从大一开始就有案例课程,分小班教学,用简单案例讲授解说基本的思考方法,由简入繁。基本科目(如公法、民法、刑法、诉讼法)皆有案例研习,任课教授须批阅每份案例研习作业。每个德国教授皆有数名助教或助理,其任务之一就是协助教授设计、批阅案例研习作业。法学院附近都有补习班讲授案例研习,大部分学生都会参加。德国的国家考试均采用案例题。

需特别指出的是,案例题有一定的思考方法及解题构造,就民法言,系采请求权基础方法(Anspruchsgrundlage)及鉴定的体裁(Gutachtenstil)。

所有德国法律人都学习并具有相同的思维方法,利于沟通、论辩和理解,并体现于各种法律工作,尤其是法院裁判(包括联邦法院和宪法法院)的论证结构之上。此种教育方法耗费时日及成本资源,但培养了具有高度法律能力的法律人,提升法律质量和法学水平、法治基础。

台湾地区近年来亦重视实例研究,私法考试注重案例题,大学法学院多开设案例研习课程,限于资源及其他因素,不能全采德国案例研习,但在教学方法上可以本土化,例如可由多位教授共同开设案例课程(至少公法、民法、刑法、诉讼法),虽不能批阅每一份案例研习作业,但可讲解学生作业在形式和实质上易犯的错误、共同的缺点,并可选择若干份较佳的作业与学生讨论修正后,发给同学作为参考。在课堂讲授应善用案例,就核心问题,例如无权处分与无权代理等,或具有争议的法律问题,例如借名登记、指示给付不当得利、凶宅与纯粹经济上损失等,宜先设计案例,让学生撰写报告,再于课堂讲解讨论。

最为重要的是,案例研习或解题需有一定的方法论,期能训练培养学生的法律思维能力,尤其是运用请求权基础方法,此为本书的重点。此外,任课教授自己也要完善案例研习的方法,自己演练,期能发挥教学的效果。

二、案例设计:目的及方法

官方考试的民法实例都是命题者精心设计,简明者有之,复杂者有之,具有不同的风格。实例设计,是一种技术,也是一种艺术,在某种程度上亦显示出题者对法律的"认知"。兹举五点言之:

(1)综观历年民法试题,内容雷同重复的,为数不少,如何推陈出新,设计具有创意的案例,须整合判例(包括判决)与学说,尤其是将重要的判决及理论上的争议问题予以案例化。

(2)案例设计应着眼于测试考生对法律基本概念、法律体系、法律原则的了解,以及法之适用(法律解释及法之续造)及法学上论证的能力。应避免细节、特殊、记忆性的问题。

(3)案例内容应涵盖民法各编(尤其是财产法),以测验考生对"民法"五编制体系构成的认识及综合运用能力。

(4)出题时应广泛收集阅读相关的论著及判例、判决,彻底了解题目所涉及的问题及不同的见解。出题者应抗拒引诱,以个人专精的创见作为试题内容。

(5) 出题者应认知其考题须具有引导法学研究、法律教育的功能。

三、评分标准：法律思维及论证能力

综观历年官方考试题目，其内容具有一项特色，即答案力求明确，在法律上有明文规定，实务上著有判例可稽，或学说上有定论。其目的乃在确保评分标准的客观性，固值赞同，应说明者有三：

(1) 评分不应以答案"正确"为唯一标准，须重视论证过程。

(2) 题目的设计应包括"众说纷纭，莫衷一是"的争点，以测试考查考生对法学理论了解及分析的能力，其答案不必同于通说，但须有可支持其见解的理由构成。

(3) 如前所述，命题者或阅卷者须彻底了解题目所涉及的实务见解及各家学说，以确保评分的客观性，不应以自己预设的答案为唯一标准，"逆我者零分"，乃事理的当然，自不待言。

第六节 本书之目的、内容及学习的方法

第一款 本书之目的、内容

本书在于论述法律思维与法律适用，采请求权基础方法的案例研习，期望能有助于建立培养所有法律人共同的法律思维及论证能力，实践法的规范功能，促进法律的发展与进步。全书内容分为五章：

(1) 第一章：法律思维（请再阅读）：法律人的能力体现于适用法律的法律思维方法。法律教育和官方考试的目的在于培养训练法律人的思维能力，以请求权为基础的案例研习最有助于锻炼法律人的思维方法。

(2) 第二章：请求权基础：阐释请求权基础的意义、功能，请求权规范的构造，请求权基础的检查方法。

(3) 第三章：案例事实、法律问题及解答体裁：强调理解案例事实的重要性，说明如何认识、把握引发法律适用的问题。阐述鉴定和判决两种处理法律问题的思考模式。

(4) 第四章：法之适用：以法学方法论和法释义学为基础，论述法律解释和法之续造的思考方法。

(5)第五章:民法请求权基础体系:系统地整理民法上的请求权基础,并采此方法分析讨论民法上的基本问题,尤其是近年判例学说争议的案例。

第二款　学习方法

学习任何事物,皆需要积极主动地参与。兹就本书的学习,提出四点建议:

一、课堂讲义、教科书与案例研习

案例研习在于如何适用法律处理具体案例,须对现行法律的体系和内容有基本认识。此等法律基本智识大都来自课堂讲义与教科书。课堂讲义、研读教科书与案例研习具有互补的作用,不可偏废,犹如学习小提琴要有理论课程,了解作者风格,研读乐谱,更要有实际演练。阅读本书,应与教科书等一起使用,将抽象法学理论予以具体案例化,以具体案例理解法学理论。

二、理解法律、精研法条

案例研习的重要功能在于强化适用法律的能力,期能正确理解法律、认识法条。研读法条须究明其规范目的,认知其结构,了解其相关条文,有体系地整理阅读。研读教科书、论文时,必须同时查阅其所引用的条文,始能了解其真义。研读法条应参照判例学说,始能认识解释适用的问题。研读法条要能认识其所要规范的社会事实,如何从事利益衡量。例如"民法"第798条为何规定果实自落于邻地者属于邻地,不设此规定时,如何处理? 此种研读法条能力的培养,能够增强学生的法学想象力,更能胜任从事立法、司法、法务等工作,处理变动的法律问题。

三、演练案例

案例研习犹如教学解题,不会因为研读题目或默记答案,不自演练,就能运用处理变化无穷的题目。案例演练,首先要了解每一个示范案例,犹如围棋排谱。期望读者能反复地演练本书所提出的案例,认识思考过程和解题构造,参照本书说明,加以修正补充完善。法学院的案例课程,教师要详为解说,注重其方法和构造,提出解题模式,俾供参照学习。

应特别强调的是,演练案例,要先自行解答,再参照比较教师提供的解答模式加以检讨思考。

四、自我学习

案例研习的自我学习最为重要。除学校的案例研习课程外,若干同学得自己组织不同法律科目(公法、民法、刑法等)的案例研习研讨会,采如下的方式:

(1)定期聚会。

(2)每次聚会前轮流由一位同学设计案例。此有助于训练精读判例学说,运用想象力发现问题,敏锐化法律思考能力。

(3)研讨会上同学要事先(或当场)撰写报告,共同讨论、辩论、探寻解题方向及各种解题的可能性。

(4)研讨会后必须撰写报告,彼此参考。法律思维能力是在共同讨论中培养并成熟发展的。

第二章　请求权基础

第一节　请求权构造与法律思维

第一款　法律适用的思维模式

法之目的在于规范社会生活,形成发展和平秩序,维护人的自由、尊严,解决争议。法学以法为研究课题,体现于法律思维。法律思维的任务在于论述、阐明、引导如何将抽象一般的法律规范适用于具体的案例,在个案上实践法的规范功能。例如:

1. 甲出卖 A 屋于乙,交付该屋并移转其所有权。其后发现买卖契约不成立。

2. 甲雇工修缮邻居乙住院期间遭台风毁损漏水的房屋。

3. 甲购买乙生产的便当,食用后中毒,住院支出医疗费,收入减少,精神痛苦。

4. 甲向乙购买 A 地(价金 100 万元),乙交付该地,约定 3 个月后移转其所有权。其后乙将该地出售于丙(价金 120 万元)并移转其所有权。

5. 甲寄托某名贵紫砂壶于乙处,乙擅将该壶出售(或赠与)于善意的丙,并移转其所有权。

请先想想,前面五个案例的基本法律关系、所涉及的争议问题、处理的思考方法,以及当事人间的请求权基础?

前面五个案例都涉及一个基本法律思维方法:甲得依据哪一个法律规定(请查阅条文!),向乙或丙有所请求。兹以下图显明此种法律思维模式：

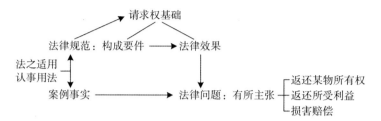

由前揭具体案例和思考模式可知，法律思维的过程系由具体的案例指引法律问题，寻找可适用的法律规范，经由解释认定其所为的请求有无理由。请求权规范（请求权基础）系法律思维的核心概念，先于本章加以论述。第三章说明引发法律问题的案例事实（要件事实）。第四章阐述法律规范的解释适用，此为法学方法论的课题。第五章建构民法上请求权体系，以案例研习解说法律适用的基本问题，锻炼培养法律思维能力。

第二款　请求权构造

请求权构造（Anspruchsaufbau）包括请求权规范（Anspruchsnormen）、辅助规范（Hilfsnormen）和抗辩规范（Einwendung①snormen；对抗规范，Gegennormen）。民法系建立在此三种规范之上。兹先举一个简单的例子加以说明：

> 甲继承 A 画（或 B 屋），出借于乙，借期届满后，甲因外出医病，经过 15 年始向乙请求返还 A 画（或 B 屋），乙以时效消灭为由，拒不返还。

在此案例，甲向乙请求返还 A 画（或 B 屋）的请求权基础为"民法"第767 条第 1 项："所有人对于无权占有或侵夺其所有物者，得请求返还之……"其构成要件为：一是甲系所有人。二是乙系无权占有。关于甲系所有人的辅助规范系"民法"关于所有权得丧变更的规定（第 758 条等），包括物权行为所适用的法律行为的规定（第 71 条以下等）。关于乙系无权占有，其辅助规范系"民法"关于占有的相关规定（第 940 条以

---

① 有关抗辩，德国法上有两个词，即 Einrede 与 Einwendung，Einrede 为须主张之抗辩；Einwendung 为无须主张抗辩。Vgl. Brox/Walker, Allgemeiner Teil des BGB, 41. Aufl., 2019, Rn. 661 ff.

下)。抗辩规范系"民法"第 125 条:"请求权,因十五年间不行使而消灭。但法律所定期间较短者,依其规定。"第 144 条第 1 项:"时效完成后,债务人得拒绝给付。"其辅助规范系"民法"关于消灭时效的规定(第 125 条以下)。兹参照前揭案例,将请求权构造图示如下:

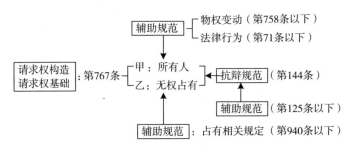

需强调的是,学习法律,处理法律问题,须确实理解把握构成请求权构造的请求权规范(请求权基础)、辅助规范、抗辩规范。请求权规范较少,辅助规范较多(民法大部分规定是辅助规范)。抗辩规范不多,但实务上甚为重要。民事案例的处理必须理解请求权构造,符合三个要求:

1. 完整性:必须讨论所有被提出法律问题具有重要性的事项,尤其是请求权基础(该说都要说)。

2. 经济性:不应讨论与解决该法律问题无关的事项,包括辅助规范,把握重点,集中于争点(不该说,不必说)。

3. 简明性:简单清晰的思路和结构,易于理解,便于判断(说清楚,讲明白)。

第二节 请求权基础的意义、构造和功能

第一款 请求权基础与法学教育的意义

请求权规范(请求权基础规范,以下简称"请求权基础")系请求权构造的核心。请求权基础,系指得支持一方当事人(原告)向他方当事人(被告)有所请求的法律依据:

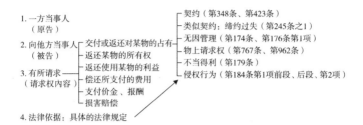

请求权基础的寻找,是处理案例、法律适用的核心工作。在某种意义上,甚至可以说,实例解答,就在于寻找请求权基础。请求权基础是每一个学习法律的人必须彻底了解、确实掌握的基本概念及思考方法。作者早年留学德国慕尼黑大学时,曾参加 Larenz 教授的民法研讨会,有某学生报告时说"甲得依不当得利法则向乙请求返还某车",当场被质问:"请明确言之,依何规定、请求权基础?"学生思考后答曰:"依《德国民法典》第 816 条。"Larenz 教授高声谓:"不是请求返还某车,而是某车的所有权,其请求权基础 Anspruchsgrundlage 是《德国民法典》第 816 条第 2 项前段。请说明为何是第 2 项前段,而非后段。"这是我第一次听到 Anspruchsgrundlage。此后在课堂上,在法学院走廊,在学校餐厅,在附近清丽的英国公园的小溪旁(可供日光浴),一再听到 Anspruchsgrundlage,使我认识到请求权基础实蕴涵着法律思考的精义,这是我撰写本书的动机。

第二款 请求权基础与民法发展

台湾地区实务上曾以"法则"作为论断当事人权利义务关系的依据,"民法"第 184 条规定:"因故意或过失,不法侵害他人之权利者,负损害赔偿责任。故意以背于善良风俗之方法,加损害于他人者亦同。违反保护他人之法律,致生损害于他人者,负赔偿责任。但能证明其行为无过失者,不在此限。"值得提出的是"最高法院"1978 年 5 月 23 日 1978 年度第 5 次民事庭会议决议:"债务人欲免其财产被强制执行,与第三人通谋而为虚伪意思表示,将其所有不动产为第三人设定抵押权,债权人可依侵权行为之法则,请求第三人涂销登记,亦可行使代位权,请求涂销登记,两者任其选择行使之。""最高法院"使用"侵权行为之法则",或出于行文方面,或有意模糊,回避了困难的论证问题,惟失诸笼统。若指第 184 条规定,则究为第 1 项前段或后段,抑为第 2 项,应明确指明,盖此涉及侵权行为法的基本体系架构及不同的规范功能,在法之适用上具有重大意义。

值得注意的是,在 1988 年度第 19 次民事庭会议上,院长提议:A 银行征信科员甲违背职务,故意勾结无资力之乙高估其信用而非法超贷巨款,致 A 银行受损害(经对乙实行强制执行而无效果),A 银行是否得依本侵权行为法则,诉请甲为损害赔偿。决议认为:"台湾地区判例究采法条竞合说或请求权竞合说,尚未尽一致。唯就提案意旨言,甲对 A 银行除负债务不履行责任外,因不法侵害 A 银行之金钱,致放款债权未获清偿而受损害,与第 184 条第 1 项前段所定侵权行为之要件相符。A 银行自亦得本于侵权行为之法则请求损害赔偿。"①

在本件决议明确以第 184 条第 1 项前段规定作为请求权基础,实值重视。倘仍以"侵权行为之法则"作为依据,将无从了解"最高法院"的真意,只能付诸猜测,或假设各种情形而为分析,欠缺问题焦点,而流于各说各话的无益论辩。在明确的请求权基础上,当事人始能知悉其权利义务关系,律师始能判断法院见解是否妥当,法律学者始能探讨适用第 184 条第 1 项前段究具有何种规范功能,超贷巨款所侵害的究系权利(何种权利)或权利以外的利益(纯粹经济上损失)。

关于第 184 条第 1 项"前段"与"后段"的适用关系,1997 年台上字第 3760 号判决谓:"按因故意或过失不法侵害他人之权利者,负损害赔偿责任,故意以背于善良风俗之方法加损害于他人者亦同,第 184 条第 1 项定有明文。本项规定前后两段为相异之侵权行为类型。关于保护之法益,前段为权利,后段为一般法益。关于主观责任,前者以故意过失为已足,后者则限制须故意以背于善良风俗之方法加损害于他人,两者要件有别,请求权基础相异,诉讼标的自属不同。"所谓请求权基础相异,诉讼标的自属不同,乃指第 184 条第 1 项前段、后段与第 184 条第 2 项系三个独立的侵权行为。本件判决采同于本书作者的见解,明确指明请求权基础,有助于阐释第 184 条的体系结构及规范目的,实具方法上的意义。

从"侵权行为之法则",经"第 184 条第 1 项前段",到"第 184 条第 1 项前段与后段,请求权基础相异"的长期发展过程,我们看到台湾地区民法学和实务的进步,为请求权基础思维方法作出了贡献。为期醒目,兹以

---

① 拙著:《银行征信科员评估信用不实致银行因超额贷款受有损害的民事责任》,载《民法学说与判例研究》(第八册),北京大学出版社 2009 年版,第 191 页。

下图加以显示"民法"第184条的适用①：

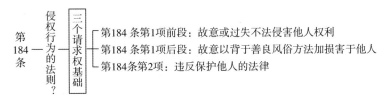

"民法"第184条的三个请求权基础，体现了台湾地区侵权行为的规范体系，使法律解释更为精确，更具可检验性，尤其是"民法"第184条第1项前段所称权利是否包括纯粹经济上损失的问题，兹举"最高法院"两个关于凶宅案件的判决，以供参照：

1. 2014年台上字第584号判决："被上诉人将系争房屋出租予上诉人莱尔富公司经营便利商店，莱尔富公司交由上诉人成铃彦商行代为经营，成铃彦商行之受雇人陈○○于系争房屋自杀身故，致系争房屋成为凶宅，经济价值减损，此为原审确定之事实。似此情形，系争房屋本身未遭受任何物理性变化，所有权未受侵害，上诉人究系侵害被上诉人何种权利，而须负'民法'第184条第1项前段之损害赔偿责任，仍不无推求之余地。原审遽谓陈○○因执行职务，过失不法侵害他人权利，成铃彦商行自应依'民法'第188条第1项本文规定负雇用人连带损害赔偿责任，已有可议。"

2. 2014年台上字第583号判决谓："林○自杀属于极端终结生命之方式，虽为社会所不赞同，但是否即为有背于善良风俗，不无疑义。且林○烧炭自杀，虽主观上系出于残害自己生命之意思而为，但何以有侵害系争房屋财产上利益之故意，原判决未说明其理由，遽谓林○有侵害被上诉人系争房屋财产上利益之故意，进而推认林○之法定代理人上诉人林业振，应依'民法'第184条第1项后段、第187条之规定负赔偿责任，已有可议。"

第三款 请求权基础与案例研习

一、明确具体的请求权基础

案例研习的主要目的在于训练请求权基础和法律适用的思维方法。

---

① 参见拙著：《侵权行为》（第三版），北京大学出版社2016年版，第92页。

请求权基础的探寻诚非易事。此常需解释法律,以类推适用填补法律漏洞,甚至创造法律。关于此点,将于第四章再行详论。实例解题需寻找到支持一定请求权的法律规范(或确信无任何请求权基础存在)时,始能作答。解题之际,必须明确具体地指出该项请求权基础,不能概括笼统地说:"依'民法'规定,某甲得向某乙请求损害赔偿";不能谓:"依'民法'关于买卖之规定,买受人某丙得向出卖人某丁请求减少价金";亦不能谓:"某戊得依无因管理法则,向某庚请求返还其所支出之费用";更不能谓:"依公平诚实信用原则、衡量当事人利益及公序良俗之观点,某甲得向某乙请求返还其物"。解题时必须明确指出,某甲得依第184条第1项后段规定,向某乙请求损害赔偿;某丙得依第176条第1项之规定,向某丁请求减少价金;某戊得依第767条之规定,向某庚请求返还其所支出之费用。

应再强调的是,每一个学习法律的人,自始即应确实培养探寻请求权基础的能力。解题之际,需明确指出支持某项请求权之法律规范。在未寻获请求权基础前,尚不能开始解答。绝不能以概括笼统用语(如依之规定、依侵权行为法则),来掩饰不清楚法律思维过程。唯有如此,始能养成严谨细密的法律思维方法,亦唯有如此,始能维护法律适用的合理性、可预见性和安定性。

二、实例分析

鉴于请求权基础的重要性,特举数例简要加以说明。请读者先自行研读案例,寻找请求权基础。

1. 甲遗失时值20万元的名犬一只,广告悬赏10万元。乙拾得该狗,交警局招领,甲认领后,以乙不知有广告为理由,拒给10万元,仅愿支付其物价值之3/10的报酬。乙请求10万元,有无依据?

乙得向甲请求悬赏10万元的请求权基础为第164条第1项之规定,即以广告声明对完成一定行为之人给予报酬者,对于完成该行为之人,负给付报酬之义务,对于不知有广告而完成该行为之人亦同。

2. 甲有寡母贫病交迫,甲遗弃不顾。乙为扶养甲母,支出费用2万元。问乙得否对甲请求返还其所支出费用?

乙向甲主张返还所支出之费用,其请求权基础为第176条第2项规定:管理人管理事务,系为本人尽公益上之义务或为其履行法定扶养义务者,虽违反本人之意思,管理人仍有第176条第1项规定的请求返还所支出费用的权利。

3. 甲赠某画给乙,乙转赠给丙,并即交付之。其后发现甲与乙间赠与契约不成立,而乙于受领该画时,不知无法律上之原因。问当事人间之法律关系如何?

乙因甲之给付,受有某画所有权之利益。唯赠与契约不成立,欠缺法律上原因,应成立不当得利(第179条)。乙将该画转赠与丙,其所受之利益已不存在,乙系不知无法律上之原因,免负返还之责任(第182条第1项)。

甲得对丙请求返还该画所有权,其请求权基础为第183条之规定:不当得利之受领人,以其所受者,无偿让与第三人,而受领人,因此免返还义务者,第三人于其所免返还义务之限度内负返还责任。

4. 甲驾车不慎与乙所驾驶汽车超速相撞,致路人丙受伤,支出医药费5万元,经查甲与乙各有50%之过失。问丙得向甲、乙主张何种权利?

丙得向甲、乙请求就其所受损害,连带负赔偿责任,其请求权基础为第185条第1项前段之规定:数人共同不法侵害他人之权利者,连带负损害赔偿责任。依"司法院"例变字第1号,民事上之共同侵权行为与刑事上之共同正犯,其构成要件并不完全相同,共同侵权行为人间不以有意思联络为必要,数人因过失不法侵害他人之权利,苟各行为人之过失行为均为其所生损害之共同原因,即所谓行为关联共同,亦足成立共同侵权行为。

5. 甲出卖某时值1万元之花瓶给乙,虽妥为保管,交付前夕仍为丙不慎毁损,丙赔以时值12000元之花瓶。问乙得否向甲请求交付该花瓶?

乙得向甲请求交付该花瓶,其请求权基础为第225条第2项之规定:债务人因不可归责于己之事由,致给付不能者,免给付义务,因此项给付不能之事由,对第三人有损害赔偿请求权者,债权人得向债务人请求让与其损害赔偿请求权,或交付其所受领之赔偿物。

为使读者能自行探寻请求权基础,特提出下列案例,以供研习:

　　甲与某著名雕刻家同姓同名,相貌亦相似,有搜集雕刻的雅好。甲获知某乙经营的画廊珍藏某件名贵古玉精品,即向乙表示其为雕刻家某人,即将到世界博览会上参展,拟以信用卡购买该件玉器,乙素仰慕"该著名雕刻家",同意以半价出售,并即交付之。3个月后,乙获知事实真相,乃请其就读某大学法律系三年级的女儿,说明得否向甲请求返还该件玉器。

第三节　请求权基础的结构：请求权规范与辅助规范

第一款　请求权规范:完全性法条

一、请求权基础构造

　　请求权基础,指得支持一方当事人向他方当事人有所主张的法律规范,前已再三言之。为对请求权基础有进一步的认识,兹就其结构形态,尤其是完全性法条、不完全性法条,以及准用、拟制性规定,说明如下:

　　请求权规范系完全性法条,指一个具有构成要件及法律效果的规定而言。第179条前段规定:"无法律上之原因而受利益,致他人受损害者,应返还其利益。"系属完全性法条,"无法律上之原因而受利益,致他人受损害",为构成要件,"应返还其利益",为法律效果。就第184条第1项前段规定言,"因故意或过失,不法侵害他人之权利",为构成要件,应"负损害赔偿责任",为法律效果,亦属完全性法条。此种完全性法条即所谓的请求权基础。

　　请求权基础系采条件式的规范模式,即若具备一定的要件,则发生一定效果。构成要件(Tatbestand,简称 T)通常系由多数要件要素(或因素,Tatbestandsmerkmale,简称 t_1、t_2、t_3 等)构成。立法者就请求权基础规定一定的构成要件(T)和法律效果(Rechtsfolge,简称 R),体现其法政策上的利益衡量及价值判断。兹将请求权基础的规范模式图示如下:

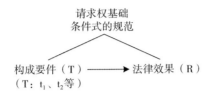

二、"民法"第 28 条规定的构造

第 28 条规定:"法人对于其董事或其他有代表权之人因执行职务所加于他人之损害,与该行为人连带负赔偿之责任。"本条旨在规范法人的侵权行为。1991 年台上字第 344 号判决谓:"按第 184 条第 1 项规定侵权行为之两种类型,均适用于自然人之侵权行为,上诉人为法人,尚无适用上述规定之余地。"易言之,法人侵权责任的请求权基础不是"民法"第 184 条,而是"民法"第 28 条。

1975 年台上字第 2263 号判决谓:"查第 28 条所谓'因执行职务所加于他人之损害',并不以因积极执行职务行为而生之损害为限,如依法律规定,董监事负执行该职务之义务,而怠于执行时所加于他人之损害,亦包括在内。又公司之职员,合于'劳工保险条例'第 8 条规定时,该公司应为之负责办理加入劳工保险手续,如有违背,应受罚锾处分('劳工保险条例'第 12 条、第 83 条)。从而被上诉人如有义务为黄○○办理加入劳保手续而怠于办理,致生损害于上诉人时,依上说明,尚难谓不应负责。"

本件判决径适用"民法"第 28 条,并未提及"民法"第 184 条,就请求权基础言,似未周全。就第 28 条规定内容,需法人的董事或其他有代表权之人因执行职务所加于他人之损害,具备第 184 条规定的侵权行为,否则无从成立连带责任。本案不能适用第 184 条第 1 项前段规定,公司职员因未加入劳工保险所受侵害的,不是权利,而是纯粹财产上利益(纯粹经济损失),其得适用者,乃第 184 条第 2 项之规定,即认"劳工保险条例"系属所谓保护他人之法律。①

---

① 参见拙著:《雇主未为受雇人办理加入劳工保险之民事责任》,载《民法学说与判例研究》(第二册),北京大学出版社 2009 年版,第 169 页。1997 年台上字第 3746 号判决谓:"劳工保险为强制保险,雇主如未为劳工办理劳工保险或将其退保,致劳工于退休时未能领取老年给付者,自属侵害劳工之权利,应负损害赔偿责任。又该老年给付之请求权,于劳工退休时(转下页)

三、"民法"第 224 条是请求权基础？

第 224 条规定："债务人之代理人或使用人，关于债之履行有故意或过失时，债务人应与自己之故意或过失负同一责任。但当事人另有订定者，不在此限。"乃在规定债务人归责事由，非属请求权基础。如甲出卖钢琴给乙，因送货员丙疏误，迟未于约定期日交付，致乙被迫取消演奏会，乙向甲主张损害赔偿的请求权基础为第 231 条第 1 项之规定。甲利用丙履行其债务，关于丙之过失，甲应负同一责任，故有可归责之事由，乙得请求其赔偿因迟延而生之损害。

四、"民法"第 194 条、第 195 条不是请求权基础！

第 194 条规定："不法侵害他人致死者，被害人之父、母、子、女及配偶，虽非财产上之损害，亦得请求赔偿相当之金额。"第 195 条规定："不法侵害他人之身体、健康、名誉、自由、信用、隐私、贞操，或不法侵害其他人格法益而情节重大者，被害人虽非财产上之损害，亦得请求赔偿相当之金额。其名誉被侵害者，并得请求回复名誉之适当处分。前项请求权，不得让与或继承。但以金额赔偿之请求权已依契约承诺，或已起诉者，不在此限。前二项规定，于不法侵害他人基于父、母、子、女或配偶关系之身份法益而情节重大者，准用之。"这两个重要规定不是请求权基础，而是法律效果的补充性规定，其请求权基础是"民法"第 184 条第 1 项前段。

第二款 辅助规范：不完全性法条

辅助规范，旨在辅助请求权规范，系不完全性法条，有四个类型，一为定义性法条，二为补充性法条，三为准用性规定，四为拟制性规定，分述如下。

一、定义性法条

此类法条的功能在于对其他法条（尤其是完全性法条）构成要件上所使用的概念，加以界限或阐释。如第 66 条第 1 项规定："称不动产者，谓土地及其定著物。"第 67 条规定："称动产者，为前条所称不动产以

（接上页）始发生，其消灭时效应自斯时起算。"在本件情形，其被侵害者，非劳工之"权利"，而是"财产上利益"，应适用第 184 条第 2 项之规定。

外之物。"均属此类法条。第220条至第224条规定,亦属定义性规定,旨在阐释第225条、第226条等规定所谓"可归责于债务人之事由"或"不可归责于债务人之事由"。

债编分则关于各种典型契约(有名契约)的规定,亦属定义性规定,如第345条规定:"称买卖者,谓当事人约定一方移转财产权于他方,他方支付价金之契约。"第739条规定:"称保证者,谓当事人约定,一方于他方之债务人不履行债务时,由其代负履行责任之契约。"

二、补充性法条

此类法条的功能在于对于一个不确定的法律概念,尤其是其他法条(完全性法条)所定的法律效果,予以明确化,加以补充。第213条至第218条关于损害赔偿的规定,系就其他法条(如第184条、第226条第1项)所规定的应负损害赔偿责任而设的补充规定,以确定损害赔偿的方法及赔偿范围。

"民法"关于法律行为及意思表示的规定(第71条以下)、关于契约成立的规定(第153条以下)亦属契约上请求权的补充性规定。

三、准用性规定

准用性(引用性)法条,如第41条规定,法人"清算之程序,除本通则有规定外,准用股份有限公司清算之规定";第173条第2项规定:"第五百四十条至第五百四十二条关于委任之规定,于无因管理准用之。"所谓"比照……规定"的法条(如第89条),"依……之规定定之"(第221条),"亦同"(如第184条第1项后段),均具准用的性质。

此类法条的主要功能在于简化条文,避免重复。关于准用的范围,第347条规定:"本节规定,于买卖契约以外之有偿契约准用之。但为其契约性质所不许者,不在此限。"于其他情形,应依法律规定之目的认定其"相当"的准用范围。

关于不当得利,准用性条文甚多(第197条第2项、第266条第2项、第419条第2项、第816条),究为构成要件准用(须具备不当得利要件),抑仅法律效果准用,甚有争论。[①] 此在法律适用上甚为重要,兹就第

---

① 参见拙著:《不当得利》(第二版),北京大学出版社2015年版,第5—6页。

816条规定加以说明。

第811条规定:"动产因附合而为不动产之重要成分者,不动产所有人,取得动产所有权。"(请参阅第812条至第815条规定)例如甲的水泥附合于乙的房屋时,不论其事由如何,由乙取得水泥的所有权。第816条规定:"因前五条之规定而受损害者,得依关于不当得利之规定,请求偿还价额。"所谓依不当得利规定,究指何而言?"最高法院"2008年台上字第418号判决谓:"'民法'第816条系一阐释性之条文,旨在揭橥依同法第811条至第815条规定因添附丧失权利而受损害者,仍得依不当得利之法则向受利益者请求偿金,故该条所谓'依关于不当得利之规定,请求偿还价额',系指法律构成要件之准用。易言之,此项偿金请求权之成立,除因添附而受利益致他人受损害外,尚须具备不当得利之一般构成要件始有其适用。"兹以下图加以说明:

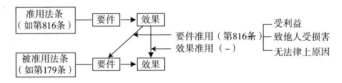

四、拟制性规定

法律上的拟制,如第88条第2项规定:"当事人之资格或物之性质,若交易上认为重要者,其错误,视为意思表示内容之错误。"系将关于某构成要件所设定的规定,适用于其他构成要件,其功能同于准用性规定,亦在简化条文。① 第114条规定:"法律行为经撤销者,视为自始无效。当事人知其得撤销或可得而知者,其法律行为撤销时,准用前条之规定。"同一条文兼用"视为"与"准用",立法技术实堪赞叹!

拟制性视为的规定有不可反证推翻者,如第88条、第114条规定的视为。有可反证推翻者,如第216条第2项规定:"依通常情形,或依已定之计划、设备或其他特别情事,可得预期之利益,视为所失利益。"此项视为可反证推翻,相当于"民法"上推定的规定(如第153条第2项),具举证分配的功能。

---

① 请读者查阅"民法"上所有"视为"之规定,确实研读,综合分析之。关于法律上拟制的重要著作,参见 Esser, Wert und Bedeutung der Rechtsfiktion, 1940.

第三款　思考模式与案例解说

第一项　思考模式

处理案例的法之适用系以请求权基础为核心，从而应系统地整理重要的请求权，如第 348 条、第 176 条(无因管理)、第 179 条(不当得利)、第 184 条(侵权行为)、第 226 条、第 227 条、第 227 条之 1、第 231 条(债务不履行)、第 767 条(所有权人物上请求权)、第 962 条(占有人物上请求权)等(请阅读条文)。民法上请求权基础规定尚属不多，应用心研读，其占多数的，系辅助性规范条文，尤其是补充性法条，一个请求权基础常由多数规范所构成。

需再强调的是，分解请求权基础的构成要件及法律效果，系法律人的基本能力，涉及法律上的利益衡量及价值判断，不能徒事记忆，需要理解，始能于具体案件中加以适用。

第二项　案例解说

1. 甲于 6 月 1 日向乙购买某名贵花瓶，价金 10 万元，约定于 6 月 4 日交付。甲于 6 月 3 日，将该花瓶出卖给丙，价金 12 万元，约定于 6 月 5 日交付。乙于 6 月 4 日嘱其店员丁将该花瓶送往甲处，丁驾车超速，发生车祸致花瓶灭失。问甲得否向乙请求转售所得的利益 2 万元。

甲得向乙请求损害赔偿的规范基础，为第 226 条第 1 项规定："因可归责于债务人之事由，致给付不能者，债权人得请求赔偿损害。"图示请求权基础的结构如下(请读者自行研读案例，查阅条文，建构请求权基础，包括请求权规范和辅助规范)：

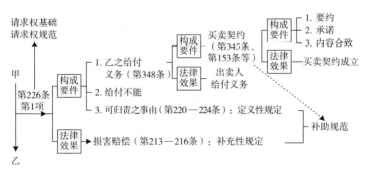

请细读前揭请求权基础构造,认识请求权基础系由多数法律规范所构成,应明确认定各个构成要件与法律效果。

2. 甲于 7 月 1 日出卖某机车给乙,价金 3 万元,约定于 7 月 3 日交付。届期乙先付款,甲则表示拟借用 3 天,乙欣然允之。该车于 7 月 6 日凌晨被丙所盗,问乙得否对丙请求返还机车。

乙得向丙请求返还其机车的规范基础,为第 767 条第 1 项规定:"所有人对于无权占有或侵夺其所有物者,得请求返还之……"此项请求基础的结构图示如下:

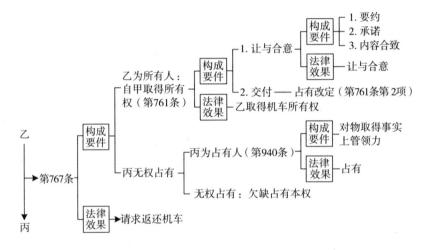

3. 甲所有的汽车因事故受损,乃窃取乙的油漆漆其车身,乙的轮胎装于其车。试问乙对甲得主张何种权利。

就油漆言,乙得基于第 816 条,依不当得利规定向甲请求偿还价额。所谓依不当得利规定,指构成要件的准用,即需具备第 179 条规定的不当得利的成立要件。此外,乙并得依第 184 条第 1 项前段、后段或第 2 项规定请求损害赔偿。就轮胎言,乙得依第 767 条第 1 项向甲请求返还其物。(其他得并存的请求权请读者自行研究)兹将其请求权基础的结构图示如下:

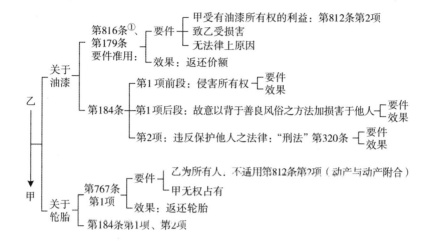

第四节　民法体系结构与请求权基础方法

第一款　请求权是民法的核心概念

一、"民法"五编制的体例

请求权基础方法与台湾地区现行"民法"的体系结构具有密切关系。众所周知,现行"民法"系采所谓的五编制体例,即第一编为总则,第二编为债,第三编为物权,第四编为亲属,第五编为继承。其中债编分为通则及分则,而债编分则规定买卖及保证等27种契约及两个单独行为债之关系。就立法技术言,现行"民法"系采由抽象到具体、由一般到特殊之方式,尽可能地将共通的事项加以归纳,作为通则。此种立法技术固然使民法成为一个层次分明、构造严谨的法典,但亦使法律的适用趋于复杂化及技术化,需对民法各编的内容及其体系关联,有通盘彻底之了解,始能妥适解释适用法律,处理具体案件。

---

① "最高法院"2008年台上字第2422号判决谓:"按'民法'第816条之规定系一阐释性条文,旨在揭櫫同法第811条至第815条规定因添附丧失权利而受损害者,仍得依不当得利之规定,向受利益者请求偿金。所谓'依不当得利之规定,请求偿金',系指法律构成要件之准用而言。申言之,此项偿金请求权之成立,除因添附而受利益致他人受损害外,尚需具备不当得利之一般构成要件始有其适用。"

二、权利体系与请求权

需特别指出的是,五编制是"民法"之形式体系架构,贯穿其间而作为其核心概念的,系权利及引起权利得丧变更的法律行为。

(一)请求权与权利

权利指享受特定利益,法律所赋予之力。权利依其所享受的特定利益为内容,可分为人格权、财产权(债权、物权)、身份权。此等权利,为满足其利益,或为维护其圆满之状态,均具有或可发生一定的请求权(Anspruch),得请求他人为一定的行为(作为或不作为)。如:

(1)人格权受侵害时,得请求法院除去其侵害,并得依法律之规定,请求损害赔偿或慰抚金(第18条)。

(2)债权人基于债之关系,得向债务人请求给付,如出租人应以合于所约定使用、收益之租赁物,交付承租人,并应于租赁关系存续中,保持其合于约定使用、收益之状态(第423条),出租人得请求承租人依约定日期支付租金(第439条)。

(3)所有人对于无权占有或侵夺其所有物者,得请求返还之,对于妨害其所有权者,得请求除去之。有妨害其所有权之虞者,得请求防止之(第767条第1项)。

(4)父母基于对未成年子女保护及教养之权利(第1084条),得对拐诱其未成年子女离家者,请求交还其子女。

(5)继承权受侵害者,被害人或其法定代理人有继承回复请求权(第1146条第1项)。

据上观之,请求权可谓是权利作用的枢纽。债权的主要作用在于请求债务人为一定之行为,固不必论。人格权、身份权、物权等权利受不法侵害时,亦以请求权为其救济方法(如物上请求权、侵权行为损害赔偿请求权)。

(二)形成权与请求权

形成权(如法定代理人的承认权、选择权、撤销权、解除权)亦与请求权具有密切关系,乃请求权发生的前提。例如:

(1)法定代理人的承认:17岁之甲向乙购买电脑,法定代理人的承认使买卖契约生效(第79条),甲因而得向乙请求交付其物并移转其所有权(第348条)。

(2)选择之债:甲向乙购犬,A 犬或 B 犬未定,甲选择 A 犬时(第 208 条),即由选择之债变为单纯之债,而得请求乙给付 A 犬。

(3)撤销:甲受乙之胁迫让售某名贵兰花,甲撤销其受胁迫的买卖契约(债权行为)及物权行为时(第 92 条),即得请求返还其物(第 767 条第 1 项)。

(4)解除契约:甲出卖某钻石名表给乙,业已交付,乙迟未付款,甲解除契约时(第 254 条),即得请求乙返还其所受领之给付物(第 259 条第 1 款)。

三、法律行为与权利变动

法律行为,系以欲发生私法上效果(主要为权利变动)之意思表示为要素的一种法律事实。"民法"总则规定法律行为(意思表示)的基本原则(第 71 条以下规定)。债编通则规定债之关系,尤其是债权行为(契约及单独行为)的成立、标的、效力等(第 294 条规定的债权让与,性质上属处分行为,准物权行为);债编分则规定各种债权契约。物权编规定物权行为(第 758 条、第 761 条)。亲属编规定身份亲属上行为(如订婚、结婚、离婚、收养、认领)。继承编规定继承行为(如抛弃继承、遗嘱)。

四、体系构成与案例解说

兹将权利及法律行为、请求权图示如下:

(一)体系构成:负担行为与处分行为:民法的任督二脉

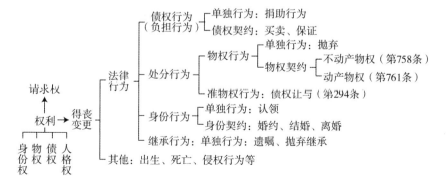

权利及法律行为的体系构成有如金字塔,愈接近上层部分,愈为抽

象,适用范围愈广;愈接近下层部分,愈为具体,适用范围愈窄。民法的规定虽由抽象到具体,但处理具体案例时,需反其道而行之,由具体到抽象。在此体系中,区别债权及物权,债权行为(负担行为)与物权行为(处分行为),最属重要。第758条第1项规定:"不动产物权,依法律行为而取得、设定、丧失及变更者,非经登记,不生效力。"所称法律行为指物权行为,包括物权契约和单独行为。第761条第1项规定:"动产物权之让与,非将动产交付,不生效力。但受让人已占有动产者,于让与合意时,即生效力。"其让与合意指物权契约而言。

(二)案例解说

> 甲向乙借款,以口头约定以其土地设定抵押权担保债权。其后甲拒不办理抵押权之设定,问乙得主张何种权利?

1981年台上字第453号判例谓:"不动产抵押权之设定,固应以书面为之。但当事人约定设定不动产抵押权之债权契约,并非要式行为。若双方就其设定已互相同意,则同意设定抵押权之一方,自应负使他方取得该抵押权之义务。"所谓使他方取得该抵押权,即在成立物权契约,可资参照。本件判例区别"约定设定不动产抵押权之债权契约"及"设定不动产抵押权之物权行为(物权契约)"。明辨债权行为与物权行为,实值肯定。负担行为与处分行为是民法上的任督二脉,必须打通,始能登入民法殿堂。①

兹再举一例说明如下:

> 甲赠与10岁的乙A、B、C三件玩具,乙自将A玩具借予6岁的丙,将B、C两件玩具赠与8岁的丁。试问其法律关系如何?

在本题,首先需明辨的是债权行为与物权行为。甲赠与乙A、B、C三件玩具,系属债权契约,其标的虽属多数之物,但赠与契约乃为一个,易言之,债权契约(如赠与、买卖)得以多数之物为其内容。甲将A、B、C三件交付乙,依让与合意移转其所有权,则系作成三个动产所有权让与的物权行为,因为一个所有权,仅能存在于个别之物,而不能存在于多数之物。准此以言,乙将A玩具借予丙,仅有债权行为(使用借贷),将B、C两

---

① 关于负担行为与处分行为的意义及区别,参见拙著:《民法总则》,北京大学出版社2022年重排版,第257页。

件玩具赠与丁,并为交付,则有一个赠与契约,两个物权行为。为便于观察,图示如下:

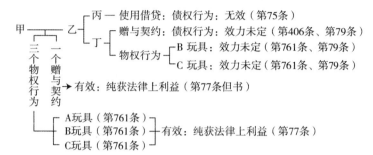

关于当事人间的法律关系,应先予认定的是,当事人间法律行为的效力。乙系限制行为能力人,但因赠与及受让所有权系纯获法律上利益(第77条但书),其赠与契约及三个物权行为均属有效,乙取得A、B、C三件玩具的所有权。乙将A玩具借予6岁之丙,丙系无行为能力人,其使用借贷契约无效(第75条)。在乙与丁之间,丁系限制行为能力人,对丁而言,关于B、C两件玩具的赠与及所有权的移转,虽系纯获法律上利益,但乙为限制行为能力人,其法律行为效力未定。

就请求权基础言,在乙与丙间,因使用借贷契约无效,乙得主张所有物返还请求权(第767条第1项),或占有的不当得利返还请求权(第179条)。在乙与丁间,乙的法定代理人承认乙的法律行为时,确定发生效力,丁基于有效的物权行为取得B、C两件玩具的所有权,并以赠与为其法律上之原因。设乙的法定代理人拒予承认时,其法律行为确定不生效力,乙系所有人,丁为无权占有人,乙得依第767条之规定,请求返还B、C两件玩具。又丁占有B、C两件玩具,受有利益,致乙受损害,无法律上之原因,亦应依第179条规定负返还责任。

第二款　请求权基础方法的功用[①]

为何要学习请求权基础方法?为何如此强调请求权基础方法?请求权基础方法究具何种功用?前在相关部分略有说明,分四点综合言之:

[①] Medicus/Peterson, Bürgerliches Recht; Jan Schapp, Methodenlehre des Zivilrechts, S. 38 f.

1. 法之适用:法律思维的核心在于法律适用,请求权基础是理解法律、适用法律的中心概念,并使民法易于学习,利于教学研究。

2. 整合民法:请求权具有整合民法各编规定、处理具体案例的功能。例如甲出卖某车予乙并移转其所有权,乙支付价金10万元,其后甲以受胁迫为由,撤销买卖契约及让与该所有权的物权行为时,甲得对乙请求返还该车所有权的规范基础(请求权基础)为第767条第1项前段:"所有人对于无权占有或侵夺其所有物者,得请求返还之。"乙得向甲请求返还其所支付10万元价金的请求权基础为第179条前段:"无法律上之原因而受利益,致他人受损害者,应返还其利益。"兹为便于理解,简约文字,图解如下(请查阅相关条文):

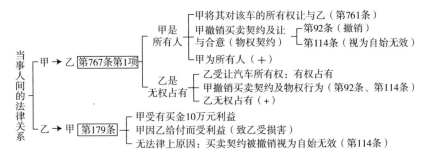

3. 联结实体与程序:"最高法院"1997年台上字第3760号判决谓:"本项(编按:'民法'第184条第1项)规定前后两段为相异之侵权行为类型。关于保护之法益,前段为权利,后段为一般法益。关于主观责任,前者以故意过失为已足,后者则限制须故意以背于善良风俗之方法加损害于他人,两者要件有别,请求权基础相异,诉讼标的自属不同。"又"最高法院"2011年台上字第1468号裁定谓:"按不完全给付,系指债务人所为之给付,因可归责于其之事由,致给付内容不符债务本旨,而应负债务不履行损害赔偿之责任;至物的瑕疵担保责任,系指存在于物之缺点,乃物欠缺依通常交易观念或当事人之决定,应具备之价值、效用或质量,所应负之法定无过失责任。二者之法律性质、规范功能及构成要件均非一致,在实体法上为不同之请求权基础,在诉讼法上亦为相异之诉讼标的,法院于审理中自应视当事人所主张之诉讼标的之法律关系定其成立要件。"

前述两个判决强调请求权基础,使民法与诉讼法联结在一起,在实务上具有重大意义。伟大法学家 Windscheid 在其 1856 年发表的著名论文 Die Actio des römischen Civilrechts, vom Standpunkte des heutigen Rechts 中,将诉之行为发展出实体法上请求权的概念,而为《德国民法典》第 194 条所采用。民法上的请求权,除给付之诉以外,尚有形成之诉(如裁判离婚)和确认之诉(如亲子鉴定)。请求权基础回应了诉讼法上的问题。请求权构造使诉讼成为一种论辩,始自诉之提起,得为反驳(抗辩)的论证沟通过程。此种诉讼过程使法院能够集中于请求权基础要件的检查,具有经济效率性,并确保其完整性。

4. 民法发展:请求权基础方法有助于建构民法规范体系,增强对法之理解和适用,结合实体与程序,数十年来已成为理论与实务沟通协力的共同语言,对台湾地区民法的发展作出了有意义的贡献。

第五节　历史方法与请求权方法

处理实例题的主要方法有历史方法(historische Methode)和请求权方法(Anspruchsmethode),分述如下。

第一款　历史方法

历史方法,指就案例事实发生的过程,依序检讨其法律关系。兹举两例说明之:

 1. 甲于 3 月 1 日致函乙,略谓:"愿出售某画,价金 100 万元,乙须于 3 月 10 日前函复。"该信于 3 月 3 日送达乙。乙于 3 月 7 日函复,决定购买该画,于 3 月 9 日送达甲。甲于 3 月 4 日获知丙愿以 120 万元购买该画,当即致函乙,表示撤回前函,该函于 3 月 6 日送达乙。问甲与乙间之买卖契约是否成立。

依历史方法,本题的处理步骤如下:
(1)甲于 3 月 1 日致函乙,表示出卖某画,视为要约。
(2)甲的信函于 3 月 3 日送达乙,要约生效(第 95 条第 1 项),使受领人乙处于得予承诺的地位(要约实质拘束力)。
(3)甲于 3 月 4 日再致函乙,表示撤回前函,该函于 3 月 6 日送达乙。依第 95 条第 1 项但书规定,要约之撤回通知须与要约同时或先时到达,始生效力,甲的撤回通知系在要约生效之后,始行到达乙,故不发生撤回之效力。又第154条第1项规定,契约之要约人因要约而受拘束。所谓因要约而受拘束,指要约之不可撤销性,即要约生效后,要约人不得废止或变更其要约(要约形式拘束力)。准此以言,甲的"撤回前函",纵解释为"撤销要约",因甲未预先声明不受拘束,依其情形或事件之性质,亦不足认当事人无受其拘束之意思(第154条第1项但书),故甲要约的效力,仍不因此而受影响。

(4)乙于3月7日函复决定购买某画,是为承诺。

(5)乙之承诺,于3月9日送达而生效,并于承诺期间内到达相对人。

(6)结论:甲以100万元出卖某画之要约,与乙之承诺内容一致,甲与乙间之买卖契约成立(第345条、第153条)。

需说明的是,在上揭例题,倘所提出的问题为:乙是否得向甲请求交付某画,并移转其所有权时,依历史方法,其解题步骤仍如上述,只是在结论上有所不同而已,即:甲与乙就标的物及其价金互相同意,买卖契约成立,故乙得依第348条第1项之规定,向甲请求交付某画,并移转其所有权。

2. A于4月1日借某名贵照相机给B,B于4月3日擅行让售该照相机于善意的C,C再将之让售恶意的D,并即交付之。问D是否可以取得该照相机的所有权。

依历史方法,本题的处理步骤如下:

(1)A于4月1日借某照相机给B,A与B间成立使用借贷契约,B为直接占有人,A为间接占有人。A仍为该照相机之所有人。

(2)B于4月3日擅行让售该照相机于善意的C,B与C间之买卖契约虽属有效,但关于该照相机所有权之移转,系属无权处分,效力未定(第118条第1项)。唯C系以该照相机所有权之移转为目的,而善意受让该照相机之占有,纵B无让与之权利,C之占有仍受法律之保护,而取得该照相机之所有权(第801条、第948条)。

(3)C因善意取得该照相机的所有权,已如上述,故其让与该照相机所有权给D,系属有权处分,D虽明知B无权处分之情事,仍能取得其所有权。

(4)结论:B无权处分A所有之照相机,C善意取得其所有权,将之让与 D,系属有权处分,D 虽属恶意,仍取得其所有权。

需注意的是,在上揭例题,倘所提出的问题为:A 得否向 D 请求返还照相机时,依历史方法,其解题步骤仍如上述,只是在结论上有所不同而已,即,B 无权处分 A 所有的照相机,由 C 善意取得之,A 既丧失该照相机之所有权,不得依第 767 条之规定,向 D 请求返还。

第二款　请求权方法

请求权方法,系指处理实例应以请求权基础(Anspruchsgrundlage,或称为请求权规范基础,Anspruchsnormengrundlage)为出发点。此说认为,关于非以请求权关系为内容的实例题,虽可采取历史方法,但关于"以请求权关系为内容"的实例,则应采用请求权方法,兹以上举两例加以说明,裨益对照。

一、买卖名画

在甲出卖某画给乙之例,倘所提出的问题为:乙得向甲主张何种权利时,依请求权方法,首应探寻支持乙向甲主张其请求权的法律规范(请求权基础),其解题步骤如下:

(1)依第 348 条之规定,买受人得向出卖人请求交付其物,并移转其所有权。乙依此规定向甲请求时,须以甲与乙间的买卖契约成立为前提。应检讨的是,当事人是否就标的物及其价金已互相表示一致。

①甲之要约。甲于 3 月 1 日致函乙,表示出卖某画,视为要约,并于 3 月 3 日到达乙因而生效(第 95 条第 1 项)。甲于 3 月 4 日再致函乙,表示撤回前函,于 3 月 6 日到达,依第 95 条第 1 项但书之规定,要约之撤回通知须与要约同时或先时到达,始生效力。甲之撤回通知系在要约生效之后,始行到达乙,故不发生撤回之效力。又第 154 条第 1 项规定契约之要约人因要约而受拘束。所谓因要约而受拘束,系指要约之不可撤销性,即要约生效后,要约人不得废止或变更其要约(要约之形式拘束力)。准此言,甲之"撤回前函",纵解释为"撤销要约",因甲未预先声明不受拘束,依其情形或事件之性质,亦不足认当事人无受其拘束之意思(第 154 条第 1 项但书),故甲要约之效力,仍不受其影响。

②乙之承诺。乙于 3 月 7 日函复决定购买某画,是为承诺,于 3 月 9 日到达而生效,并于承诺期间内到达相对人。

(2) 甲以 100 万元出卖某画之要约,与乙之承诺内容一致,甲与乙间之买卖契约有效成立,故乙得依第 348 条第 1 项之规定,向甲请求交付某画,并移转其所有权。

二、出卖他人照相机与无权处分

在上揭 B 擅行让售 A 借贷的照相机于善意的 C,而 C 转售于知情的 D 之例,倘所提出的问题为:A 得否向 D 请求返还其物时,依请求权方法,解题步骤如下:

(1) A 得依第 767 条之规定向 D 请求返还其照相机,此需 A 为该照相机之所有人,D 为无权占有。

① A 是否为该照相机的所有人? A 于 4 月 1 日借某照相机给 B,A 与 B 间成立使用借贷契约,B 为直接占有人,A 为间接占有人,A 仍为该照相机之所有人。B 于 4 月 3 日擅行让售该照相机于善意的 C,B 与 C 间之买卖契约虽属有效,但关于该照相机所有权之移转,系属无权处分,效力未定(第 118 条第 1 项)。唯 C 系以该照相机所有权之移转为目的,而受让该照相机之占有,纵 B 无让与之权利,C 之占有仍受法律之保护,而取得该照相机之所有权(第 801 条、第 948 条)。A 对该照相机的所有权因而消灭。

② D 是否无权占有? C 因善意受让而取得该照相机之所有权,已如上述,其后 C 将该照相机之所有权让与 D,系属有权处分,D 虽知 B 无权处分 A 照相机之情事,仍能取得其所有权,其占有该照相机,为有权占有。

(2) A 因 B 无权处分其照相机所有权,由 C 善意取得,而失其照相机所有权。D 自 C 取得该照相机之所有权,非属无权占有,A 不得依第 767 条之规定向 D 请求返还该照相机。

第三款 请求权方法与历史方法的比较

一、解题方法的比较

关于以请求权关系为内容的实例,究应采用历史方法或请求权方法,不是"对""错"的问题,而是何者较合目的性。就此以言,应以请求权方法较为可采,试举一例加以说明:

甲的电视机发生故障,于 5 月 1 日晚以电话请经营电器行的乙前来修理,乙即允之,并于 5 月 2 日晨派技工丙前往。丙修理完毕,离去之际,发现客厅桌上有一枚钻戒,趁无人注意而窃之。问甲对乙得否请求损害赔偿?(请先自行采历史方法、请求权方法解答。)

依历史方法,本题处理的步骤为:

(1)甲于 5 月 1 日晚,以电话请经营电器行之乙前来修理故障电视机,系属要约,因乙之了解而发生效力(第 94 条)。

(2)乙对甲之要约即为允之,系属承诺,因甲之了解而生效力,甲与乙间之承揽契约有效成立(第 490 条、第 153 条)。

(3)乙于 5 月 2 日晨派丙前往修理,系以丙为使用人履行其债务。

(4)丙修理电视机完毕,离去之际,窃取甲之钻戒,系故意不法侵害甲之所有权,甲得向丙请求损害赔偿(第 184 条第 1 项前段)。

(5)甲得否向乙请求损害赔偿,应视其受雇人丙是否因"执行职务",不法侵害甲之权利(第 188 条第 1 项)。丙系被派前往甲处修理故障电视机,其窃取甲之钻戒与其修理电视机,客观上并无内在之关联,非属执行职务之行为,因不符合第 188 条第 1 项之要件,故乙对丙不法侵害甲的权利,不负连带损害赔偿责任。

(6)甲对乙无损害赔偿请求权。此项依"历史方法"所为检讨而获得的结论,系甲对乙并无损害赔偿请求权。就案例事实而言,甲得向乙请求损害赔偿之请求权基础为第 188 条之规定,而其关键问题在于丙窃取甲之钻戒,是否为执行职务之行为。关于此点,应采否定说,盖窃取物品与修理故障电视机之间客观上并无任何关联。乙无须与其受雇人丙连带负损害赔偿责任。由是可知,本题的处理,采"历史方法"从头依时间顺序,于 1~3 阶段检讨承揽契约是否成立实无必要,因其与乙或丙应否负损害赔偿责任无关。倘采"请求权方法",则可直接针对所提出的问题作答,而省略 1~3 阶段的论述。

二、请求权方法的目的性

据上所述,实例解题采"请求权方法",较合目的性,理由有三①:

(1)实务需要:在诉讼上所争执的,多属一方当事人有无某种作为或不作为的义务,请求权方法适合实务的需要。

(2)经济原则:请求权方法有助于针对问题作答,避免重复,得集中检讨各种可能成立请求权基础的要件。

(3)检验思路过程:可从法律的立场去思考问题,避免个人主观的价值判断及未受节制的衡平思想,而能有可供检验的思考过程。

需说明的是,初习者常用历史方法。请求权方法要整合相关条文,需要更多的训练,提升处理案例的能力。

三、请求权方法与历史方法的并用

请求权方法并不排除历史方法。在请求权方法的架构上,历史方法亦有应用的余地,尤其是在需要认定契约是否成立、所有权是否变动的情形。在前举买卖名画的案例,为检讨甲得否向乙请求交付其物并移转其所有权,需依历史方法认定买卖契约是否成立。在借用照相机的案例,为检讨 A 得否对 D 请求返还其物,得在请求权基础上依历史方法认定该照相机所有权的归属。

兹参照出卖他人照相机与无权处分案例,将请求权方法与历史方法并用,图示如下:

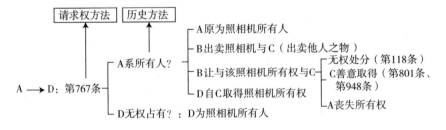

---

① 参见 Medicus, Bürgerliches Recht, 17, Aufl., 1996. 关于此种方法的争论,参见 Grossfeld, JZ 1992, 22 ff; Schapp, JuS 1992, 537; Meincke, JZ 1988, 1095.

第六节　请求权基础的探寻与检查

第一款　法律问题与请求权基础探寻

请求权基础的模式为"谁得向谁,依据何种法律规范,有所主张"。法律问题的发生缘起于具体案例的一方当事人对他方当事人有所主张,而启动了探寻得支持其所为主张的请求权基础。所谓有所主张,例如买受人向出卖人请求交付某物,并移转其所有权;车祸被害人向加害人请求财产上或非财产上的损害赔偿。分为六类简要说明:一是契约上给付请求权;二是返还请求权;三是损害赔偿请求权;四是补偿及求偿请求权;五是支出费用偿还请求权;六是不作为请求权。分述如下:

一、契约上给付请求权

此为基于一定契约而生请求某种给付的权利,如基于买卖契约,买受人得请求出卖人交付其物,并移转其所有权(第348条),出卖人得请求买受人交付约定价金及受领标的物(第367条);基于承揽契约,定作人得请求承揽人完成一定之工作,承揽人得请求定作人给付报酬(第490条)。

二、返还请求权

(一)物之返还请求权

(1)物上请求权。①所有物返还请求权(第767条第1项)。②盗赃或遗失物恢复请求权(第949条以下)。③占有物返还请求权(第962条)。

(2)债权请求权。①借用物返还请求权(第470条)。②租赁消灭后租赁物返还请求权(第455条)。③契约解除后给付物返还请求权(第259条)。④占有之不当得利返还请求权(第179条)。⑤所有权的不当得利返还请求权(第179条)。

(二)用益的返还

所谓用益,除孳息外,尚包括因物的使用或权利的行使而取得的一切利益在内。其主要者有:①不当得利受领人除返还其所受利益外,如本于该利益更有所取得者,并应返还。所谓更有所取得,兼括用益在内(第181条)。②恶意占有人偿还孳息之义务(第958条)。

三、损害赔偿请求权

损害赔偿请求权,散见"民法"各编,在实务上最为重要,将于下文加以说明。

四、补偿及求偿请求权

(1)代偿请求权(第225条第2项)。

(2)让与请求权(第218条之1)。

(3)不当得利上之代偿请求权:不当得利之受领人,除应返还其所受之利益外,如本于该利益更有所取得者,并应返还(第181条)。所谓"更有所取得",包括原物之代偿,如甲无法律上原因受领乙给付的机车所有权,倘该机车为丙所毁损而赔以他车时,则乙对该赔偿物亦有返还请求权。但不包括依法律行为所取得的对价,如在上例,倘甲将该机车与丙的电脑互易时,乙对该电脑无返还请求权。①

(4)连带债务人之求偿权(第281条、第188条第3项)。

五、支出费用偿还请求权

(1)受任人处理委任事务所支出必要费用之偿还请求权(第546条)。

(2)受寄人因保管寄托物而支出必要费用之偿还请求权(第595条)。

(3)债权人受领迟延者,债务人得请求其赔偿提出及保管给付物之必要费用(第240条)。

(4)无因管理人之支出费用偿还请求权(第176条)。

(5)善意占有人因保存占有物所支出之必要费用,得向恢复请求人请求偿还,但已就占有物取得孳息者,不得请求偿还通常必要费用(第954条)。善意占有人,因改良占有物所支出之有益费用,于其占有物现存之增加价值限度内,得向恢复请求人请求偿还(第955条)。

(6)恶意占有人,因保存占有物所支出之必要费用,对于恢复请求人,得依关于无因管理之规定,请求偿还(第957条)。

---

① 参见拙著:《不当得利》(第二版),北京大学出版社2015年版,第248页。

六、不作为请求权

(1) 债权请求权。不作为亦得为给付(第199条第3项),故当事人以不作为为契约之标的,例如不参加拍卖之竞买,夜间不弹奏钢琴者,债权人即有不作为之请求权。①

(2) 物上请求权。所有人对于有妨害其所有权之虞者,得请求防止之(第767条第1项)。此项规定于所有权以外之物权准用之(第767条第2项)。又占有人于其占有有被妨害之虞者,亦得请求防止之(第962条)。

上揭各种请求权基础,以损害赔偿请求权在实务上最属常见。为期掌握了解,请读者查阅"民法"全部条文,找出所有关于损害赔偿的规定,依一定的观点(如过失责任或无过失责任),加以整理、分析、归类,组成体系。关于损害赔偿等请求权基础的检查,得依契约、无权代理等类似契约关系、物权关系、无因管理、不当得利、侵权行为等次序为之。

损害赔偿(第213—218条)
- 契约
  - 履约请求权(如保险契约)
  - 债务不履行(第226、231条等)
- 类似契约关系:无权代理(第110条)、缔约上过失(第245条之1)
- 物权关系:第782、953、956条等
- 无因管理:第174、175条
- 不当得利:第182条第2项
- 侵权行为:第184—198条
- 身份关系等:第978、979、1056、1109条

第二款 请求权基础的检查

第一项 请求权基础的检查次序

一、思考模式

某甲有时值2万元之玉石,寄存乙处,乙擅行作为己有,以12万

---

① 参见拙著:《契约上的不作为义务》,载《民法学说与判例研究》(第八册),北京大学出版社2009年版,第86页。

元让售于知情之丙，丙雕刻成精致玉壶，以30万元让售于恶意之丁。

本案例涉及"多数"当事人，并包含"多数"请求权基础，在解题方法上具有意义。其问题的提出有"多种"方法：

1. 甲得否向乙请求损害赔偿；请求交付12万元；或甲得对乙行使何种权利？
2. 甲得否向丙请求交付30万元，或甲得对丙行使何种权利？
3. 甲得否向丁请求交付玉壶？
4. 当事人间法律关系如何？
5. 问题提出的模式虽有不同，但解题思考上均在探寻一个可以支持"谁得向谁""有所请求"（损害赔偿、交付价金、返还玉石）的法律规范。此种请求权基础，原则上应依下列次序加以检查（请查阅相关条文）：

> (1) 契约上请求权。
> (2) 缔约过失等类似契约关系上请求权。
> (3) 无因管理上请求权。
> (4) 物权关系上请求权。
> (5) 不当得利请求权。
> (6) 侵权行为损害赔偿请求权。
> (7) 其他请求权。

前揭玉石案例的请求权基础涉及两个问题：谁对谁？有何请求权？其检查的次序图示如下：

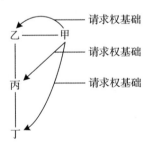

二、请求权基础的检查次序

请求权基础的检查次序不是"对""错"的问题，乃基于目的性的考虑,即尽量避免于检讨某特定请求权基础时,需以其他请求权基础作为前提问题。依具体案例的内容,亦得先检查物权关系,尤其是所有权的变动。但基本上宜依前揭次序,其主要理由系尽量避免于检讨某特定请求权基础时,受到前提问题的影响。

兹举一例加以说明:"甲将某花瓶交乙无偿保管,因乙未尽善良管理人之注意而灭失,问甲得否向乙请求损害赔偿。"倘先以第184条第1项前段规定为请求权基础而检讨时,势必遇到一个前提问题,即无偿受寄人是否对任何过失均需负责,因此契约责任乃成为侵权责任的前提问题。第590条规定:"受寄人保管寄托物,应与处理自己事务为同一之注意,其受有报酬者,应以善良管理人之注意为之。"此项无偿受寄人仅就具体过失负责的规定,对了侵权行为的成立亦有影响,即无偿受寄人亦仅于未尽与处理自己事务为同一注意,始需依侵权行为规定,负损害赔偿责任。因此倘先检讨侵权行为损害赔偿请求权基础,必须同时检讨寄托契约是否成立、受寄人的注意程度等问题,不免造成重复。反之,倘先检讨契约上请求权基础,即可避免此项困扰。①

第二项　请求权基础的检查

一、契约上请求权

之所以要先检讨契约上的请求权,因契约关系的存在对其他请求权有所影响。关于契约上的请求权,应区别原给付请求权及次给付请求权,分述如下:

(一)原给付请求权

原给付请求权指因契约成立而发生的给付请求权,又称为履行请求权,例如买受人得向出卖人请求交付其物并移转其所有权,出卖人得向买受人请求支付价金,受领标的物。

(1)对无因管理言,契约系属前提问题。无因管理指未受委任,并无义务,而为他人管理事务。倘当事人间有委任、雇佣或其他契约存在

---

① 第434条规定:"租赁物因承租人之重大过失,致失火而毁损、灭失者,承租人对于出租人负损害赔偿责任。"1933年上字第1311号判例谓:"租赁物因承租人失火而毁损灭失者,以承租人有重大过失为限,始对出租人负损害赔偿责任,第434条已有特别规定。承租人之失火,仅为轻过失时,出租人自不得以侵权行为为理由,依第184条第1项之规定,请求损害赔偿。"

时,即无成立无因管理的余地。

(2)对第767条所规定所有物返还请求权言,契约亦属前提问题。倘当事人基于契约关系而占有某物,则属有权占有,所有人即不得请求返还其物。如甲出租某屋给乙,乙违约转租给丙,在甲终止其与乙的租赁契约前,不得向丙请求返还其物,盖丙占有该屋系基于其与乙的租赁契约,而乙与甲又有租赁契约,不构成无权占有。

(3)对不当得利请求权言,契约亦属前提问题。不当得利乃无法律上原因而受利益,致他人受损害。倘当事人间有契约关系存在,则一方因他方之给付受有利益,有法律上之原因,自不成立不当得利。

(4)对侵权行为损害赔偿请求权言,契约亦属前提问题。关于此点,前已论及,兹再举一例以明之:甲赠与乙汽车一部,刹车失灵,甲疏于注意未能发现,乙遭受车祸,身受重伤。依第411条规定:"赠与之物或权利如有瑕疵,赠与人不负担保责任,但赠与人故意不告知其瑕疵或保证其无瑕疵者,对于受赠人因瑕疵所生之损害,负赔偿之义务。"此项减轻赠与人责任的规定,对于侵权行为的成立,亦有影响。易言之,即受赠人需证明赠与人系故意不告知其瑕疵或保证其无瑕疵时,始能请求损害赔偿。

(二)次给付请求权

次给付请求权主要指:①契约债务不履行的损害赔偿请求权,尤其是不完全给付而生的请求权(第227条、第227条之1),此常与侵权行为发生竞合关系,应先于侵权行为损害赔偿请求权加以检查。②解除契约后回复原状请求权(第259条),此常发生与债务不履行请求权并存的问题。第260条规定:"解除权之行使,不妨碍损害赔偿之请求。"

二、缔约过失等类似契约关系上请求权

应检讨的是所谓"类似契约关系上请求权"(Anspruch aus vertragsähnlichen Verhältnissen)。此类请求权的主要发生事由有三:

(1)缔约上过失(第245条之1)。

(2)无权代理(第110条)。

(3)契约以不能之给付为标的而无效(第246条、第247条)。

此类请求权因与缔约有关,故在学说上称为类似契约关系之请求权。

三、无因管理上请求权

应再检讨的是无因管理上请求权。

(1)对不当得利而言,无因管理系前提问题。如甲未受委任,并无义务,为乙代缴逾期不缴的税捐2万元,乙虽受有利益,仍不成立不当得利,盖甲的无因管理,为乙受有利益的法律上原因。于此情形,甲仅能依第176条第1项之规定,向乙请求返还因代缴税捐而支出的费用。

(2)对侵权行为而言,无因管理亦属前提问题,因适法之无因管理得阻却违法。如甲的邻人乙以贩鱼为业,每晨必担鱼赴市。某晨,乙将房屋锁好,置一担鱼于门前,而人不知去向,久未归来,时烈日当空,鱼有腐烂之虞,甲即将鱼携往市集出售。于此情形,甲虽故意侵害乙的所有权,但不具违法性,仍不成立侵权责任,盖甲贩售乙之鱼,其管理事务利于本人,并不违反本人明示或可得推知之意思,可阻却违法。

四、物权关系上请求权

物权关系上请求权,尤其物上请求权(特别是第767条所有物返还请求权),应先于不当得利或侵权行为损害赔偿请求权加以检讨,其主要理由系此项请求权均与物权(尤其是所有权)的变动具有密切关系。例如甲于5月1日向乙购买某新型手机,价金3万元,约定于5月3日交付,届期甲已付款,但乙表示拟借用3日,甲允之(第761条第2项,占有改定)。乙于5月5日擅将该手机让售于丙。在此情形,甲得否向乙主张不当得利或侵权行为损害赔偿请求权,端视丙是否取得该手机所有权而定。

五、不当得利请求权

不当得利请求权所以应在契约、无因管理之后加以检讨,是因为此二者均为其前提问题。其所以应在物权关系上请求权之后检讨,乃是因其与物权变动具有密切关系。如甲有棉纱被乙所盗,出卖于恶意之丙,丙纺纱成布。于此情形,甲对于乙出售棉纱所得的价金,并无不当得利请求权,因甲并未因乙之无权处分而丧失其棉纱之所有权,乙虽受有利益,并未"致"甲受损害,故不成立不当得利。唯甲得依不当得利之规定向丙请求偿还价金,因为丙因加工而取得棉纱的所有权,系无法律上之原因而受利益,致甲受损害(第179条、第814条、第816条)。

六、侵权行为损害赔偿请求权

侵权行为损害赔偿请求权所以列后检讨,因其不为其他请求权的前提问题。因此侵权行为损害赔偿请求权得与契约关系上请求权(尤其是债务不履行之损害赔偿请求权)、物权关系上请求权及不当得利请求权竞合并存。

七、其他请求权

"民法"上的请求权,除上述六种外,尚有遗失物拾得人之费用、报酬请求权(第805条);邻地所有人对逾越建筑的土地所有人请求以相当之价额购买越界部分之土地(第796条)等。

第三项 请求权基础通盘依序检查的必要

"民法"上主要请求权基础检查的次序,已详如前述。除所提出的问题指明特定请求权(如甲得否向乙依不当得利之规定请求返还某物所有权)外,原则应依上列次序,通盘检讨各项请求权基础,切勿凭直觉任意寻找一个请求权基础而作答,主要理由有三:

(1)可以借此养成邃密深刻的思考。

(2)可以避免遗漏。

(3)可以确实维护当事人之利益。因为各个请求权的构成要件、时效、举证责任及法律效果,多有不同,主张何者,关系至巨。如甲有某古玉交乙鉴定,乙死,其子丙将该古玉让售于善意之丁,得价金20万元。甲欲依侵权行为之规定向丙请求损害赔偿时,需证明丙系因"故意或过失"不法侵害其所有权,不无困难。倘甲依不当得利之规定,向丙请求返还其所受之利益(价金20万元)时,即无须证明丙之故意或过失,因不当得利请求权的成立,不以受益人有故意或过失为要件。

设有某人就某案件请教某律师(或某教授),该律师(或教授)回答说:您没有任何请求权。在作此回答前,必须确实检查所有可能的请求权基础。当事人问:确定吗?律师(或教授)深思熟虑后说:确实没有。这一个回答代表多少法律上的自信,可能影响当事人的权益,因为当事人可能不再寻求法律救济而遭受损失。

第七节　请求权与抗辩、抗辩权
——请求权规范与抗辩规范

请求权构造由请求权规范（请求权基础）、辅助规范（辅助建构请求权基础）及抗辩规范所构成。此种规范构造，对于理解法律和法律适用至为重要，前在相关部分已有说明。以下进一步阐释请求权与抗辩的关系。

第一款　抗辩及抗辩权[①]

一、抗辩及抗辩权的意义及区别

当事人一方行使请求权，而相对人拒绝给付时，常在诉讼外或诉讼进行中提出各种抗辩，归纳言之，可分为三种：

(1)权利障碍的抗辩(rechtsverhindernde Einwendung)，即主张对造的请求权，因一定的事由(如契约当事人无行为能力)，自始不发生。

(2)权利毁灭的抗辩(rechtsvernichtende Einwendung)，即主张对造的请求权虽曾一度发生，唯其后因一定的事由(如清偿)，已归于消灭。

(3)抗辩权(Einrede、Einrederecht)，即义务人对权利人行使权利，得拒绝给付的权利，如请求权已罹于时效，而权利人仍为主张时，义务人得行使其消灭时效抗辩权。

前两者为诉讼上的抗辩，后者为实体法上的抗辩权。其主要的不同，在于诉讼上抗辩的效力，既足以使请求权归于消灭，故在诉讼进行中当事人纵未提出，法院亦应审查事实，如认为有抗辩事由存在，为当事人利益，需依职权作有利的裁判。反之，于抗辩权，其效力不过对已存在的请求权，发生一种对抗的权利而已，义务人是否主张，有其自由。义务人放弃抗辩的权利时，法院不得予以审究，唯他方在诉讼上主张时，法院即有审究的义务。

[①] 参见郑玉波：《论抗辩权》，载《台大法学论丛》1982 年第 11 卷第 2 期；梅仲协：《民法要义》，第 29 页；洪逊欣：《中国民法总则》，1976 年修订新版，第 57 页；Jahr, Die Einrede des bürgerlichen Rechts, JuS 1964, 125, 218, 293; Roth, Die Einrede des bürgerlichen Rechts, 1998.

二、权利障碍的抗辩

权利障碍的抗辩,在于主张请求权根本不发生。关于构成权利障碍抗辩的事由,"民法"设有规定,主要者有:①契约不成立(第153条)。②法律行为的当事人为无行为能力人(第75条),限制行为能力人订立契约未得法定代理人之同意(第79条)。③法律行为,违反强制或禁止之规定(第71条)。④法律行为有背于公共秩序或善良风俗(第72条)。⑤法律行为不依法定之方式(第73条)。⑥自始客观给付不能(第246条第1项)。⑦无权代理未得本人之承认(第170条)。

例如16岁的某甲向乙购买机车,价金2万元,甲之父不予承认。在此情形,于乙向甲请求支付约定的价金时,甲得以其所订立的买卖契约,未得法定代理人的承认,不生效力,而提出权利障碍的抗辩,主张乙的价金请求权根本不发生,其无给付的义务。在诉讼进行中,甲纵未为此项主张,法院亦应依职权加以审究。

三、权利毁灭之抗辩

权利毁灭的抗辩,在于主张请求权虽曾一度发生,惟嗣后已归于消灭。足以构成权利毁灭抗辩的主要事由如:①清偿、代物清偿(第309条、第319条)。②提存(第326条)。③抵销(第334条)。④免除(第343条)。⑤混同(第344条)。⑥不可归责于债务人或双方当事人事由的给付不能(第225条第1项、第266条第1项)。⑦撤销权之行使(第88条、第89条、第92条)。⑧权利行使违反诚信原则(第148条第2项),如权利失效(Verwirkung)。①

例如甲向乙购买进口名贵波斯地毯一件,价金20万元,交付前夕,乙店失火,该波斯地毯灭失。于此情形,甲向乙请求给付该波斯地毯时,乙得主张因不可归责之事由,致给付不能,免给付义务(第225条第1项)。乙向甲请求支付约定之价金时,甲亦得主张因不可归责于双方当事人之事由,致乙之给付全部不能,其亦免对待给付义务(第266条第1项)。在诉讼中,甲纵未为此项主张,法院亦应依职权加以审究。

---

① 关于"权利失效",参见拙著:《民法学说与判例研究》(第一册),北京大学出版社2009年版,第154页。

四、抗辩权

抗辩权可分为永久(灭却)抗辩权和一时(延期)抗辩权。前者可使请求权的行使,永被排除,在诉讼上可使原告受驳回的判决,如消灭时效抗辩权(第144条),及对因侵权行为取得债权之拒绝履行权(第198条)。后者,非永久拒绝相对人的请求,仅能使请求权一时不能行使而已,如同时履行抗辩权(第264条)①,及保证人之先诉抗辩权(第745条)。

抗辩及抗辩权在实务上甚为重要,为便于观察,综合整理如下:

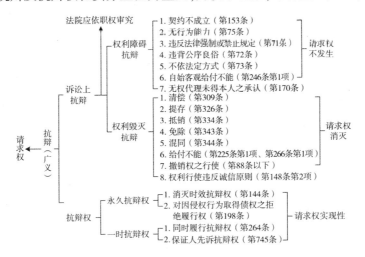

第二款 "请求权"与"抗辩"的对立性②

一方当事人行使请求权,要求相对人为特定的作为或不作为时,相对人得提出各种抗辩,因而形成了"请求权"与"抗辩"的对立。此种"对立性"的思考,是每一个学习法律之人所必须确实掌握的。不仅有助于辩证的思考方法,实务上亦甚重要。

---

① 参见拙著:《同时履行抗辩:第264条规定之适用、准用及类推适用》,载《民法学说与判例研究》(第六册),北京大学出版社2009年版,第108页。

② Medicus, Anspruch und Einrede als Rückgrat einer Zivilistische Lehrmethode, AcP 174 (1974), 313. 此之所谓抗辩系从广义,包括抗辩权。

一、对因侵权行为取得债权的拒绝履行权(第198条)

17岁离婚的某乙,于1980年3月1日,接获古董商甲所寄送清代鼻烟壶价目表,即选购某件鼻烟壶,价金50万元,于3月4日函复,表示购买,并表明应于3月15日于其宅交付,函复于3月6日到达甲处。乙于3月5日改变心意,致函甲表示撤回前函,于3月8日到达甲处。甲于3月7日为承诺的表示,于3月9日到达乙处。乙于3月12日自友人处获知,甲所售之鼻烟壶系属精制仿制品,足以乱真,经确定系受诈欺,唯碍于情面,未即对甲为任何之表示。甲于3月15日送乙所选定之鼻烟壶至乙宅时,发现乙已于3月14日迁往南部,未能交付。甲回程途中,遭遇车祸,致该鼻烟壶灭失。1982年4月1日,甲于偶然机会获知乙之住处,即向其请求支付价金50万元。问乙有无付款之义务。

为使读者能够深入了解"请求权"与"抗辩"对立性的思考,特采对话体的方式,说明如下①:

甲:兹依第367条之规定,请求支付约定的价金50万元。

乙:吾虽于3月4日为要约,但已于3月5日撤回之。买卖契约并未成立,无支付价金之义务。

甲:汝之要约于3月6日到达而生效,撤回的通知于3月8日始行到达,不发生撤回之效力(第95条第1项但书)。

乙:要约纵未能撤回,但系在汝为承诺之前到达,亦发生"撤销"之效果。解释意思表示应探求当事人之真意(第98条),3月8日到达之通知,应解释为撤销要约。

甲:契约之要约人,因要约而受拘束,要约一经到达相对人,要约人不得反悔,再为撤销或变更(要约形式效力,第154条第1项本文)。

乙:订约之际,吾仅17岁,为限制行为能力人(第13条第2项),未得法定代理人之允许,所订立之契约,须经法定代理人之承认,始生效力(第79条)。此项买卖契约未经法定代理人承认,不生

---

① 因读柏拉图的 The Laws 一书,获得灵感,而采此对话体。

效力。

汝明知鼻烟壶系属仿制品而出售,系故意欺罔他人使陷于错误而为意思表示。吾今撤销此项受诈欺而为之意思表示(第92条)。买卖契约经撤销者,视为自始无效(第114条第1项),吾仍无支付价金之义务。

甲:因被诈欺而为意思表示之撤销,应于发现诈欺后1年内为之。汝于1980年3月12日知悉诈欺之事,已逾1年,撤销权因除斥期间经过而消灭(第93条)。

乙:因不可归责于双方当事人之事由,致一方之给付全部不能者,他方免为对待给付之义务。汝应为给付之鼻烟壶既已于车祸灭失,汝因不归责之事由,免给付之义务(第266条),吾亦不必为对待给付。

甲:吾于约定之日期(3月15日),至汝宅提出给付,汝不能受领,应负受领迟延责任(第234条)。通说认为,在债权人受领迟延中,因不可归责于双方当事人之事由,致给付不能者,应解为系可归责于债权人之事由致给付不能,债务人仍得请求对待给付(第267条),故汝仍有支付约定价金之义务。

乙:汝以仿制品伪称真品出售,故意欺罔他人,系故意以背于善良风俗之方法加损害于他人,构成侵权行为(第184条第1项后段),应负恢复损害发生前原状之义务(第213条)。吾今即请求废止汝因诈欺而取得之债权。

甲:因侵权行为所生之损害赔偿请求权,自请求权人知有损害及赔偿义务人时起,2年间不行使而消灭(第197条第1项)。汝于1980年3月12日知悉受诈欺之事,已逾2年,损害赔偿请求权及废止债权请求权已罹时效,归于消灭。

乙:依第198条之规定,因侵权行为对于被害人取得债权者,被害人对该债权之废止请求权,虽因时效而消灭,仍得拒绝履行。吾之废止债权请求权,虽因时效而消灭,仍得主张此项拒绝履行之权利。

综据上述,甲得依第367条之规定,请求乙支付价金50万元。乙得依第 198 条之规定拒绝履行。①

为便于观察问题争点,兹将甲的请求权与乙的抗辩,以下列结构表示之:

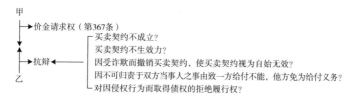

二、消灭时效

(一)消灭时效与除斥期间

甲向乙购买某汽车,交付后第 5 个月发现该车的刹车机件及冷气系统具有缺陷,甲通知乙,请求修缮,乙置之不理。于 2 个月后甲向乙请求减少价金,乙主张,依第 365 条之规定,甲的请求权已因 6 个月除斥期间经过而消灭。甲则主张该条所定 6 个月系属时效期间,因请求而中断。试问应如何处理?

本题涉及消灭时效与除斥期间的区别及判断标准。消灭时效,指因权利不行使所造成的无权利状态,继续达一定的期间,致其请求权消灭,使对方发生拒绝履行的抗辩权。除斥期间乃权利预定存续的期间,故亦称预定期间。其主要区别实益之一,在于除斥期间无所谓中断或不完成。二者如何判断,常滋疑义。通常法律规定有请求权因若干年"不行使而消灭"(如第 197 条第 1 项)或"因时效而消灭"的字样时,属于消灭时效,仅有"经过×年而消灭"的字样时,则为除斥期间(如第 90 条)。依第 365 条第 1 项之规定,买受人因物有瑕疵,而得解除契约或请求减少价金者,其解除权或请求权,于物之交付后 6 个月间不行使而消灭。"最高法院"判例及多数学者认为契约解除权为形成权之一种,其 6

---

① 第 198 条立法理由书谓:"查'民律草案'第 977 条理由谓因侵权行为,对于被害人取得债权,例如因诈欺而对于被害人使为债务约束时,被害人对于加害人,有债权废止之请求权。然在请求权有因时效而消灭者,以原则论,既已消灭,则被害人不能据此请求权提出抗辩,以排斥债权人履行之请求。然以此办理,不足以保护被害人,故本条特设例外之规定,使被害人于债权废止之请求权因时效消灭后,仍得拒绝债务之履行也。"可资参照。

个月期间为除斥期间①,减少价金请求权,亦同。由此可知,消灭时效或除斥期间的认定,除法条字样外,仍需斟酌其立法意旨以断之。在本件案例,甲对乙的减少价金请求权已因除斥期间经过而消灭,乙得为权利消灭的抗辩。

(二) 所有人物上请求权与消灭时效

甲在其所有的山坡地,建筑小别墅,未办理登记,别墅中置有冰箱等。甲生病,乙无权占用达15年。甲病故,其继承人丙回来,向乙请求返还,乙以丙的请求权已罹于时效而为抗辩,有无理由?

第125条规定,请求权,因15年间不行使而消灭,但法律所定期间较短者,依其规定。本条所称请求权包括一切债权请求权,是否包括基于所有权而生的请求权(第767条),"最高法院"向采肯定说,1953年台上字第786号判例谓:"第125条所称之请求权,包括所有物返还请求权在内,此项请求权之消灭时效完成后,虽占有人之取得时效尚未完成,占有人亦得拒绝返还,该条只规定请求权因15年间不行使而消灭,对于所有物返还请求权既无特别规定,则不动产所有物返还请求权之消灭时效,自不以该不动产未经登记为其适用要件……"唯"司法院"大法官释字第107号解释谓:"已登记不动产所有人之恢复请求权,无第125条消灭时效规定之适用。"又依释字第164号解释:"已登记不动产所有人之除去妨害请求权,不在本院释字第107号解释范围之内,但依其性质,亦无第125条消灭时效规定之适用。"准此,关于本件所有物返还请求权的消灭时效,分三种情形言之:

(1) 关于冰箱的返还请求权,适用第125条之规定。
(2) 关于已登记的土地的恢复请求权,不适用第125条之规定。
(3) 关于未登记小别墅的返还请求权,仍应适用第125条,因15年间不行使而消灭,惟甲占用小别墅,同时构成对土地的无权占有,丙为回复

---

① 1933年上字第716号判例谓:"'民法'所定之消灭时效,仅以请求权为其客体,故就形成权所定之存续期间,并无时效之性质。契约解除权为形成权之一种,第365条第1项所定6个月之解除权存续期间,自属无时效性质之法定期间。"郑玉波:《民法债编总论》,第54页;梅仲协先生认系消灭时效(《民法要义》,第155页)。

其地,得请求乙搬离小别墅。①

(三)消灭时效的起算与中断

　　会计师甲于 1979 年 2 月 5 日为乙处理税务案件,应收报酬 15 万元。于 1981 年 1 月 5 日查账时发现尚有余款 5 万元未收,即于 1981 年 1 月 10 日致函乙催收。乙于 1981 年 2 月 2 日函复表示因一时周转困难,请求延期。甲于 1981 年 12 月 30 日起诉,请乙付款。乙主张甲的报酬请求权,已因时效而消灭,有无理由?

会计师甲请求处理委任事务报酬的法律基础为第 547 条。依第 127 条第 5 款之规定,会计师的报酬请求权因 2 年间不行使而消灭,并自其可行使时起算(第 128 条)。② 依此,甲的报酬请求权应于 1981 年 2 月 5 日罹于时效。惟消灭时效得因特定事由而中断(第 129 条)。时效中断者,自中断之事由终止时起,重行起算(第 137 条)。甲于 1981 年 1 月 10 日催收款项,其报酬请求权虽因此项请求而中断(第 129 条第 1 项第 1 款),但时效因请求而中断者,若于请求后 6 个月内不起诉,视为不中断(第 130 条)。甲于 1981 年 12 月 30 日始起诉,已逾 6 个月,不生中断时效的效果。惟消灭时效亦可因义务人之承认而中断(第 129 条第 1 项第 2 款)。乙于 1981 年 2 月 2 日请求延期,系承认甲的报酬请求权。承认不需再行起诉,可绝对地发生中断效力,其时效应自承认时重新起算,故甲的请求权需至 1983 年 2 月 2 日始因其不行使而消灭。甲于 1981 年 12 月 30 日诉请支付报酬,其请求权仍未因时效而消灭。乙主张消灭时效抗辩权为无理由。

---

　　① "最高法院"1994 年第 7 次民事庭会议,院长提议:子为土地及地上未办理所有权第一次登记之建物所有人,因该建物前经丑无权占有逾 15 年以上,致子对该建物之恢复请求权已罹于时效而消灭后,子得否以丑系无权占有其已登记"基地"之法律关系,请求丑自所占有"建物"之"基地"迁出,将"基地"交还? 决议采肯定说:丑原系无权占有基地上之建物,自亦无权占有建物之基地。基地所有人即子对该建物之恢复请求权纵罹于时效而消灭,然丑亦仅取得拒绝交还建物之抗辩权,非谓其对基地之无权占有,即变为合法占有。其占有建物之时效利益不能扩及于基地之占有,进而拒绝交还基地。

　　② 第 128 条规定:"消灭时效,自请求权可行使时起算,以不行为为目的之请求权,自为行为时起算。"对附有停止条件的请求权,应自条件成就时起算(第 99 条第 1 项)("最高法院"1931 年上字第 617 号判例)。在未定清偿期限的债权因债权人得随时请求清偿(第 315 条),其消灭时效应自债权成立时起算("最高法院"1939 年上字第 1760 号判例)。出租人对于承租人返还租赁物请求权,自租赁关系消灭时起算。申言之,租赁定有期限者,于期限届满时起算,未定有期限者,自契约终止时起算(第 450 条、第 453 条)(1944 年上字第 3541 号判例)。

(四) 消灭时效的效力

甲向乙借款 1000 万元,以某笔土地设定抵押权。借贷期间届满 15 年后,甲对乙清偿并支付历年积欠利息。其后,甲以不知其债权已罹于时效,抵押权并因除斥期间经过而消灭,起诉请求乙返还其所为的给付。有无理由?

甲得向乙请求返还其所为给付的请求权基础为第 179 条之规定。其要件需乙因甲的给付受有利益,致甲受损害,而无法律上原因。乙因甲的清偿债务而受有利益,问题在于乙因甲之给付而受利益,是否具有法律上原因。

乙向甲贷款 1000 万元,其金钱借贷返还请求权的消灭时效期间为 15 年。时效完成后,甲得拒绝给付(第 144 条第 1 项),但以抵押权担保的请求权,虽经时效消灭,债权人仍得就抵押物取偿,惟于利息不适用之(第 145 条)。以抵押权担保之债权,其请求权已因时效而消灭,如抵押权人于消灭时效完成后,5 年间不实行其抵押权者,其抵押权消灭(第 880 条)。①

第 144 条第 2 项规定,请求权已经时效消灭,债务人仍为履行之给付者,不得以不知时效为理由,请求返还,乃在表明消灭时效完成的效力,不过发生拒绝给付的抗辩权,其债权本身仍属存在。抵押权因除斥期间经过而消灭,对于债权的存在不生影响。

综上所述,乙系本于债权,受领甲的给付,具有法律上原因,不成立不当得利,法院应为甲败诉的判决。

三、同时履行抗辩权

(一) 构成要件及法律效果

第 264 条规定:"因契约互负债务者,于他方当事人未为对待给付前,得拒绝自己之给付,但自己有先为给付之义务者,不在此限。他方当事人已为部分之给付时,依其情形,如拒绝自己之给付有违背诚实及信用方法者,不得拒绝自己之给付。"关于此项同时履行抗辩权的构成要件、法

---

① 参见"最高法院"1964 年台上字第 1391 号判例:"请求权时效期间为 15 年,但法律所定期间较短者,依其规定(第 125 条)。故时效期间仅有较 15 年为短者,而无超过 15 年者。至于第 145 条第 1 项,系就请求权罹于时效消灭时,债权人仍得就其抵押物、质物或留置物取偿而为规定,同法第 880 条系抵押权因除斥期间而消灭之规定,均非谓有抵押权担保之请求权,其时效期间较 15 年为长。"

律效果,分述如下①:

1. 构成要件

(1)因双务契约而互负债务,指因同一双务契约所发生相互间的对价关系,如基于买卖契约出卖人有交付其物,并移转其所有权的义务,买受人有支付价金,受领标的物之义务。② 债务的内容有所变更,不失其同一性时(如债务不履行的损害赔偿),仍有同时履行抗辩权的适用。③

(2)需债务人未为给付,此指未为完全的给付而言,包括有瑕疵的给付。

(3)需债务人无先为给付义务,双方当事人所负债务均已届清偿期。其有先为给付义务的,如分期付款买卖的出卖人。

(4)需行使同时履行抗辩权者自己忠实于契约,即仍愿依契约而为给付,如欲解除契约时,自不得主张同时履行抗辩权。债务人给付迟延时,不得主张同时履行抗辩权。债权人受领迟延对于同时履行抗辩权的行使不生影响。④

(5)同时履行抗辩权未因违背诚信原则而被排除。

2. 法律效果

(1)同时履行抗辩权系属一种拒绝请求权,需当事人援用,法院始予审究。未经援用时,纵原告未为对待给付,法院亦应判令被告给付。被告援用时,原告如不能证明自己已为给付,或已提出给付,法院应为"原告提

---

① 参见郑玉波:《民法债编总论》,第377页;孙森焱:《民法债编总论》,第571页。同时履行抗辩权系本于公平原则而设,非属强行规定,以定型化契约的条款排除或限制此项权利时,《德国一般交易条款法》[Gesetz zur Regelung des Rechts der Allgemeinen Geschäftsbedingungen (AGB-Gesetz)§11 Nr 2a]明定其为无效,台湾地区"民法"(第72条)及"消费者保护法"(第11条以下),如何解释适用,尚值研究。

② 第367条明定,买受人对于出卖人,有交付约定价金及受领标的物的义务。判例学说认为,受领标的物为买受人的给付义务,若不受领,不仅成为受领迟延,同时亦成为给付迟延,1965年台上字第2367号判例参照。

③ 其不互为对价关系的如承租人所有第431条第1项之费用偿还请求权,与其在租赁关系终止后所负返还租赁物之义务,非有互为对价之关系,不得借口其支付之有益费用未受清偿,即拒绝租赁物之返还(1944年上字第2326号判例)。

④ 1986年台上字第534号判例谓:"双务契约之一方当事人受领迟延者,其原有之同时履行抗辩权,并未因而归于消灭。故他方当事人于其受领迟延后,请求为对待给付者,仍非不得提出同时履行之抗辩。除他方当事人应为之给付,因不可归责于己之事由致给付不能,依第225条第1项规定,免给付义务者外,法院仍应予以斟酌,如认其抗辩为有理由,应命受领迟延之一方当事人,于他方履行义务之同时,为对待给付。"

出对待给付时,被告即向原告为给付"的判决。①

(2)债务人享有同时履行抗辩权者,在未行使此项抗辩权以前,仍可发生迟延责任之问题,必须行使以后始能免责。②

(3)同时履行抗辩权不生中断时效的效力。不知同时履行抗辩权的存在而为给付者,不得请求返还,因他方受领给付具有法律上原因,不成立不当得利。一方当事人的债权请求权因时效而消灭者,于他方当事人请求给付时,仍得行使同时履行抗辩权。③

(二)物之瑕疵(担保)与同时履行抗辩

甲向乙购买某特定冷冻库,价金20万元,约定交货时支付10万元,余款于交货后1个月内付清。甲于乙交货之际发现该冷冻库于订约时即具有瑕疵时,得否拒绝支付约定价金?若甲于乙交付冷冻库后,始发现瑕疵时,得否主张在乙修理前,拒绝付清余款?

基于买卖契约,乙负交付其物并移转其所有权的义务(第348条)。甲负支付约定价金及受领标的物之义务(第367条)。第264条第1项规定,因契约互负债务者,于他方当事人未为对待给付前,得拒绝自己之给付,其对待给付需依债的本旨,为完全给付或合法的提出。出卖人乙交付的冷冻库具有瑕疵时,应认为系未为对待给付,买受人甲得行使同时履行抗辩权,拒绝支付约定的价金。

在冷冻库交付后,于出卖人乙应负物之瑕疵担保责任时,买受人甲得解除契约或请求减少价金(第359条),"民法"未明定买受人的瑕疵修补请求权,故甲不得主张在乙"修理冷冻库前",得拒绝付清余款,仅得解除契约或减少价金。④

---

① 参见1940年上字第895号、1950年台上字第902号判例。
② 参见1961年台上字第1550号判例;另参见"最高法院"2018年度第8次民事庭会议。德国通说认为,同时履行抗辩权的客观存在,即足排除发生债务人迟延(BGHZ 84,44)。
③ 参见孙森焱:《民法债编总论》,第583页。
④ 惟实务有认为:"按'民法'第354条关于物之瑕疵担保规定,原则上固于危险移转后始有适用,但出卖人既有给付无瑕疵物之义务,买受人亦有拒绝受领瑕疵物之权利,则在特定物之买卖,该为买卖标的之特定物于危险移转前,倘已有明显之瑕疵而不能补正,或虽能补正而出卖人经买受人催告后仍不为补正者,应认为在危险移转前买受人即得行使担保请求权,并得拒绝给付相当之价金,以免往后之法律关系趋于复杂,损及买受人之权益。"似认交付后始发现瑕疵者,亦有第264条第1项同时履行抗辩权适用("最高法院"2015年台上字第2437号、2005年台上字第264号、2006年台上字第1608号判决参照)。

应注意的是，1988年4月19日，"最高法院"1988年度第7次民事庭会议决议（一）认为："出卖人就其交付之买卖标的物有应负物之瑕疵担保责任时，得依第360条规定请求不履行之损害赔偿，或依同法第364条规定请求另行交付无瑕疵之物时，则在出卖人为各该给付前，买受人非不得行使同时履行抗辩权。"分三点说明之：

（1）本件决议仅提到买受人得行使同时履行抗辩权的两种情形，似亦认为除此两种情形外，买受人不得行使同时履行抗辩权，就上举例题言，即甲不得主张于乙"修缮"标的物前，得拒绝支付约定价金。

（2）第360条规定："买卖之物，缺少出卖人所保证之品质者，买受人得不解除契约或请求减少价金，而请求不履行之损害赔偿；出卖人故意不告知物之瑕疵者亦同。"按基于同一双务契约而互负有对价关系的债务，虽其债务的内容有所变更，若不失其同一性，如因可归责于债务人之事由，致给付不能者，债务人应负损害赔偿责任（第226条）时，仍有同时履行抗辩权的适用。"最高法院"的决议肯定买受人依第360条之规定请求债务不履行损害赔偿时，亦得行使同时履行抗辩权，自值赞同。

（3）第364条第1项规定："买卖之物，仅指定种类者，如其物有瑕疵，买受人得不解除契约或请求减少价金，而即时请求另行交付无瑕疵之物。"在种类之债，买卖标的物具有瑕疵时，系未依契约之本旨而给付，买受人得拒绝受领，而为履行的请求。在买卖标的物交付之后，始发现其瑕疵者，其请求交付无瑕疵之物，仍具契约履行请求权的性质，上揭"最高法院"决议认为仍有同时履行抗辩权的适用，在出卖人交付无瑕疵之物前，买受人得拒绝价金的支付，亦值赞同。

（三）同时履行抗辩权与留置权

甲贩售生鱼片，因冷冻库故障，召乙修理，甲接收工作后，发现乙完成的工作具有严重瑕疵，在乙修补前拒不给付报酬，有无理由？设因可归责于乙的事由而发生工作瑕疵，致冷冻库的生鱼片腐烂时，甲就其损害赔偿请求权得否留置乙寄放在甲处的工具或汽车？

（1）甲对乙的同时履行抗辩权。基于承揽契约，承揽人乙负有完成一定工作，而定作人甲负有给付报酬的义务。第264条规定，因契约互负债务者，于他方当事人未为对待给付前，得拒绝自己之给付。其所谓未为对待给付，包括有瑕疵的给付。第493条规定，承揽人负有修补瑕疵义务,故工作的无瑕疵,属承揽人的履行义务。于受领工作后,定作人的修补请求权,仍具履行请求权的性质,与承揽人的报酬请求权仍有同时履行抗辩权的适用,故甲得主张在乙修补瑕疵前,拒绝报酬的给付。①

(2)甲的留置权。第928条规定:"称留置权者,谓债权人占有他人之动产,而其债权之发生与该动产有牵连关系,于债权已届清偿期未受清偿时,得留置该动产之权。债权人因侵权行为或其他不法之原因而占有动产者,不适用前项之规定。其占有之始明知或因重大过失而不知该动产非为债务人所有者,亦同。"牵连关系的主要情形有三:①债权系由于该动产本身而发生。②债权与该动产之返还义务系基于同一法律关系而发生。③债权与该动产之返还义务系基于同一事实关系而发生。在本件案例,因工作物瑕疵致甲生鱼片腐烂而生损害赔偿请求权,与甲占有承揽人乙的工具或汽车并无牵连关系,甲不得主张基于损害赔偿债权而留置乙的工具或汽车。②

第八节 规范竞合

第一款 法秩序统一性与规范竞合

就具体案例寻找请求权基础时,会遇到一个问题,即同一案例事实,在法律上有多数规范可以适用,从而发生规范竞合,各个规范究具何种关系,如何适用的问题。

法律规范所构成的法秩序,各个规范间必须避免发生矛盾,能够建构

---

① 此为德国实务见解(BGHZ 26,337;73,144)。关于承揽契约上的同时履行抗辩,台湾地区实务上有两则判例:(1)承揽人苟无特别约定,固负有将工作物剩余材料返还定作人之义务,但此项义务,与定作人给付报酬之义务,并无对价关系。定作人不得以承揽人未返还剩余材料,而拒绝自己之给付(1974年台上字第2327号判例)。(2)承揽人完成之工作,依工作之性质,有需交付者,有不需交付,人凡工作之为有形的结果者,原则上承揽人于完成工作后,更需将完成物交付定作人,且承揽人此项交付完成物之义务,与定作人给付报酬之义务,并非当然同时履行,承揽人非得于定作人未为给付报酬前,遽行拒绝交付完成物(1961年台上字第2705号判例)。

② 参见"最高法院"1973年台上字第1186号判例:"本件上诉人既将出卖之冷气机交付被上诉人,依第761条第1项规定,其所有权已移转于被上诉人。嗣后冷气机因需修理而由上诉人卸回并占有,其与有牵连关系之债权,惟为修护费用。兹上诉人所主张者为原买卖契约之价金债权,与其占有之冷气机,即难认有牵连关系存在。上诉人主张基于价金债权,而将被上诉人交付修护之冷气机予以留置不还,自非正当。"

相互调和关联的体系，形成法秩序的统一性，始能维护法律适用的安定、可预见性，保障社会生活。法秩序是建立在阶层构造之上，具有上下关系及水平关系（同阶层的法律），如何处理法律适用中的规范冲突，系法学方法论的重要课题，发展出若干竞合规则。在思考逻辑上，首应究明规范竞合有无排除关系，尤其是有无特别、普通关系？特别规范应排除普通规范优先适用。

第二款　排除的竞合关系

一、上位规范的具体化

规范具有上下位阶关系，例如"宪法"与法律、法律与命令。在此情形，上位规范具有优先性：

1. 法律抵触"宪法"者无效（"宪法"第171条第1项）、命令抵触"宪法"或法律者无效（"宪法"第172条）。

2. 就同一案例事实，上位规范与下位规范均有规定时，应优先适用下位规范，在此情形，下位规范具体化了上位规范。

3. 下位规范具有多种解释可能性时，应作符合上位规范的解释，产生所谓符合"宪法"的法律解释，或符合法律的命令解释。

二、同位阶规范

同位阶规范主要指法律而言，具有排除关系的有两种情形：

（一）时间上的优先：后法优先于前法

关于后法优先于前法的适用，法律相关的施行法多设有规定（不溯及既往原则），例如"民法总则施行法"第1条规定："民事在民法总则施行前发生者，除本施行法有特别规定外，不适用民法总则之规定，其在修正前发生者，除本施行法有特别规定外，亦不适用修正后之规定。"

（二）内容上的优先：特别法优先于普通法

特别规范优先于普通规范的适用主要在于其形式或内容的特别性。例如"民法"各编规定优先于"民法"总则，债编分则的规定优先于债编通则。某个规范之所以具有特别性，系因规范内容有异于普通（一般）规范，简示如下：

普通规范：$T: t_1 + t_2 + t_3 \to R_1$
特别规范：$T: t_1 + t_2 + t_3 + t_4 \to R_2$

特别规范优先于普通规范，学说上称为法条竞合。第184条第1项前段规定："因故意或过失，不法侵害他人之权利者，负损害赔偿责任。"此为一般侵权行为普通规范。第186条规定："公务员因故意违背对于第三人应执行之职务，致第三人受损害者，负赔偿责任。其因过失者，以被害人不能依他项方法受赔偿时为限，负其责任。前项情形，如被害人得依法律上之救济方法，除去其损害，而因故意或过失不为之者，公务员不负赔偿责任。"本条就过失排除公务员责任，乃保护公务员的特别规范。

第三款　并存的规范竞合

一、选择性竞合

选择性竞合（择一竞合，alternative Konkurrenz），指就两个以上的请求权（请求权和形成权），当事人得选择其一行使之，倘已行使其一时，即不得再主张其他的请求权。如出卖人故意不告知物的瑕疵者，买受人得请求减少价金，解除契约，或请求债务不履行之损害赔偿（第359条、第360条）。

二、请求权聚合

请求权聚合（Anspruchshäufung），指当事人对于数种以不同的给付为内容的请求权，得同时并为主张。如身体或健康受不法侵害者，得同时主张财产上的损害赔偿（第193条）及慰抚金（第195条）；救助落水之人者，得请求偿还其所支出之医药费，赔偿其衣物所受之损害，及清偿其所负担之债务（第176条第1项）。甲侵占乙的果园时，乙得请求返还果园（第767条），及已收取之果实（第958条）。于诸此情形，请求权人对数个请求权，得同时或先后、就全部或个别主张之。

三、请求权竞合

请求权竞合（Anspruchskonkurrenz），指以同一给付目的法律效果的数个请求权并存，当事人得选择行使之，其中一个请求权因目的达到而消灭时,其他请求权亦因目的达到而消灭;反之,一个请求权因目的达到以外之原因而消灭(如罹于时效)时,则仍得行使其他请求权。如计程车司机驾驶不慎,发生车祸,致乘客受伤时,乘客有不完全给付债务不履行(第227条、第227条之1)的损害赔偿请求权及侵权行为损害赔偿请求权(第184条第1项前段),得择一行使之。需再强调的是,关于债务不履行,第227条(不完全给付)和第227条之1(因债务不履行致侵害人格权的损害赔偿),构成请求权竞合。关于侵权行为,第184条第1项前段、后段及第2项规定系属三个独立的请求权基础。被害人得同时或先后依债务不履行之规定请求财产上损害赔偿时,得再依侵权行为之规定请求慰抚金(第195条)。其依侵权行为规定请求损害赔偿,已达其目的时,自不得依债务不履行之规定再为请求。于侵权行为损害赔偿请求权因罹于时效而消灭时(第197条),被害人仍得主张债务不履行之损害赔偿请求权。

请求权竞合的数个规范具有重叠性(而非排除性),在实务和理论上甚为重要,例如医生因手术过失致病患身体健康受侵害,兹以下图加以表示其请求权基础(请阅读条文):

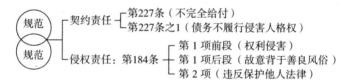

第四款 案例分析

例1:甲有一只名贵狼犬,被乙所盗。甲对乙有何请求权?其消灭时效?

甲对乙得主张的请求权:

(1)所有物返还请求权(第767条),15年消灭时效(第125条)。

(2)占有物返还请求权(第962条),自侵夺或妨害占有后1年间(第963条)。

(3)"占有"的不当得利返还请求权(第179条),15年消灭时效(第125条)。

(4)侵权行为损害赔偿请求权(第184条第1项前段、后段、第2条),自请求权人知有损害及赔偿义务人时起2年,自有侵权行为时起

10年。

此等请求权的竞合,得分类加以观察:

(1)所有物返还请求权与占有物返还请求权的竞合。

(2)债权请求权(不当得利)与债权请求权(侵权行为)的竞合。①

(3)物上请求权与债权请求权的竞合。②

关于所有物返还请求权与"占有"不当得利返还请求权可否并存,尚有争论。采否定说者认为,不当得利返还请求权具有从属性,请求权人既有所有物返还请求权,自无主张不当得利的余地。并存说较值赞同,因为占有亦为一种法益,占有他人之物亦属取得利益,得为不当得利请求权的客体。

关于请求权竞合,务必认识各种请求权的消灭时效期间,此于诉讼上至为重要。请求权竞合在某种意义上就是消灭时效问题。

例2:甲有时值90万元的名画,于1982年2月1日借乙观赏,借期半年,乙于1982年3月1日擅将该画作为己有让售于善意之丙,得价100万元,甲于1982年4月1日获知该事,惟于1984年5月1日始向乙主张时,得行使何种权利。

甲对乙得主张的请求权有:

(1)债务不履行损害赔偿请求权(第470条、第226条),15年消灭时效(第125条)。

---

① 参见1959年台上字第1179号判例:"主债务人因窃取债权人之财物,债权人对之既得基于损害赔偿之法律关系,请求恢复原状,同时又得基于不当得利之法律关系,请求返还其所受之利益,此即学说上所谓请求权之并存竞合,有请求权人之债权人,得就二者选择行使其一,请求权之行使已达目的者,其他请求权即行消灭,如未达目的者,仍得行使其他请求权。"1966年台上字第228号判例:"无因管理成立后,管理人因故意或过失不法侵害本人之权利者,侵权行为仍可成立,非谓成立无因管理后,即可排斥侵权行为之成立。"

② 参见"最高法院"1958年台上字第101号判例:"物之所有人本于所有权之效力,对于无权占有其所有物者请求返还所有物,与物之贷与人基于使用借贷关系,对于借用其物者请求返还借用物之诉,二者之法律关系亦即诉讼标的并非同一,不得谓同一之诉。"1992年台上字第1818号判决:"各共有人按其应有部分,对于共有物之全部虽有使用收益之权。惟未经共有人协议分管之共有物,共有人对共有物之特定部分占用收益,仍需征得他共有人全体之同意。其未经他共有人同意而就共有物之全部或一部分任意占用收益,即属侵害他共有人之权利,他共有人得本于所有权请求除去其妨害或请求向全体共有人返还占用部分,并得依侵权行为之规定,行使其损害赔偿请求权。上诉人谓伊已取得系争土地之共有权,对该土地不可能发生无权占有或侵夺之问题云云,自属误解。"

(2)不法管理(第177条第2项准用第177条第1项),15年消灭时效(第125条)。

(3)不当得利返还请求权(第179条),15年消灭时效(第125条)。

(4)侵权行为损害赔偿请求权(第184条第1项前段),2年或10年消灭时效(第197条)。

乙系名画的借用人,擅将之作为己有让售于善意之丙,由丙取得其所有权时,乙于契约所定期限届满时,不能返还借用物,应构成给付不能,负债务不履行责任(第470条、第226条)。依第197条第2项之规定,因侵权行为所生之损害赔偿请求权,自请求权人知有损害及赔偿义务人时起,2年间不行使而消灭,自有侵权行为时起,逾10年者亦同。准此以言,甲对乙的侵权行为损害赔偿请求权已因时效而消灭,唯尚得主张债务不履行损害赔偿请求权及不当得利返还请求权。① 甲向乙主张交付其让售该画所得100万元的利益时,其请求权基础为第177条第2项之规定(不法管理)。

例3:乙出卖某机车给甲,价金2万元,该车刹车具有严重瑕疵,乙疏于注意,未予发现,甲因而发生车祸,身受重伤。经查该机车因其瑕疵,实值17000元,发生车祸后,仅值1万元。问甲对乙得主张何种权利?

甲对乙得主张的请求权,应说明的有四:

(1)物之瑕疵担保请求权:请求减少价金或解除契约(第359条)。

(2)关于身体健康所受损害,得主张因不完全给付债务不履行侵害人格权损害赔偿请求权(第227条、第227条之1),或侵权行为损害赔偿请求权(第184条第1项前段)。

(3)甲欲保有该机车时,得行使减少价金请求权。甲行使减少价金请求权或解除契约时,其债务不履行之损害赔偿请求权(第260条),或侵权行为损害赔偿请求权不因此而受影响。

(4)关于机车因具瑕疵而减损的价值或其后因遭车祸所减少的价值,非属所有权遭受侵害,不得依第184条第1项前段之规定,请求损害

---

① 参见1967年台上字第3064号判例:"不当得利返还请求权与损害赔偿请求权,法律上之性质虽有未同,但二者诉讼上所据之事实如属同一,则原告起诉时虽基于侵权行为之法律关系,然在诉讼进行中于他造为时效之抗辩后,亦不妨再基于不当得利之请求权而为主张。"

赔偿。

　　需再强调的是,请求权的竞合问题,对债权人及债务人均具重要意义,因其涉及不同的要件、举证责任及消灭时效抗辩等。每一个从事法律工作的人必须掌握每一个得竞合的请求权,始能在诉讼上或诉讼外作适时必要的主张或抗辩。实例研究是为实务而准备,故在解题时"切勿"任意选择一个请求权基础作答,必须通盘检讨所有可能成立的请求权基础及其竞合关系。

第三章　案例事实、法律问题及解答体裁

　　法律思维始于具体案例的法律问题,经由寻找请求权基础(本书第二章)、法之适用(本书第四章),终于作成判断(判决),此乃认事用法的过程。本章讨论三个问题:
(1)理解案例事实。
(2)问题与解答。
(3)鉴定体裁与判决体裁。

第一节　案例事实

第一款　理解案例事实:构成要件与要件事实

　　案例是社会生活的一部分,具有法律上的争议(Rechtsfall,法律案例)。案例连接事实与当为。法之适用系将抽象法律规范适用于具体案件。事实(fact)与法(law)并非属于两种不同的世界,好像事实占据粗糙事实性的地域,法乃属于纯粹规范性的宇宙天空。法之释义非因文本,乃由案例所提出。① 法律人不仅要能够了解、认识、阐释法律规范,也要能够理解地把握建构案例事实。② 传统法律教学的重点在于法律规范,未

---

① Theodor Mayer‑Maly:„Die Fragen der juristischen Hermeneutik werden nicht von den Texten, sondern von den Fällen hergestellt."JBL. 1969, 413, 414.
② Larenz/Canaris, Methodenlehre der Rechtswissenschaft, 1994, S. 99 f.; Hruschka, Die Konstitution des Rechtsfalles, 1965; Müller, Fallanalysen zur juristischen Methodik, 1974; Reimer, Juristische Methodenlehre, 2016, S. 52 f.

充分重视案例事实,攸关法律教育功能、诉讼实务、司法质量,特在本章简述案例事实与法律规范的关联,期能引起关注,有所增强。

为简化文字,提出以下思维模式,显明认事用法的三个基本问题:
1. 案例指向法律问题。
2. 寻找得适用于案例事实的法律规范。
3. 建构符合请求权规范的案例事实,经由涵摄而为法之适用。

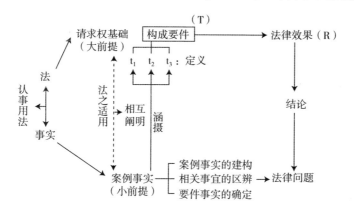

第二款　基于案例事实寻找得适用的法律规范

为寻找得适用于具体案例的法律规范(请求权基础),一方面需依案例事实去发现法律规范,另一方面需将法律规范适用于案例事实,因而产生 Engisch 教授著名的格言:"上位规范前提与生活事实间来回穿梭的观察。"① Scheurele 教授将此过程称为"事实认定行为与其法律定性之间的相互渗透"②,是一种相互阐明的思考过程,将据以判断案例事实的法律规范,于经认定的事实上予以具体化。③ 被初步选定的法律规范,属于所谓的规定假设(Normhypothese)。应先明确其构成要件(T),解析其个别构成因素(t_1、t_2、t_3)及其举证责任问题,再就案例事实判断是否得为可适

---

① Engisch, Logische Studien zur Gesetzesanwendung, 2. Aufl., 1960, S. 15: „Hin- und Her wanderung des Blickes zwischen Obersatz und Lebenssachverhalt."
② Scheurele, Rechtsanwendung, 1952, S. 23: „Wechselseitiges Durchdringen zwischen Akten der Tatsachenfeststellung und denen der rechtlichen Qualifizierung."
③ Larenz/Canaris, Methodenlehre der Rechtswissenschaft, S. 101 f.; Hruschka, Die Konstitution des Rechtsfalles, 1965.

用的规范。兹举四例加以说明：

一、狗咬伤人

甲晨间在台大校园散步,乙在附近遛狗,与遛狗的朋友闲聊,甲靠近狗,狗咬伤甲。在此案例,可知其涉及第190条第1项规定的动物占有人责任:"动物加损害于他人者,由其占有人负损害赔偿责任。但依动物之种类及性质已为相当注意之管束,或纵为相当注意之管束而仍不免发生损害者,不在此限。"关于其构成要件,争点在于:①何谓动物占有人(直接占有人、间接占有人、占有辅助人？第940条以下)？甲是否为占有人？②严格责任或推定过失责任？若为推定过失责任,如何举证免责？关于法律效果,应依案例事实认定有无第217条与有过失规定的适用,其构成要件和举证责任？

二、借名登记

甲购屋,借乙之名登记。甲死亡,其继承人丙向乙请求返还该屋。关于请求权基础,应先究明甲与乙间借名登记的法律关系(委任、类推适用委任？参照第528条)。借名登记若为通谋而为虚伪意思表示,其契约无效(第87条)。若非无效,丙向乙请求返还该屋的规范基础究为所有物返还请求权(第767条)或不当得利请求权(第179条),二者得否竞合？若主张不当得利,究为给付不当得利,抑为非给付不当得利(如侵害他人权益不当得利)？若为给付不当得利,应举证认定其构成要件:①乙受有何种利益？②因给付而受利益,何谓给付？③无法律上原因:给付目的不存在,欠缺债之关系？因甲死亡,致借名登记契约消灭,类推适用第550条？

三、植牙纠纷

甲到乙牙医的诊所植牙,发生严重副作用。甲主张乙未善尽说明义务。乙表示已为必要的说明。甲认说明不足。乙强调纵为必要说明,甲亦会同意植牙。关于请求权基础的认定,应依案例事实检查:①第227条(不完全给付)、第227条之1(债务不履行侵害人格权)。乙主张纵为告知,甲亦会同意植牙,究具何种意义,涉及哪个构成要件？②侵权责任:第184条第1项前段(过失不法侵害权利)、第2项(违反保护他人法律？)。

四、房屋买卖

甲向乙购屋,发生如下纠纷:①甲主张买卖契约因双方意思表示未合致而不成立(第153条),此涉及意思表示(要约、承诺)及意思表示合致(重要之点、非重要之点)的认定和解释。②乙主张该屋为乙之配偶丙所有,买卖契约不成立或无效。③甲得否主张乙未告知该屋系凶宅,构成诈欺,撤销其意思表示,并请求未能转售该屋的损害赔偿(第92条)。④甲主张该屋严重漏水,污损名贵地毯,请求损害赔偿。在前揭情形,如何认定事实,适用法律?

第三款 建构符合构成要件的案例事实

一、认事用法

在依案例事实认定得适用的法律规范后,需更进一步建构能够符合该法律规范要件构成的案例事实(要件事实),此为实务上的重大问题,攸关司法质量、诉讼效率和当事人利益,应受重视。

关于案例事实的建构,应以律师的工作作为法律思维的出发点。在前揭狗咬伤人案例,当被害人找到律师,述说事件的"故事"时,律师倾听故事,不断地交谈发问,就在寻找法律规范(请求权基础),建构事实,将社会生活转化为法律事实,启动了认事用法的过程。

二、建构案例事实

(一)明辨相关、无关的事实

在前揭狗咬伤人案例,律师之所以倾听当事人述说"故事",其主要目的在于认定与法律规范相关、无关的事实(相关原则),以判断有无可适用的规范,能否接办案件。此应着眼于请求权的构成要件及举证责任,乃法律人最需要学习、培养的能力。

(二)事实整理

当事人对律师述说狗咬伤人的故事,涉及人、事、物等诸多事物,Larenz

教授称之为原初的案例事实(Rohsachverhalt)①,必须加以整理、构造、组合,并分析当事人的利益,理解其提起法律问题的动机、目的、背景,期能更精确地个别化其所要解决的问题。

整理案例的主要工作系搜集相关直接、间接资料,加以筛选、评估、阐释。关于专业问题,需咨询专家或从事鉴定。案例事实有为日常生活发生的(如狗咬伤人),有为专业的(如医疗过失、证券投资等),其判断标准应包括逻辑性、可能性、可信度、可证明性。通常例行的事务虽然易于查知,亦常隐藏风险,应保持开放态度,不能视为当然,必须设想他方当事人可能提出的抗辩,法官可能提出的问题。此外,尚需考虑证伪的可能性,并对关键问题和事实保持敏感性。

(三)法律判断

案例事实常需作法律判断,例如在狗咬伤人案例,何谓占有人,此涉及第190条为何不规定所有人而规定占有人?占有人是否包括间接占有人或占有辅助人?其需从事法律判断,尤其是价值判断。例如当事人是否为所有人?代理人是否有权代理?出卖之物是否具有瑕疵(第354条)?法律行为是否违反公序良俗无效(第72条)?行使权利是否违背公共利益或诚实信用原则(第148条)?值得重视的是意思表示的法律判断,例如在侵权行为法上名誉权的保护与言论自由,应如何区别"意思陈述"和"价值判断"。如何认定具有法律效果的意思表示?如何解释无须受领的意思表示(如遗嘱),需受领的意思表示(要约、承诺、撤销、解除等)?意思表示与法律行为的解释,亦属认定案例事实的重要问题。

(四)制作文件

建构案例事实通常需要作成文件,送给当事人补充修正,尤其是作为诉状提交法院。法院判决亦属一种基于建构事实所制作的文件。法律文件的制作,应注意的有四点:

(1)相关原则:需着眼于构成要件和举证责任的相关事项,此最为重要,前已说明,再予强调。

(2)自我管控:制作书面文件,需要深思熟虑,力求完整精确。

---

① Larenz/Canaris, Methodenlehre der Rechtswissenschaft, 1994, S. 102; Reimer, Juristische Methodenlehre, 2016, S. 62.

(3)沟通功能:诉讼是法之沟通,发现争点、达成共识的过程。此种法之沟通包括律师与当事人的沟通、法院与当事人(律师)的沟通、法院间的沟通、法院与法学和社会的沟通。

(4)简明原则:以简明的论述呈现传递复杂的问题,以节省阅读时间,易于理解,便于检验。诚如德国教育法律人解答法律问题时所强调:"必要的多,尽可能的少。"(So viel wie notwendig, so wenig wie möglich.)

三、案例事实的确认

案例事实的重构系针对过去发生的情况,在诉讼上需确认其真伪,并认定其是否系符合构成要件的事实,而为法之适用。在狗咬伤人之例,若经确认甲系被狗咬伤,乙系占有人,乙未依该狗之种类及性质为相当注意之管束,或纵为相当注意之管束而仍不免发生损害,甲对损害的发生与有过失时(50%),甲得向乙依第 190 条之规定请求因被狗咬伤的损害赔偿,并依第 217 条之规定减轻一半赔偿金额。

关于案例事实真伪的确认,涉及"民事诉讼法"上的当事人辩论主义、证据及其举证责任("民事诉讼法"第 277 条以下),在此难以详论[①],此为重要问题,特摘录一个"最高法院"判决要旨,以供参照。"最高法院"2017 年台上字第 1210 号判决谓:按民事诉讼所谓不干涉主义(广义的辩论主义)系指当事人所未声明之利益,不得归之于当事人,所未提出之事实及证据,亦不得斟酌之,此观"民事诉讼法"第 388 条之规定自明。至于适用法律,系法官之职责,不受当事人所主张法律见解之拘束。因此,辩论主义之范围仅为判决基础之事实及其所凭之证据,而不及于法律之适用。又关于契约之定性即契约之性质在法律上应如何评价,属于法律适用之范围。法院依辩论主义之审理原则就当事人事实上之陈述,依调查证据之结果确定契约之内容后,应依职权判断该契约在法律上之性质,不受当事人所陈述法律意见之拘束。查上诉人之被继承人简树构、被上诉人之被继承人简金印及诉外人简石金、简金池于 1977 年间签立分居合约书,并以系争再批明约定"日后若变更"之停止条件成就时,系争土地应由四人均分,该停止条件已于 2004 年 5 月 19 日成就,为

[①] 参见骆永家:《民事举证责任论》,1995 年版;陈荣宗:《举证责任分配与民事程序法》(二),1984 年版。

原审合法确定之事实。被上诉人于原审表明本于分居合约书及继承法律关系而为请求(见原审卷第109页背面),虽主张该分居合约书属信托契约性质(见同页),惟法院不受其陈述此部分法律意见之拘束。原审因依职权判断系争分居合约书非属信托契约,并依其约定内容,准如被上诉人所请,并未违反辩论主义或不干涉主义之原则。

第四款 案例研习与案例事实

第一项 案例题中案例事实的特色

法律人的基本能力在适用法律,案例研习的目的就在训练适用法律的思维能力。案例研习有若干必须遵循的技术性规则或方法,特在此作较详细的说明。

案例题的案例事实是出题者深思熟虑,为学习或测验之目的而设计的。法院实务上最主要、最困难的工作,在于认定事实,以适用法律。因此法院必须调查证据,发现事实真相,并判断何者与法律的适用有关,何者无关。案例研习上的事实,则被假设为真实,无争论性,多以简要的文字加以表示。例如:甲男、乙女公证结婚后,未办理结婚登记,其后两人协议离婚,亦未办理离婚登记。乙女于离婚协议书作成3个月之后,与丙男结婚,并于1年后生一子丁。丙男于婚后与戊女发生奸情,致戊女怀胎,丙男以书面表示愿负担该子女出生后之一切养育费用。乙女知悉此事后,与丙男争吵,竟持刀将丙男杀死。问丙男之遗产应由何人继承?(1997年律)。本件案例事实,诚属罕见,惟考生应径认定其为真实而作答。

应注意的是,实例中亦可能有与解题无关的事实,此或由于出题的方便,或由于有意测试考生是否能够区辨与法律适用有关的事实。1973年司法官考试有一题目:"甲、乙为兄弟关系,父母早亡,另无兄弟姊妹,甲与乙均未结婚,甲外出经营商业,将其所有房屋一所托乙管理,岂料乙竟以自己名义将该房屋出卖于丙。嗣乙因病死亡,该项买卖契约之效力如何?设如死亡者为甲,其法律上之效果有何不同?"在此题目中,"甲外出经营商业"纯为出题的方便,与解题无关。甲、乙"父母早亡,另无兄弟姊妹,甲与乙均未结婚",则与解题有关,盖于此情形,甲或乙死亡时,发生单独继承,问题的解答与此具有密切关系。

第二项　理解案例事实

一、理解案例事实的重要

案例解题,乃将抽象的法律规范,适用于具体案件,以确定当事人间的权利义务关系。因此案例解题的第一个步骤,就在彻底了解案情,把握事实。为此,必须确实研读案例,尤其是从法律观点,去分析判断整个事实过程,并将日常生活的用语转变为法律概念。切勿速读,必须逐字、逐句了解其意义,不仅要用眼睛看,更要用心读之。案例事实每一个字句,都具有意义,不可忽视。必须设想自置于案例事实之中,以当事人的处境及利害关系去探究当事人间的权利义务关系。

实例中的法律概念,未臻精确的,亦属有之。1964 年司法官及律师考试有一则题目:"甲有古瓶一只,寄存于乙处,乙未得甲之同意质押于丙借款 1 万元。乙旋复向丙伪称有人欲购之,请求丙准予取去一观,丙不生疑而与之。乙竟以之出质于不知情之丁,借款 2 万元,事后为丙获悉。丙乃向丁索还其质物,丁不允。嗣经双方议定以诉讼决定其占有谁属,古瓶则交由第三人戊保管,胜诉者取得之。1 年后,甲返回,得悉古瓶已为乙出质于丙、丁,而由戊保管,斯时丙、丁之诉讼尚未终结。甲遂径向戊请求返还其所有物。问:

(1)丙可否诉请法院撤销乙、丁之质押行为?
(2)在诉讼中,古瓶之占有,应属何人所有?
(3)甲可否请求戊返还其古瓶?
(4)除请求戊返还其所有物外,甲有无其他救济方法?"

此一试题构思巧妙严谨,令人赞赏,唯有两处用语,应予注意:

(1)所谓"质押","民法"无此用语,系银行业者对设定质权及抵押权的统称,本题则仅涉及动产质权的设定。

(2)所谓"古瓶之占有,应属何人所有",混淆了"占有"与"所有"两个概念,依现行"民法"而言,在"占有"之上,别无"所有",二者应严予分别。要之,不论出题者真意如何,解题者仍应使用精确的法律概念,解答问题。出题者或有意测验考生能否明辨法律概念,亦未可知也。

二、当事人、时间及地点

关于案例事实的掌握,除法律事实(如契约、侵权行为等)及标的(尤其是动产与不动产、种类之债)外,以当事人、时间及地点最为重要,分述如下:

(一)当事人

关于当事人,最需注意的是年龄,此涉及行为能力、订婚能力、结婚能力及遗嘱能力等重要制度。当事人系未成年人,或其特别能力有欠缺时,案例事实均会表示出来。倘案例事实未特别提出时,可径认定当事人为成年人,有行为能力,兹举三例,以供参考:

(1)1978年司法官考试有一则题目谓:"甲尚未成年,擅将所有房屋出卖于乙,甲即收清价款,交付房屋,并经地政机关误为所有权移转登记。问:A.买卖契约之效力如何? B.房屋所有权究为何人所有?"按未成年人有为限制行为能力人(满7岁的未成年人),有为无行为能力人(未满7岁的未成年人)。审慎的考生或许会区别"限制行为能力人"及"无行为能力人"两种情形而为论述。在本题,所谓"甲尚未成年",应认系指限制行为能力人而言,盖于通常情形,未满7岁者不会作此法律行为。又本题涉及两个法律行为,一为买卖契约;二为物权行为(第758条),均有行为能力制度的适用。

(2)1972年律师考试有一则题目谓:"甲女尚未成年,其父代为与乙男订定婚约,甲女不愿,乘其父母外出期间,与丙男结婚,乙男知悉后,向法院请求撤销甲与丙之婚姻,应如何适用'民法'之规定。"本题涉及两个问题:①父为未成年子女代订婚约的效力。②未成年人未得法定代理人同意而结婚的效力。准此以言,似可径认甲女已满16岁,有结婚能力(第980条),而不区别甲女是否满16岁与否而为论述。

(3)1980年司法官考试有一则题目谓:"甲之子乙于1976年满18岁,未得甲之同意,乙于1977年元旦娶丙为妻,甲知悉后,于同年5月10日诉请法院撤销,丙则于同年10月20日生子丁,甲、乙复于同月23日同乘飞机外出遇难。问:①甲对于乙、丙间之婚姻有无撤销权? ②甲、乙二人间有无继承问题? ③丙对甲之遗产有无代位继承权? ④丁对甲之遗产有无代位继承权?"本题提出许多不同的日期在法律上究具有何种意义?

(二)时间

在法律上"时间"至为重要,主要涉及消灭时效及除斥期间、要约及

承诺期间、自始给付不能及嗣后给付不能,以及清偿期等,举三例如下,请读者自行研究:

(1)甲于1971年1月5日向乙借款50万元,作为购屋之用,约定两年为期,按月支付利息,并以该购得之房屋及其基地设定抵押权。乙未予催讨,自1976年2月起,甲未再支付利息,乙至1990年10月始向甲催讨,甲以消灭时效完成为由拒绝返还。问:①原本清偿请求权之消灭时效是否业已完成?②利息清偿请求权之消灭时效是否业已完成?③乙于1992年年底申请拍卖抵押物,甲以时效完成为由,主张乙无权拍卖,是否有理?(1993年司考)

(2)甲将特定名牌钢琴一架,出售于乙,价金20万元,乙先交付定金1万元。①若该钢琴已于契约成立前焚毁,则甲、乙间之法律关系如何?②若该钢琴于契约成立后交付前,因不可归责于双方当事人之事由而焚毁时,则甲、乙间之法律关系如何?(1976年律考)

(3)甲营造公司于2001年自乙处承包大楼兴建工程,而将鹰架搭设工程交由丙工程公司承包。2001年10月1日因丙违背建筑技术规则鹰架倒塌,致坠落物损害置放于邻地丁所有之轿车。丁同时向甲、乙、丙请求赔偿,乙主张自己为业主拒绝赔偿,丙主张自己系在甲监督下施工并无违法情事,也拒绝丁赔偿之请求。经查甲对损害事故之发生并无过失,但甲因担心遭主管机关勒令停工,于2001年10月15日与丁达成和解,同意赔偿100万元。之后,丙重新搭设鹰架,2002年12月1日因甲使用鹰架之工程完成,丙拆除鹰架,工作结束。同日,丙向甲请求支付工程款50万元,甲主张丙应偿还其给付丁之赔偿金100万元,遂拒绝支付工程款50万元。试问:①何人应依何种法律关系对丁负损害赔偿责任?②甲赔偿丁后,对乙、丙得否请求偿还或返还其所支付之100万元?其法律依据各为如何?(2012年司考)

(三)地点

案例事实提到地点时,多属清偿地(第314条),多涉及给付不能及危险负担等问题(第373条)。此为常见的考题:某日,甲在乙百货公司选购A牌洗碗机一台,价金3万元,货款付清后,店员丙告以可代客送货,甲乃于包装好之所购洗碗机箱上书明姓名、地址,请求丙代为送达。丙于当天下午将洗碗机交由与乙公司有送货特约之丁货运行送货,不意运送途中,丁货运行之司机戊,驾车不慎,与己所驾之自用车相撞,戊、己均有过失,洗碗机因撞车而损坏。则:①该洗碗机之所有权究属谁?②甲可依何种法律关系向乙主张权利?③甲可否向丁、戊、己请求损害赔偿?④乙可否向丁、戊请求损害赔偿?(1997年司考)

三、法律关系的图示

简明的图示,是掌握复杂案例事实的最佳方法,其主要优点在于能够清楚地显示当事人间的权利义务关系,有助于思考,不致发生重大遗漏。此类图示不宜写在试卷纸上,而宜画在试题纸上,图示仅供自己参考使用。解题者应以简洁的文字、分明的标题、严谨的结构来解答问题,图示仅是辅助的工具,绝不能以图示代替解答,应予注意。

当事人超过3人时,使用图示最具效用。图示中应注明当事人、日期、地点、法律关系及相关条文。鉴于图示对于处理实例的重大辅助作用,举两例说明如下:

(1)甲在其父遗产中发现时值8万元之清代漆盘一件,赠送乙。乙以9万元让售于丙。丙复以之与丁所有价值相当之宋画一幅互易,并同时互相交付之。经查甲系受监护宣告之人,丙、丁知其情事。试问:①甲与乙间之赠与契约、乙与丙间之买卖契约、丙与丁间之互易契约是否有效?②甲向丙请求交付宋画,有无理由?③甲得向乙主张何种权利?(1975年司考)

本题涉及债权行为(负担行为)、物权行为(处分行为)、无权处分、善意取得及不当得利等民法基本问题,图示如下:

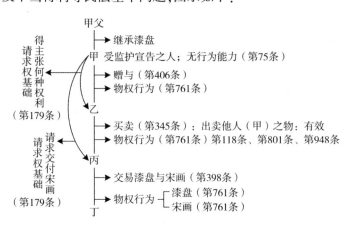

(2) 甲、乙两人共有一幢房屋，出典于丙后，甲以其应有部分为 A 设定抵押权，其后丙以其"典权"为标的，设定抵押权于 B：①甲、乙两人为共有物之分割后，对于丙之典权、A 及 B 之抵押权，各有何之影响。②若甲、乙并未分割共有物，亦未回赎，而丙依法取得典物之所有权时，则对于 A、B 之抵押权，各有何之影响？（1976 年律考）。

本题构造严谨，深具意义，可简要图示如下：

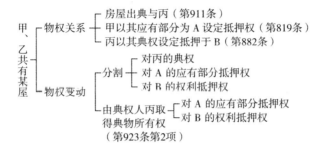

第三项　面对案例事实

一、不要改变案例事实

实例的案例事实，是解题所要处理的全部事实，应"面对事实"，不可躲避或变更。所以要躲避或变更事实，主要原因在于逃避自己没有确实把握的问题，企图转移阵地，选择一个自己曾经听过、背过或费心准备过的题目。闪避或变更案例事实而作成的解答，纵其内容精辟，亦属"文不对题"。

二、案例事实的解释

案例事实虽不能变更，但可作合理的推论及解释。在"甲开电器行，从事电器之修理与出售，今有乙购买一台冷气机，物已交付，但价金有一部分尚未付清，嗣后因乙自己不注意使用，致冷气机故障，乙乃嘱甲取回修理，甲修好后，主张乙有部分价金尚未付清，拒绝交回冷气机而加以留置，问甲是否合法"的题目（1975 年律考），依第 761 条之规定，关于动产所有权之移转，除"交付其物"外，当事人尚需有移转其所有权的物权意思表示合意（让与合意）。在本题可由"物已交付"及"加以留置"，行使留置权（第 928 条），推论当事人有移转该冷气机所有权的让与合意，由乙取得该冷气机的所有权。①

应注意的是,法律所规定的"事实推定"。第944条规定:"占有人推定其为以所有之意思,善意、和平、公然及无过失占有。经证明前后两时为占有者,推定前后两时之间,继续占有。"占有人(受让人)善意与否,题目中多会说明,如:"乙窃得甲之手表一只,伪称系自己之手表,出售于不知情之丙,事越半载,甲发现丙手戴该表,即径向丙索还。问丙应否将该手表返还甲?如该手表被甲索还,乙对丙应负如何之责?"(1972年司考)若本题关于丙是否不知情未加说明,仍应径认定丙系不知情(善意),而以此为基础讨论当事人间的权利义务关系,不必区别丙为善意或恶意而分别说明。

三、假设性的解题

案例事实可以作合理的解释及推论,已如上述。倘不能由此而认定事实时,得采取所谓假设性(替代性)解答(Alternativelösung),即假定某项事实存在时,当事人间的法律关系如何;倘某项事实不存在时,则当事人间的法律关系又如何。如甲于3月1日出卖某画给乙,价金2万元,约定3月5日交付,乙于3月2日将该画以3万元出卖给丙,约定3月6日交付,甲于3月4日发现该画焚毁,不能给付。试问乙得向甲主张何种权利。本题的核心问题在于买卖标的物何时焚毁,由于案例事实未臻明确,需分别该画焚毁时间系在订约之前(自始不能),抑在订约之后(嗣后不能)两种情形加以说明,并进一步就出卖人甲有无可归责事由,论述其法律关系。此类需待假设某项事实存在或不存在,始能解题的情形,实际上并不多见。

在"甲为未成年人,未得法定代理人同意,出卖其所有房屋与乙时,其效力如何"的题目,可由题旨径认定甲为限制行为能力人,无须分别甲为限制行为能力人或无行为能力人两种情形而为解答,更不必论及甲是否结婚,或结婚后是否离婚。

---

① 参见1973年台上字第1186号判例:本件上诉人既将出卖之冷气机交付被上诉人,依第761条第1项之规定,其所有权已移转于被上诉人处。嗣后冷气机因需修护而由上诉人卸回占有,其与有牵连关系之债权,惟为修护费用。兹上诉人所主张者为原买卖契约之价金债权,与其占有之冷气机,即难认为有牵连关系存在。上诉人主张基于价金债权,而将被上诉人交付修护之冷气机予以留置不还,自非正当。

第二节　问题与解答

第一款　问题的模式

一、非以请求权基础为内容的出题模式

实例所提出的问题,大体上可分为两类:一为非以请求权关系为其内容;二为以请求权关系为其内容。关于非以请求权关系为内容的出题,其基本模式如下:

1. 债权契约的效力,例如:"甲是零件供应商,乙是汽车制造商,双方约定由甲提供零件给乙,乙于交货后60日付款。嗣后,甲因提供零件给乙,对乙取得新台币200万元之债权(以下简称为'A债权')。甲因经商负债累累,为避免债权人强制执行,故与友人丙通谋虚伪意思表示,将A债权出卖并让与丙。讵料,丙竟将该A债权出卖并让与恶意之丁;嗣后,丙又将该A债权出卖并让与善意17岁之戊。甲不承认丙所为之任何法律行为,戊之法定代理人亦不承认戊所为之任何法律行为。请附理由回答下列问题:(一)何人可以取得A债权？并请分别说明丙、丁之债权买卖契约及债权让与契约与丙、戊之债权买卖契约及债权让与契约之效力。(二)丁与戊先后通知乙有关债权让与之事情,但乙坚持向甲清偿,并经甲受领,乙之债务是否消灭？"(2016年律考)

2. 物权变动,例如:"甲、乙两人共有一笔A建地,应有部分登记为甲四分之三,乙四分之一,乙未经甲之同意,将其应有部分设定抵押权于丙。试问:(一)甲得否未经乙之同意,将A地先后分别设定典权、普通抵押权于丁、戊？(二)承上,若甲、乙未告知丙、丁、戊,径将A地协议分割并完成登记;其后丙实行抵押权拍卖抵押标的物,由庚拍定,且无人主张优先承买。则A地上之物权关系如何？"(2012年司考)

3. 婚姻、继承关系,例如:"甲男与乙女为夫妻,生下双胞胎之丙女与丁女。甲男为传香火,认识戊女。戊女之夫外出经商多年,久未返回。戊女对甲男诈称仍为单身。二人同居一年后,生下A男。甲男乃提供A男之生活日用品。甲男为丙女之营业,赠与60万元。甲赠与一年后,因车祸死亡。甲男死亡时对债权人己与债权人庚分别负债120万元、240

万元。试问：甲男死亡而留下720万元时，应如何继承？"（2010年司考）

二、以请求权基础为内容的出题模式

关于以请求权基础为内容之题目，其基本模式为：

1. 谁（诉讼上原告）？
2. 得向谁（诉讼上被告）？
3. 有所主张？
(1) 得否请求损害赔偿？
(2) 可否求偿？
(3) 请求返还其物，是否有理由（有无法律上依据，法院应如何处理）？
(4) 有何救济方法？
(5) 当事人间之法律关系如何？

德国国家考试的民法试题几均采此模式。台湾地区司法官、律师及其他法律科目，亦多采此类试题，并常与其他问题并用之：

1. 债务不履行："甲有房屋一栋，委由乙中介公司出售。经由乙中介公司之媒介，丙向甲购买系争房屋，丙就购买系争房屋另与乙订立购屋中介契约而支付中介报酬。甲交付该屋于丙之后，丙出租该屋于丁。丁承租期间内，经邻居告知，始知悉甲出卖该屋与丙之前，甲之配偶曾于该屋与甲争吵，且以利刃自杀而于屋内当场死亡。丁并发现，丙与甲订立买卖契约时，虽不知系争死亡事故，但丙取得该屋所有权后、出租该屋与丁之前，业已知悉。此外，乙与丙间之购屋中介契约有一定型化契约条款约定：'乙公司就其中介之房屋，不负瑕疵担保责任，购屋者所购房屋如有权利瑕疵或物之瑕疵，与乙公司无涉；购屋者仅得向房屋所有人主张权利，不得对乙公司解除中介契约或请求赔偿。'试问：（一）丁得否对丙主张终止租赁契约？丁如主张其得知系争死亡事故之后，天天感觉该屋鬼影幢幢，导致精神崩溃，请求丙及甲赔偿，有无理由？（二）丙对甲、乙各得主张何种权利？"（2016年司考）

本题涉及多数人的法律关系，宜采图示，以认识当事人间的请求权基础：

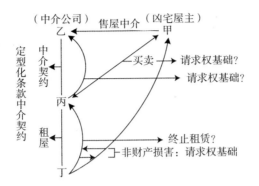

2. 侵权行为上的非财产损害赔偿:"甲男任职某地方法院检察署担任法警,成年之乙男因案受缓起诉处分,需至该'检察署'从事义务劳动。某日,乙在该检察署从事义务劳动时,甲竟不顾乙之反对及推阻,于违反乙之意愿下,强行以其性器官进入乙之口腔,对乙强制性交得逞。乙因本件事故而常有做噩梦、哭泣等创伤反应;乙之配偶丙及母亲丁,亦因甲对乙的侵害行为而受有情感上之伤害。乙、丙、丁三人因此分别向甲请求非财产上损害赔偿。甲对乙、丙、丁之请求,抗辩其并未侵害乙、丙、丁之任何权益,乙、丙、丁不得对其请求损害赔偿。试问:双方之主张,何者有理由?"(2017年司考)

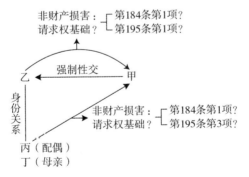

值得提出的是,前揭两个以请求权基础为内容的考题,系以民法债之关系为内容,其他试题亦多各限于物权、亲属、继承,此为传统考试题目的分配方法,即分就"民法"各编出题。此种出题方式忽略了"民法"各编的整体关系,不足以训练或测试考生对民法体系的理解及适用法律的能

力,应有检讨余地,改采取综合性的试题。以下试题可供参考:

1. 债权买卖及债权让与:"乙积欠甲新台币(下同)500万元,迭经催讨,乙均借词拖延,甲不胜其烦。乃于某日经乙同意,以400万元价格出售于丙。当晚,因丁出价450万元,再度出售于丁,并由甲实时通知于乙,适乙收得巨额货款,当即如数清偿于丁。越数日,丙请求乙清偿债款。问:(一)甲丁间之债权买卖、债权让与,效力各为如何? (二)乙主张业已清偿于丁,拒付债款于丙,有无理由? (三)丙有何权利可以主张?"(1994年司考)

2. 法律行为的诈欺与撤销:"甲明知其收藏之唐伯虎字画,并非真迹,惟其鉴定极为困难,竟冒充真迹,以新台币(下同)200万元之价格出售于乙(实则仅价值5万元而已),乙一时亦未能鉴得真相。越三年,适有唐氏字画鉴定专家来台,告知实情于乙,乙愤而对甲主张撤销买卖。问:(一)乙请求甲返还所得价款,其范围为多少? (二)乙未撤销买卖,但请求甲赔偿195万元及自交付时起之利息,有无依据? (三)乙撤销买卖,甲返还价款于乙后,请求乙返还字画,乙拒绝返还,结果如何?"(1994年律考)

3. 所有人及质权人对盗赃物的返还请求权:"甲向乙借款新台币300万元,为供担保,甲将其A名画设定质权于乙并完成交付,复将其B精密机器为担保之目的而移转所有权于乙,但约定担保期间B仍由甲占有,继续生产商品销售。讵料担保存续中,A为丙所窃,B为丁所盗,逾三年后A、B始为警方破案寻获。试问:(一)甲、乙得否分别依物上请求权,请求丙、丁将A、B返还自己? (二)丙、丁抗辩甲、乙之请求权对盗赃物A、B均已罹于时效消灭,是否有理?"(2016年司考)

三、考题的重要性

司法官及律师考题在于测试考生适用法律的能力,具有引导法律教育的意义,体现法学水平,应予重视。应使考题具有测试能力,尤其是出题者自己要先行解答,以控制试题质量,并公布答案(德、日均如此)。

第二款　问题的解答

一、针对问题而作答

解题必须针对问题作答,此为解题的基本原则,包括两点:
(1)对所有提出的问题,均应解答。
(2)未提出的问题,不必解答,解题者纵认尚有其他一并处理的重要争点,亦不应提出作答,此种"题外作答",犹如"诉外裁判",系属多余,且为错误,纵其见解正确,评分时应不予斟酌。

二、案例问题的具体化

实例所提出的多为具体问题,如"甲得否依不当得利规定请求乙返还 A 书?""甲依无因管理规定向乙请求返还其支出的费用,有无理由?""甲得否依侵权行为规定向乙请求损害赔偿?"在此情形,应对所提出的问题作答,乃属当然。

需注意的是,所提出的问题有为"概括"的,如"甲与乙间的法律关系如何?""当事人间的法律关系如何?"此类实例具有重要功能,即在训练或测验考生"就案例事实,将问题予以具体化"的能力。兹举一例说明之:

> 甲受乙胁迫,赠 A 画于不知情的丙,半年后,甲向丙说明受乙胁迫事由,请求丙返还 A 画,丙表示已将 A 画与丁的 B 画互易,并已交付。

在此实例题,有多种问题提出方法:
(1)甲得否向丁请求返还 A 画?
(2)甲得否向丙请求返还 B 画?
(3)当事人间的法律关系如何?

在(1)的情形,应检查"甲"对"丁"请求返还 A 画的请求权基础:所有物返还请求权(第 767 条)或不当得利(第 179 条)。在(2)的情形,应检查甲得否依第 179 条之规定向丙请求返还 B 画。在(3)的情形,应就案例事实,而将问题加以具体化:
①甲对乙得否主张侵权行为损害赔偿请求权?

②甲对丁得否依所有物返还请求权(第767条)或不当得利规定(第179条)请求返还 A 画?

③甲对丙得否依不当得利规定(第179条、第181条)请求返还 B 画?

第三款 "案例事实"与"法律规范"

案例解题,系依循法律处理具体案例中当事人间的权利义务。为发现可适用于案例事实的法律,一方面需依案例事实去探寻法律规范,另一方面需将法律规范适用于案例事实,乃是一种相互阐明的思考过程。① 于选定法律规范(请求权基础)后,应解析其构成要件,在经认定的事实上予以具体化,前已说明。兹再就一个考题加以说明:

> 甲以司机为业,生性粗俗曾有车祸记录,乙因其所索工资较低而雇其充当汽车司机。某日甲私自驾驶乙之汽车外出访其女友,经过某街,适有4岁幼童丙,因天气炎热,其母丁令其在街中游玩,甲驾驶到来,远距离即发现丙在街中心,遂按喇叭示警,但既未减速慢行,亦未停车或避让致将丙撞伤。问乙应否与甲负连带损害赔偿责任?能否减轻赔偿?乙如履行赔偿义务,能否向甲求偿?甲如履行赔偿义务,能否向乙求偿?(1973年律考)

本题涉及雇用人的侵权责任。第188条规定:受雇人因执行职务,不法侵害他人之权利者,由雇用人与行为人连带负损害赔偿责任。但选任受雇人及监督其职务之执行,已尽相当之注意或纵加以相当之注意而仍不免发生损害者,雇用人不负赔偿责任。如被害人依前项但书之规定,不能受损害赔偿时,法院因其申请,得斟酌雇用人与被害人之经济状况,令雇用人为全部或一部之损害赔偿。雇用人赔偿损害时,对于为侵权行为之受雇人,有求偿权。

兹试穿梭于"案例事实"与"法律规范"之间,使二者发生互相关联,认定事实,并为法律的定性。

---

① Larenz/Canaris, Methodenlehre der Rechtswissenschaft, S. 101 f. ; Hruschka, Die Konstitution des Rechtsfalles, 1965.

一、甲、乙的连带损害赔偿责任

（一）请求权基础：第188条第1项

（1）甲担任乙的汽车司机，为乙的受雇人。（+）

（2）甲的行为是否具备一般侵权行为（第184条第1项前段）要件，成立侵权行为？其关键问题在于甲是否有过失？此应就甲驾车到来，远距离即发现丙在街中心，虽按喇叭示警，但既未减速慢行，亦未停车或避让致将丙撞伤，加认定。（+）

（3）甲是否因执行职务而为侵权行为？此为"某日甲私自驾驶乙之汽车外出访其女友"的法律定性（?）（+）

（4）倘甲系乙之受雇人，因执行职务不法侵害丙之权利，甲得否举证免责？关于此点，应斟酌"甲生性粗俗曾有车祸记录，乙因其所索工资较低而雇其充当汽车司机"的事实判定之。（+）

（二）损害赔偿范围

被害人丙的与有过失（第217条）应分两点加以检讨：

（1）被害人在街中游玩，是否对"损害之发生或扩大"与有过失？被害人系4岁幼童，无行为能力人，倘无识别能力，能否成立与有过失（?）（-）

（2）被害人所以在街中游玩，系因天气炎热，奉其母丁之命。其母丁对"损害之发生或扩大"是否与有责任？被害人应否承担法定代理人之"与有过失"（?）（-）①

二、甲与乙间的求偿关系

此需以雇用人应负连带损害赔偿责任为前提，原则上应适用第188条第3项之规定，并有第217条的类推适用。②

此种"案例事实"与"法律规范"之间的来回穿梭思考，彼此渗透，相互阐明是实例解题的起点，为法律适用的核心问题，系案例研习的目的，请读者多加揣摩体会！

---

① 参见拙著：《第三人与有过失》，载《民法学说与判例研究》（第一册），北京大学出版社2009年版，第58页。

② 参见拙著：《连带侵权债务人内部求偿关系与过失相抵原则之适用》，载《民法学说与判例研究》（第一册），北京大学出版社2009年版，第46页。

第三节 解题的体裁、结构与风格

第一款 解题的体裁

第一项 鉴定体裁与判决[①]

法律思维包括三个层次:①获得法律智识;②法之适用;③传递表达。关于法律适用的传递表达,有两种体裁可以采取,一为鉴定(Gutachten),二为判决(Urteil)。

一、鉴定体裁

鉴定,在于验证一定的法律规范(请求权基础)的适用,具有三个特征:①法律问题应先提出。②逐步检讨由假设命题到达结论的过程。③结论置于最后。分述如下:

(一)问题提出

关于问题的提出,兹举两例以供参考:

1. 甲得向乙依第767条第1项之规定请求返还某车,此需以甲系所有人,乙系无权占有为要件。

2. 甲得向乙依第367条之规定请求支付价金100万元,须甲与乙互相意思表示一致,成立买卖契约。

(二)逐步验证法律规范的适用

对于提出的问题,应逐步求证,检视法律规范(请求权基础)的构成要件是否具备,即案例事实得否涵摄构成要件。在推论上所使用的文

[①] 关于鉴定与判决两种体裁,参见 Beyerbach, Gutachten, Hilfsgutachten und Gutachtenstil-Bemerkungen zur juristischen Fallbearbeitung, JA 2014, 813-819; Fahl, Bemerkungen zum Urteilsstil, JuS 1996, 280; Franck, Zur Verwendung des Konjunktivs für den Lösungsansatz in einem Gutachten, JuS 2004, 174-176; Hardtung, Das Springen im strafrechtlichen Gutachten, JuS 1996, 610-615, 706-710, 807-811; Kerbein, Darstellung eines Meinungsstreits in Klausuren und Hausarbeiten, JuS 2002, 353-355; Peterson, Typische Subsumtionsfehler in (straf-)rechtlichen Gutachten, Jura 2002, 105-109; Pilniok, „h. M." ist kein Argument-Überlegungen zum rechtswissenschaftlichen Argumentieren für Studierende in den Anfangssemestern, JuS 2009, 394-397; Schnapp, Das Kreuz mit dem Konjunktiv, Jura 2002, 32-35; Valerius, Der Gutachtenstil in der juristischen Fallbearbeitung, JA Sonderheft für Erstsemester 2016, 36-42; Wolf, Bemerkungen zum Gutachtenstil, JuS 1996, 30-36.

句,系"因此""从而""故"。例如:"甲为 A 车所有人,乙系无权占有,故甲得向乙依第 767 条第 1 项之规定请求返还 A 车。"

(三)结论

在鉴定体裁,结论应置于最后,对提出的问题作明确的表示,或为肯定,或为否定,如:"甲得向乙依第 348 条之规定请求交付 A 车,并移转其所有权。"

二、判决体裁

判决体裁不同于鉴定体裁,其主要特色有二:①结论在前,理由在后,即先作成结论,再给出理由。②在结论与理由之间所使用的连结语句为"盖……也""因为"等。

三、解题构造

试举一个案例说明鉴定和判决两种体裁在解题构造上的不同:

> 甲于 3 月 2 日向乙表示购买某微波电子烤箱,价金 3 万元,乙于 3 月 3 日承诺,甲先付定金 5000 元,约定 3 月 7 日取货。甲于 3 月 4 日发现,其妻丙于 3 月 1 日亦已向他人订购同类型烤箱,即向乙说明不知其妻已订购同类型烤箱的事实,请求返还 5000 元,并拒付余款。问乙得否向甲请求支付价金及受领标的物?

1. 判决体裁:乙的请求为有理由。甲与乙于 3 月 3 日订立契约,约定甲以 3 万元向乙购买某微波电子烤箱,甲有支付价金及受领标的物之义务(第 367 条)。甲不得依第 88 条第 1 项之规定,撤销其买卖契约,拒不付款,盖甲不知其妻丙已另订购同类型的烤箱,乃动机错误,不构成意思表示内容之错误,不得撤销。

2. 鉴定体裁:乙得向甲依第 367 条之规定请求支付约定价金及受领标的物,需买卖契约因相互意思表示一致成立。甲于 3 月 2 日向乙表示购买某微波电子烤箱,价金 3 万元,系属要约,乙于 3 月 3 日为承诺,相互意思表示一致,买卖契约成立(第 153 条、第 345 条第 2 项)。问题在于乙得向甲请求支付价金及受领标的物的请求权(第 367 条)是否因甲撤销买卖契约使其视为自始无效(第 114 条)而消灭。甲向乙请求返还 5000 元,拒付余款,虽得解为甲有撤销的意思表示。惟甲不知其妻丙已另订购同类型的烤箱,乃意思表示缘由的错误,不影响意思表示的内容,不符第88条第1项规定的要件,甲无撤销买卖契约的权利。乙得向甲依第367条之规定请求支付价金及受领标的物。

兹将鉴定与判决两种体裁的结构表示如下:

| 鉴定 | 前提命题 | 论证 | 结论 |
| 判决 | 主文(结论) | 理由 | |

第二项　法律教育为何要采鉴定体裁?

传统法律教育注重教授学习法律知识,学生亦多阅读法院裁判,较认识判决体裁。判决体裁亦属重要,但法律教育的重点不是训练学生写判决书,而是培养学生锻炼法律思维。基此认识,本书特别强调案例研习,应采鉴定体裁,以养成法律人认定事实、适用法律的基本能力,其理由有四:

1. 判决体裁以鉴定体裁为基础:判决体裁系以鉴定体裁为基础,即先有鉴定的思考过程,再将之转化为判决形式。法院评议时,不会径即作成判决,而是先思考假定命题,例如在凶宅案件,出租人得否依第184条第1项前段或后段之规定向自杀的承租人(其继承人)请求凶宅贬值的损害赔偿,问题在于其所受侵害究为权利或利益?是否以背于善良风俗方法加损害于他人?经过推理论证后,再作成结论,而以判决体裁加以表达。

2. 体现法律适用过程:鉴定体裁体现法之适用的思维过程。法律人遇到法律问题,系先就案例事实寻找规范(请求权基础),再检验是否具备构成要件而作成结论。律师、其他法务工作者及法官评议时均采此种思考方法,具有普遍适用性。

3. 法之适用的论证检验:鉴定体裁使法律人能够更精确掌握案例事实,遵循一定的方法规则,逐步推理论证法律的适用过程,使法之适用得获控制,可供检验。

4. 德国经验:德国大学法律教育从大一开始就有民法、公法等基本科目的案例研习,均采鉴定体裁。国家考试的题目亦采鉴定方式。此为德国法律教育的根本,所有的法律人都接受此种训练,体现于法律人的能力、法学水平和法院裁判的质量。

第二款 鉴定结构

一、构造模式

为增进对鉴定体裁的理解和运用,参照前述"狗咬伤人"案例,建构鉴定体裁的思考模式:

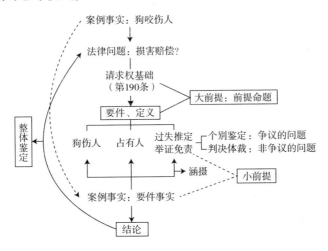

二、思考层次

鉴定体裁系由案例事实(狗咬伤人)引发法律问题(案例问题,被害人向动物占有人请求损害赔偿)、寻找选定得适用的法律规范(请求权基础),分解其构成要件,认定案例事实得否涵摄于各该构成要件,而获得结论,解决法律问题。分述如下:

(一)大前提:条件式命题

大前提系指被选定为得否适用于该具体案例事实的法律规范(请求权基础)。此为鉴定体裁的大前提,采条件式命题,结论开放。大前提称为 Einleitungssatz(引导命题),采用虚拟的语句,例如:K könnte einen Anspruch gegen V auf Übergabe und Übereignung des Wagens aus 433 Abs. 1. Satz I BGB.[译为 K(出卖人)得否(könnte)依《德国民法典》第 433 条第 1 项第 1 句对 V(买受人)交付某书并移转其所有权。]könnte 系虚拟句

法,为德文所独有。关于命题有两种提出的方式,可供参考①:

(1)应检讨的是(或应认定的是,或问题在于):甲得否向乙依第348条之规定请求交付A屋并移转其所有权。

(2)甲得向乙依第348条之规定请求交付A屋并移转其所有权,此需(当、若)甲与乙互相意思表示一致而订立买卖契约。此种句法较能体现"若……则……"的请求权规范构造。

(3)应检讨(或认定)的是,甲得否向乙依第767条之规定请求返还A车,其要件系甲为A车的所有人,乙为无权占有。

(4)甲得向乙依第767条之规定请求返还A车,此需(当、若)甲为A车所有人,乙为无权占有。

(二)小前提

法律适用三段论法的小前提,包括两个部分:

(1)分解请求权基础的构成要件($T: t_1、t_2、t_3$),并就其法律概念加以定义。例如第184条第1项前段规定的故意、过失、不法侵害他人权利,精确明辨构成要件并加以定义,最属根本,可以避免许多无谓的争论,节省诉讼成本。

(2)涵摄:认定案例事实(要件事实)是否该当(满足、符合)构成要件。例如甲超速撞伤乙,是否故意或过失不法侵害乙的人格权(身体健康);甲在乙的房屋自杀,是否侵害乙的所有权(权利)?此为法律适用上最重要的部分,涉及法律解释及法之续造的基本问题,将于本书第四章再为详论。

(三)结论

经由大前提适用于小前提,作成肯定或否定所提出的法律问题的结论,例如:

(1)甲得向乙依第348条之规定请求交付A车并移转其所有权。

(2)甲不得向乙依第184条第1项前段之规定请求凶宅贬值的损害赔偿。

鉴定体裁的思考结构亦可分为四个层次:

(1)前提命题:甲得否向乙依第190条之规定请求损害赔偿。

(2)定义:明确构成要件,并加以定义:何谓动物(细菌是否为动物)?

---

① Valerius, Einführung in den Gutachtenstil, 4. Aufl., 2017, S. 15 f.

何谓占有人?

(3)涵摄:乙是否为动物占有人;得否证明其对动物依其种类及性质为相当注意的管束?

(4)结论:甲得(不得)向乙依第 190 条之规定请求损害赔偿。

为显明鉴定体裁的解题构造,简示如下:

Ⅰ 甲得否向乙依第 190 条之规定请求损害赔偿?
  1. 甲被狗咬伤
     (1)狗是动物
     (2)动物加损害于甲
  2. 乙是占有人
     (1)占有人的定义:不同的法律见解
     (2)乙是占有人?
     (3) 采鉴定体裁加以认定 :重点争议问题
  3. 管束动物的过失
     (1)推定过失
     (2)乙能(未能)证明其对动物已依其种类及性质为相当注意的管束
Ⅱ 甲得(不得)向乙依第 190 条之规定请求损害赔偿

三、鉴定体裁内的判决体裁

(一)总体鉴定与个别鉴定

关于案例法律问题的处理有鉴定与判决两种体裁。二者同属重要,具不同的功能。鉴定体裁有助于学习、培养法律思维能力。判决体裁为法院裁判的典型。法律教育应采鉴定方式。鉴定包括总体鉴定,即以鉴定为整个解题的构造。在解题过程中,对重要争议问题亦应运用鉴定方式,学说上称为次位鉴定。例如,在狗咬伤人案例,动物占有人系核心问题,应采次位鉴定:

(1)上位命题:有疑问的是(有争论的是,应检讨、认定的是),乙是否为动物占有人?

(2)定义:关于动物占有人有不同见解,均肯定包括直接占有人,有争论的为是否包括占有辅助人(关于如何处理不同学说见解,参见本书第 118 页;关于动物占有人的定义,参见本书第 179 页)。

(3)涵摄:乙系动物直接占有人。

(4)结论:乙系动物占有人。

(二)总体鉴定内的判决体裁

需特别指出的是,鉴定体裁不但不排除,还要并用判决体裁。对有争议的问题(如动物占有人)要采用鉴定体裁(下位鉴定)。对没有争议的问题(例如狗咬伤人),则采判决方式。至于何者为争议问题(争点),何者为非争议问题,涉及问题意识,将于下文再为说明。

第三款　风　格

案例解题,是一种技术,一种科学,也是一种艺术,三者构成解题风格。艺术有其风格,案例解题亦不例外。关于案例解题的风格(Gutachtenstil),包括八个因素:

1. 解题构造。
2. 请求权基础的取舍。
3. 法律条文的引用。
4. 如何处理多数当事人间的法律关系。
5. 把握重点,阐明争点。
6. 判例与学说的征引。
7. 理由构成。
8. 法律文字。

分述如下:

第一项　解题构造

处理案例需先有总体的构想,思考将以何种步骤去解答问题。如果一个题目的解题时间为30分钟,至少需用10分钟去思考、去构想解题构造。考生在主观上常有"时不我与"之感,匆匆看完题目后,立即动笔书写,发现不妥,东涂西改,"此处不算""请参阅次页",弄得试卷凌乱不堪。有礼貌的考生也许会附上一句"对不起,教授先生",但仍无补于阅题的艰难。以"毅力"抗拒"立即作答"的冲动,至属重要,应请注意。

解题构想的优点甚多:①针对问题解答。②把握重点。③防范疏漏。④避免重大增删。⑤层次分明,井然有序,思路清楚。惟应注意的是,此种解题构造非属考试内容,不应写在试卷之上。于解题纲要完成后,在正式作答之前,尚需再作冷静思考:结论是否合理?是否符合正义公平原则?法律人固需重视逻辑推理,"法之常识"亦不容忽视。所谓"法之常识",不是指个人主观的法律感情或价值判断,而是指经由学习法律而累积、体验之客观化的公平正义的理念,体现于一般所谓的社会通念。

第二项　请求权基础的取舍

处理案例的基本工作,在于寻找支持一定请求权的规范基础,原则上并应依契约、无权代理等类似契约关系、无因管理、物权关系、不当得利及侵权行为等次序加以检查,前已再三说明。需再强调的是,对于每一个可能成立的请求权基础,均应思考检讨,惟在作答时,应排除显不成立的请求权基础,不予讨论。某个请求权基础是否存在,判例学说尚有争论,或理论上具有意义时,在结论上虽采否定说,仍宜简要说明,以期周全,此亦为鉴定体裁的特色。例如,甲向乙购买某地,于给付期间届满后,乙与丙通谋为虚伪买卖并办理所有权移转登记(参阅下图):

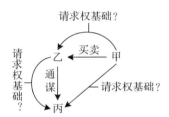

在此案例,关于甲对乙得否主张的权利,应检讨的有给付迟延(第229条)、给付不能债务不履行(第226条第1项)。乙对丙得行使的权利,应检讨的有妨害除去请求权(涂销登记,第767条)及不当得利请求权(第179条)。甲对丙得否主张损害赔偿请求权?甲得否代位乙行使乙对丙的权利,亦有论及的必要。

第三项　法律条文的引用

一、精确完整引用条文

案例解题需引用法律条文,尤其是支持某项请求权的法律规范,例如甲得依"'民法'第184条第1项前段"规定,向乙请求损害赔偿。关于法

条的引用,应注意的有二:

1. 精确:例如不能仅引用"依'民法'第 184 条"或"依'民法'第 184 条第 1 项",而要精确地引用,例如"依'民法'第 184 条第 1 项前段"。

2. 完整:请求权基础常由多数规定所构成(请求权规范与辅助规范)。例如甲伤害乙的身体、健康,乙请求非财产上损害相当数额的金钱赔偿(慰抚金)时,应引用第 195 条、第 184 条第 1 项前段,不能仅引用第 195 条规定,此常生误解。兹以下图,显明慰抚金的请求权基础:

```
慰抚金       ┌ 侵权行为: 195 条第 1 项 + 第 184 条第 1 项前段(或后段)
请求权基础 ┤
             └ 债务不履行: 195 条第 1 项 + 第 227 条 + 第 227 条之 1
```

二、理解条文

各种考试无论是否准许参考六法全书,均需确实掌握若干基本法律规定,尤其是主要的请求权规范基础。此不能徒赖背诵强记,兹提出几个方法,以供参考:

1. 阅读教科书或论文时,需对照法律条文,运用想象力,构思案例。

2. 上课前预先阅读有关法律条文,了解其规范意义,所涉及的社会问题及利益衡量,探究其在解释适用上可能产生的疑义。下课后再加阅读,以求更进一步的了解。

3. 研读法律条文,特别注意其在法典体系中的地位,并需整节、整款阅读。关于契约,"民法"于第二编(债)、第一章、第一节、第一款,设有第 153 条至第 166 条之 1,需全部阅读,以明了各个条文间的关系,尤其是原则与例外的规定。第 153 条以下规定,依其在民法体系上的地位,对于债权契约的成立,应直接适用,对于物权契约(第 758 条、第 761 条)及身份上契约(订婚、结婚及离婚等),得类推适用。

4. 认识法条的种类,包括完全性法条和不完全性法条(定义性法条、准用性法条、拟制性法条),及其相互间的关系。对条文作归类分析,亦属重要,倘能将民法有关损害赔偿的全部条文加以整理、分析,对其内容必能有比较彻底的认识。

5. 应特别强调的是,掌握法律条文的最好方法是多作案例,多写读书报告,多研读判例,多参加研讨会。背诵记忆法律条文,不求甚解,易于忘记。经由深刻思考,亲身体验应用的条文,将成为一个法律人生命的法律细胞,终生难忘。

第四项 如何处理多数当事人间的法律关系

案例中的问题,涉及两个当事人时,较易处理。涉及3人或3人以上时,应依何种次序检讨,甚值斟酌。依历史方法,以事实发展过程的先后而讨论,固亦有据,但常导致不必要的重复。依请求权方法,应先综观全部案例事实,找出关键的当事人,先行讨论。所谓关键当事人,其认定标准有二:

1. 符合当事人的利益状态。
2. 某当事人间的法律关系,为其他当事人间法律关系的前提。

甲受乙胁迫,赠与某名贵的水晶花瓶给丙,并即交付。不久甲向丙说明受乙胁迫事由,请求返还其物,丙告以已将该瓶让售于丁,并移转其所有权。于此情形,宜先检讨谁对谁的请求权:

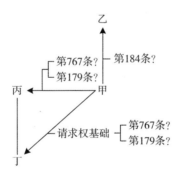

参照前述两个标准,宜先检讨甲对丁的请求权:①甲的主要利益在于能否对丁请求返还花瓶(所有物返还请求权或不当得利?)。②甲得向丁请求返还花瓶影响甲对丙或甲对乙得主张的权利。

第五项 把握重点,阐明争点

一、问题意识

每一个案例均有重点问题,解题成败系于能否发现重点、凸显争点,针对重点、争点而为论证。此为法律人的基本能力,关键问题在于培养、强化问题意识。在前揭狗咬伤人的案例,其重点在于谁为第190条规定的动物占有人。甲骑机车接送其8岁之子乙上学,因闯红灯致乙遭丙撞伤,乙得否向丙请求损害赔偿,其争点在于乙应否承担甲的与有过失(第217条)。

二、通常案例思考方法

问题意识来自对问题的敏感,来自基本法律智识,来自洞察力及案例研习的经验。要将自己置于案例情境,发现案例问题。案例中叙述较详细、异于通常的,常为重要争点。值得提出的是,对照比较通常典型案例,最有助于发现问题重点及争议(通常案例思考方法)。

设有试题:"小学生某甲与其同学某乙相约做摔跤游戏,甲不慎伤害乙的头部。问乙得对甲主张何种权利?"其重点问题有二:①甲的伤害行为是否不法,有无违法阻却事由存在?②甲是否具有识别能力,此为过失的前提。① 至于行为与损害之间是否具有因果关系,则属非争议的次要问题,不必讨论(或无须详论),纵使征引各家学说详论因果关系,即属不能把握重点。考生常认为自己答题甚为详尽,巨细靡遗,何以未得高分,其主要理由之一,系不能针对问题权衡轻重,应详者未详,应略者,长篇累牍。

三、针对重点,阐明争点

处理案例,应避免教科书式的论述。设有试题谓:"甲于3月2日卖某马给乙,价金3万元,约定3月4日交付,乙即于同日以4万元出卖给丙,约定于3月5日交付。其后发现,甲的受雇人已于3月1日将该马让售于丁,并移转其所有权。问乙得对甲主张何种权利?"其主要重点在于探讨自始主观给付不能的效力及效果。解题时应针对此一问题而作答,不必对给付不能的意义(如一时不能、永久不能、事实不能、法律不能)及给付不能的分类(自始不能、嗣后不能、客观不能、主观不能),作冗长的说明。解题者对于诸此问题纵使已做准备,并有精辟见解,亦须忍痛割爱。总而言之,实例解题须针对问题,无须凡事皆从头说起。记住:针

---

① 参见拙著:《摔跤游戏之违法性》,载《民法学说与判例研究》(第一册),北京大学出版社2009年版,第168页。

对重点,阐明争点!

第六项　判例与学说的征引

一、不同的法律见解

关于法律问题,常有不同见解,教科书常见的用语系"众说纷纭,尚无定论"。有学者各异其说,有学说(理论)与判例(实务)意见对立,有已形成所谓的通说,但仍有所谓的少数说。如何处理不同法律见解是法学研究的重要课题,也是案例研习如何处理的难题。

二、两种处理方法

关于不同法律见解,有两种处理方法:①整理分析法;②问题取向法。分述如下:

(一)整理分析法

整理分析法系综合整理不同的见解,加以归类分析,并在具体案例上加以涵摄,显示相同或不同的结论。研究者或解题者提出理由,表示赞同某种见解,或另创新说。

(二)问题取向法

问题取向法系着眼于具体个案事实,其思考层次系先提出自己不赞同的法律见解,并在具体案例上加以涵摄,获得结论。对此意见加以检讨,说明不赞同的理由。最后叙明理由表示自己见解,并在具体案例上加以涵摄,获得结论。例如在近年来具有争论的凶宅案例中,房屋出租人得否向在屋内自杀的承租人(其继承人),依"民法"第184条第1项前段或后段规定请求房屋成为凶宅贬值的损害赔偿?若不赞成肯定说(或否定说),应先提出,加以分析检讨,其后再提出自己的见解(例如采否定说),论证说明。

前揭两种方法,各有特色。整理分析法具有概观性,易于理解不同见解,但在实例解题上好像是在"背书"。问题取向法较能显现问题意识及论证推理的思考能力。无论采取何种方法,均应明确表示自己的法律见解,加以论证,"最高法院"决议可供参照,不能说:"关于此项争论,有甲说、乙说、丙说,丙说较为可采。"

三、处理要点

1. 法律学说的争议须与问题的解决有关：例如："十七岁之甲经其父乙同意，经营洗衣店，甲因过失毁损丙送洗的大衣时，丙得否主张乙就甲之债务不履行亦应连带负损害赔偿？"此涉及"民法"第221条"债务人为无行为能力人或限制行为能力人者，其责任依第一百八十七条之规定定之"的解释，"最高法院"未著判决，学说分歧，应依前述方法加以处理。

法律见解的争论与解题无关时，不必论述。例如："甲与乙赌博，甲输100万元，支付现金50万元，开具远期支票30万元，其余20万元，以名贵钻石设定质权担保。问甲得否向乙请求返还其所为的给付？"其主要问题有二：①是否成立不当得利（第179条）；②是否为不法原因给付（第180条第4款）。这两个问题均与不当得利法上统一说与非统一说的争论无关，自无检讨分析的必要。

2. 实务见解：采实务见解须附理由，不能径谓此乃"最高法院"见解。当然亦可有不同见解，尤其关于具有争议的实务观点，陈述己见时需强化论证。

3. 学说见解：应注意的是，常有考生事先打听谁为出题者，特采其说，引用其书，指出其姓名，赞扬其见解，企图赢取其好感，以获高分。此事违反"诚实信用原则"，不值鼓励，有时且会有高度风险性，盖出题者、阅卷者究为何人，难以猜测，不免弄巧成拙。当然，考生确信出题者的见解具有说服力，自可采用，详为论述，惟仍无须特别强调，指出其姓名。

4. 通说：处理案例，常引用"通说"以支持其论点。援引通说，亦属法学论证的一种方法。但应注意有三：①所谓通说，系指关于某法律问题，判例与学说基本上采相同见解。②关于某一法律问题，学者意见趋于一致，但法院尚采不同观点时，仍未形成通说，可称为学者通说。是否为通说应有依据，不能自创通说。③通说不是真理，非恒久不变。对通说固应尊重，但须彻底了解其内容及意义，不能盲目接受。对通说提出质疑，常会导致法学理论的重大突破，促进法律的进步。对于通说亦可提出自己的见解加以检讨，但需负高度论证义务。

第七项　理由构成

判决须附理由，实例解题亦然，案例事实是否符合一定请求权基础的构成要件,应为检讨,对关键的争论问题,须有自己的见解,并为论证。某次有试题谓:"抛弃继承可否构成诈害债权,为债权人撤销权之客体。"①一部分考生作如下解答:"关于此一问题,法无明文,学者见解不一,有采肯定说者,有采否定说者,余从后说。"即属未具理由。判决不备理由,其判决当然违背法令,得为上诉第三审之理由("民事诉讼法"第469条第6款、第467条)。解题理由不备,应扣减分数。

有结论而无理由,只是一种主张或论断,未经证明,不具说服力。理由构成之目的有:说服自己和取信他人,可供复验,克制恣意及专擅。学习法律,简单言之,就在培养论证及推理的能力。

关于法律适用上的理由构成,涉及论证密度和论证质量,将于本书第四章"法之适用"详为论述。

第八项　法律文字

法律问题的解答或法律意见,系借文字而表现于外,乃有所谓的法律文字(Rechtssprache)。② 法律文字的基本特色有两个:

(1)使用专门术语,每一个法律名词,均有其固定之意义(如无效、撤销、效力未定、解除、终止),不容混淆。须彻底了解每一个基本法律概念,始能正确适用法律。

(2)法律旨在规范社会生活,建立合理的社会秩序,因此法律的文字必须客观、严谨、精确及合乎事理,应避免夸张、主观或暗示性的词句。法律人的笔锋应常带理性,依法论断是非,依法实现正义。

---

① 1984年第2次民事庭会议决议(1)院长提议:继承人抛弃继承,其债权人可否依第244条规定行使撤销诉权,而撤销之? 兹有甲、乙二说(本院判决有不同之见解):甲说认为,债权人得依第244条规定行使撤销诉权者,以债务人所为非以其人格上之法益为基础之财产上之行为为限,继承权系以人格上之法益为基础,且抛弃之效果,不特不承受被继承人之财产上权利,亦不承受被继承人财产上之义务,故继承权之抛弃,纵有害及债权,仍不许债权人撤销之。乙说认为,现行"民法"已废止宗祧继承,改为财产继承制度,此就第1148条规定继承人自继承开始时,承受被继承人财产上之一切权利义务观之自明,故如继承开始后抛弃继承而受不利益时,即属处分原已取得之财产上权利,倘因而害及债权人之债权者,其债权人自得依第244条行使撤销诉权。以上二说,应以何说为当,提请决议,决议采甲说。对此争论问题,采取何说,皆有所据,重点在于其理由构成或论证方法。参见拙著:《抛弃继承与诈害债权》,载《民法学说与判例研究》(第四册),北京大学出版社2009年版,第233页。

② 参见Dölle, Vom Stil der Rechtssprache, 1949.

第四节 法律问题、鉴定体裁、案例研习

第一款 案例研习的基本要点

法之适用系法律思维的核心,前在第一章"法律思维"、第二章"请求权基础"及本章已详为说明。法之适用过程具有一定的方法和规则,兹再作简要的整理,供复习之用。

一、案例事实、法律问题、解题构造

1. 理解案例事实:案例事实引发法律问题(案例问题),必须彻底掌握,至少必须仔细精读两次,第一次着重事实,第二次认识法律问题。

2. 针对法律问题:法律思维的基本模式,系谁得向谁依据何种法律规范(请求权基础)有所请求(返还物之所有权或占有、损害赔偿等)。凡所提出的问题皆须解答,未提出的问题不应解答。

3. 选定请求权基础:须就具体事实,探寻得适用的法律规范(请求权基础)。

4. 基本法律关系的图示、解题构造:兹举一个案例:甲向乙购 A 屋,乙为避免甲的强制执行,与丙作成 A 屋的通谋虚伪买卖,并移转其所有权。丙擅将 A 屋出售于丁,并移转其所有权。试说明当事人间的法律关系。本件案例涉及三人关系,应考虑谁向谁的次序,图示如下:

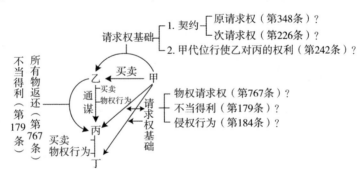

解题构造有助于清晰思路、认识问题,利于解题。请再参照前揭关于狗咬伤人案件的解题构造。

二、解题的鉴定体裁

实例解题应采鉴定体裁。请求权基础的思考和鉴定体裁应作为法律教育的重要内容,经由案例研习,强化法律思维能力。关于鉴定式的解题,前已再三说明,再整理如下:

1. 前提命题:条件式效果开放的规范假设。
2. 构成要件及定义。
3. 涵摄:建构案例事实,检验其是否该当于构成要件。
4. 结论:对前提命题的肯定或否定。

第二款 案例研习[①]

一、案例事实

甲住澎湖,考上台北某大学法律系,寻找宿舍。3月1日在某公寓前看到乙张贴的广告:"二楼公寓A屋出租,设备齐全,月租11000元,可面议,租期最少一年。"甲入内参观,甚为满意。甲与其父母商议后,于3月4日打电话给乙,表明愿以11000元承租该屋。乙表示租金调整为12000元,甲不为任何表示而挂断电话。3月5日甲再打电话给乙,表示愿支付11500元,乙强调需12000元。甲犹豫思考时,手机没电,中断通话。甲5分钟后再致电乙,表示同意以12000元承租该屋,乙表示该屋已出租给他人。试问:甲得否向乙请求交付A屋。

本件案例涉及"民法"总则关于法律行为及意思表示的基本问题。

[①] Bitter, Georg/Rauhut, Tilman: Grundzüge zivilrechtlicher Methodik-Schlüssel zu einer gelungenen Fallbearbeitung, JuS 2009, 289-298; Czerny, Olivia/Frieling, Tino: Meine erste Zivilrechts-Klausur: Für vier Phasen der Klausurerstellung, JuS 2012, 877-883; Fleck, Wlofgang/Arnold, Stefan: Die Klausur im Zivilrecht-Struktur, Taktik, Darstellung und Stil, JuS 2009, 881-886; Hopt, Klaus J.: Fallbösungstechnik für Beginner-Hinweise zur Bearbeitung von Klausuren und Hausarbeiten, Jura 1992, 225-231; Körber, Torsten: 20 Regeln für die zivilrechtliche Fallbearbeitung, JuS 1998, L65-L68, L73-L77; Ders.: Zivilrechtliche Fallbearbeitung in Klausur und Praxis, JuS 2008, 289-296; Linhart, Karin: Das System der Anspruchsgrundlagen, Einwendungen und Eenreden in der Zivilrechtsklausur, JA 2006, 266-270; Senne, Petra: Hinweise zur Lösung einer zivilrechtlichen Klausur, JA 1995, 760-766.

案例研习要从法律系一年级开始。请仔细研读案例事实,针对问题,建构解题纲要,先自行解答,再与以下解说加以比较。

二、解题纲要

(一)解题纲要

> 甲得向乙依"民法"第 423 条规定请求交付 A 屋,须甲与乙意思表示一致成立有效租赁契约("民法"第 153 条)
> 1. 乙出租房屋广告:要约(−)
>   (1)受拘束的意思
>   (2)必要之点
> 2. 甲的第一通电话:要约(+)
>   (1)甲为要约
>   (2)乙拒绝承诺
> 3. 乙变更甲3月4日的电话要约
>   (1)拒绝承诺
>   (2)视为新要约(+)
>   (3)甲沉默而未承诺(−)
> 4. 甲3月5日电话
>   (1)甲的要约
>   (2)乙的新要约
>   (3)甲要约中断后的表示:承诺?

(二)说明
1. 采请求权基础方法。关于租赁契约是否成立采历史方法。
2. 采鉴定体裁:总体鉴定及个别鉴定,兼用判决体裁。
3. 问题意识:
(1)重要问题:把握重点,阐明争点:
①要约引诱与要约的区别;
②要约因通话中断后仍受拘束?
(2)次要问题:
①变更要约;视为新要约;
②沉默意思表示。

三、解题

1. 甲得向乙依"民法"第 423 条之规定请求交付 A 屋,若甲与乙订立有效的租赁契约,此须双方就以物租赁于他方,由他方支付租金互相表示一致为要件(第 153 条)。

(1)乙出租 A 屋广告:要约?

首应认定的是,乙在公寓门前张贴出租 A 屋的广告是否为要约。要约系指欲与他人订立契约的意思表示,须要约人有受其拘束的意思,其内容并须具备必要之点,得因他人单纯的承诺而成立契约。乙的出租广告无受法律约束的意思,因其系对多数不特定人而为的表示,若认系要约,将与多数为承诺之人成立租赁契约,但仅能对其中一人履行,而对其他人负损害赔偿之虞。关于出租广告的解释尚应考虑的是,其系对不特定之人,若认其系具有拘束力的要约,广告者将与任何为承诺之人成立租赁契约,不能考虑契约相对人是否有支付能力等因素而决定是否缔约,不符其选择契约相对人的利益。据上所述,应认乙出租房屋的广告,非属要约,而是对多数人所为要约的引诱。另依房屋租赁之交易习惯,出租人是否出租,所考量者非仅租金而已,尚包括承租人之社经地位、职业收入等,故不宜径将租屋广告认定为要约。

要约的内容须确定,得因要约受领人单纯同意而为承诺,从而要约必须具备成立契约必要之点。乙出租 A 屋系属确定,关于租金仅表示每月 11000 元,可面议,尚未确定,由此亦可认定其所为表示系属对公众的要约的引诱,而非具有拘束力的要约。

(2)甲 3 月 4 日的电话:要约

甲于 3 月 4 日打电话给乙,表示愿以 11000 元承租 A 屋,明确租赁契约的必要之点,系具有拘束力的要约。

(3)乙变更原要约而为新要约

租赁契约的成立,尚需乙对甲的要约为承诺。乙对甲表示租金须为 12000 元,并未对甲的要约为无限制的承诺,而是变更租金的承诺,依"民法"第 160 条之规定,乃拒绝原要约而为新要约。

(4)甲的沉默作为承诺?

甲对乙的新要约沉默未为任何表示。问题在于甲的沉默可否解释为系对乙的新要约的承诺。单纯沉默不能推论其具有一定的效果意思,原则上非属意思表示。甲对乙要约的沉默系因乙提高租金,出乎甲的预料,依其情形,不能将甲的沉默解释为系承诺的意思表示。

(5)甲在3月5日电话对乙要约的承诺

甲于3月5日致电乙表示愿支付租金11500元。乙强调需12000元,此系拒绝甲的要约而为新要约。问题在于甲于电话中断5分钟后再表示接受乙的要约,是否具备承诺意思表示的要件。

承诺须于要约人受拘束的期间为之。电话要约系属对话要约,未明示或默示订有承诺期间时,依"民法"第156条之规定,对话要约者,非立时承诺,即失其拘束力。所称立时承诺,系指在他方为要约后立即承诺,至少须在同一通电话中为承诺。问题在于电话通话意外中断时,应如何处理?或有认为应使相对人在恢复通话后得即为承诺而成立契约。此项见解使要约人在对话中断后仍受拘束,受有不利益。又对话的中断究系意外,抑或相对人故意为之,难以认定,将造成有拘束力的要约是否存在的不确定状态,对要约人非属可得期待。因此应认为对话要约中断后,即失其拘束力,不得再为承诺。要约相对人应承担对话中断的风险,尤其是此项中断系可归责于要约相对人的事由。①

据上所述,甲于电话中断后,不得再为承诺而使租赁契约成立。甲的表示应视为新要约,须得乙的承诺。乙对甲表示已将A屋出租他人,未为承诺,故甲与乙未成立关于A屋的租赁契约。

2. 甲不得向乙依"民法"第423条之规定请求交付A屋。

---

① Erman/Armbrüster,§147 Rn. 7;Palandt/Ellenberger,§147 Rn. 5;不同见解,BeckOK-BGB/Eckert,§147 Rn. 7;Valerius, Einführung in den Gutachten, 2017, S. 69.

第四章 法之适用

——法学方法论

第一节 法之发现[①]

第一款 问题提出

法律思维的核心在法之适用,即如何将抽象的法律规范适用于具体案例。依请求权基础思考方法"谁得向谁依何法律规范有所主张",可分为四个层次:

1. 法律问题(案例问题);
2. 选定得适用的法律规范(尤其是请求权基础);
3. 构成要件、概念、定义、涵摄;
4. 结论。

在法之适用的过程中以第三个层次"构成要件、概念、定义、涵摄"最为重要。兹举数例说明如下:

1. 凶宅案例:房屋出租人得否向在其房屋自杀的承租人,依"民法"第184条第1项前段规定请求房屋贬值的损害,关键问题在于是否侵害

---

① 法之发现(Rechtsfindung)或法之获得(Rechtsgewinnung)是法理学及法学方法论上的主要研究课题,参见 Bruno, Rechtsfindung und Rechtsfortbilung im Spiegelrichterlicher Erfahrung, 1975; Esser, Wege der Rechtsgewinnung, 1994; Kriele, Theorie der Rechtsgewinnung, 2. Aufl., 1970; Larenz, Methodenlehre der Rechtswissenschaft, 6. Aufl., 1991. 中文资料,参见黄茂荣:《法学方法与现代民法》(第三版),1993年版;杨仁寿:《法学方法论》,1995年版;梁慧星:《民法解释学》(第四版),法律出版社2015年版。

出租人的权利,如何区别侵害所有权及财产利益(纯粹经济上损失)?

2. 借名登记:甲购屋,借乙之名登记,乙擅将该屋让售于丙。丙得否取得该屋所有权,问题在于乙是否有权处分?

3. 非婚生子女的慰抚金请求权:甲酒驾撞死乙,与乙同居未婚之丙女怀有6个月的胎儿丁。丁得否依"民法"第194条规定向甲请求非财产上损害的金钱赔偿(慰抚金),问题在于丁是否为该条所称的子女。

4. 自始不能:甲出售A瓶给乙,其后发现该瓶已于订约前遭窃,或非属甲所有或该瓶已灭失时,乙得否向甲主张丧失转售的利益?此等情形涉及"民法"第246条所称"以不能之给付为契约标的者,其契约为无效"。所谓不能之给付究应如何解释?

5. 甲先出卖A屋于乙(价金1000万元),再出卖于丙(价金1200万元),并办理所有权移转登记时,乙得否向甲请求交付1200万元?此涉及"民法"第225条第2项代偿请求权规定的适用、类推适用的问题。

6. 不完全给付与物之瑕疵担保:甲出售某鸡给乙,甲交付之该鸡患病,致乙的鸡群受感染死亡。乙得向甲主张的权利,是否因该鸡于订约时既已患病或订约后始患病而有不同?此涉及不完全给付与"民法"第354条物之瑕疵担保的适用关系。

7. 死者人格权的保护:甲利用已死者乙的姓名、肖像从事商业广告,获利甚巨。又甲著书揭露乙的隐私、名誉。在此等情形,乙的配偶或子女等亲属得否向甲主张何种权利,涉及人格权的精神利益及财产利益,以及死者人格权的保护。

前揭七个案例显明法之适用的核心问题,在于寻找发现得适用于具体案例的法律规范。这是法律人的基本工作。本章论述法之发现与法之适用的基本问题,其目的有二:

1. 以法学方法论上的意识性及警觉性去适用法律。
2. 以法学上合理的论证去建构可供检验的理由构成。

第二款 "民法"第1条与法之适用

一、"民法"第1条的规范意义

"民法"第1条规定:"民事,法律所未规定者,依习惯;无习惯者,依法理。"系规定民事(私法关系)的法源及其适用次序,蕴涵若干值得探讨的规范意义。①

就法律思想言,本条内容综合了分析法学派、历史法学派及自然法学派对法及法律的见解。② 就其方法论言,克服了 19 世纪的法实证主义③,肯定制定法的漏洞,其未规定的,得以习惯(法)或法理加以补充之。法院不得以法无明文规定而拒绝裁判。

二、私法的法源

"民法"第 1 条规定民事的法源,民事指私法关系。④ 所称法源指法律存在的形式。本条规定了法源的适用次序,即法律若有规定,当事人自无主张应适用习惯(法)的余地。本条也规定了法之适用的方法,尤其是以法理作为填补法律漏洞:法之续造的方法,深具法学方法论的意义。

"民法"第 1 条所称"法律",指成文形式的法律而言,除"民法"外,应从广义解释,不仅指"立法院"通过公布的法律,亦且包括民事特别法(如"公司法""公平交易法""消费者保护法"等)、行政规章、自治法规及条约在内。各机关就其执掌所发布之规章,或对法规适用表示见解的解释函令,性质上应属行政程序法所定之行政规则或法规命令,亦得作为裁判规范。⑤

"习惯",指习惯法而言,此须以多年惯行之事实及普通一般人之确信为基础,即具有法律上效力之习惯法而言,但以不背于公共秩序或善良风俗为限(第 2 条),例如现行法并无认不动产之近邻有先买权之规定,即使有此习惯,亦于经济之流通、地方之发展,均有障碍,不能予以法之效力。⑥

---

① 参见杨日然:《"民法"第 1 条》,载《法学丛刊》第 15 期,第 38 页;苏永钦:《"民法"第一条的规范意义》,载杨与龄主编:《民法总则争议问题研究》,1998 年版,第 1 页。
② 参见王伯琦:《民法总则》,第 6 页。参见 Meier-Hayoz, Der Richter als Gesetzgeber, 1951。
③ 关于法实证主义,参见 Wott, Der Rechtspositivismus, 2. Aufl., 1992; Lampe, Grenzen des Rechtspositivismus, 1988; Wieacker, Privatrechtsgeschichte der Neuzeit, 2. Aufl., 1967。
④ "司法院"释字第 758 号解释:"土地所有权人依'民法'第 767 条第 1 项请求事件,性质上属私法关系所生之争议,其诉讼应由普通法院审判,纵两造攻击防御方法涉及公法关系所生之争议,亦不受影响。"
⑤ "最高法院"2012 年台上字第 1915 号判决。
⑥ 最高法院 1941 年上字第 191 号判例。本件判例具有法律经济分析的意义。

所谓"法理",指法之原理,尤其是包括平等原则及事物本质①等,体现于类推适用,具有填补法律漏洞的重要功能,将于本书相关部分再为详论。

关于契约上的请求权,"民法"设有规定的(第348条、第367条),得径以之作为规范基础。关于"民法"未规定的无名契约,究应如何处理,不无疑问。"最高法院"1977年台再字第42号判例曾针对信托行为,认为:"因私法上法律行为而成立之法律关系,非以'民法'(实质民法)有明文规定者为限,法律行为之内容,并不违反公序良俗或强行规定,即应赋予法律上之效力,如当事人本此法律行为成立之法律关系起诉请求保护其权利,法院不得以法无明文规定而拒绝裁判。"(2002年度第12次民事庭会议决议不再援用。理由:1996年1月26日"信托法"已公布施行)此项见解实值赞同。现行"民法"系以私法自治为指导原则,容许当事人以法律行为形成其私法关系,并设有各种有名契约以资适用。无名契约的内容不违反公序良俗或法律强制规定者,依其约定,当事人无约定者,则视其情形类推适用关于有名契约的法律规定。

三、判例与学说

(一)判例

1. 判例制度与大法庭

关于判例或学说,"民法"第1条未加规定,其在法源上的地位如何,亦值研究。广义之判例,指法院对于具体案件所为的裁判,所有的裁判均具判决先例的性质。唯台湾地区设有"判例制度",即"最高法院"之裁判,其所持法律见解,认为有编为判例之必要者,应分别经由院长、庭长、法官组成之民事庭会议、刑事庭会议或民、刑事庭总会议决议后,报请"司法院"备查。"最高法院"审理案件,关于法律上之见解,认为有变更判例之必要时,适用前项规定(旧"法院组织法"第57条)。此项判例乃指"判例要旨"而言,不纳入个案事实,而将法律见解抽象化。"最高法院"判例是否具有法源性质,颇有争议,唯"司法院"大法官解释将"违宪"

---

① 事物本质(Natur der Sache)之用于法律解释,或法院造法是一个值得深入研究的问题,"司法院"大法官解释亦采用此一重要的法律思考方法(释字第330号)。德文资料,参见 Larenz, Methodenlehre der Rechtswissenschaft, S. 417; Kaufmann, Analogie und Natur der Sache, 2. Aufl., 1982; Stratenwerth, Das rechtstheoretische Problem der Natur der Sache, 1957; Ballweg, Zur einer Lehre von der Natur der Sache, 2. Aufl., 1963.

审查的对象,由法律及命令扩大及于"最高法院"(及行政法院)的判例,认为其在未变更前,有其拘束力,可为各级法院裁判之依据(释字第153号、第154号)。又"司法院"大法官亦认为,"最高法院""决议"亦得作为"违宪"审查的客体(释字第374号)。判例及决议因此获得规范效力,并使大法官的解释直接影响到私法的解释适用和发展。①

判例制度是台湾地区法的特色。2019年1月4日公布新修正"法院组织法"废除判例制度,分三点说明其修正内容:

(1)现行判例系将"最高法院"裁判中之法律见解自个案抽离,而独立于个案事实之外,成为抽象的判例要旨,使其具有通案之法规范效力,冀能达成统一终审法院法律见解之目的,但此与权力分立原则未尽相符,且本法修正增订大法庭制度,已可达到终审法院统一法律见解之目的,故现行判例选编及变更制度自无再予维持之必要,爰删除"法院组织法"现行条文第57条、"行政法院组织法"现行条文第16条之规定,废除判例选编及变更制度。

(2)选编判例制度废除后,先前已经依法选编之判例,仍应予以明确定位,爰明定"最高法院"和"最高行政法院"于2019年7月4日本法修正施行前依法选编之判例,若无该判例之全文可资查考者,因无裁判所依凭之事实可供参佐,背离司法个案裁判之本质,应自本条文生效后停止适用;其余先前已经依法选编之判例,则回归裁判之本质,即终审法院某一庭先前所为之"裁判",与未经选编为判例之其他终审法院先前裁判效力相同。

(3)"最高法院"之民事庭、刑事庭为数庭者,应设民事大法庭、刑事大法庭,裁判法律争议(参阅"法院组织法"第51条之1至第51条之7规定),统一法律见解。

2. 案例法与法官法

值得注意的是,判例(或"最高法院"判决)虽非法源,但多为各级法院所遵循,具有实质上的规范性,在法律解释与法之续造上发挥重要的功能,形成所谓案例法(case law)或法官法(Richterrecht)。此涉及法律适用安定性、信赖保护及法律交易继续性的期待。"最高法院"判决具有实际制定法律的功能,及隐藏性规范制定的权力由立法权移向司

---

① 参见拙著:《"宪法"基本权利与私法》,载《"司法院"大法官"释宪"50周年纪念论文集》,1998年版,第53页以下。

法,攸关立法权与司法权的变动关系,使法官成为立法的替代者(Richter als Ersatzgesetzgeber),具有"宪法"上的意义,应受高度重视,作为深入研究的课题。①

(二)学说

学说乃法律学者对法律的解释、习惯的认知,及法理的探求所表示的见解,虽非法源,但居于重要的地位,其主要理由系民法法典等系以学说理论为基础而制定,法官因法学教育而通晓学说,常采为裁判的依据,使学说(尤其是所谓通说)发挥规范功能,而被称为法律学者法(Juristenrecht)。在某种程度上可以说,学说是为裁判而准备,而裁判乃在实践学说。举例言之,例如近年来"最高法院"基于实务与学说的协力,肯定了契约责任与侵权责任的竞合②;认定不完全给付是一种债务不履行的态样,"民法"未设规定,应类推适用给付不能与给付迟延的规定予以填补③,在此基础上,"民法"修正增订两个条文:①"民法"第227条(不完全给付):"因可归责于债务人之事由,致为不完全给付者,债权人得依关于给付迟延或给付不能之规定行使其权利。因不完全给付而生前项以外之损害者,债权人并得请求赔偿。"②"民法"第227条之1(因债务不履行致侵害人格权之损害赔偿责任):"债务人因债务不履行,致债权人之人格权受侵害者,准用第一百九十二条至第一百九十五条及第一百九十七条之规定,负损害赔偿责任。"更进一步完善了债务不履行法的体系。

第三款 法之发现和适用的过程

一、法律解释与法之续造

法律的适用,乃法的发现(Rechtsfindung, Rechtsgewinnung),就民法

---

① 古典的著作,参见 Bülow, Gesetz und Richteramt, Leipzig, 1885; Neudruck Aalen, 1972, S. 7, 48; Henne/Kretschmann, Ein Mythos der Richterrechtsdiskussion: Oskar Bülow, Gesetz und Richteramt, 1885, 211 ff.; Bumke, Richterrecht zwischen Gesetzesrecht und Rechtsgestaltung, 2012, S. 1-31; Larenz/Canaris, Methodenlehre, S. 252 f.; Möllers, Juristische Methodenlehree, §§33 ff., 23 ff.; Rüther, Rechtstheorie, S. 236 ff.; Unbegrente Auslegung, 7. Aufl., 2012.

② 参见拙著:《契约责任与侵权责任之竞合》,载《民法学说与判例研究》(第一册),北京大学出版社2009年版,第204页。

③ 参见拙著:《不完全给付之基本理论》,载《民法学说与判例研究》(第三册),北京大学出版社2009年版,第48页。

言,其思考过程,通常分为三个阶段,即法律解释(Rechtsfindung secumdum legem)、法律补充(Rechtsfindung praeter legem)及超越法律的法之发现(Rechtsfindung contra legem)。在详为论述之前,先作简要说明:

(1)法律解释旨在阐释法律规定的规范意旨,以文字为出发点,但不得超过可能的文义。经由解释而确定内容,违反法律规范意旨时,得为目的性限缩(teleologische Reduktion),此乃对法律的内容作但书性的限缩,不同于依法律文义所为限制解释。法律规定使用不确定法律概念,尤其是概括条款时,则应于个案加以具体化。

(2)关于某事项,法律可能文义不能涵盖时,则属法律不备,于违反规范计划构成法律漏洞时,得基于平等原则类推适用其他法律规定加以补充。

(3)关于某事项,法律未设规定,并不构成法律漏洞时,则仅在例外的情形,法院始得基于法律交易需要、事物本质、法律伦理原则及社会正义的迫切需要,超越法律而为造法。

需注意的是,上揭法律适用的每一个阶段虽各有其思考方法,但不能严格划分,而是一个连续性、移动性的过程。兹举一例加以说明:

> 甲以机车载送其妻乙上班,被丁驾车违规超速撞到,甲伤重死亡,乙受伤,彼时怀有3个月的胎儿丙,经查,甲对车祸的发生有30%的过失。试问乙或丙向丁请求损害赔偿时,如何定其赔偿范围?

"民法"第217条第1项规定:"损害之发生或扩大被害人与有过失者,法院得减轻赔偿金额或免除之。"此项与有过失的规定"适用"于被害人及加害人之间,依其文义不能涵盖"第三人"(如被害人的使用人)的与有过失,应认为系法律漏洞,而类推适用第217条规定予以补充,使被害人对第三人的与有过失负同一责任。① 又在不法侵害他人致死的情

---

① 1979年度第3次民庭庭推会议决议(三):"'民法'第224条可类推适用于同法第217条被害人与有过失之规定,亦即在适用'民法'第217条之场合,损害赔偿权利人之代理人或使用人之过失,可视同损害赔偿权利人之过失,适用过失相抵之法则。"参见拙著:《第三人与有过失》,载《民法学说与判例研究》(第一册),北京大学出版社2009年版,第58页。为使法律适用明确,修正"民法"第217条增设第3项明定:"前二项之规定,于被害人之代理人或使用人与有过失者,准用之。"立法理由谓:"按学者通说及实务上之见解('最高法院'1979年第21次民庭会议决议参考),均认为'民法'第224条于过失相抵之情形,被害人应有其类推适用。即第1项及第2项关于被害人之代理人或使用人之过失,应视同被害人之过失,方得其平,爰增订第3项。"

形,被害人的父母、子女或配偶依"民法"规定请求慰抚金时,应否承担被害人(死者)的与有过失,"民法"未设规定。唯1984年台再字第182号判例谓:"第192条第1项规定不法侵害他人致死者,对于支出殡葬费之人,亦应负损害赔偿责任,系间接被害人得请求赔偿之特例。此项请求权,自理论言,虽系固有之权利,然其权利系基于侵权行为之规定而发生,自不能不负担直接被害人之过失,倘直接被害人于损害之发生或扩大与有过失时,依公平之原则,亦应有第217条过失相抵规定之适用。"此乃基于"公平原则"就第217条"类推适用"而为之法律补充。

二、"最高法院"2012年台上字第2037号判决与法学方法

(一)"最高法院"判决

在一件关于"证券交易法"第2条解释适用的问题,"最高法院"2012年台上字第2037号判决谓:"按适用法律为法院之职责,根据'法官知法'之原则,法院应就当事人主张之事实,依职权寻求适当之法律规范,作为判断之依据。而'民法'第1条规定:'民事,法律所未规定者,依习惯;无习惯者,依法理',所谓法理,乃指为维持法秩序之和平,事物所本然或应然之原理;法理之补充功能,在适用上包括制定法内之法律续造(如基于平等原则所作之类推适用)及制定法外之法律续造(即超越法律计划外所创设之法律规范)。因此,'证券交易法'第2条既规定:'有价证券之募集、发行、买卖,其管理、监督依本法之规定;本法未规定者,适用公司法及其他有关法律之规定',则有关因证券交易所生之损害赔偿事件,在事实发生时纵无实定法可资适用或比附援引(类推适用),倘其后就规范该项事实所增订之法律,斟酌立法政策、社会价值及法律整体精神,认为合乎事物本质及公平原则时,亦可本于制定法外法之续造机能,以该增订之条文作为法理而填补之,俾法院对同一事件所作之价值判断得以一贯,以维事理之平。"(请参阅判决全文)

为显明"最高法院"裁判见解,图示如下:

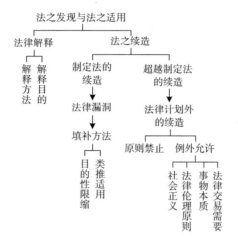

(二) 重要课题

法院在裁判中通常少谈法之适用问题,"最高法院"在本件判决精要地说明法之适用的方法,具有重大深远的意义,实值高度肯定,并应作更深刻的研究。法律的进步体现于方法论的创新及反省!"最高法院"总结了台湾地区20世纪70年代继受德国方法论及实务的实践,对未来法之适用提供了可供参照的思考方法,必将有助于实践本书前面所提出法之适用的两个基本课题:①以法学方法论上的意识性及警觉性去适用法律。②以法学上合理的论证去建构可供检验的理由构成。

第四款　法释义学与法学方法论

第一项　法释义学①

一、法释义学与法之适用

法之适用与法释义学具有密切关系。法释义学(Rechtsdogmatik,又译为法教义学、法教条学),指固有意义的法学,其主要内容包括对现行有

---

① Bumke, Rechtsdogmatik, Uberlegungen zur Entwicklung und zu den Formen einer Denk-und Arbeitsweise der deutschen Rechtswisssenschaft, JZ 2014, 641-650; Kirchhof/Magen/Schneider, Was weiβ Dogmatik, 2012; Stürner, Das Zivilrecht in der Moderne und die Bedeutung der Rechtsdogmatik, JZ 2014, 10-24. 综合论述,Möllers, Juristische Methodenlehre, 2017, §11 (S. 349 f.); Rüthers/Fischer/Birk, Rechtstheorie, 9. Aufl., 2016, S. 200 f.

效法律的描述、从事法体系的建构,以及提出解决疑难问题的建议(规范实践)。法释义学具有如下功能:

1. 体系化功能:可以有系统地整理分析现行法的概念体系,了解法律内部的价值理念,并在整体上把握其于具体案件规范适用的关联,整合学说与判例,便于讲授、学习及传播。

2. 稳定功能:为司法实践及法院裁判提出可适用的法律见解,期能长期间影响同一类型判决,形成普遍实践原则,以强化法院裁判的可预见性及法律安定性。

3. 减轻论证负担功能:为特定法律问题,提供可供检验、具说服力的解决方法,得以减轻法学研究及法之适用论证上的负担,不必凡事都要重新讨论。因此法院适用法律要变更释义学上具有一定共识的法律见解,应提出更好的理由,承担论证责任。

4. 修正与更新功能:法释义学所提出关于法律解释及法律续造的原则,具有促进各个制度发展的作用,但不应拘泥于向来见解。为适应社会变迁,应为深刻的批评创造条件,发现矛盾,解决冲突,探寻符合体系的新的合理解决方法、途径,而能有所革新进步。

法释义学为法学研究及法的适用和实践储存多样可供选择的法律见解(信息),开展新的思考方向,体现法学的任务。所应努力的是,必须排除表面的论述,公开隐蔽的价值理念,不能满足于当前法律政策和法律实践的需求,必须对学说见解与司法实践进行必要的批评和修正。法释义学为法律实践(法律解释及法之续造)提供了法概念性手段,不是评价中立、纯粹逻辑概念上的思考模式。法释义学的概念、原则,都与价值有关,具有实质的目的,经由法之适用,参与法规范的形成与发展。

二、法释义学与不当得利的类型化:"最高法院"2012年台上字第1722号判决

不当得利法的发展最能显明法释义学与法之适用的关联。"民法"第179条规定:"无法律上之原因而受利益,致他人受损害者,应返还其利益。虽有法律上之原因,而其后已不存在者,亦同。"关于本条的适用,有统一说与非统一说的争论。"最高法院"2012年台上字第1722号判决谓:"不当得利依其类型可区分为'给付型之不当得利'与'非给付型之不当得利',前者系基于受损人有目的及有意识之给付而发生之不当得利,后者乃由于给付以外之行为(受损人、受益人、第三人之行为)或法律规定所成立之不当得利。又于'非给付型之不当得利'中之'权益侵害之不当得利',凡因侵害归属于他人权益内容而受利益,致他人受损害,即可认为基于同一原因事实致他人受损害,并欠缺正当性;亦即以侵害行为取得应归属他人权益内容的利益,而不具保有该利益之正当性,即应构成无法律上之原因,成立不当得利。"①兹将"最高法院"见解图示如下:

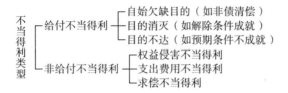

本件判决明确肯定非统一说,以累积性发展的法院判决及学说,结合理论与实务,建构了不当得利的法释义学,类型化了第179条规定,减轻法律适用上的论证负担及促进法律发展。

第二项　法学方法论

一、法学方法论②

(一)研究课题

20世纪70年代台湾地区引进了德国法学方法论,提升了台湾地区民法的教学研究和实务发展的深度。方法(Methode)的原意是道路,犹如登峰的指标,通往一定目标的路径,有一定的方法规则(Methodenregel),引领到达目的地。法学方法论以民法为基础建构一般理论,其他法学部门各有特色。以下摘录德国三部代表性著作的目次:

1. Larenz 和 Canaris 的"Methodenlehre der Rechtswissenschaft"③

　　(1)法学的一般特征
　　(2)法条的理论

---

① 关于本件判决的重要意义及深入论述,参见拙著:《不当得利》(第二版),北京大学出版社2015年版,第33页。
② Müller/Christensen, Juristische Methodik, Band I, Grundlagen Öffentliches Recht, 9. Aufl., 2004.
③ Larenz/Canaris, Methodenlehre der Rechtswissenschaft, 3. Aufl., 1995.

(3) 案例事实的构成和法律判断
(4) 法律解释
(5) 法之续造的方法
(6) 法学上的概念与体系形成

2. Engisch 的"Einführung in das juristisch Denken"①

(1) 导论
(2) 法条的意义与构造
(3) 从法条获得具体法律上的判断,尤其是涵摄的问题
(4) 法条的解释、理解:立法者或法律?
(5) 法律人法:不确定法律概念、规范概念、衡量
(6) 法律人法:漏洞补充、有瑕疵法律的修正
(7) 由法律到法:法学与法哲学

3. Zippelius 的"Juristische Methodenlehre"②

(1) 法与法学
(2) 法条的构造与关键
(3) 法律的解释、补充与订正
(4) 法律规范的适用
(5) 法的逻辑形式化与资料处理

参照前述三部著作,法学方法论的主要研究课题为:
1. 法与法学;
2. 法条(法律规范、请求权基础);
3. 法之适用的逻辑与论证;
4. 法的解释与法之续造。

(二) Larenz 教授的法学方法论

台湾地区"民法"继受德国民法,自20世纪70年代后,因留学德国回台湾地区后担任教职者增多,开始继受德国法的教学方法(研讨会、案例研习),尤其是 Larenz 教授的法学方法论,深刻影响台湾地区法学的发

---

① Engisch, Einführung in das juristische Denken, 9. Aufl., 1997.
② Zippelius, Juristische Methodenlehre, 11. Aufl., 2012.

展,使法律人在一定程度上有了法之适用上的共同语言及思维方法,包括法律解释方法(解释目的、解释因素、解释客观性)、法之续造(法律漏洞、类推适用、目的性限缩、目的性扩张),提升了法律论证能力,体现于前揭"最高法院"2012 年台上字第 2037 号判决(法理与法之续造)、2012 年台上字第 1722 号判决(不当得利类型化)。

　　Larenz 教授(1903—1993 年)出身于法学世家,其父曾任普鲁士高等行政法院庭长。Larenz 教授在 Göttingen 大学跟随著名黑格尔学者 Julius Binder 撰写博士论文"Hegels Zurechnungslehre und der Begriff der objektiven Zurechnung"(1926)、教授论文"Die Methode der Auslegung des Rechtsgeschäfts"(1930),迄今仍广被引用。Larenz 于 1933 年担任 Kiel 大学教授,参与德国民族法的更新,战后引起争议。第二次世界大战后转任慕尼黑大学教授,于 1960 年出版 Methodenlehre der Rechtswissenschaft,并以其方法论作基础完成了民法总则及债法的经典巨著。1995 年其与高门弟子 Canaris[1] 的学生版的法学方法论发行。[2] 从 1926 年的博士论文迄至今日,长达 90 多年,Larenz 的著作巨大地影响了德国法学方法论及民法的发展。[3]

　　笔者在德国慕尼黑大学师从 Larenz 教授学习民法及法学方法论(1964—1968 年)。Larenz 师再三指示法学方法论及法释义学是德国法学的特色及精华,要用心理解及运用。回台湾地区任教后,采此方法从事民法学说与判例研究,共同致力于台湾地区民法的进步与开展。[4] 感念 Larenz 教授对两岸法学的贡献。

二、法学方法论的功用

　　法学方法论的重点在于法之适用,体现法的规范功能及法学的实践性。法学方法论与法释义学具有密切关系,以法释义学所建构的现行法

---

[1] Claus-Wilhelm Canaris 是 Larenz 教授后最享盛誉的民法学者,尤其是内本方法论著作: Die Feststellung von Lücken im Gesetz(博士论文,1982)、Systemdenken und Systembegriff in der Jurisprudenz (2. Aufl., 1983)。

[2] 参见陈爱娥译:《法学方法论》,2003 年版。本书为在海峡两岸介绍推广 Larenz 的法学方法论作出了重要的贡献。

[3] Rückert (Hrsg.), Fälle und Fallen in der neueren Methodik des Zivilrechts seit Savigny, 1997, S. 137-163: Methode und Zivilrecht Karl Larenz (1903-1993)。

[4] 参见黄茂荣:《现代民法与法学方法》,2009 年版;杨仁寿:《法学方法论》,2013 年版;吴从周:《概念法学、利益法学与价值法学:探索一部民法方法论的演变史》,2011 年版。

体系为基础,并以法律适用的具体结果进一步调整建构法释义学,从而促进法的发展。法学方法论旨在引领法之适用,实践个案正义,追求实现法的价值理念,与法哲学和法理论(Rechtstheorie)具有共同的关联。又需注意的是,每个国家和地区各有其法律发展的机制和风格,从而应以法学方法作为比较法的课题,深化法学方法的比较研究。在研究英美法、德国法、法国法时,必须认识理解其法律适用的方法,始能达成比较研究的目的。

三、法学和法律人的自我反省

法学方法论是法学的自我反省,更深刻地检视法学作为一种规范性、理解性的科学,如何达成法之正确适用,去探寻正确适用法的条件和可能性。不能仅单纯消极地适用法律,更要使法之适用具有生产创造的功能,有助于法之发现,持续不断地开展和进步。

法学方法论也是法律人(尤其是法官)的自我反省,检讨如何运用法律思维方法去正确地适用法律。不能因每日从事相同的工作而视为当然,要努力将当然的视为不当然,能更进一步创造想象力。想象力是一切进步的根源,法律适用亦须如此,要能了解社会变迁及法之创造的一切可能性。法律人须对其所适用的法律规范保持一段距离,始能客观地理解其所要适用的法律,而不会陷入只见树木不见森林的困境。

法律人的能力在于区别、明辨问题争点,敏锐思路。能够察觉通常案件和所谓的困难案件的特殊性,而作出符合当事人利益的判断,尤其是发现具体案件所蕴含的法律原则(例如诚实信用上的权利失效)。关于契约责任与侵权责任的适用关系,"最高法院"原采法条竞合说,认为有契约关系存在时,不能适用侵权行为。其后因受学说影响,改采请求权竞合说,完善了民事责任体系。当时"最高法院"庭长游开亨对我说:"许多具有重要原则性的案件所遇非人。"这是一句值得引述的名言。法之适用要所遇得人,法官要能认识其所承办案件具有重要原则性问题,把握促进法律发展的机会。法学方法论提升了法律人对法律问题的敏感度、想象力、论证强度。

第二节 法律适用的逻辑、评价与论证

第一款 法律适用的逻辑结构[①]

一、涵摄(Subsumtion)

法之适用在法学方法论上最核心的概念是涵摄。

涵摄,指将特定案例事实(Sachverhalt＝S)置于法律规范的要件(Tatbestand＝T)之下,以获致一定的结论(Schlussfolgerung＝R)的一种思维过程。涵摄在于认定一定的事实是否该当于法律规范的要件,而发生一定的权利义务关系。以涵摄为核心的法律适用过程,得以逻辑三段论表现之,即:①法律规范(T)为大前提。②特定的案例事实(S)为小前提。③以一定法律效果(R)的发生为其结论。此种法律适用逻辑结构,可简单表示如下:

T→R(具备 T 的要件时,即适用 R 的法律效果)
S＝T(特定的案例事实该当于 T 的要件)
S→R(关于认为特定案例事实,适用 R 的法律效果)

然而,应注意的是,法律规范的要件(T),通常系由多数的要件要素(Tatbestandsmerkmale＝t_1、t_2、t_3……)组成之。因此特定的案例事实,必须该当于所有的要件特征,始能发生该法律规范所定的法律效果:

T＝t_1＋t_2＋t_3→R	杀人者则死:	凡人必死
S＝t_1＋t_2＋t_3	甲杀人:	苏格拉底是人
S─────→R	甲应处死:	苏格拉底必死

涵摄的思维模式可称为决定法律效果的三段论法(Syllogismus),乃法之适用及论证的基础构造。[②] 兹举一个实例加以说明:

甲向乙购买某车,支付价金时,乙表示愿意借用 3 日,甲同意

[①] Engisch, Logische Studien zur Gesetzesanwendung, 2. Aufl., 1965; Gabriel/Rolf (Hrsg.), Subsumtion, 2012; Klug, Juristische Logik, 4. Aufl., 1982; Koch/Rüssman, Juristische Begründungslehre, 1982; Larenz, Methodenlehre der Rechtswissenschaft, S. 155 f., 272 f., 439 f.

[②] Backer, Der Syllogismus als Grundstruktur der Juristischen Begründens?, Rechtstheorie 40 (2009), 404-424.

之,不料于第三日该车被丙所盗,出租给丁,试问甲得否向丙请求返还该车?

甲得向丙请求返还该车的法律规范(T)是第767条第1项,其要件须甲是所有人,丙是无权占有或侵夺其物的现占有人;所谓现占有人,除直接占有人外,尚包括间接占有人。甲向乙购买某车,因让与人乙仍继续占有该车,订立使用借贷契约,使受让人甲因此取得间接占有,以代交付而受让该车的所有权(第761条第2项)。丙侵夺该车,而将该车出借于丁,丁为该车的直接占有人,丙为该车的间接占有人。案例事实(S)该当于第767条第1项(T),故甲得向丙请求返还该车(S→R)。基此案例,应说明的有四点:

(1)请求权基础:法律适用的过程,在于发现于具体案件可资适用的法律规范。此项规范,或为法律,或为习惯法,或为某项法律规定的类推适用。在此种法之发现的过程中,必须不断地来回穿梭于法律规范与案例事实之间,由案例事实,探寻法律规范,由法律规范认定事实,进行涵摄的工作。

(2)请求权竞合:在此种涵摄的过程中,可以发现同一的案例事实(S),可涵摄于不同的法律规范之下,而发生请求权竞合关系。就上举之例而言,甲得向丙主张的,有所有人的物上请求权(第767条第1项)。又甲亦得对丙行使占有人之物上请求权,第962条所称占有人包括间接占有人。此外甲并得以所有权被侵害,而向丙请求损害赔偿(第184条第1项前段)。

(3)请求权基础要件的分解、概念与定义:在寻找法律规范,进行涵摄的过程中,最重要的是,分解法律规范(T)的要件(要件因素 t,每一个要件因素,更细分为数个特征 t_1、t_2、t_3……)和法律效果(R)。就第767条第1项言,请求权人须为物之所有人,相对人须为无权占有或侵夺其所有物的现占有人。法律要件系由法律概念(Rechtsbegriff)所构成,如"所有人""无权占有"或"侵夺其占有"。每一个法律概念须经由"定义"(Definition)予以具体化,以便从事涵摄。在处理实例时,其经由定义而具体化的法律概念,不必作全面性的界定,仅须针对该当案件而为之,其定义的范围愈狭,但其内容愈为丰富,精确性较高。涵摄过程中应就重要的问题及争点加以说明,此为法律解释的任务。在上举之例,其应界定的法律概念,如占有人指现占有人,解释上应包括直接占有人及间接占有人。

(4)具体化:特定案例事实可涵摄某法律规范的所有要件时,乃发生该法律规范所定的法律效果。此种法律效果也是抽象的,亦须经由涵摄而在该当案例事实加以具体化。就上举之例言,甲依第767条所得请求的,是"某车"的返还。在被害人依侵权行为规定请求损害赔偿时,如何具体决定其损害赔偿的方法与范围(第213条以下)。

涵摄的过程是法律适用的基本思考模式,须确实掌握,兹将上述说明简单图示如下①:

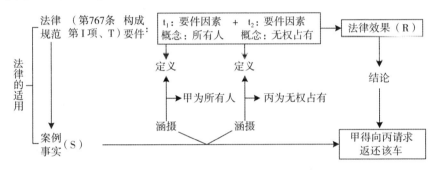

二、实例解说

第一例:17岁之乙,高中毕业,违反其父之意思受雇于甲,驾驶机车运送货物,某日于纵贯公路某处,转入小镇用餐,因超速撞伤路人丙,丙因住院支出医药费用,减少收入,遭受精神痛苦等。问丙得对甲、乙主张何种权利。

1. 丙得对甲及乙请求损害赔偿规范基础,为第188条第1项规定。此项损害赔偿请求权,须具有四个构成要件(t):

(1)t_1=行为人须为受雇人。

(2)t_2=受雇人的行为须成立侵权行为。关于受雇人是否构成侵权行为,依第184条第1项前段规定(注:关于同条第1项后段、第2项规定的适用,兹省略之),须具备以下构成要件(简称为tt):

---

① Schmalz, Methodenlehre für das juristische Studium, 3. Aufl., 1992, S.31;最近著作,参见 Looschelders/Roth, Juristische Methodik im Prozess der Rechtsanwendung, 1996.

①tt_1=须有加害行为。
②tt_2=须侵害他人之权利。
③tt_3=须有损害。
④tt_4=行为与权利受侵害之间,损害与权利受侵害之间须有因果关系。
⑤tt_5=行为须不法。
⑥tt_6=须有责任能力。
⑦tt_7=须有故意或过失。

(3)t_3=须受雇人系执行职务。

(4)t_4=雇用人选任受雇人及监督其职务之执行已尽相当注意,或纵加以相当之注意,仍无从避免发生损害。

2. 应认定的是,前举案例事实(S),可否涵摄于上述构成要件(T)的特征(t_1、t_2、t_3 及 t_4)之下:

(1)乙为甲的受雇人。乙违反其父的意思,受雇于甲担任送货员,其雇佣契约不生效力(第 79 条),乙是否为甲的受雇人,关键问题在于如何定义受雇人的概念。通说认为应以事实上之雇佣关系为标准,指受雇用人之选任监督,而为其服劳务之人,有无雇佣契约在所不问(参见 1956 年台上字第 1599 号判例)。因此,乙与甲之雇佣契约,纵不为法定代理人所同意,不生效力,乙既受甲之选任、监督而为其服劳务,自为甲之受雇人。

(2)乙之行为成立侵权行为。此应就第 184 条第 1 项前段规定,逐项认定之①:

①乙驾车撞到丙,加害行为。
②乙驾车伤丙,系侵害其身体、健康权。
③丙身体健康遭受侵害,受有损害。
④乙驾车撞到丙,致丙身体受伤,其行为与权利受侵害之间具有相当因果关系。丙因身体受伤而支出医药费、减少收入、受精神痛苦,其所生损害与权利被侵害之间亦具有相当因果关系。
⑤乙侵害丙的权利,无违法阻却事由存在,具不法性。
⑥乙仅 17 岁,虽为限制行为能力人,唯既已高中毕业,又受雇于人,担任送货员,自具有认识其行为利害关系的识别力,应有责任能力。

---

① 拙著:《侵权行为》(第三版),北京大学出版社 2016 年版,第 104 页以下。

⑦乙驾车超速,具有过失。

(3)乙系执行职务。何谓执行职务,其范围如何认定,须加以定义。实务上,"最高法院"1953年台上字第1224号判例认为:"'民法'第188条第1项所谓受雇人因执行职务不法侵害他人之权利,不仅指受雇人因执行其所受命令,或委托之职务自体,或执行该职务所必要之行为,而不法侵害他人之权利者而言,即受雇人之行为,在客观上足认为与其执行职务有关,而不法侵害他人之权利者,就令其为自己利益所为亦应包括在内。"乙于纵贯公路某处,驾车转入小镇用餐与执行职务密切相关,应属执行职务的行为。

(4)雇用人选任、监督受雇人执行职务,未尽相当之注意?法律采推定过失,应由雇用人负举证责任。甲雇用未成年人驾驶机车送货,未显示雇用人尽其举证责任,实务上罕见雇用人得举证免责的案例。

3. 丙得向甲及乙依"民法"第188条第1项规定请求连带负损害赔偿责任。

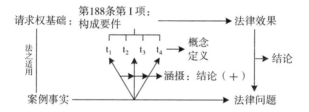

第二例:甲于3月1日以某陶马与乙之宋版后汉书上下两卷互易,甲于3月10日交付其陶马,乙仅交付上卷,下卷则定于3月15日交付,经甲再三催告,乙因书外借,不能取回,迟未履行。甲于5月1日向台北地方法院起诉表示解除契约,请求乙返还其交付之陶马,该诉状于5月20日送达乙处。法院于6月2日开庭时,乙主张因甲之过失致其受领之宋版后汉书上卷于5月26日灭失,其解除权消灭。问甲得否请求返还其陶马。

1. 甲得向乙请求返还其陶马的规范基础,为第259条第1款规定,须以已解除契约为前提。

解除契约,依第254条以下规定,应具备如下要件:

(1)须有解除契约的权利(解除权发生)。依"民法"第254条之规

定,其要件有二:

①债务人给付迟延,此须具备三项要件因素(第229条)。A. 债务已届清偿期:给付有确定期限者,债务人届期未为履行。B. 给付须可能。C. 须因可归责于债务人之事由未为给付。

②债权人已定相当期间,催告债务人履行,债务人于此期间内仍未履行。

(2)须解除权未因受领物返还不能而消灭。依第262条之规定,受领物返还不能者,构成解除权消灭的原因,但须符合三项要件:

①须受领之给付物,有毁损灭失,或其他情形不能返还。

②不能返还须为有解除权人因可归责于自己之事由所致。

③返还不能须发生于解除权行使之前。

(3)须已行使解除权,即已向他方当事人为解除契约之意思表示(第258条第1项)。

2. 应认定的是,案例事实可否涵摄于上述各项要件之下:

(1)甲有解除契约的权利。

①乙应负给付迟延之责任。乙定于3月15日交付宋版后汉书下卷,期限届满,迄未履行,因该书外借未能取回,给付尚属可能,并系因可归责于乙之事由未为给付,故应负给付迟延责任。

②甲已定期限催告,乙仍未履行。

(2)甲的解除权并未消灭。

甲自乙受领之宋版后汉书上卷,业已灭失,不能返还,并系由于可归责于自己之事由。有疑问者,系返还不能,是否发生于解除权行使之前。甲于5月1日起诉,诉状于5月20日送达,该书于5月26日灭失。关键问题在于甲于何时为解除契约之意思表示。关于此点,1943年上字第2180号判例谓:"契约解除权之行使,仅须有解除权之一方,以意思表示向他方为之,其于诉状为此意思表示者,于诉状送达他方时发生效力。"准此以言,甲于诉状内为解除契约之意思表示,于5月20日送达乙处,即已生效。甲所受领之给付物于5月26日灭失,其返还不能系发生于解除权行使之后,故甲的解除权仍未消灭。

(3)甲已行使解除权。

解除权之行使,应向他方当事人以意思表示为之,其方式如何,则非所问,依前开1943年上字第2180号判例,此项解除契约意思表示亦得于诉状内为之,于送达相对人时生效,故甲已于 5 月 20 日解除其契约。

3. 甲得向乙依第 259 条第 1 款之规定请求返还其所受领之陶马。

由上述两例可知,涵摄是一项严谨、精细、艰难的法学思维过程,一方面,须从法律规范去认定事实,另一方面,亦须从案例事实去探求法律规范,剖析要件,来回穿梭于二者之间,须至完全确信,案例事实完全该当于所有的法律规范的构成要件时,涵摄的工作始告完成,可进而适用法律,以确定当事人间的权利义务关系。涵摄系法之适用的根本,决定法之适用是否正确,就法院判决而言,攸关司法的质量。兹举数例,以供自我学习、锻炼涵摄的能力!请就下举案例,参考前面说明,试作法之适用的涵摄:①案例事实;②请求权基础构成要件及其分解、概念及定义;③涵摄;④法律效果。

1. 甲受乙胁迫,赠与丙 A 车,并移转其所有权。半年后,甲诉请丙返还 A 车。

2. 甲在其父遗物中发现 A、B 两画,将 A 画出卖于乙,B 画赠与丙,均交付移转该画所有权。其后证明 A、B 两画系丁所有,寄存于甲父处。丁向甲、乙、丙各得主张何种权利?

3. 甲收留乙遗失的 A 犬,照顾数周,A 犬食物中毒死亡。乙得否向甲请求损害赔偿?

4. 甲先出售 A 屋于乙(价金 1000 万元),交付该屋,再出售于丙(价金 1200 万元)并移转其所有权。试说明当事人间的法律关系。

5. 甲擅用已逝世歌星乙的姓名、肖像,作商品广告,揭露其隐私,获利甚丰。乙之女儿丙因此精神痛苦,向甲请求精神痛苦的金钱赔偿及返还其所获利益。

第二款 法之适用与评价

一、法学上的价值取向思考

法律是社会生活规范,法律规范体现利益衡量和价值判断(以下合称"评价")。法律是一种价值评价,法学应采取价值取向的思考方法。法律规定是评价,例如关于意思表示瑕疵,应如何区别通谋虚伪、错误、诈欺、胁迫,规定其要件和效果(第 96 条以下,思考之!)。关于契约,如何区别自始不能、嗣后不能、主观不能、客观不能,规定其效力和不履行责任(第246条、第255条以下,思考之!)。关于侵权行为,应否及如何区别权利和利益,加以规定(第184条,思考之!)。

法律适用也是评价,包括法律解释和法之续造,必须要了解法律的规范意旨,在具体案件中加以适用。兹再就前举的若干案例加以说明。

动物占有人,是否包括间接占有人、占有辅助人(第190条)?承租人在租赁房屋自杀,致该屋成为凶宅贬值,是否侵害出租人的房屋所有权,或仅为一种纯粹经济损失。自杀者非承租人而是其他之人,应否相同处理?借名登记是否为信托行为,或通谋虚伪表示?为何种契约类型,委任或类似委任?法律适用上的评价,除所谓法律概念(如过失、不法、善意等)外,更发生于不确定法律概念和一般概括条款,如公序良俗(第72条)、诚信原则、公共利益(第148条)等,将于本书相关部分,详作说明。

法律适用上的评价,包括构成要件(如故意、不法过失、侵害权利,第184条第1项前段),亦包括法律效果,例如非财产上损害相当金额的赔偿(第195条);不能回复原状或显有重大困难者,应以金钱赔偿其损害(第215条)。

法律适用上的评价,不限于规范层面,亦涉及案例事实的法律判断,包括整个法律适用过程、概念定义、建构案例事实以及涵摄问题,系法之适用上的核心问题。

二、评价与共识

评价兼含认识和意志。在一个开放社会,难期有定于一尊的权威或真理,终究须以个人的认知为判断基础。然法律乃在规范社会生活,实现正义,故关于法律的适用自须克服个人的主观性,排除可能的偏见,而使评价"事理化"。① 为此,须一方面建立价值导向的思考方法,另一方面以多数人关于正义或社会价值的共识作为评价依据。② 此种共识乃所谓的社会通念,以之作为评价的准据,具有实践的正当性,因为多数人的共识

---

① „Versachlichung der Wertung", Larenz/Canaris, Methodenlehre der Rechtswissenschaft, 3. Aufl., 1995, S. 112.
② 关于正义观念的共识 konsenfähige Gerechtigkeitsvorstellung,参见 Zippelius, Juristische Methodenlehre, 6. Aufl., 1994, S. 12 f.

通常比个人的认知较能接近客观化的事理。又法官乃"代表"社会执行法律,依循社会多数人的共识适用法律,符合民主思想,维护平等原则,且能保障法律的安全性。然此并不排除有充分的理由时,得作成异于多数人的见解,此常为法律发展的契机,唯应负详尽论证的责任,乃属当然。

要获得共识,必须要有一个在制度上及程序上可以保障及促进自由交换意见的机制。如何建立此种机制,在台湾地区法学界有迫切的需要,期能增进学说的发展,理论与实务的交流,及促成通说的形成。不完全给付(积极侵害债权)是民法债务不履行的一个重要制度;在德国,Staub 于 1902 年(《德国民法典》施行后第二年)发表论义认为系法律漏洞,经热烈讨论后,帝国法院即于 1904 年采其见解作成判决而实践之。① 在"民法"制定(1930 年)后亦即发生"民法"对不完全给付是否设有规定的争论,但未达成共识。迄至 1985 年始由"最高法院"作成决议[1985 年度第 7 次民事庭决议(一)],法学界对此在理论及实务界具有重大意义的决议,并无积极热烈的回应,在学说与实务的共识上,发展成为较为完善的债务不履行制度。

三、社会发展与价值的变迁

法律的适用原则上应依循社会多数人关于正义的共识或通念,已如上述。但社会及价值观念并非停滞不进,而是处于不断变迁的过程,近年来台湾地区已逐渐转化成多元的、资讯化社会,"宪法"上基本权利展现其为价值体系的功能,人格尊严已被肯定为"宪法"的基本原理,比例原则业已成为一种耳熟能详的法律原则及思考方法,此对"民法"的适用产生深远的影响。"宪法"基本权利的第三人效力理论的形成,第 185 条"共同"侵权行为的"客观化",权利滥用及诚实信用原则的运用,慰抚金请求权的扩大,类推适用案例的增加等,均在调整"民法"与社会价值的变迁,形成一种互动的关系。

法律适用的正当性不在"过去",而在"现在",法律的解释或法之续造并应向前看,致力于符合当前的社会需要,实践正义理念。

---

① Staub, bie positiven vertragsverletzungen und ihre Rechtsfolgen, 1902. 参见拙著:《不完全给付之基本理论》,载《民法学说与判例研究》(第三册),北京大学出版社 2009 年版,第 48 页。

四、判断余地;唯一正确答案?

法律适用固应依循关于正义或社会价值的共识,但关于某项法律问题,无共识的有之,法律规定未臻明确的,亦有之,致常发生有多种法律解释的可能性,法律漏洞是否存在等疑义。在此等所谓的 Grenzfälle(边缘案件)或 lard cases①,就理论言,或仍可获得唯一正确的答案,但实际上则存有判断余地,仅能作成"言之有理,持之有故"的判断②,此指难依一般可确信的论点证明其非属正确,且有某较值赞同的解决方法存在。于此情形,法官个人之法的确信甚为重要,唯仍应以充分必要的论证及理由构成,检验其判断的合理性,自不待言。③

第三款 法之适用与论证④

一、论证是法律适用的核心问题

法律适用是一个基于逻辑形式而为的评价,此乃一种论证,即以必要充分的理由构成去支持其所作成的法律上的判断。法学上的论证是一种规范的论证,不在于证明真理的存在,而在于证明某种法律规范适用的妥当或正确性。在某种意义上法之适用就是正当化的论证。法学方法论提供法律解释及法之续造的论证方法,是一种正当化的理论(Methodenlehre als Legitimationslehre)。⑤

法学上的论证虽是普遍性实践论证的一种,但自有其特色,既属规范

---

① Dworkin, Taking Rights Seriously, 1984, p. 81.
② 德国判例学说称之为 vertretbare Entscheidung,参见 Zippelius, Juristische Methodenlehre, 6. Aufl., 1994, S. 93 f; Larenz/Canaris, Methodenlehre der Rechtswissenschaft, 3. Aufl., 1995, S. 116. 另参见 Aharon Barak, Judicial Discretion, Yale University Press, 1987. Barak 曾任以色列希伯来大学教授及以色列最高法院院长。笔者于 1999 年 3 月 23 日访问以色列最高法院,承 Barak 院长赠送本书,经常读之,受益良多。
③ Dworkin, Law's Empire (1986), p. 225; Larenz/Canaris, Methodenlehre der Rechtswissenschaft, S. 116; Herbst, Die einzig richtigen Entscheidung, JZ 2010, 891-900.
④ 法学上论证(juristische Argumentation)是法理学及法学方法论上的重要问题,台湾地区对此论述甚少。颜厥安的《法与实践理性》,介绍德国学者 Robert Alexy 的法论证理论(Theorie der Juristischen Argumentation, 1978)(收于《法与实践理性》,允晨文化实业股份有限公司 1998 年版),第 55—212 页,附有相关文献,引进阐释一种新的思考方法,深具价值,卓有贡献,以下简要论述多参照之。
⑤ Möllers, Juristische Methodenlehre, S. 18 f.

论证,其论证的形式和规则均须受现行法的限制,即在有效力的法规范上作法律适用合理性的推论和证明。所谓合理性,在形式上要求其合法,在实质上则要求符合正义。论证本身包括内部论证和外部论证,前者指法律适用的三段论法,前已述及;后者系以内部论证过程中所使用的前提为对象,如非婚生子女得否依第194条请求慰抚金,其应论证的是,该条所谓"子女",是否包括"非婚生子女"。

论证是法律适用的核心。学习法律就是学习如何论证。论证体现法律能力、裁判质量。论证旨在检视自己的思考,提升法律判断的说服力,促进法律沟通,增强对司法的信赖,具有重要的功能。

二、论证义务:论证密度

论证系针对法律适用上争议的问题,问题不具争议性,无须论证。论证义务因有争议问题而发生,从而须认识问题的争议性,并针对争点而为论证。兹提出几个实务上争议问题,请试为论证(参阅本书相关部分的说明):

1. "民法"第190条所称动物占有人是否包括占有辅助人?
2. "民法"第188条的受雇人,与"民法"第224条的使用人如何区别?
3. 甲对于乙有100万元债权,甲于3月10日将该债权让与丙,复于3月12日将该债权让与丁,说明甲与丁间债权让与的效力?
4. 甲驾机车携带其6岁之子乙上幼儿园,途中丙驾车违规超速撞伤甲、乙,乙受重伤,向丙请求损害赔偿时应否承担甲就车祸发生的与有过失。
5. 承租人违法转租时,出租人得否向承租人主张交付转租所得租金?其应论证的是权益侵害不当得利及权利归属内容。
6. 父母与子女订立定期返还抚养费的契约是否违反"民法"第72条公序良俗而无效?
7. 为何违章建筑买受人得向无权占用人主张不当得利、侵权行为损害赔偿,而不得主张类推适用"民法"第767条请求返还占有物?
8. 如何在"民法"第184条第1项前段规定的构成要件及法律效果上调和名誉保护与言论自由?

论证密度因问题的争议性和对象(律师诉状、法院判决)而异,其涉及重大利益衡量(如言论自由与名誉保护),或不确定法律概念具体化("民法"第

72条的公序良俗),类推适用及法之续造时,应有较高的论证义务。

要再强调的是,法之适用就是论证,论证是法之适用的正当化。法院判决论证体现法律思维及司法质量。

三、前理解、从结论而论证①

法律的解释适用常系基于某种前理解(Vorverständnis),此乃源自诠释学的概念,受到法学方法论的重视,引起高度的关注和讨论。所谓前理解系指对于法律文本的解释,就其个别文句及整体关联,通常先有一定的意义期待,即先有某种假设的意义推定,而在理解过程中不断反复地思考修改,经由解释而为确认。例如于解释"民法"第194条所称子女时,先期待其包括非婚生子女,再经方法论的检验而为肯定或否定。

前理解来自法学教育、实务经验、社会通念或具有共识的正义观念等。此种基于前理解的思考方法不是直线的,而是相互阐明、质疑、修正的论辩过程,体现于Engisch教授所提出的"眼光流转于案例事实与规范要件之间"的法律适用。前理解的思考过程亦运用于不确定法律概念的具体化,即先就其所提出的判断基准,发现典型案例,再从事案例比较,建立案例类型,以利法律适用。法律的体系解释系将要解释的规范纳入法的价值秩序,从而亦须进行某种诠释的循环,即由法本身取出解释法律的基准,再对规范内容加以精确化,或从事法的续造。

前理解系从结果而论证,即先有结论再寻找理由,此在法律适用上亦常有之,但非谓可任意选择解释方法。结论与方法亦属于一种相互阐释检验的关系,于获致某种确信的结论时,例如认定"民法"第194条所称子女应包括非婚生子女(或"民法"第190条动物占有人应包括占有辅助人,或"民法"第246条所谓不能之给付系客观不能),须再以文义解释、历史解释、体系解释、规范目的解释,加以论证说理。

前理解系一种判断,含有一定的成见或偏见。成见来自个人的出身、教育、经历等,法学方法上的论证能够使法律人对法律规范及案例事实保持距离,获得客观认知,自我检视,公开透明其理由构成,减少偏见、排除成见。

---

① Esser, Vorverständnis und Methodenwahl, 2. Aufl., 1972; Gadamer, Wahrheit und Methode, Grundzüge einer philosophischen Hermeneutik, 6. Aufl., 1960, S. 270 ff; Larenz/Canaris, S. 27 f.

法学上的论证不能确保唯一正确性的解答(one right answer),但有助于作成可供检验,具有说服力,符合事理的法律判断。

第四款 "最高法院"与法之适用

一、理解法院判决

法院担负法之适用的任务,法院判决最能使人认识社会生活层出不穷、超出想象的法律问题。法院判决体现社会事实与规范性、法律与正义、行为及责任、利益冲突及其调和的相互关联、错综复杂的关系。理解法院判决对于法之适用至为重要。所谓理解,包括认识法院如何作成裁判,法官如何思考论证,必须对判决加以解释,区别案例(distinguishing),探究判例的法源性及其对法律进步发展的作用。此为有待深入研究的重要课题,以下仅就"最高法院"与法之适用作简要的论述。

二、"最高法院"与原审法院

"最高法院"系法律审,在于维护法之适用的正确性。原判决违背法令得上诉第三审("民事诉讼法"第467条),判决不适用法规或适用不当者,为违背法令("民事诉讼法"第468条,参阅第469条、第477条之1)。关于"最高法院"民事上诉发回或发交更审事件次数原因,"司法院"有如下统计资料:

年份	裁判件数	合计		发回或发交更审原因				
		全部	部分	调查证据不详或未予调查	采用证据未说明理由	未采用证据未说明理由	事实认定错误不符或不明或记载不明	已受请求事项未为判决
2013年	2547	541	110	212	6	25	199	2
2014年	2752	629	160	219	4	29	280	1
2015年	2554	529	171	193	5	16	245	3
2016年	2425	446	123	238	5	14	163	3

据前揭统计资料,在2016年度,"最高法院"裁判件数为2425件,发回或发交更审的共有569件(包括全部、部分),约占全部裁判件数的40%。就案件事实部分,其发回案件类型、发回原因,值得深入研究分析,提出对策。

"最高法院"系法律审,关于废弃或变更判决的法律见解的件数尚无统计资料和分析研究。兹举三个判决,以供参照。

1. 凶宅案例:凶宅自杀、侵害他人房屋所有权:"最高法院"2014年台上字第584号判决

(1)原审法院:陈○○系1977年1月29日生,受雇于成铃彦商行多年,为一智识正常之成年人,明知系争房屋非其所有,倘其于该屋内自杀死亡,将使该屋成为俗称之凶宅,日后难以出租或出售,乃陈○○仍选择在该屋之仓库办公室内自杀,结束其个人生命,自应就其行为造成他人之损害,负过失责任。准此,系争房屋因发生陈○○自杀之非自然身故情事,即属受雇人因执行职务,过失不法侵害他人权利之情形,成铃彦商行自应依"民法"第188条第1项本文规定负雇用人连带损害赔偿责任。

(2)"最高法院":查被上诉人将系争房屋出租于上诉人莱尔富公司经营便利商店,莱尔富公司交由上诉人成铃彦商行代为经营,成铃彦商行之受雇人陈○○于系争房屋自杀身故,致系争房屋成为凶宅,经济价值减损,此为原审确定之事实。似此情形,系争房屋本身未遭受任何物理性变化,所有权未受侵害,上诉人究系侵害被上诉人何种权利,而须负"民法"第184条第1项前段之损害赔偿责任,仍不无推求之余地。原审遽谓陈○○因执行职务,过失不法侵害他人权利,成铃彦商行自应依"民法"第188条第1项本文规定负雇用人连带损害赔偿责任,已有可议。

2. 诚信原则、权利失效:"最高法院"2008年台上字第745号判决

(1)原审法院:按租赁契约为负担行为(债权行为),租赁契约之作成,仅出租人负有依约交付租赁物之义务,并未直接发生物权变动之效果,故出租人不以所有人或有处分权为限(参照本院1959年台上字第1258号判例)。而祭祀公业为某死亡者后裔公同共有之总称,本身虽无权利能力,但并非不可成为租赁契约之出租人。乃原审谓系争土地之原地主"周德干祭祀公业"不具权利义务归属主体资格,要无可能为系争土地所有权人或受托出租系争土地云云,其所持之法律见解,已有可议。

(2)"最高法院":按权利人在相当期间内不行使权利,并因其行为造

成特殊情况,足以引起义务人之正当信任,以为权利人已不欲行使其权利,而权利人再为行使时,应认为有违诚信原则。此项原则学理上称为"权利失效"原则,乃基于诚信原则发展而出的一项法律伦理原则。旨在就个案中斟酌权利之性质,法律行为之种类,当事人间之关系,社会经济情况及其他一切因素,加以判断,以寻求事件之公平及个案之正义。本件系争土地于约定租期届满起,原所有权人即出租人周氏家族,或其后手,至被上诉人提起本件诉讼止,长达20年,即自被上诉人取得系争土地所有权起亦达14年,倘均未表示租地建屋之法律关系已消灭并据以主张权利,则被上诉人等之长期不行使权利之行为,是否已足以引起上诉人之正当信任,以为被上诉人已不欲行使其权利,而于陆续耗费巨资修缮房屋后,被上诉人始提起本件诉讼,足否因此致上诉人陷入窘境,而有违诚信原则,即非无研求之余地。

3. "民法"第28条关于法人侵权行为对非法人团体的类推适用:"最高法院"2014年台上字第115号判决

(1)原审法院:非法人团体既非法人,自无权利能力,此观"民法"第26条仅就法人权利能力为规定自明。至"民事诉讼法"第40条第3项系程序法对非法人团体认其有形式上之当事人能力,尚不能因之而谓非法人团体有实体上之权利能力。怀生重划会为非法人团体,其在实体法上并无权利能力,自无侵权行为之能力,亦无从类推适用"民法"第28条,或依"民法"第185条规定与吴正宪等五人之侵权行为连带负损害赔偿责任。

(2)"最高法院":非法人之团体虽无权利能力,然日常用其团体之名义为交易者比比皆是,"民事诉讼法"第40条第3项为应此实际上之需要,特规定此等团体设有代表人或管理人者,亦有当事人能力。所谓有当事人能力,自系指其于民事诉讼得为确定私权之请求人,及其相对人而言。是非法人之团体因上述相同情事侵害他人权利时,除法律明文排除外,自应认其有侵权行为能力,庶免权利义务失衡。原审复认怀生重划会为非法人之团体,乃未究明上述事项,径谓其无侵权行为能力,而为判决,亦有未合。

前揭三个判决涉及"民法"第184条第1项前段侵害他人权利所有权的解释;第148条诚信原则和权利失效原则的具体化;第28条关于法人侵权行为规定对无权利能力社团(包括合伙)的类推适用,均系法之适用上的重要课题。"最高法院"废原审判决,学说对"最高法院"见解亦时有相异见解,尤其是关于凶宅案件,如何判断何者较为可采,乃法学方法上论证的问题。

三、法律适用与论证结构

"最高法院"对于法律适用的认知和论证的理由构成,对判决质量、法之发展极为重要,分五点简要加以说明:

(一)法律适用与法之发现

值得再提出的是"最高法院"2012年台上字第2037号判决:"适用法律为法院之职责,根据'法官知法'之原则,法院应就当事人主张之事实,依职权寻求适当之法律规范,作为判断之依据。而'民法'第1条规定:'民事,法律所未规定者,依习惯;无习惯者,依法理',所谓法理,乃指为维持法秩序之和平,事物所本然或应然之原理;法理之补充功能,在适用上包括制定法内之法律续造(如基于平等原则所作之类推适用)及制定法外之法律续造(即超越法律计划外所创设之法律规范)。"

此项见解体现"最高法院"对法律适用上法之发现、法律适用过程及创造性的认识,可作为"民法"的解释、法之续造法学方法论的基础。

(二)请求权基础

"最高法院"2013年台上字第342号判决谓:"'民法'第184条第1项前后两段及第2项,系规定三个独立之侵权行为类型(学说上称为三个小概括条款),各有不同之适用范围、保护法益、规范功能及任务分配,在实体法上为相异之请求权基础,在诉讼法上亦为不同之诉讼标的。且该条第1项前段规定之侵权行为所保护之法益,原则上仅限于既存法律体系所明认之权利,而不及于权利以外之利益特别是学说上所称之'纯粹经济上损失'。另同条第1项后段及第2项所规定之侵权行为,亦皆有其各别之成立要件(如故意以背于善良风俗之方法或违反保护他人之法律等)。法院如依侵权行为之法律关系为原告胜诉之判决,应于判决理由中说明原告之请求,如何符合或满足于该法律关系之构成要件,倘未记明,即属'民事诉讼法'第469条第6款所称之判决不备理由。"

本件判决彰显"最高法院"对请求权基础的认知,并用于重构"民法"第184条的规范体系,更明确其请求权基础,体现其规范意旨,更能精确地适用法律,促进侵权行为法的发展。请求权基础结合实体法与程序法,有助于明确构成要件,建构正确的案例事实,应加以推广应用,作为一种思维方法。

(三)法释义的建构

关于法释义的建构,值得再提出的是"最高法院"2012年台上字第1722号判决:"不当得利依其类型可区分为'给付型之不当得利'与'非给付型之不当得利',前者系基于受损人有目的及有意识之给付而发生之不当得利,后者乃由于给付以外之行为(受损人、受益人、第三人之行为)或法律规定所成立之不当得利。又于'非给付型之不当得利'中之'权益侵害之不当得利',凡因侵害归属于他人权益内容而受利益,致他人受损害,即可认为基于同一原因事实致他人受损害,并欠缺正当性;亦即以侵害行为取得应归属他人权益内容的利益,而不具保有该利益之正当性,即应构成无法律上之原因,成立不当得利。"

本件判决总结判例学说关于不当得利统一说与非统一说的争论,建构了不当得利请求权的类型,使不当得利法更易于理解,更易学习,更具可操作性,体现于"最高法院"最近关于不当得利的判决。理论与实务应加强协力合作,建构民法上的释义学,促进法律的安定与发展。

(四)法律见解的统一

"最高法院"的任务在于统一法律见解,除废弃原审具有可议的判决外,最重要的是民庭庭推总会决议,由院长就各庭不同见解,提出甲说、乙说等,提请公决,作成决议。此有助于认识实务上法律见解的形成与统一。此对于法律学习具有重大功用,应先就甲说、乙说自行判断,再就决议分析研究。有两个决议影响民法发展,值得深入研读:①关于契约责任与侵权责任的竞合[1988年度第19次民事庭会议决议(三)];②关于不完全给付与物之瑕疵担保责任的竞合[1988年度第7次民事庭会议决议(一)]。这两个决议均附有研究报告,极具研读价值。

(五)法律见解的变迁

"最高法院"为统一法律见解,亦常反省、检讨、变更向来见解。值得提出的是关于如何权衡名誉权与言论自由的判断基准。"最高法院"终于放弃了美国法上真实恶意原则(actual malice rule),改采就个案认定的合理审查基准。①

---

① 拙著:《人格权法》,北京大学出版社2013年版,第338页。

关于债权双重受让，不再适用"民法"第 246 条关于自始客观不能的规定（"最高法院"2013 年台上字第 1825 号判决），改采"最高法院"2016 年台上字第 1834 号判决见解："在债权双重让与之场合，先订立让与契约之第一受让人依'债权让与优先性'原则虽取得让与之债权，但第二受让人之让与契约，并非受让不存在之债权，而系经债权人处分现存在之他人（第一受让人）债权，性质上乃无权处分，依'民法'第 118 条规定，应属效力未定，此为本院最新之见解。"

四、法学方法与民法发展

"最高法院"对于法之适用，采用请求权方法，参与法释义的形成，统一法律见解，对法律的发展作出了贡献，但仍有更进一步强化论证密度的空间。"最高法院"2015 年台上字第 1407 号判决略谓："按传统人格权系以人格为内容之权利，以体现人之尊严及价值之'精神利益'为其保护客体，该精神利益不能以金钱计算，不具财产权之性质，固有一身专属性，而不得让与及继承。然随社会变动、科技进步、传播事业发达、企业竞争激烈，常见利用姓名、肖像等人格特征于商业活动，产生一定之经济效益，该人格特征已非单纯享有精神利益，实际上亦有其'经济利益'，而具财产权之性质，应受保障。又人之权利能力终于死亡，其权利义务因死亡而开始继承，由继承人承受。故人格特征主体死亡后，其人格特征倘有产生一定之经济利益，该人格特征使用之权利尚非不得由其继承人继承，而无任由第三人无端使用以获取私利之理。本件上诉人及白花油公司与颜玉莹和兴公司之共同法定代理人颜福成均为颜玉莹之继承人，和兴白花油厂即颜福和于一九六七年间即以'颜玉莹姓名及真像'为商标，申请注册获准，嗣并将该商标移转颜玉莹任董事长之和兴白花油厂公司，为原判决认定之事实。果尔，系争姓名肖像于颜玉莹生前，似已具相当之经济利益，倘其死亡后，该经济利益依然存在，颜福成于颜玉莹死亡后，使用系争姓名肖像得利，或无不可；然若被上诉人使用系争姓名肖像为商标或商品包装等，获取私利之举，仅获颜福成一人之同意，未经颜玉莹其余继承人全体或多数之同意，且其使用方式已妨碍上诉人等其余继承人之合法利用，则上诉人主张被上诉人侵害颜玉莹人格权及人格特征所具财产法益之相关权利，依继承法则，得请求回复云云（原审卷第三三页），是否毫无足取，非无研求之余地。原审见未及此，徒以系争姓名肖像属颜玉莹之人格权,不得继承为由,径谓白花油公司及颜玉莹和兴公司使用系争姓名肖像为商标或商品包装等,无侵害上诉人之权利,进而为其败诉之判决,即有可议。"

本件判决涉及台湾地区"民法"上人格权发展的两个重大议题,即:一是人格权所保护的利益由精神利益扩张到财产利益。二是人格权的保护主体由生者延续到死者。美国法上隐私权(right of privacy)与公开权(right of publicity)的演变,德国法上创设一般人格权,肯定人格权的精神利益与财产利益,将其扩大及于死者人格权的保护,体现了实务与理论的共同协力的成就。前揭"最高法院"判决系台湾地区人格权发展的里程碑,期待学者就该判决的理论基础、论证结构、法院造法的机能以及该判决的解释适用,作更深入的阐释。①

强化法之适用、法律解释、法之续造的理解和实践,是法学方法的重要任务和法律进步的关键。

第三节　法律解释②

第一款　法律解释之意义与功能

一、法律解释与法之适用

具体的事实须具备法律规范的构成要件,始发生一定的法律效果。在法之适用涵摄之过程中,常须对构成要件或法律效果所使用的法律概念加以解释,明确其规范意义。例如(请阅读条文,自行研究思考):

1. 屋顶尚未完工的房屋,在何种情形得认为系"民法"第66条第1项所称土地之"定着物"?
2. 何谓意思表示、法律行为、纯获法律上利益(第77条)?
3. "民法"第184条第1项前段所称权利是否包括债权?

---

① 参见拙著:《人格权法》,北京大学出版社2013年版,第227页;王怡苹:《人格权之经济利益?》,载《月旦裁判时报》2018年第74期,第23—30页。
② 各国或地区法律解释方法的比较研究,已成为比较法的重要课题,除有助于增进理解法律解释外,更有助于从事各国或地区法的比较研究。参见 MacCormick & Summers, Interpreting Statutes: A Comparative Study, 1991.

4. "民法"第188条所称受雇人是否须以成立雇佣契约为必要；执行职务，如何认定？如何区别"民法"第188条的受雇人与第224条的使用人？

5. "证券交易法"第60条第1项第4款规定："证券商非经主管机关核准，不得为下列之业务：……四、因证券业务借贷款项或为借贷款项之代理或居间……"此是否"民法"第71条所称的禁止规定？若证券商未经核准而借贷款项，其效力如何？

6. "民法"第190条所称动物是否包括病毒、细菌？

7. "民法"第191条之1、之2、之3所规定致他人损害，是否包括所谓的纯粹经济上损失？又何谓纯粹经济上损失？

法律的解释是法律适用的基本问题。法律必须经由解释，始能适用。法律用语的意涵须加阐明。不确定的法律概念或概括条款，须加具体化。法规的冲突，更须加以调和。

凡法律均须解释，兹再举第1条至第3条规定加以说明。第1条规定："民事，法律所未规定者，依习惯；无习惯者，依法理。"然则，何谓民事？何谓法律？是否包括命令在内？第757条所称法律是否包括习惯法或命令？何谓习惯？是否仅指习惯法，抑包括单纯惯例在内，"民法"其他条文所称习惯（第314条、第439条等），是否亦属"民法"第1条所谓习惯？何谓法理？究指事物当然之理，自然法上的原则原理，抑或指自法律根本精神演绎而得之法律一般原则。第2条所谓民事所适用之习惯，以不背于"公共秩序"或"善良风俗"者为限，如何予以具体化？第3条第1项规定"依法律之规定，有使用文字之必要者，得不由本人自写，但必须亲自签名"。其第2项规定："如有用印章代签名者，其盖章与签名生同等之效力。"有疑问的是，印制债券时以机器印录方式签章，是否与亲自签名同具法律上效力？委由他人加盖铅字体之签名章或以机械排印方式签章，是否与本人亲自签章同具效力？所谓盖章，其印章应否包括姓名全部？

"民法"每一个规定均须解释，概无例外。法律解释方法乃成为法学方法论的核心。论者有谓："某项规定，文义明确，毋待解释。"系经由解释而获得的结论。所谓"当然解释"，实乃解释的结果。

二、案例解说

为进一步认识体会法律解释的困难及其蕴含的判断,再举具有争议性的两例说明之:

(一)"民法"第798条:果实自落于邻地

"民法"第767条第1项前段规定:"所有人对于无权占有或侵夺其所有物者,得请求返还之……"问题在于果实所有权的归属。

第798条规定:"果实自落于邻地者,视为属于邻地所有人。但邻地为公用地者,不在此限。"此项规定,初视之下,似甚明了,实则疑义不少,分述如下:

(1)果实。果实,指植物所结之果而言,如苹果、无花果、莲雾、香蕉等。倘所掉落于邻地者,非属果实,而为花卉者,应如何处理?

(2)"自落"乃本条的核心概念,果实落地的情形得为:

①果实成熟掉落。

②果实因强风、地震而掉落。

③果实因鸟啄而掉落。

④果实因顽童掷石击中而掉落。

⑤果实因所有人收取之际失手掉落。

⑥果实因果树所有人驾车不慎撞到树木而掉落。

⑦邻地所有人驾车不慎撞到果树致果实掉落。

⑧第三人驾车撞到果树致果实掉落。

⑨果实因邻人故意摇动果树而掉落。

于上举九种果实掉落情形(可能还有其他情形),何者属于第798条所称的"自落"?

(3)邻地。所谓邻地,其疑义有三:

①"邻"地者,是否指直接相邻者而言?

②邻"地"者,除地面外,是否包括水面及屋顶?

③果实落于疆界线上时,应如何处理?如认为落于邻地,应由树木所有人与邻地所有人共有时,其应有部分应如何决定?

解释"民法"第798条(或任何法律规定)时,要思考一个根本问题,为何要设此规定?不设此规定时,当事人的法律关系如何?

(二)"民法"第 190 条(动物占有人)、第 194 条(子女)①

第 190 条本文规定:"动物加损害于他人者,由其占有人负损害赔偿责任……"其主要疑义,在于何谓占有人。又依第 194 条规定:"不法侵害他人致死者,被害人之父、母、子、女及配偶,虽非财产上之损害,亦得请求赔偿相当之金额。"其主要问题在于在非财产损害之金钱赔偿,应如何量定,始称"相当"。关于何谓"子女",其范围如何,亦有争论。兹设一例说明之:

> 甲有狼犬,出租给乙,乙交其佣人丙看管,丙看管失周,狼犬咬死某男丁,丁遗有养子戊及未认领之非婚生女庚。问戊及庚就其非财产上之损害,得向何人请求相当金额之赔偿?

关于此项损害赔偿请求权的当事人,应分权利人及义务人两方面言之:

(1)就请求权主体而言,其应究明的是,戊及庚是否为第 194 条所称"子女"。养子女戊为本条所称"子女",应予肯定,其所称"子女"是否包括非婚生子女庚在内,非无争论,此即为法律解释所要解决的问题。

(2)就被请求人(义务人)而言,应究明的是,甲、乙及丙何人为占有人。甲为狼犬的所有人,出租于乙,甲为间接占有人,乙为直接占有人(参阅第 941 条),乙将该狼犬交丙看管,丙系受乙之指示,而对于物有管领之力者,故仅乙为占有人,丙则为占有辅助人。问题在于第 190 条所谓占有人,是否仅指直接占有人,抑或包括间接占有人及占有辅助人。此亦为法律解释所要解决的问题。

三、法律解释的任务:技术、科学与艺术

凡法律均须解释,始能适用,已再三说明。然则,法律究应如何解释?此涉及四个问题:

(1)法律解释之目的。

(2)解释法律的方法。

(3)不确定法律概念或概括条款(例如诚实信用、公序良俗、重大事由)的具体化。

---

① 第 190 条所谓动物"占有人",第 194 条所谓"子、女",第 246 条所谓"给付不能",均具争论性。本书之所以再三反复提出讨论,旨在阐释法律解释的必要性,以及解释方法之难有绝对客观的定论,并强调其论证的重要。

(4) 如何达成法律解释的客观性。

德国法儒萨维尼曾谓:"解释法律,系法律学的开端,并为其基础,系一项科学性的工作,但又为一种艺术。"[1]法律解释也是一种技术,更是一种创造性的法律活动。解释法律是法律人的任务,也是法律人必备的最基本的能力。兹将法律解释的基本思考模式图示如下:

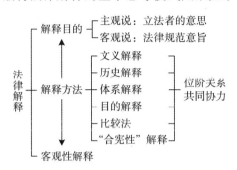

第二款　法律解释之目的:立法者的意思或法律的规范意旨?

一、一则往事的追忆

法律的解释,在方法论上应区别两个问题:
1. 解释目的(Auslegungsziel);
2. 解释方法(Auslegungsmethode)。

关于法律解释之目的,笔者早年任职某"部会"法规委员会,曾参与讨论一项法律问题,印象深刻,特予提出,以供参考。

原"遗产税法"(现修改为"遗产及赠与税法")第13条规定:"被继承人死亡前五年内分析赠与继承人之财产,应视为遗产之一部,一律课税。"有某甲死亡,遗有妻儿,生前部分财产赠与其兄乙。争议问题在于乙是否为本条所谓"继承人"。某与会人士谓:"本条所谓继承人,应采广义解释,包括第1138条所定法定继承人,即被继承人之配偶、直系血亲卑亲属、父母、兄弟姐妹、祖父母,不问其顺次,均为此所谓之继承人。文义上

---

[1] Savigny, System des Römischen Rechts, Bd. I, 1840, S.206(台大法学院图书馆藏有此一法学名著,弥足珍贵)。

纵有疑义,亦应采此解释,关于'遗产税法'的制定,本人曾参与其事,本条规定为吾人所草拟,立法原意,确属如此,自应尊重。"赞成此说的,颇有其人。持不同见解的则谓:"本条所谓继承人,系指于特定继承案件实际继承之人而言,文义明确,应无疑义。某甲死亡,遗有妻儿及兄弟,其妻、儿为继承人,兄弟则非继承人。立法者之意思固应尊重,但'政府'与人们所共信守者,乃基于法律文义所表现之客观规范意旨,何况立法者的意思如何,实难查询。逃漏税捐,诚值重视,但可借修改法律防范之。"赞成此说者,亦不乏其人。初步决定采取后说,最后如何决定,不得而知。应注意的是,为解决此项争议,现行"遗产及赠与税法"乃设明确的规定,其第15条谓:"被继承人死亡前三年内赠与下列个人之财产,应于被继承人死亡时,视为被继承人之遗产,并入其遗产总额,依本法规定征税:一、被继承人之配偶。二、被继承人依'民法'第一千一百三十八条及第一千一百四十条规定之各顺序继承人。三、前款各顺序继承人之配偶。"

二、主观说与客观说的争论

(一)客观说

前述关于旧"遗产税法"第13条的争议,涉及法律解释目的上"主观说"及"客观说"的争论。主观说认为法律解释乃在探求立法者意思,客观说则认为法律解释乃在阐释法律本身蕴含的意旨。主观说与客观说的争论,肇自18世纪德国普通法时代,迄至今日,仍然针锋相对,尚无定论。虽有学者致力于折中二说,仍未被普遍接受。就整个发展趋势而言,19世纪及20世纪初期偏重主观说,随着民主宪制的发展和社会变迁,客观说成为主流见解,其主要理由有四:

(1)一个具有意思能力的立法者,并不存在,法律的草拟,历经各单位机关,何人为立法者,殊难确定。意思不一致时,应以何人为准,实有疑问(意思论点,Willensargument)。

(2)具有法律效力的,系依法律形式而为的外部表示,而非存在于所谓立法者的内心意思(形式论点,Formargument)。

(3)受法律规范之人所信赖的,乃法律的客观表示,而非立法者主观的意思(信赖论点,Vertrauensargument)。

(4)客观说最能达成补充或创造法律的功能。倘采主观说,则法律的发展将受制于"古老的意思",不能适应新的社会需要(补充论点,Ergänzungsargument)。①

法律哲学家 Radbruch 倡导客观说最力,认为法律似船,虽由领港者引导出港,但在海上则由船长指导,循其航线而行驶,不受领港者之支配,否则将无以应付惊涛骇浪,变色之风云。Radbruch 并引用康德所谓"解释者较诸作者本人,更能认识自己"②。亦有认为"法律制定之后,即进入了社会之力的磁场,由此而获得其在内容上的继续发展"③。此等比喻在某种程度上说出了客观说的基本论点。

值得提出的是,德国最高联邦法院院长 Hirsch 强调,主观说将法律与法官的关系譬喻为主人与奴仆,后者适用法律时应倾听立法者意思而服从,不符宪法现实。适用法律应以超越实证的法为准据。法官与法律的关系犹如钢琴家与作曲家,应有诠释作品的空间,而不伪造。④

台湾地区学者对法律解释之目的,多采客观说。⑤ 实务上的裁判甚少论及此项问题。最具启示性的是,多年前关于土地增值税与抵押权孰为优先的激烈争论,虽属往事,方法论上仍具意义。

"实施都市平均地权条例"修正前原第 32 条规定:经法院执行拍卖之土地,以其拍定价格视为该土地之移转现值。执行法院应于拍定后 5 日内,通知当地主管稽征机关,据以核计土地增值税,并由执行法院于承买人所缴价款内,除法律另有规定外,优先于一般债权代为扣缴。⑥ 本条

---

① 关于此四项论点的争论,参见 Engisch, Einführung in das juristische Denken, 9. Aufl., 1997, S. 114 f.; Heck, Gesetzauslegung und Interessenjurisprudenz, 1914, S. 67 f.

② Kant, Kritik der reiner Vernunft, Werkausgabe, Bd. Ⅲ-Ⅳ, hg. v. Weishedel, 10. Aufl., 1988, S. 322.

③ Metzger, ZSt W59(1940), 573.

④ Hirsch, ZRP, 2006, 161: „Im Konfliktfall hat der Richter seine Entscheidung am(überpositiven) Recht auszurichten, der Positivismus als bedingungsloser Gehorsam gegenüber dem Gesetz ist überwunden. Deshalb entspricht das Bild vom Herrn und Diener nicht mehr unserer Verfassungswirklichkeit. Sucht man ein Bild, so passt meines Erachtens am ehesten das des Pianisten und Komponisten für das Verhältnis des Richters zum Gesetzgeber. Er interpretiert die Vorgaben, mehr oder weniger virtuos, er hat Spieräume, darf das Stück aber nicht verfälschen." 参见 Möllers, Juristische Methodenlehre, S. 59 f.

⑤ 参见洪逊欣:《中国民法总则》,第 35 页;施启扬:《民法总则》,第 45 页;较深入的论述,参见黄茂荣:《法律解释学基本问题》,载《台大法学论丛》1976 年第 5 卷第 2 期。

⑥ 关于土地增值税与抵押权的顺位,"税捐稽征法"第 6 条第 2 项规定:"土地增值税之征收,就土地之自然涨价部分,优先于一切债权及抵押权。"

所谓"一般债权"是否包括抵押权担保的债权在内未臻明确,因而发生土地增值税与抵押权孰先受偿的问题。

若干立法界人士再三认为,依立法资料而推知的立法本旨,土地增值税应不优先于抵押权受偿。"最高法院"则采相反见解,1968年台上字第1974号判决认为:土地之自然涨价非一己或少数人之力,应归民众共享,故修正"实施都市平均地权条例"第32条有土地增值税优先于一般债权之规定。抵押债权既无优先于土地增值税受偿之特别规定,土地增值税自较抵押债权优先受分配。1969年台上字第1415号判决又认为:"土地增值税,系以都市土地之自然涨价为标的,换言之,乃对于不依受益者之劳力费用所生土地增值之课税,关于都市土地之自然涨价,依照'实施都市平均地权条例'规定,应归公有,征收土地增值税,无非求达收归公有之目的而已(同条例第30条及第31条参照)。故征收土地增值税在'政府'与原土地所有人间,有似共有权益之分割,而以征税额为'政府'之应有部分,此应有部分,既不属于原土地所有人权益范围,原土地所有人之任何债权人,自均不得就此部分为任何之主张。修正前'实施都市平均地权条例'第28条及修正后同条例第32条所以皆用'代为扣缴'字样,即本此旨。虽后者'代为扣缴'之上,另有'优先于一般债权'一语,但此所谓一般债权,无非以别土地增值税而已,殊无从认其已将抵押权除外。"

在法学方法上,"最高法院"判决具有两点意义:一是以客观化的法律意旨作为法律解释的目的,而不受拘束于若干参与立法过程之人的主观意思。二是土地增值税优先于抵押权旨在实践"宪法"第143条第3项"土地价值非因施以劳力资本而增加者,应……征收土地增值税,归……共享之"的规定,以符合"宪法"的解释来决定"法律"的内容。

(二)主观说

主观说曾一度式微,最近再受重视,其主要原因系认为客观说欠缺客观标准,解释者难免以自身见解作为法律规范意旨,致遭滥用。主观说较符合权力分立的民主原则,关于法律老化问题,在法律适用上,得以可推知的立法者意思,作为准据。

三、结合主观、客观的折中说[1]

法律解释的目的固在探求客观化的规范意旨,但法律意旨的探求仍应斟酌立法者具体的规范意思、价值判断及利益衡量,不能完全置立法者的意思于不顾,在此意义上,法律解释应结合立法者主观意思及法律客观意旨,致力于实践正义。

第三款 法律解释的方法

法律解释的目的在于结合立法者具体规范意思,探究法律客观的规范意旨,传统古典的解释方法有四:①文义;②历史;③体系;④目的。本书将比较法作为一种独立的解释方法,并增列"宪法"与法律解释,采六种解释方法:①法律文义;②历史解释;③体系解释;④比较法;⑤法律目的;⑥"宪法"与法律解释。

第一项 法律文义

1. 说明第373条所谓"危险"的意义。
2. 说明第84条、第118条、第759条、第765条所谓"处分"的意义。

一、文义是法律解释的开始与界限

文义是法律解释的开始,也是法律解释的终点。法律解释始于文义,然如所周知,法律概念具多义性,有其核心领域(概念核心,Begriffskern)及概念外围(Begriffshof)[2],其射程的远近,应依法律意旨而定,在边际灰色地带容有判断余地,但不能超过其可能的文义,否则即超越法律解释的范

---

[1] Möllers, Juristische Methodenlehre, S. 215; Reimer, Juristische Methodenlehre, S. 19, 122 f., Englisch, Einführung in das juristische Denken, S. 106 f.; Larenz/Canaris, Methodenlehre der Rechtswissenschaft, S. 137 f.

[2] Heck, Das Problem der Rechtsgewinnung (1912) –Gesetzesauslegung und Interessenjurisprudenz (1914) –Begriffsbildung und Interessenjurisprudenz (1932), in: Studien und Texte zur Theorie des Rechts, Bd. Ⅱ, hrsg. von J. Esser, redigiert von R. Dubischar, Berlin 1968, S. 66, 156: „Wir haben einen Vorstellungskern, den nächstliegenden Wortsinn, und einen Vorstellungshof, der allmählich in wortfremde Vorstellungen führt. Die Bedeutung läßt sich dann mit einem Monde vergleichen, der in dunstigen Wolken sich mit einem Hofe umgibt". Rüthers/Fischer/Birk, Rechtstheorie, S. 114 f.

畴,而进入另一阶段的造法活动(法律续造,Rechtsfortbildung)。尊重文义,为法律解释正当性的基础,旨在维持法律尊严及其适用之安定性。兹将文义解释的基本问题图示如下:

"民法"第194条规定:"不法侵害他人致死者,被害人之父、母、子、女及配偶,虽非财产上之损害,亦得请求赔偿相当之金额。"配偶的概念,较为明确,不包括离婚者、未婚妻、同居者。何谓子女则有疑义。就其概念核心言,指"婚生子女",并包括"养子女",应否扩张其射程及于"非婚生子女",应参酌其他解释方法加以论证再为认定。

二、法律文义的专门性

法律概念取诸日常生活上的用语,原则上固应由此探寻其意义。如"人""物""胎儿"等是。唯日常生活上的语言在成为法律概念之后,即具有法律上的意义。如"善意",非指好心,乃指"不知情";"不动产",除土地外,包括土地上的定着物,而所谓定着物,亦有其功能性及经济上的意义加以解释。①

关于法律用语的"专门化",再以第373条所谓"危险"为例加以说明。第373条规定:"买卖标的物之利益及危险,自交付时起,均由买受人承受负担,但契约另有订定者,不在此限。"本条所谓"危险",难由其通常用语加以了解,实具法律上特殊意义,乃指价金的危险而言,即买受人应承担支付价金的不利益。按因不可归责双方当事人之事由,致给付不能者,债务人(出卖人)免交付其物并移转所有权之义务(第225条第1项),债权人(买受人)亦免为对待给付(价金)之义务(第266条)。准此

---

① 参见"最高法院"1981年台上字第2221号判例:"系争房屋原计划盖建二楼,而建筑之程度,二楼结构业已完成,仅门窗尚未装设及内部装潢尚未完成,此项尚未完全竣工之房屋,已足避风雨,可达经济上之使用目的,即成为独立之不动产。上诉人向被上诉人买受系争房屋,依第758条规定,自须办理所有权移转登记手续,始能取得系争房屋之所有权,不能以行政上变更起造人名义之方式,取得系争房屋之所有权。"

以言，出卖人虽已交付买卖标的物，但未移转其所有权，而该物因不可归责于双方当事人之事由而灭失时，出卖人仍不得请求价金。第 373 条系对此原则设有限制，将对待给付（价金）的危险提前于交付时，移转于买受人。故出卖人虽因标的物灭失，不能移转其所有权（给付不能），仍得依此规定，向买受人请求支付约定之价金。

三、法律概念的相对性

法律上使用同一概念时，原则上固应作同一的解释，以维护法律适用的安定性。唯此并非绝对，同一概念具有不同意义的，时亦有之，是为法律概念相对性（Relativität der Rechtsbegriffe）。

处分为"民法"上最常用之基本概念，但意义广狭不同[①]：

（1）第 765 条规定："所有人，于法令限制之范围内，得自由使用、收益、处分其所有物，并排除他人之干涉。"其所谓处分，最属广义，包括事实上及法律上的处分。所谓事实上的处分，乃就原物体加以物质的变形、改造或毁损而言，如拆屋重建是。所谓法律上的处分，除负担行为（债权行为，如买卖、租赁契约等）外，尚包括处分行为，如所有权的移转、抵押权的设定及所有权的抛弃。

（2）第 84 条规定："法定代理人允许限制行为能力人处分之财产，限制行为能力人，就该财产有处分之能力。"其所谓处分，指法律上的处分而言，事实上的处分不包括在内，乃狭义的处分。

（3）第 759 条规定："因继承、强制执行、征收、法院之判决或其他非因法律行为，于登记前已取得不动产物权者，应经登记，始得处分其物权。"其所谓之处分，仅指处分行为而言，即属狭义的处分。

（4）第 118 条第 1 项规定："无权利人就权利标的物所为之处分，经有权利人之承认始生效力。"其所谓处分究指何而言？"最高法院"曾认为"不以物权行为及准物权行为为限，买卖契约亦包括在内"[②]。依此见

---

① 参见"最高法院"1950 年台上字第 105 号判例、1980 年台上字第 558 号判决及第 3037 号判决；拙著：《出卖他人之物与无权处分》，载《民法学说与判例研究》（第四册），北京大学出版社 2009 年版，第 96 页。关于处分概念的分析整理，参见拙著：《民法总则》，北京大学出版社 2022 年重排版，第 209 页。

② 拙著：《出卖他人之物与无权处分》，载《民法学说与判例研究》（第四册），北京大学出版社 2009 年版，第 96 页。

解,出卖他人之物的买卖契约(债权行为),于权利人承认前,将不生效力,买受人不能主张契约上之权利,是否妥适,诚有疑问。实则第118条所谓的无权"处分",系指处分行为(物权行为及准物权行为)而言,不包括买卖契约在内,从而甲借用乙的房屋,伪称该屋为其所有,出卖给丙,其买卖契约有效,丙得依第348条之规定,向甲请求交付其物,并移转其所有权,甲因可归责事由不能为给付时,应依债务不履行规定,负损害赔偿责任(第226条)。

处分系"民法"上重要的基本概念,最能体现法律概念的相对性,为便于理解,图示如下:

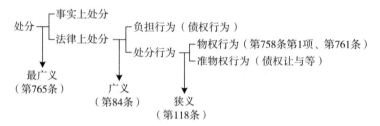

四、扩张解释及限制解释

法律的文义,有诸种解释可能时,应参酌其他解释方法,作狭义(限制)解释,或广义(扩张)解释,就前者言,如将第118条所称无权"处分",解为仅指处分行为。就后者言,如将第194条所称"子女"解释为应包括"非婚生子女"。

学说上有认为例外规定应作限制解释,此可作为参考,但不能作为准则,仍应依法律意旨认定之。第949条系善意取得的例外规定,而第950条则为第949条的例外规定,复归于善意取得原则。就第949条言,其需解释的有两点:①何谓盗赃;②两年期间所有权的归属。关于前者实务上认为所谓盗赃,系指以窃盗、抢夺或强盗行为夺取之物,其由诈欺取得之物,不包括在内,乃在限制其适用范围。关于后者,多认为依善意取得制度意旨,应归由善意受让人取得。2010年物权编修正增订"民法"第949条第2项:"依前项规定回复其物者,自丧失其占有时起,回复其原来之权利。"以保障财产权交易之安全。

第二项　历史解释

1. 甲于3月2日出卖某名贵兰花给乙,交付前夕,发现该兰花于3月1日已被其店员出售于丙,并移转其所有权,不能给付时,甲与乙间之买卖契约是否有效?

2. 您是否了解"民法"修正增订第177条第2项(不法管理)、修正第227条(不完全给付)的立法理由(请阅读条文)?

一、历史解释的意义及功能

历史解释,广义言之,应包括三者:①法律前史,即法律制定前的法律、社会、政治状态;②法律发生史,指某一个法律或规定制定的立法过程;③法律发展史,指法律制定后解释适用的发展过程。此三者均有助于探寻立法者制定法律时的立法政策及其所欲实践之目的,亦属解释法律的重要方法。就现行"民法"言,其值得参考的,有《民律草案》(尤其是立法理由书)、第二次《民律草案》及有关的立法资料。此等立法资料对于澄清"民法"上若干重大争议,至有助益。兹举一个长期争论的问题加以说明:

"民法"第246条第1项本文规定:"以不能之给付为契约标的者,其契约为无效……"其所谓"不能之给付",系指自始不能而言,虽可由"文义"而确知,惟究指客观不能抑或主观不能,仍有疑问。台湾地区学者一向认为此乃指客观不能而言,其主要理由有二:

1. 对所谓"不能之给付",采限制解释,以维持契约的效力,保护债权人之利益(履行利益)。

2. 《民律草案》第514条规定:以不能给付为标的之契约无效。其立法理由书谓:谨按,当事人得自由以契约订定债务关系之内容,而其契约则以可能为必要,故以客观不能给付(不问其为相对之不能或为绝对之不能)为标的之契约,终归无效,所以防无益之争议也。但其不能系指主观之不能而言,则其契约仍应认为有效,使债务人负损害赔偿之责,然此无待明文规定,故本条仅明示其旨。此项立法理由明确,认为以主观不能的给付为标的之契约,应属有效。①

据上所述,在前举案例,甲出卖某名贵兰花给乙,于订约前,被其店员出售于他人,并移转其所有权,届期不能给付时,系属主观不能,买卖契约有效。

二、立法资料的应用与法律解释

关于立法资料的应用,应注意者有三:

1. 参考立法资料,并非仅在于探求立法者的主观意思,亦在于发现客观的法律意旨。

2. 立法资料的价值,应依社会变迁予以评估。一般言之,法律愈新,立法资料愈有参考价值,法律愈老,参考价值较少,但仍不能因此而认其无参考价值。

3. 台湾地区判例与学说征引立法文献作为解释材料,尚属不多,资料取得不易,或为原因之一。因此法律的制定或修正,应附立法理由书,会议记录若能择要整理刊行,对于法律解释适用当有重大助益。

三、立法理由的强化

现行"民法"的立法理由系采自《民律草案》,例如"民法"第1条规定:"民事,法律所未规定者,依习惯;无习惯者,依法理。"立法理由:"查《民律草案》第1条理由谓凡关于民事,应先依法律所规定,法律未规定者,依习惯,无习惯者,则依法理判断之。法理者,乃推定社交上必应之处置,例如事亲以孝及一切当然应遵守者皆是。法律中必规定其先后关系者,以凡属民事,审判官不得借口于法律无明文,将法律关系之争议,拒绝不为判断,故设本条以为补充'民法'之助。"其立法理由过于抽象空洞,尤其是未说明习惯是否为习惯法,对法理的说明亦属简略,对该条的解释适用,无大助益。

值得提出的是,近年来"民法"修正的"修正理由"较为详尽。兹举两个条文加以说明:

---

① 参见拙著:《自始主观给付不能》,载《民法学说与判例研究》(第三册),北京大学出版社2009年版,第33页。

(一)"民法"第 177 条:不适法管理之效力

"民法"第 177 条规定:"管理事务不合于前条之规定时,本人仍得享有因管理所得之利益,而本人所负前条第一项对于管理人之义务,以其所得之利益为限。前项规定,于管理人明知为他人之事务,而为自己之利益管理者,准用之。"第 2 项系 1996 年增订,修正理由谓:"无因管理之成立,以管理人有'为他人管理事务'之管理意思为要件。如因误信他人事务为自己事务(误信的管理),或误信自己事务为他人事务(幻想的管理)而为管理,均因欠缺上揭主观要件而无适用无因管理规定之余地。同理,明知系他人事务,而为自己之利益管理时,管理人并无'为他人管理事务'之意思,原非无因管理。然而,本人依侵权行为或不当得利之规定请求损害赔偿或返还利益时,其请求之范围却不及于管理人因管理行为所获致之利益;如此不啻承认管理人得保有不法管理所得之利益,显与正义有违。因此宜使不法之管理准用适法无因管理之规定,使不法管理所生之利益仍归诸本人享有,俾能除去经济上之诱因而减少不法管理之发生,爰增订第 2 项(《德国民法典》第 684 条第 1 项参考)。"修正理由甚为详尽,深具解释参考价值。

(二)"民法"第 227 条:不完全给付

旧"民法"第 227 条规定:"债务人不为给付或不为完全之给付者,债权人得声请法院强制执行,并得请求损害赔偿。"立法理由:"谨按债务人不为给付,或不为完全之给付者,自应许债权人声请法院强制执行,并请求损害赔偿,借以保护债权人之利益。故设本条以明示其旨。"此项立法理由过于简略,根本不具参考价值,致本条的解释适用,发生重大争议。1999 年"民法"修正将本条明定为:"因可归责于债务人之事由,致为不完全给付者,债权人得依关于给付迟延或给付不能之规定行使其权利。因不完全给付而生前项以外之损害者,债权人并得请求赔偿。"修正理由:(1)按强制执行之目的在于以公权力实现债权人之权利以满足其请求,其满足债权人请求之方法,有就债务人之动产或不动产或其他财产权为执行者,亦有就债务人予以管收以促其履行债务者。凡此均为强制执行之方法。只需债权人取得"强制执行法"第 4 条所规定之执行名义之一种,即可请求执行法院实施强制执行,且强制执行之问题不限于债之关系人有之,物权、亲属(例如交付子女)、继承均有强制执行之问题,故债权人对执行法院之执行请求权不宜规定于本编中。又现行条文中所谓

"不为给付"之涵义为何？学者间争论纷纭，有主张属于给付迟延范围者；有主张系"给付拒绝"者，为免滋生争议，爰并予删除。次按债务不履行之种类，除给付迟延及因可归责于债务人之事由致给付不能两种消极的债务违反外，更有另一种不完全给付之积极的债务违反，即因可归责于债务人之事由，提出不符合债务本旨之给付。此在学者间已成通说，台湾地区实务上亦承认此种债务违反之态样，惟法条上尚欠明白之规定，学者虽有主张现行条文中所谓"不为完全之给付"即属关于不完全给付之规定者，但其规定之效果，仍欠周详。按不完全给付，有瑕疵给付及加害给付两种，瑕疵给付，仅发生原来债务不履行之损害，可分别情形，如其不完全给付之情形可能补正者，债权人可依迟延之法则行使其权利；如其不完全给付之情形不能补正者，则依给付不能之法则行使权利。为期明确，爰修正本条为不完全给付之规定。（2）不完全给付如为加害给付，除发生原来债务不履行之损害外，更发生超过履行利益之损害，例如出卖人交付病鸡致买受人之鸡群亦感染而死亡，或出卖人未告知机器之特殊使用方法，致买受人因使用方法不当引起机器爆破，伤害买受人之人身或其他财产等是。遇此情形，固可依侵权行为之规定请求损害赔偿，但被害人应就加害人之过失行为负举证责任，保护尚嫌不周，且学者间亦有持不同之见解者，为使被害人之权益受更周全之保障，并杜疑义，爰于本条增订第2项，明定被害人就履行利益以外之损害，得依不完全给付之理论请求损害赔偿。

前揭"民法"第177条第2项、第227条两个规定的增订修正理由甚为详尽，实值肯定，应特别强调的有三：

1. 立法理由有助于理解法律，学习法律应研读立法理由。

2. 立法理由应包括修正前的法律状态、修正的理由，及解释适用的基本问题。

3. 继续强化立法理由的内容，裨益认识立法意旨，促进法律解释的客观性。

第三项　体系解释①

1. 甲出卖其地给乙,未订立书面契约。甲得否以买卖契约未订立书面,拒绝交付其物并办理所有权移转登记?
2. 代理权的授与是否为债之发生原因?
3. 甲与乙共有一屋,应有部分各半。问甲得否以其应有部分为丙设定抵押权?

一、概念体系与法律秩序

法律体系解释是基于一个基本认识,即法律规定在实质内容和形式逻辑上彼此相关,个别条文不能孤立解释,须在法律整体关联上去加以理解。解释一个法律规定必须顾及整个法秩序,避免矛盾和规范冲突,以维护法秩序的统一性及一贯性(integrity in a legal system)。②

法律系由概念、体系所构成,建立在若干基本原则及法理念之上。建构法律体系系立法者的工作,也是法学者的任务,并在法之适用加以实践。体系决定问题的视野。法律体系分为外在体系和内在体系,以下以此为基础,说明体系解释的基本问题。

二、法律的外在体系

法律的外在体系(Äußere Systematik),指法律的编制体例,如"民法"第几编、第几章、第几节、第几款、第几项,以及前后条文的关联位置,此亦可资阐明法律的规范意旨。

(一)外在体系与法律解释

1. 不动产物权变动的书面

旧"民法"第760条规定:"不动产物权之移转或设定,应以书面为之。"本条所谓书面究指何种法律行为而言,学说上甚有争论,有谓系指债

---

① Englisch, Einheit der Verfassung, 1935; Felix, Einheit der Rechtsordnung, 1998; Höpfner, Die Systemkonforme Auslegung, 2008; Larenz/Canaris, Methodenlehre der Rechtswissenschaft, S. 146; Möllers, Juristische Methodenlehre, S. 126 f.

② MacCormick, 6 Ratio Juris 16, 24 (1993); MacCorvick, in: Peczenik/Lindahl/Roermund, Theory of Legal Science, 1984, pp. 235, 244: "coherence is a desirable ideal feature of a system of law"; Dworkin, Law's Empire, 1986, p. 211 et seq.

权行为买卖契约的书面形式,有谓系指物权行为的书面形式,有谓系兼指债权行为及物权行为的书面形式。旧"民法"第760条系规定于物权编,依其体系地位,应认系指物权行为应订立书面言①,1968年台上字第1436号判例谓:"不动产物权之移转,应以书面形式为之。其移转不动产物权书面未合法成立,固不能生移转之效力。惟关于买卖不动产之债权契约,乃非要式行为,若双方就其移转之不动产及价金业已互相同意,则其买卖契约即为成立。出卖不动产之一方,自应负交付该不动产并使他方取得该不动产所有权之义务,买受人若取得出卖人协同办理所有权移转登记之确定判决,则得单独声请登记取得所有权。移转不动产物权书面之欠缺,即因之而补正。"

值得注意的是,增修"民法"第758条第1项规定:"不动产物权,依法律行为而取得、设定、丧失及变更者,非经登记,不生效力。"第2项规定:"前项行为,应以书面为之。"本条第1项所称法律行为,依其文义、体系、比较法(《德国民法典》第873条)及规范目的,系指物权行为。第2项所称书面,依其体系及规范目的,系指物权行为。

2. "民法"第188条的受雇人、第194条的子女

值得再提及的是,"民法"第188条的"受雇人"、第194条的"子女",均系规定于侵权行为,此种体系地位体现法律的规范目的,从而亦应依其规范目的而为解释,认为所谓受雇人不以有雇佣契约为必要,子女应包括非婚生子女在内。

(二)外在体系与规范内容

1. 典权的法律性质

应注意的是,法律体系上的地位,仅为解释法律的一项方法,并非绝对,仍须参酌其他因素,尤其是规范内容,加以认定。如典权之体系位置系在担保物权(质权及留置权)之间,但通说依据第911条规定的内容:"称典权者,谓支付典价在他人之不动产为使用、收益,于他人不回赎时,取得该不动产所有权之权。"认为典权系属用益物权。

2. 代理权的授与是否为债之发生原因

"代理权之授与"系单独行为,虽在"民法"债编第一章(通则)第一节

---

① 参见拙著:《论移转不动产物权之书面契约》,载《民法学说与判例研究》(第七册),北京大学出版社2009年版,第132页。

(债之发生)第 2 款设其规定,但通说仍不因其体系位置而认其系债之发生原因。

3. 应有部分设定抵押

关于体系解释,值得提出讨论的是,应有部分得否设定抵押的问题。第 819 条第 1 项规定:"各共有人,得自由处分其应有部分。"第 2 项规定:"共有物之处分、变更、及设定负担,应得共有人全体之同意。""司法院"院字第 1516 号解释曾认为应有部分不得为抵押权之标的物,其主要理由为第 819 条第 2 项规定:"共有物之处分、变更、及设定负担,应得共有人全体之同意。"系将"处分""变更"及"设定负担"三者并举,同条第 1 项仅列处分,与该条第 2 项比较,并不包括设定负担在内,于是各共有人自不得以其应有部分设定抵押权。此项解释,"纯"以法条的相关地位作为依据,诚非妥适。共有人既得自由让与其应有部分,自无不许其设定负担之理。何况设定负担无损于他共有人利益,裨益资金融通至巨,实无禁止必要。为此,"大法官会议"第 141 号解释乃认为:"共有之房地,如非基于公同关系而共有,则各共有人自得就其应有部分设定抵押权。"就解释方法言,系对第 819 条第 1 项所称"处分"作广义解释,包括设定负担在内。

三、法律的内在体系与法秩序的统一性①

法律的内在体系(innere Systematik),指法律秩序的内在构造、原则及价值判断而言。法秩序是个阶层结构,犹如金字塔,"宪法"居其顶层,其下为一般法律,再其下为命令,基于法秩序统一性的理念,应使其互相协和,不生冲突。在解释方法上应予实践的有二:

(1)为维护法律用语的同一性,同一的概念用语,应作相同的解释。关于法律概念的相对性,前已论及,敬请参照。

(2)须使下位阶层的规范不与上位阶层的规范发生矛盾。若有矛盾存在,则应依规范冲突的规则处理,如法律与"宪法"抵触者无效,命令与法律或"宪法"抵触者无效。有解释的可能时,应维持该下级规范的存在,作符合"宪法"的解释。

---

① Canaris, Systemdenken und Systembegriff in der Jurisprudenz, 1969.

第四项　立法目的

1. 甲邮寄函件给乙,表示解除契约,该信于10月1日投入乙的信箱后,被他人取走,数日后始被发现。甲主张解除契约的意思表示于10月1日到达乙,有无理由？

2. 甲出租一狼犬给乙,乙交其佣人丙看管但失周,致狼犬咬伤丁。问丁得向何人请求损害赔偿？

3. 甲向乙建商购买房屋,因乙建造的房屋具有瑕疵,减损该房屋的价值,甲得否依"消费者保护法"第7条规定向乙建商请求损害赔偿？

4. 著作权得否准用"民法"第772条时效取得？

一、目的解释

任何法律均有其规范意义和目的,法之适用乃在于实践法律的意旨,因此解释法律时必须想到:"为何设此规定,其目的何在？"

法律目的具有多种层面,有为具体的规范目的;有为抽象目的,如法律的社会作用、经济效率以及公平正义等,应视情形,一并加以斟酌,而作所谓效果指向的解释(folgenorientierte Auslegung)。

二、利益衡量

在探究法律的具体规范目的时,首先要发现某项法律所要调整的各种利益,然后再探求法律上判断标准。兹举三个规定加以说明:

(一)善意取得

甲擅以乙所有的某画作为己有,出卖于丙,并为交付以移转其所有权时,善意的丙能否取得其所有权,涉及两个利益,所有权的保护和维护交易安全。现行"民法"规定所采的评价标准偏重维护交易安全,而肯定善意取得(第801条、第948条),但为兼顾所有人的利益,于第949条第1项规定:"占有物如系盗赃、遗失物或其他非基于原占有人之意思而丧失其占有者,原占有人自丧失占有之时起二年以内,得向善意受让之现占有人请求回复其物。"本条所谓盗赃或遗失物究为列举规定,抑为例示规定？

衡诸第949条兼顾保护所有人的意旨,所谓"盗赃、遗失物",应认系非基于所有人之意思而丧失动产占有的例示规定,从而第949条于盗赃或遗失物外,应类推适用于其他非基于所有人意思而丧失动产占有的情形。如甲病故,遗有某古砚,乙自居于继承人地位而占有之,计售于丙,其后证实丁为真正继承人时,应认乙系反于丁的意思而丧失其占有。又无行为能力人或限制行为能力人抛弃动产的占有,抛弃之际无意思能力时,亦属之,均有第949条的适用。

(二)果实自落于邻地

依法律规范目的而为解释的方法,亦足资阐明第798条所称"自落"的意义。"民法"之所以设此规定,系鉴于果实落于邻地,已不法侵害他人所有权,并为维持睦邻及社会平和关系,勿为细故争吵,故将落地之果实"视为"属于邻地。准此以言,关于"自落",应从宽解释,凡非基于邻地所有人的行为致果实掉落的,均属之。① 如甲驾车不慎撞到乙之果树,致果实落于丙地时,仍应为"自落",乙不得向丙请求返还。

(三)意思表示因到达而生效

关于以利益衡量解释法律,可再就第95条加以说明。该条第1项规定:"非对话而为意思表示者,其意思表示,以通知达到相对人时,发生效力。但撤回之通知,同时或先时到达者,不在此限。"所谓"达到"如何认定,关系当事人的利益至巨,"最高法院"认为系指意思表示达到相对人之支配范围,置于相对人随时可了解其内容之客观状态而言②,并非须使相对人取得占有,故通知已送达于相对人之居住所或营业所者,即为达到,不必交付相对人本人或其代理人,亦不问相对人之阅读与否,该通知即可发生为意思表示之效力。③ 此项见解对达到与否的"危险"作合理的分配,应值赞同。如甲寄函给乙,表示解除契约,邮差途中遗失该信时,其意思表示未达到相对人,不生解约的效力。反之,该信件投入乙的信箱后,被他人取走时,应认为业已达到而生解约的效果。

三、"民法"第190条的动物占有人责任与法律解释方法

"民法"第190条第1项规定动物"占有人"究应作如何解释,之所

---

① 同说,参见史尚宽:《物权法论》,第106页。
② 参见"最高法院"1969年台上字第715号判例。
③ 参见"最高法院"1965年台上字第952号判例。

以再三提及，因学说上有多达五种不同见解，涉及文义解释、体系解释、比较法解释及目的解释，具有方法论上的意义，特再提出作较详细的说明。

（1）占有人，包括直接占有人、间接占有人及占有辅助人。①

（2）占有人，包括直接占有人、占有辅助人，但不包括间接占有人，其主要理由为此项侵权责任乃以对于动物的管领力为基础，占有辅助人与被害人的关系，与直接占有人无异，占有辅助人既有事实上之管领力，自亦不能不负责任。②

（3）占有人，指直接占有人与间接占有人而言，其主要理由为占有人在物权法为直接占有人与间接占有人（第941条），出租人虽无现实之持有，然为间接占有人，犹不失为占有人。③

（4）有谓占有人的免责，系以注意管束为要件，故兹所谓占有人系以直接占有人为限。④

（5）有谓此占有人更应从狭义解释，系指为自己之经济上、娱乐上或运动上之利益而使用该动物之人而言。若仅为物之占有，而于己并无利益者不在此列。例如动物之占有者，系动物之所有人，或有使用、收益权之人，或为动物之承租人、借用人，则可适用第190条规定，至若动物之受寄人，则不负该条之责任。⑤

关于第190条第1项规定的动物"占有人"，学者见解极不一致，所有可能的解释，均经提出，充分展现法学者的想象力。关键问题在其判断标准。依本条但书规定："……但依动物之种类及性质已为相当注意之管束，或纵为相当注意之管束而仍不免发生损害者，不在此限。"可知系以事实上管领力为判断标准。准此立法意旨，直接占有人为本条所称的占有人，自无疑问。至于间接占有人（如出租人）对于动物既无事实上之管领力，应非属本条所称的占有人。梅仲协先生认为占有人应限于为自己之经济上、娱乐上或运动上之利益而使用该动物之人，系采德国通说对《德

---

① 参见陈瑾昆：《民法通义：债编总论》，第124页。
② 参见胡长清：《中国民法债篇总论》，第176页；王伯琦：《民法债篇总论》，第97页；郑玉波：《民法债编总论》，第191页；孙森焱：《民法债编总论》，第226页。
③ 参见史尚宽：《债法总论》，第190页。
④ 参见戴修瓒：《民法债总论》，第199页。
⑤ 参见梅仲协：《民法要义》，第145页。

国民法典》第833条关于动物持有人(Halter)的解释①,亦有所据,唯"占有人"意义上不同于"持有人",似难作同一解释。

最难认定的是占有辅助人。第942条规定:"受雇人、学徒、家属或基于其他类似之关系,受他人之指示,而对于物有管领之力者,仅该他人为占有人。"准此以言,占有辅助人非属占有人,物权编各条规定所称之占有人(如第943条、第962条),亦均不包括占有辅助人在内(参阅第961条)。因此,依物权编的规定而言(体系解释),第190条所称占有人,不包括占有辅助人在内。然则,于此发生一项重要疑问,即第190条所称的占有人应否与物权编之规定,作同一解释(体系解释),此又涉及第942条及第190条之立法目的。

王伯琦总结专家见解作有如下说明:"第942条所以规定帮助占有人非占有人者,其意在于指明所有法律对于占有人利益或权利之保护,唯该他人得主张,帮助占有人则不得享有。如占有被侵夺,唯该他人得请求恢复,取得时效之利益,亦唯该他人得能主张。此就物权关系而言,乃所当然。至于侵权责任,仍以对动物之管领力为基础。帮助占有人与被害人之关系,与直接占有人无异。今其既有事实上之管领力,自亦不能不负责任。"②此说甚具说服力,可资赞同。③ 依此见解,甲出租某狼犬给乙,乙的受雇人丙管束失周,致伤害丁时,丁得对直接占有人乙及占有辅助人丙请求损害赔偿,至间接占有人甲对该狼犬无事实上的管领力,非属第190条所称之占有人,应不负责。

四、实务案例

关于目的解释,实务上最近有若干重要判决,兹举三个"最高法院"判决加以说明,请特别注意检视其论证方法。

(一)"民法"第71条的禁止取缔规定或效力规定

"民法"第71条规定:"法律行为,违反强制或禁止之规定者,无效。但其规定并不以之为无效者,不在此限。"关于如何认定强行规定系属禁

---

① Jauernig/Teichmann, §833 Anm. 2. b.
② 王伯琦:《民法债篇总论》,第97页。应说明的是,第942条规定之立法目的,除王伯琦先生所指出者外,尚为合理规律占有人与占有辅助人间利害关系,盖倘占有辅助人为占有人,享有占有人的权利,将无以维护占有人的利益。
③ 台湾地区学者多采此见解,参见前揭说明。

止规定,究属取缔规定或效力规定,在一个涉及"公寓大厦管理条例"第9条规定的案件(请阅读条文),"最高法院"2014年台上字第1620号判决提出一个重要见解:为维持社会秩序、增进公共利益、确保民众福祉及贯彻相关政策,在不违反"宪法"第23条之比例原则下所制定之行政法规,其规范内容倘在禁止当事人为一定行为,而属于"民法"第71条前段所称之"禁止之规定"者,经权衡该规定之立法精神、规范目的及法规之实效性,并斟酌其规范伦理性质之强弱、法益冲突之情形、缔约相对人之期待、信赖保护之利益与交易之安全,暨当事人间之诚信及公平,足认该规定仅在于禁遏当事人为一定行为,而非否认该行为之私法效力时,性质上应仅属取缔规定而非效力规定,当事人间本于自由意思所成立之法律行为,纵违反该项禁止规定,亦仍应赋予私法上之法律效果,以合理兼顾行政管制之目的及契约自由之保护。

"最高法院"所提出的判断基准具有一般适用性,问题在于如何落实于具体个案的解释适用。

(二)"消费者保护法"第7条商品责任的财产保护

买受人得否以房屋具有瑕疵为由,而向企业经营者(建商)依"消费者保护法"第7条之规定,请求房屋因瑕疵减价的损害?"最高法院"2017年台上字第1号判决:"按消保法第二章第一节'健康与安全保障'2003年修正前第7条所规定:'从事设计、生产、制造商品或提供服务之企业经营者应确保其提供之商品或服务,无安全或卫生上之危险。'乃商品制造者侵权行为责任,各项为不同请求权,均本诸消费者购买商品或服务,其身体健康不应受到危害之旨,规范商品或服务应具安全性与卫生性。……该条规定之'商品责任'规范之目的在保障消费者之健康与安全,请求之赔偿范围为消费者因健康与安全受侵害而生之损害,并不包括商品本身瑕疵的损害。是商品本身之瑕疵损害,应依'民法'瑕疵担保或债务不履行规定保护,而不在上开规定保护范围之列。"

"最高法院"认定"消费者保护法"第7条的损害赔偿责任不包括商品瑕疵本身,此乃属所谓的纯粹经济上损失,实值赞同:①符合商品责任的立法目的。②符合"民法"第184条区别权利受侵害及纯粹经济上损失的规范体系。

(三)著作权的时效取得

"民法"第772条规定,所有权以外的财产权,得准用"民法"第768

条至第 771 条规定而为时效取得。问题在于著作权是否在准用之列？

"最高法院"2014 年台上字第 5 号判决谓："著作物乃著作依其表现形式所附着之有体物（媒介或载体），为物权归属之客体。是以著作之内容一旦以一定形式对外表达后，任何人无须借由著作人之协力，即得加以利用，具有非独占性（non-exclusive）、无耗损性（non-rivalrous）、共享性之特质，而与物权所保护之财产标的物具有独占性（exclusive）、耗损性（rivalrous）、自然稀少性（natural scarcity）之性质迥然有别，著作权无法如物权人仅须占有特定之有体物即可排除他人使用。倘许原著作权人以外之第三人得以准占有人之地位，以取得著作权之意思行使著作权之各项权能（如重制、公开口述、公开播送、公开上映、公开演奏、公开展示、编辑、翻译、出租及改作权等），继续十年或五年后即得因时效取得著作权，任何人均得以此方式取得著作权，若有二人以上同时主张时效取得，究竟该著作权应归属何人，势必造成著作权法律关系之混乱，反而无从迅速确定法律状态，达到有效运用、配置社会资源，使社会总效益极大化之目的。若承认得以时效取得著作权，无疑鼓励他人无待创作，即可以逸待劳，擅自行使著作权，于十年或五年后即可原始取得著作权，将挫著作人之创作诱因，人类智识文化资产如何永续发展？故以一定时间占有他人之物而取得物权、以尊重长期占有之既成秩序之时效取得制度，与著作权法保障著作人著作权益，调和社会公共利益……之立法目的有别，因此，关于著作权，不在'民法'第 772 条准用之列。"本件判决论证严谨，可资赞同。

五、法之目的、解释的创造性及合理论证

本书之所以用较大篇幅引述"最高法院"判决，旨在凸显目的解释的功能及论证的重要。耶林（Jhering）强调目的是法之生命，在于保护人民权益，维护平和。目的解释在德国称为 Teleologische Auslegung，在英美法上称为 purposive interpretation，系常被使用的解释方法，因其相较于文义、历史、体系解释，有更多自由创设的可能性。自由带有主观、恣意或滥用的风险。解释者须本此认识提出可供检验的论证，俾能加以合理地控制。

目的解释的问题在于解释目的的不明确性。何谓法律目的？规范意旨？Larenz 教授倡导客观—目的解释（objektiv-teleologische Auslegung），促进目的解释的客观性，影响德国实务。法律目的具有多面向性，兼具内在目的与外在目的。内在目的来自法律文义、历史、体系，旨在维护法律本身的拘束力和规范性,从而目的解释应与文义、历史和体系解释方法共同协力。外在目的包括法律解释须符合事理、事物本质、交易安全、法律原则以及可操作性和实践性。

目的解释的创造性,使法律能适应社会的变迁的需要。前揭"最高法院"关于"民法"第71条禁止规定、"消费者保护法"第7条及"民法"第191条之1损害赔偿的范围,以及著作权能否时效取得的判决,均采目的解释,并详为论证,体现目的解释的功能、台湾地区法学及法律的进步和发展。

第五项 比较法

各国或地区立法例可否作为第1条所称的法源？试说明第18条第2项所称损害赔偿或慰抚金、第195条所称非财产上损害相当金额的赔偿的意义。

一、比较法的功能

各国或地区立法例及判例学说的比较研究,可供发现不同的规范模式及共同的正义观念,得作为立法及法律适用(法律解释、概括条款的具体化及类型化、填补法律漏洞)的参考,深具意义。比较法通常被列入"规范目的"解释方法之内,台湾地区法学所具比较法的特色,特单独予以列出,作为一种解释方法,期能更获重视,并加强在此方面的研究。[①]

英国法院素称保守,但早在1833年,即曾引用法国民法学者Pothier所著"Traité des obligations"(债法论),作为判决资料。德国法学昌盛,世所公认,但其最高法院亦常引述外国立法例作为判决依据。瑞士判例学说更明白承认外国立法例(比较法),得作为补充法律不备的手段。瑞士民法起草人Eugen Huber曾谓:"彼此来往,实为个人生活上所必要。国家民族亦然,不能使民法典的制定成为中国的万里长城。"强调瑞士民法制定以后,绝不可闭关自守,尚需随时吸收外国立法例及判例学说,期能与时俱进,实践其规范机能。

---

① 参见拙著:《比较法与法律之解释适用》,载《民法学说与判例研究》(第二册),北京大学出版社2009年版,第1页;Zweigert/Kötz, Einführung in die Rechtsvergleichung, 3. Aufl., 1996, S. 12 f., 31 f.; Schwenzer/Markus Müller-Chen, Rechtsvergleichung: Fälle und Materialien, 1996.

台湾地区法学研究多参考德、瑞、日等国家或地区立法例及判例学说,作为诠释台湾地区"民法"的重要参考资料①,其主要原因系由于现行"民法"系继受德、瑞、日等国家或地区立法例而制定。近年来,民法的发展渐受美国法的影响,就方法论言,如法律的经济分析的引进;就个别领域言,如侵权行为法之继受产品责任、Wrongful Birth、惩罚性赔偿等。关于特别法,如"动产担保交易法""公平交易法""消费者保护法"及"信托法"等,多继受美国法的制度,如何将之纳入台湾地区现行"民法"的概念及思考方法,融为有机的体系,乃解释适用的一项重大任务。

值得注意的是,实务上亦明白肯定各国或地区立法例得作为法理而适用,1970年台上字第1005号判决谓:"关于第一笔57693元部分(包括砖造围墙)倘确属有益费用,又已因上诉人之增加设施,所借用房屋之价值,显然增加,在'民法'使用借贷一节之内,虽无请求偿还或返还其价值之明文……既不乏得依无因管理或不当得利之法则,请求偿还或返还之规定,则本于诚实信用之原则,似非不可将……立法例视为法理而适用之……"此项见解固值赞同,但若能进一步深入及于各国和地区判例学说,将更具意义。

二、人格权被侵害时的损害赔偿或慰抚金请求权

第18条规定:"人格权受侵害时,得请求法院除去其侵害;有受侵害之虞时,得请求防止之。前项情形,以法律有特别规定者为限,得请求损害赔偿或慰抚金。"所谓"损害赔偿"或"慰抚金"的意义如何,颇滋疑义,有赖比较法的研究,予以澄清。

应先予提出的是,第18条系仿自旧《瑞士民法典》第28条第2项:"人格关系遭受不法侵害者,得诉请除去其侵害。请求损害赔偿(Schadensersatz)或给付慰抚金(Leistung einer Geldsumme als Genugtuung),应以法律有特别规定者为限。"依瑞士民法的用语,所谓Schadensersatz,系指财产

---

① 参见史尚宽:《民法总论》,自序谓:"尽量参照……新著及最近学说判例,综合比较。"史尚宽:《债法总论》,自序谓:"……参照瑞士、德国及法、日诸国关于民法原著,分别探本索源,综合研究。"戴炎辉:《中国亲属法》,自序谓:现行"民法"固曾保存传统,唯因社会生活已经改变,故又采用……大陆法系之思想,及其立法技术。然台湾地区"民法"条文常有欠明了之处,而现今社会环境又与立法当时已有相当距离,故本书常用比较法制之方法,借以阐明法文之本意,并求其能适应时代之潮流。

上损害赔偿,所谓 Leistung einer Geldsumme als Genugtuung,系指非财产损害赔偿而言。

又需注意的是,台湾地区关于侵权行为及损害赔偿制度,原则上系采德国立法例(《德国民法典》第 823 条、第 826 条、第 253 条以下)。台湾地区"民法"第 184 条第 1 项前段规定所称权利应包括人格权,"损害赔偿"兼指财产上损害赔偿及非财产上赔偿。关于损害赔偿方法,则以回复原状为原则、金钱赔偿为例外,而于第 195 条第 1 项规定:"不法侵害他人之身体、健康、名誉、自由、信用、隐私、贞操,或不法侵害其他人格法益而情节重大者,被害人虽非财产上之损害,亦得请求赔偿相当之金额……"(相当于旧《德国民法典》第 253 条第 2 项)。

比较法的观察,可供"发现"问题的所在,借由解释尽量使之纳入现行"民法"的概念体系:

(1)第 18 条第 2 项所称损害赔偿,在瑞士民法上原指财产上损害赔偿,在台湾地区"民法"上则应解释为包括财产上损害及非财产上损害,即故意或过失不法侵害他人的人格权时,被害人就其所受财产上及非财产上损害,均得依第 184 条第 1 项前段规定请求损害赔偿,并依第 213 条规定请求回复原状。如毁人脸容时,应为美容,以除去或减少被害人精神上的痛苦(非财产上损害)。

(2)第 195 条第 1 项所谓,"虽非财产上之损害,亦得请求赔偿相当之金额",乃第 18 条第 2 项所称得请求"慰抚金"。易言之,所谓"慰抚金",其意义同于"对非财产上损害之相当金额的赔偿"。

综合第 18 条第 2 项及第 184 条、第 213 条等规定,可知人格权受侵害时,于法律特别规定的情形,得请求慰抚金(非财产上损害相当金额的赔偿)。唯财产权受侵害时(如数十年日记被毁损灭失)①,纵被害人受有

---

① 司法业务第一期研究会曾提出一则具有启示性之法律问题:"'民法'有关条文所定'虽非财产上损害,亦得请求赔偿相当之金额'与'慰抚金',两者有何不同?讨论意见有二说:甲说认为,'民法'中关于'虽非财产上损害,亦得请求赔偿相当之金额'之规定有第 194 条、第 195 条第 1 项、第 979 条、第 999 条第 2 项、第 1056 条第 2 项;关于'慰抚金'之规定有第 18 条第 2 项。二者之不同,乃前者所得请求赔偿之范围较后者为广,前者包括后者,而后者不能包括前者,故除慰抚金外,当事人间如尚有其他非财产上损害时,亦可请求赔偿。例如被杀受伤,住院治疗时,则除财产上(医药费等)、精神上(慰抚金)损害外,即时间上光阴之浪费亦属非财产上损失,亦得请求赔偿。乙说认为,二者含义相同。研讨结论采甲说。'司法院'第一厅研究意见:同意研讨结论。"关于本件研究意见的评论,参见拙著《时间浪费与非财产上损害之金钱赔偿》,载《民法学说与判例研究》(第七册),北京大学出版社 2009 年版,第 91 页。

精神上痛苦,概无请求慰抚金的余地。

第六项　宪法与民法的解释适用

第一目　宪法与私法

宪法系以基本权利为核心的价值秩序。基本权利系对抗公权力对人民的侵害的防御权,体现于违宪审查制度,释宪机关得为法律违反宪法的审查,适用比例原则(过度禁止),以保障个人尊严、人民的自由权利及社会利益。[①] 基本权利亦具保护功能,使国家负有采取必要措施保护人民权益,维护自由空间,例如完善诉讼救济、强化防范风险的机制,建构年金健康制度等。国家虽有立法形成余地,但应适用低度禁止原则,确保最低保护基准。

基本权利拘束公权力,规范国家与人民的垂直作用关系。关于人民与人民之间的水平关系则适用基本权利的间接效力,即基本权利得经由民法不确定法律概念、概括条款而适用于私法关系(契约、侵权行为、物权关系等),而发生宪法在私法上的适用问题,此乃基于宪法系一种具形成性质的客观秩序,其价值理念应扩散到整个法秩序。基本权利作为法之原则,须具体化适用于私法关系。

基本权利的防御功能在于保护人民不受公权力侵害,民法规定应受违宪性的审查。国家的保护义务作为一种基本权利,应确保人民权益不受侵害(alterum non laedere),保障所有权及婚姻家庭制度,并应让人民得依私法自治原则,经由契约,创设私法上的权利义务关系。

兹综据前述,将宪法与私法的关系图示如下:

[①] 法律的违宪审查,适用四个思考层次:(1)基本权利的保护范围(例如言论自由是否包括商业广告言论)。(2)对基本权利的侵害。(3)对侵害行为的法律限制依据。(4)法律的限制应受比例原则限制(所谓限制的限制)。

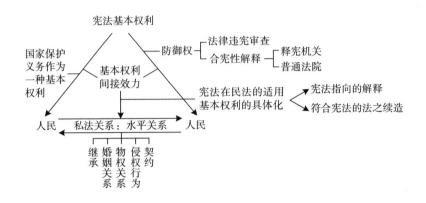

第二目 "民法"的"违宪"审查

法律抵触"宪法"者无效。法律与"宪法"有无抵触产生疑问时,由"司法院"解释之("宪法"第 71 条)。法律包括"民法"在内。关于"民法"及"最高法院"判例及决议的"违宪"审查的"司法院"解释,兹分"合宪"解释、符合"宪法"解释("合宪性"解释)及"违宪"解释,作简要说明(请阅读相关解释文及理由书)。

一、"合宪"解释

1. 私法自治系保障个人生存及自由的基本权利:"司法院"释字第 580 号解释对 20 世纪 60 年代重要的法律"耕地三七五减租条例"若干条文分别作"合宪"或"违宪"解释,认为:基于个人之人格发展自由,个人得自由决定其生活资源之使用、收益及处分,因而得自由与他人为生活资源之交换,是"宪法"于第 15 条保障人们之财产权,于第 22 条保障人们之契约自由。惟因个人生活技能强弱有别,可能导致整体社会生活资源分配过度不均,为求资源之合理分配……自得于不违反"宪法"第 23 条比例原则之范围内,以法律限制人们缔约之自由,进而限制人们财产权。此为大法官第一次肯认契约自由系一种应受"宪法"保障的基本权利。

2. 财产权保障与人格尊严:"司法院"释字第 400 号解释就公用地役关系不予征收的函释,认为:"宪法"第 15 条关于人们财产权应予保障之规定,旨在确保个人依财产之存续状态行使其自由使用、收益及处分之权能,并免于遭受公权力或第三人之侵害,俾能实现个人自由、发展人格及维护尊严。如因公用或其他公益目的之必要……虽得依法征收人们之财产,但应给予相当之补偿,方符"宪法"保障财产权之意旨。

前揭两个解释肯定契约自由及财产权在于维护个人自由生存、人格尊严,对基本权利的价值及其在私法上的实现,具有深远重大的影响。

二、符合"宪法"解释("合宪性"解释)

"合宪性"解释系指某一法律有多种解释时,应作符合"宪法"解释,而不认定其系"违宪"无效。兹举两个"司法院"解释以供参照:

1. 回复名誉适当处分(第195条第1项后段):"民法"第195条第1项规定:"不法侵害他人之身体、健康、名誉、自由、信用、隐私、贞操,或不法侵害其他人格法益而情节重大者,被害人虽非财产上之损害,亦得请求赔偿相当之金额。其名誉被侵害者,并得请求回复名誉之适当处分。""司法院"释字第656号解释谓:"'民法'第195条第1项后段规定:'其名誉被侵害者,并得请求回复名誉之适当处分。'所谓回复名誉之适当处分,如属以判决命加害人公开道歉,而未涉及加害人自我羞辱等损及人性尊严之情事者,即未违背'宪法'第23条比例原则,而不抵触'宪法'对不表意自由之保障。"

2. 不堪同居之虐待(第1052条第1项第3款):"民法"第1052条第1项第3款规定夫妻之一方有以下情形者,他方得向法院请求离婚:"夫妻之一方对他方为不堪同居之虐待。""司法院"释字第372号解释谓:维护人格尊严与确保人身安全,为"宪法"保障人们自由权利之基本理念。增进夫妻情感之和谐,防止家庭暴力之发生,以保护婚姻制度,亦为社会大众所期待。"民法"第1052条第1项第3款所称"不堪同居之虐待",应就具体事件,衡量夫妻之一方受他方虐待所受侵害之严重性,斟酌当事人之教育程度、社会地位及其他情事,是否已危及婚姻关系之维系以为断。若受他方虐待已逾越夫妻通常所能忍受之程度而有侵害人格尊严与人身安全者,即不得谓非受不堪同居之虐待。

三、"违宪"解释

"民法"规定被宣告"违宪"的,多见于亲属法,其主要原因系"民法"制定于1929年,亲属法处于新旧时代交替期间,受限于社会现实及法律观念,未能贯彻男女平等原则及保护未成年人的最佳利益。自1985年

起,共有18次修正,其中因有若干重要规定被宣告"违宪"而为立法检讨,兹举两个"司法院"解释以供参照:

1. 子女获知其血统来源之权利:"司法院"释字第587号解释谓:"子女获知其血统来源,确定其真实父子身份关系,攸关子女之人格权,应受'宪法'保障。'民法'第1063条规定:'妻之受胎,系在婚姻关系存续中者,推定其所生子女为婚生子女。前项推定,夫妻之一方能证明妻非自夫受胎者,得提起否认之诉。但应于知悉子女出生之日起,一年内为之。'系为兼顾身份安定及子女利益而设,惟其得提起否认之诉者仅限于夫妻之一方,子女本身则无独立提起否认之诉之资格,且未顾及子女得独立提起该否认之诉时应有之合理期间及起算日,是上开规定使子女之诉讼权受到不当限制,而不足以维护其人格权益,在此范围内与'宪法'保障人格权及诉讼权之意旨不符。'最高法院'1934年上字第3473号及同院1986年台上字第2071号判例与此意旨不符之部分,应不再援用。""民法"第1063条经修正为:"妻之受胎,系在婚姻关系存续中者,推定其所生子女为婚生子女。前项推定,夫妻之一方或子女能证明子女非为婚生子女者,得提起否认之诉。前项否认之诉,夫妻之一方自知悉该子女非为婚生子女,或子女自知悉其非为婚生子女之时起二年内为之。但子女于未成年时知悉者,仍得于成年后二年内为之。"

2. 同性婚姻:"司法院"释字第748号解释谓:"民法"第四编亲属第二章婚姻规定,未使相同性别二人,得为经营共同生活之目的,成立具有亲密性及排他性之永久结合关系,于此范围内,与"宪法"第22条保障人们婚姻自由及第7条保障人们平等权之意旨有违。有关机关应于本解释公布之日起2年内,依本解释意旨完成相关法律之修正或制定。至于以何种形式达成婚姻自由之平等保护,属立法形成之范围。逾期未完成相关法律之修正或制定者,相同性别二人为成立上开永久结合关系,得依上开婚姻章规定,持二人以上证人签名之书面,向户政机关办理结婚登记。为符合"释宪"意旨,2019年5月22日制定公布"司法院释字第七四八号解释施行法"。

第三目 "宪法"在"民法"上的适用

一、问题提出

"宪法"系一种客观价值秩序,基本权利及其所体现的法律原则得经解释而具体化于"民法"的适用。近年来实务上常引用"宪法"作为裁判的解释方法及论证内容。在一件关于"祭祀公业条例"第5条继承人的解释,"最高法院"2016年台上字第2268号判决谓:"按司法审判机关于行使审判权解释相关法律规定时,应本诸'宪法'保障男女平等意旨,为'合宪性'解释。法律之解释固以法律义义为基石,惟有实现更大法价值之必要时,执法者非不得舍文义解释,而为体系解释或目的解释。前者系以体系之一贯性及融整性,后者则以法规范目的,各为阐述法律疑义之方法。"应予说明的有两个问题:

1. 此之所谓"合宪性"解释,是否同于"释宪"机关所为的符合"宪法"解释?普通法院得否作符合"宪法"解释?

2. "合宪性"解释的性质:体系解释或目的解释?

为更进一步阐述"宪法"在"民法"上的适用,本书尝试采取德国学说上三分法的解释方法①,用于分析台湾地区实务上案例的解释方法及论证结构:

---

① Auer, Marietta, Die primärrechtskonforme Auslegung, in: Neuner, Jörg, Grundrechte und Privatrecht(2007), S.27-54; Canaris, Die verfassungskonforme Auslegung und Rechtsfortbildung im System der juristischen Methodenlehre, in: FS Kramer(2004), S.141-159; ders., Grundrechte und Privatrecht, eine Zwischenbilanz(1999); ders., Grundrechte und Privatrecht, AcP 184(1984), 201-246; Hermes, Georg, Verfassungsrecht und einfaches Recht – Verfassungsgerichtsbarkeit und Fachgerichtsbarkeit, VVDStRL 61(2002), 119-150; Hillgruber, Richterliche Rechtsfortbildung als Verfassungsproblem, JZ 1996, 118-125; Isensee, Josef, Das Grundrecht als Abwehrrecht und staatliche Schutzpflicht, in: HdB Staatsrecht, Bk. IX, 3. Aufl., 2001, §191; Möllers, Ein Vierstufen-System zur Rationalisierung der Grenze zulässiger Rechtsfortbildung, in: FS G. Roth, 2011, S.473-496; Neuner, Die Einwirkung der Grundrechte auf das deutsche Privatrecht, in: ders., Grundrechte und Privatrecht(2007), S.159-176; ders., 60 Jahre Grundgesetz aus der Sicht des Privatrechts, JöR 59 (2011), S.29-58; Ulber, Die Rechtsprechung des Bundesverfassungsgerichts zur Zulässigkeit und Grenzen richterlicher Rechtsfortbildung im Zivilrecht, EuGRZ 2012, 365-377; Wendt, Verfassungsorientierte Gesetzesauslegung, in: FS Würtenberger(2013), S.123-135; Zippelius, Reinhold, Verfassungskonforme Auslegung von Gesetzen, in: FG 25 Jarhe VberfG, Bd. II(1976), S.108-124. 综合简要说明,Möller, Juristische Methodenlehre, S.239 f.

1. "宪法"指向的解释。
2. "合宪性"解释。
3. 符合"宪法"的法之续造。

二、"宪法"指向的解释

(一)概念及功能

"宪法"指向的解释(Verfassungsorientierte Auslegung),系一个尚有争论的解释方法。有认为得纳入"合宪性"解释,但作为一种独立解释,具有重要意义,其功能同于基本权利的第三人效力,即将基本权利(人之尊严、平等原则等)经由"民法"概括条款的解释而适用于私法关系,例如认为银行与受雇人约定结婚即须离职(单身条款),违反"宪法"男女平等原则及工作权的保障,背于公序良俗而无效(第72条)。"宪法"指向的解释具有三个特征:

1. 此种解释系以"宪法"作为衡量的因素,与其他解释方法(文义、历史、体系、目的)并存,不具优先性。

2. 此种解释系将基本权利具体化于私法关系。

3. 此种解释不同于"合宪性"解释,其目的不在于维持法律的效力,而在于使规范最适化(Normoptimierung),实现"宪法"价值,在一般解释方法外,尚应考虑"宪法"的价值及原则(平等原则、契约自由、比例原则、工作权的保障等)。

(二)实务案例

台湾地区实务上引用"宪法"解释"民法"规定,多属所谓"宪法"指向的解释,具有法之适用的意义。兹举三个"最高法院"判决,引述其要旨以供参照:

1. 培训契约与竞业禁止:"最高法院"1998年台上字第43号判决:惟按"宪法"第15条固规定:人们之生存权、工作权及财产权,应予保障。但人们之工作权并非绝对之权利,此观"宪法"第23条之规定自明。演艺人员之经纪人鉴于艺人须长期培训及投资,因而于演艺人员经纪契约约定演艺人员在一定期间内不得从事与其经纪范围相冲突之表演活动之限制,倘未逾越合理之范围,既出于契约当事人之同意,自与"宪法"保障人们工作权之精神不相违背,亦难谓违反其他强制规定,且与公共秩序无关,自非无效。此涉及"民法"第71条、第72条规定的解释适用。

2. 子女返还扶养费契约:"最高法院"2014年台上字第2036号判决:按台湾地区"民法"并非容认个人意思之绝对自由,必在与社会之存在及其发展所必要之一般秩序与吾人立身处世之道理、法则暨社会道德相符,且不反于社会妥当性或正当性之限度内,始容许私法自治之原则。惟"民法"第72条所称之"法律行为,有背于公共秩序或善良风俗者,无效",系指法律行为之标的,亦即法律行为之内容(当事人因该法律行为所欲使其发生之事项),与上开秩序、道理、法则暨社会道德不兼容,显然背离社会之妥当性,或带有反社会性之动机经表现于外而成为法律行为标的之一部,或与其结合之法律行为,有助长反社会行为实现之具体危险,而为相对人有预见之可能者而言。复以"民法"关于"公序良俗"之规定,一为对私法自治之限制;他则系重建契约自由与维护"宪法"基本价值之工具,为落实"公序良俗"所蕴含"宪法"基本权之意涵,凡法律行为涉及生存等基本权之事项,自须兼顾缔约双方处境之优劣及该基本权是否被重大侵害而反于社会性,始得展现其真正意义。因此,审判法院于透过该"公序良俗"之抽象、概括规定,调整当事人之自治领域,检视法律行为是否为无效时,除斟酌法律行为之内容、附随情况、当事人之动机、目的等在该时空环境下,是否符合首揭秩序、道理、法则、道德观念及社会妥当性外,尚应就法律行为之内容涉及生存等基本权者,并将当事人之一方是否在经济、学识、经验等处于严重劣势?及该法律行为之成立,是否将对其基本权造成重大之损害而反于社会性等其他相关因素考量在内,以综合判断之。否则,即难谓有该条所定"法律行为,有背于公共秩序或善良风俗者,无效"之适用。

3. 禁止规定是否为效力规定的认定:"最高法院"2014年台上字第1620号判决:为维持社会秩序、增进公共利益、确保民众福祉及贯彻相关政策,在不违反"宪法"第23条之比例原则下所制定之行政法规,其规范内容倘在禁止当事人为一定行为,而属于"民法"第71条前段所称之"禁止之规定"者,经权衡该规定之立法精神、规范目的及法规之实效性,并斟酌其规范伦理性质之强弱、法益冲突之情形、缔约相对人之期待、信赖保护之利益与交易之安全,暨当事人间之诚信及公平,足认该规定仅在于禁遏当事人为一定行为,而非否认该行为之私法效力时,性质上应仅属取缔规定而非效力规定,当事人间本于自由意思所成立之法律行为,纵违反该项禁止规定,亦仍应赋予私法上之法律效果,以合理兼顾行政管制之目的及契约自由之保护。

三、"合宪性"解释

(一) 意义及功能

"合宪性"解释(Verfassungskonforme Auslegung),通说认为系某一法律有多种解释时,应作符合"宪法"的解释,而不认定其系"违宪"无效,前举释字第 656 号、第 372 号解释,系属此种"合宪性"解释(请再阅读!)。宣告法律"违宪"无效系最后的手段,有疑义时应作"合宪性"解释,以维持法律规范效力(Favor legis)。应说明的有三:

1. 对某一个有"违宪"争议的法律之所以要作"合宪性"解释,其理由为:①"宪法"在法阶层构造上的上位性。②保持法之继续性,避免出现法之真空。③公权力相互间须适用过度禁止原则。④对立法权的尊重。

2. "合宪性"解释是一种体系、目的性的解释。

3. "合宪性"解释对一般法律解释方法具有优先性,不同于"宪法"指向的解释。

(二) 普通法院与"合宪性"解释

1. "合宪性"解释是所有法院的义务

"释宪机关"对"违宪"的法律应作"合宪性"解释,以维持法律效力。普通法院对其所适用的法律亦有作"合宪性"解释的权利和义务。"宪法诉讼法"第 55 条规定:各法院就其审理之案件,对裁判上所应适用之法律位阶法规范,依其合理确信,认有抵触"宪法",且于该案件之裁判结果有直接影响者,得申请宪法法庭为宣告"违宪"之判决。法院在申请"释宪"前,亦应对该有抵触"宪法"疑义的法律作"合宪性"解释。

2. "最高法院"2016 年台上字第 2268 号判决:"祭祀公业条例"第 5 条继承人的解释适用

"最高法院"2016 年台上字第 2268 号判决认为:"按司法审判机关于行使审判权解释相关法律规定时,应本诸'宪法'保障男女平等意旨,为'合宪性'解释。法律之解释固以法律文义为基石,惟有实现更大法价值之必要时,执法者非不得舍文义解释,而为体系解释或目的解释。前者系以体系之一贯性及融整性,后者则以法规范目的,各为阐述法律疑义之方法。"这段简洁的判决理由,含有深刻值得阐释的法学方法的观点,值得重视。

(1)问题争点

本件判决所涉及的问题是,"祭祀公业条例"第 5 条规定:本条例施行后,祭祀公业及祭祀公业法人之派下员发生继承事实时,其继承人应以共同承担祭祀者列为派下员。诉讼之争点在于本条所称祭祀公业之派下员死亡,无配偶及直系亲属时,得否以仅留的母亲(遗妻)视为继承人?"最高法院"以前揭判决理由,采肯定见解。

(2)"合宪性"解释或"宪法"指向解释?

①普通法院得作"合宪性"解释的肯定

"最高法院"在前揭判决肯定普通法院解释法律时,得作"合宪性"解释,其见解应值赞同,盖如前所述,基于法秩序的统一性及"合宪性"解释维持法规范的功能,普通法院就其所适用法律亦应有作"合宪性"解释的权利和义务。

②本件判决是否为"合宪性"解释?

本件判决是否为"合宪性"解释?涉及"合宪性"解释的概念。广义言之,"合宪性"解释得包括所有依据"宪法"而为的解释。但向来"合宪性"解释系专指对具有"违宪"疑义的法律,作维持其效力之符合"宪法"的解释。就此意义而言,本件判决所谓"合宪性"解释,似非属固有意义的"合宪性"解释,因为"祭祀公业条例"第 5 条规定之继承人本身并无"违宪"疑义,无须作"合宪性"解释。其所涉及的系前述"'宪法'指向的解释"。

(3)解释方法的共同协力

为阐述"祭祀公业条例"第 5 条所谓继承人于包括祭祀公业之派下员死亡,无配偶及直系血亲卑亲属时,得否包括仅留的母亲(遗妻)的疑义,"最高法院"认为执法者得舍文义解释,采体系解释(体系之一贯性及整体性)及目的解释(规范目的),尤其是所谓"合宪性"解释("宪法"指向的解释),以实现更大的法之价值(Normoptimierung,规范最适化),而采肯定见解,深具法学方法的意义,特以下图显明其论证内容的构造。再要强调的是,论证是法之适用的核心,也是法律学习的重点:

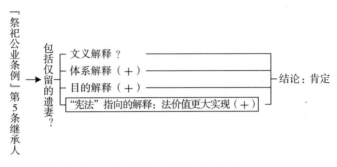

（三）大法官"合宪性"解释在私法上的适用

"司法院"大法官就"民法"若干重要规定作"合宪性"解释，例如"民法"第 195 条第 1 项后段的回复名誉的适当处分（登报道歉，释字第 656 号解释）、"民法"第 1052 条第 1 项第 3 款不堪同居之虐待作为离婚理由（释字第 372 号解释），前已说明。此等大法官符合"宪法"的法律解释，有待于普通法院在具体案件予以解释适用，实现"宪法"意旨，敬请参照相关条文的解释适用，暂不详述。

四、符合"宪法"的法之续造

法之适用分为法律解释与法之续造，法之续造包括制定法之续造（法律漏洞与类推适用）及超越制定法的续造。为贯彻"宪法"的价值及原则而为法之续造，称为符合"宪法"的法之续造（verfassungskonforme Rechtsfortbildung）。兹就人格权保护及言论自由、死者人格权的保护加以说明。

（一）人格权保护及言论自由

人格权及言论自由系同受"宪法"保障的基本权利。言论侵害人格权时，如何衡量调和，"司法院"释字就"刑法"第 310 条关于诽谤罪规定是否"违宪"的争议，采"合宪性"解释，于"刑法"第 310 条第 3 项本文、第 311 条所定事由外，增设有相当理由确信真实或合理查证，作为侵害名誉权之阻却违法事由。关于侵权行为，"最高法院"强调为维持法秩序之统一性，贯彻法律规范价值判断的一致性，关于行为人之民事责任，"民法"并未规定如何调和名誉保护及言论自由，固除仍应适用侵权行为一般原则及释字第 509 号解释创设之合理查证义务外，上述"刑法"阻却违法规定，亦应得类推适用（"最高法院"2017 年台上字第 777 号、2015 年台上字第 2365 号）。将释字第 509 号解释的合理查证义务、"刑法"第 311 条违法阻却规定类推适用于民事侵权责任,在方法论上可认系符合"宪法"的法之续造。①

(二)死者人格权的保护

人格权系受"宪法"保障的基本权利,并受侵权行为法的保护,此系以生存者的人格权为对象,对死者人格权的保护,"民法"未设规定。由于社会变动、科技进步、传播事业发达、企业竞争,常发生利用他人(包括死者)姓名、肖像等人格特征于商业活动的情形,从而产生一定的经济效益。"最高法院"2015年台上字第1407号判决认为此种人格特征已非单纯享有精神利益,实际上亦有其经济利益,而具财产权之性质,应受保障。人之权利能力终于死亡,其权利义务因死亡而开始继承,由继承人承受。故人格特征主体死亡后,其人格特征倘有产生一定之经济利益,该人格特征使用之权利尚非不得由其继承人继承,而无任由第三人无端使用以获取私利之理。被害人的继承人得请求此种经济利益的损害赔偿。"最高法院"见解在方法论上可认系符合"宪法"保障人格权在侵权行为法的法之续造。关于此项保护死者人格权财产利益的重大法律原则的创设与发展,实有深入研究的必要。②

五、私法"宪法化"与"民法"的发展

"宪法"基本权利的价值体系经由"释宪"机关("司法院")的"违宪"审查制度(包括"合宪"解释、符合"宪法"解释及"违宪"解释)及普通法院的适用,放射扩大于整个私法秩序,具体化于民事案件。"宪法"在私法上的适用,可分为"宪法"指向的解释、普通法院的"合宪性"解释,及符合"宪法"的法之续造,将"宪法"的价值及原则实践于私法关系,包括肯定私法自治是一种基本权利,强调财产权体现人格尊严,创设调和言论自由与名誉权冲突的机制,强化死者人格权(精神利益及财产利益)的保护,及实现民法上两性平等原则等。此种过程可称为私法的"宪法化"(constitutionalization of private law),深远重大地影响了台湾地区"民法"的进步发展及现代化。

---

① 拙著:《人格权法》,北京大学出版社2013年版,第313页。
② 拙著:《人格权法》,北京大学出版社2013年版,第52页。

第四款　法律解释的客观性①

一、问题的提出

法律解释的目的有主观说与客观说的争议,解释方法(因素、标准)又有多种,并须顾及社会发展及价值变迁。就第 190 条言,关于何谓动物"占有人",竟有多达五种不同的见解。在法律教科书上,最常见之一句话是:"关于此项问题,学说不一,有人认为……有人认为……有人认为……至有争论,依余所信,应以后说为是,盖……也。"②学习法律之人对此模式,皆耳熟能详,并多能在撰写研究报告或考试之际,广泛运用。然而此实蕴含着法律解释两个基本问题:

1. 为何关于某项问题,众说纷纭,莫衷一是？如何认定某说可采,某说不可采,其判断标准何在？

2. 如何达成法律解释客观性？

二、解释方法的位阶关系及共同协力

关于某个问题,之所以众说纷纭,其主要原因之一,系由于法律解释方法的多样化,而每一种解释方法,又可为不同的诠释,学者各执一端,致生歧义,如关于悬赏广告的法律性质,采体系解释者,认为系属契约,采文义、立法史及比较法解释者,认为系属单独行为。关于第 246 条所谓"不能之给付",采体系解释者,强调仅须区别自始不能及嗣后不能即可,故自

---

① Brustin, Über die Objektivität der Rechtssprechung, 1949; Larenz/Canaris, Methodenlehre der Rechtswissenschft, 3. Aufl., 1995, S. 168; Andrei Marmor(ed.), Law and Interpretation: Essays in Legal Philosophy, Claredenon Press, 1995; R. Posner 原著 The Problems of Jurisprudence,1990,苏力译:《法理学问题》,中国政法大学出版社 1994 年版,第九章"成文法解释中的客观性"。

② 其他类似语句有:"对于此项问题,学者意见极不一致,计有三说,甲说认为……乙说认为……丙说认为……余赞成甲说,其理由有五……"第 221 条规定:"债务人为无行为能力人或限制行为能力人者,其责任依一百八十七条之规定定之。"郑玉波先生谓:"唯第 187 条共有 4 项,甲说认为可以全部适用(史,345 页)。乙说认为除该条第 4 项之规定外,余则全部适用(李,53 页)。丙说认为除该条第 1 项及第 2 项关于法定代理人责任之规定外,余者均能适用(王,157 页)。丁说认为只适用该条第 1 项之一部分(即债务人为无行为能力人或限制行为能力人者,以行为时有识别能力为限,就故意或过失负责任,如行为时无识别能力,则其行为为一种事变,不负何等责任),至有关法定代理人责任之规定,则不能一并适用(洪,223 页)。……本书认为第 187 条各项于此应全部适用,其理由如左……"(《民法债编总论》,第 269 页)。关于此项问题,参见拙著:《未成年子女之财产、父母及第三人》,载《民法学说与判例研究》(第三册),北京大学出版社 2009 年版,第 116 页。

始不能应兼括客观不能及主观不能；采历史解释、比较法解释及法律目的解释者，认为应仅指自始客观不能而言，不包括主观不能在内。关于第190条所谓动物"占有人"，采文义解释者，认为应包括直接占有人及间接占有人；采比较法解释者认为应限于为自己之经济上、娱乐上或运动上而使用该动物之人；采立法目的解释者则认为应指直接占有人及占有辅助人而言，但不包括间接占有人在内。

此种"见解不一，众说纷纭"现象，严重影响法律适用的安定性。法学方法论上面临一个重要的问题，即各种解释方法相互间是否具有某种位阶关系（Rangverhältnis），可据以决定各种解释方法的优先次序？①

对此问题，笔者采取一种折中的立场，既不认为各种解释方法具有一种固定不变的位阶关系；但亦不认为解释者可任意选择一种解释方法，以支持其论点。法律解释是一个以法律意旨为主导的思维过程；每一种解释方法各具功能，但亦受有限制，并非绝对；每一种解释方法的分量，虽有不同，但须相互补足，共同协力，始能获致合理结果，而在个案中妥当调和当事人利益，贯彻正义的理念。兹综合说明之：

（1）文义是解释的基石，唯概念用语具多义性。如第190条所谓动物"占有人"是否包括间接占有人或占有辅助人；第194条所谓"子女"，是否包括非婚生子女；第246条所谓"不能之给付"，是否仅指客观不能，就文义言均难断言。此际，须再进一步使用其他解释方法加以阐明。

（2）历史解释有助于探讨法律规范意旨。法律解释应尊重立法者所作的价值判断。惟台湾地区民法历次草案及现行法的立法理由书，未臻详尽，历史解释的方法甚受限制，例如关于第190条所称动物"占有人"，第194条所称"子女"，究何所指，于立法理由书均未作说明，无法采为解释的参考。

（3）体系解释主要功能，在于依法律体系上关联去探求法律规范意义，并维护法秩序的统一性。法律外在体系在法解释学上的价值，不宜过分高估，而以之作为唯一或主要依据。例如不能径以物权法上占有的概念解释第190条动物"占有人"，而认为其包括间接占有人，或不包括占有

---

① 参见 Engisch, Einführung in das juristische Denken, 9. Aufl., 1997, S. 82; Esser, Vorverständnis und Methodenauswahl in der Rechtsfindung, S. 122 f.; Kriele, Theorie der Rechtsgewinnung, 1967; Larenz/Canaris, Methodenlehre der Rechtswissenschaft, S. 163 f.

辅助人;不能以亲属编不认生父与非婚生子女具有亲子关系,而径谓:第194条所称"子女"不包括非婚生子女在内;不能以第211条仅区别自始不能及嗣后不能,而径认定第246条所谓"不能之给付",亦无区别客观不能及主观不能的必要;不能以代理权授与系规定于债编债之发生契约款内为理由,而据以认定其为债之发生原因,此乃拘泥于法律外在形式,而忽略其实质内容。

(4)比较法对于现行"民法"的解释,具有特殊意义,现行"民法"上若干重要争议问题常可借比较法加以澄清。唯应注意的是,各立法例既经继受成为台湾地区法律,应就台湾地区整体法律秩序及社会经济需要而认定其规范意义。

(5)法律文义上的疑义,倘不能依法律体系、立法理由或比较法解释予以完全澄清时,须再进一步探求立法目的。如第190条之立法目的,在使对动物有事实上管领力之人,负损害赔偿责任,故所谓动物"占有人",应解为除直接占有人外,尚兼指占有辅助人,但不包括间接占有人在内。又第194条之立法目的,在使与死者具有特殊密切关系者所遭受精神上之痛苦,获得慰藉,故其所称子女应依自然血统,从宽解为包括非婚生子女在内。

法律文义的疑义,已经由体系、立法理由或比较法解释初告澄清时,仍须依法律规范目的加以检查、确定。如关于第246条所谓"不能之给付",经依立法理由及比较法解释,已可初步认为系指客观不能而言,并未包括主观不能在内,更可依立法目的再为肯定,以尽量维持契约的效力及保护相对人的利益。由是可知,立法目的解释,在法律解释方法中实居于决定性地位。德国学者Oertmann谓:"立法目的之探求,启开疑义之钥匙也。"①实属至理名言。

(6)符合"宪法"解释系属体系解释,唯亦可作为目的解释之一种,无论如何,其于法律方法上解释居于优越地位,期能实现基本权利的价值,此于不确定法律概念及概括条款的具体化,特为重要,俟于下文再行说明。

最后须强调的是,法律之目的,终极言之,系在实现正义,法律解释的各种方法乃实践正义的手段或途径。诚如Savigny所言,文义、逻辑、历史、体系诸因素,不是四种解释,可凭己好任意选择,而是不同的活动,必须结

---

① Oertmann, Interesse und Begriff in der Rechtswissenschaft, 1931, S. 12.

合,使解释臻于完善。① 各种解释方法具有协力的关系,乃属一种互相支持、补充,彼此质疑,阐明的论辩过程。法律文义有疑义时,得依法律体系关联、立法资料予以澄清。有多种解释可能性时得借比较法的规范模式、法律规范目的,排除或肯定某种解释。解释方法不必然能保障结论的正确,但确可减少个人判断的主观性。切勿任意选择一种解释方法作为论证的依据,而应以实现正义为指标,就各种解释方法作通盘性的思考检讨。

三、案例研究

(一)"民法"第194条规定的子女

第194条规定:"不法侵害他人致死者,被害人之父、母、子、女及配偶,虽非财产上之损害,亦得请求赔偿相当之金额。"其所谓"子、女"是否包括非婚生子女,尚有疑问。惟应采肯定说。就法律体系言,"民法"亲属编所称子女指婚生子女及养子女而言,其范围并不及于非婚生子女。惟本条所规定的,不是亲子间的权利义务,而是侵害生命权时,对与被害人具有一定血统关系者所受精神上痛苦的赔偿问题。依此规范目的,所谓子女,应从宽解释为包括与被害人具有血统关系的非婚生子女。此项解释亦在实践平等原则,生父遭人不法致死,其子女就所受精神上痛苦请求慰抚金,不应因婚生与否而有所区别②,在比较法上,瑞士及日本判例亦同此见解③。德国法未设同于"民法"第194条的规定。综合衡量各种解释方法的协力关系,应认第194条之子女包括非婚生子女,图示如下:

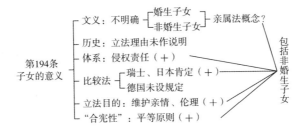

---

① 引自 Engisch, Einführung in das juristische Denken, 9. Aufl., 1997, S.99. Engisch 认为 Savigny 系以巧妙的用语掩盖了问题的困难(S.99)。
② 参见史尚宽:《债法总论》,第204页:"子女包括养子女及非婚生子女。"
③ "民法"第194条仿自《瑞士债务法》第47条,瑞士通说亦认包括非婚生子女,BGE 37 II 468/469; Oftinger, Schweizerisches Haftpflichtrecht, 4. Aufl., 1975, S. 234. 日本实务亦采肯定说,参见〔日〕前田达明:《不法行为法》,1980年版,第283页。

(二)"民法"第246条规定的不能之给付

第246条第1项规定:"以不能之给付为契约标的者,其契约为无效……"按给付不能分为自始不能与嗣后不能,第211条设有明文。所谓给付不能,依其文义及体系指自始给付不能而言。关于给付不能,通说分为客观不能及主观不能,本条所指给付不能究指何而言,文义上未臻明确,然立法理由谓:"谨按'民律草案'第513条及第517条谓当事人,得自由以契约订定债务关系之内容,而其标的,则以可能给付为必要。故以客观之不能给付(不问其为相对的不能或绝对的不能)为标的之契约,法律上认为无效,所以防无益之争议也。但系主观之不能给付,其契约仍应认为有效,使债务人负损害赔偿之责,此无待明文规定也。"又本条系仿自旧《德国民法典》第306条规定,其所谓给付不能(Unmöglichkeit)亦系指客观不能,德国判例学说均持同一见解。再者,将契约的无效,限于客观不能,尽量维持契约效力,有助于维护私法自治,并使于主观给付不能时,债权人得依债务不履行规定请求损害赔偿。①

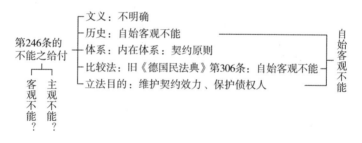

(三)"祭祀公业条例"第5条规定的继承人

"祭祀公业条例"第5条规定:"本条例施行后,祭祀公业及祭祀公业法人之派下员发生继承事实时,其继承人应以共同承担祭祀者列为派下员。"本条所称继承人是否包括死亡者之遗妻,是否须限于无直系血亲的情形?对此争议问题,"最高法院"2016年台上字第2268号判决谓:"按司法审判机关于行使审判权解释相关法律规定时,应本诸'宪法'保障男

---

① 参见拙著:《给付不能》,载《民法学说与判例研究》(第一册),北京大学出版社2009年版,第233页。孙森焱:《论所谓自始主观不能》,载《当代法学名家论文集》,法学丛刊社1996年发行,第315页,对此见解,提出强力的批评,可见,法律解释方法的多元性难以达成解释结果的客观性。唯需注意的是,"最高法院"亦认为第246条第1项所称不能之给付,系属自始客观不能[参照1976年第9次民事庭庭推总会决议(二)]。

女平等意旨,为'合宪性'解释。法律之解释固以法律文义为基石,惟有实现更大法价值之必要时,执法者非不得舍文义解释,而为体系解释或目的解释。前者系以体系之一贯性及融整性,后者则以法规范目的,各为阐述法律疑义之方法。'祭祀公业条例'(下称本条例)施行前已存在之祭祀公业,其派下员依规约定之。无规约或规约未规定者,派下员为设立人及其男系子孙(含养子)。本条例第四条第一项定有明文。其后段规定以性别作为认定派下员之分类标准,而形成差别待遇,经'司法院'大法官会议释字第728号解释为'违宪'警告之宣告,要求有关机关应与时俱进,于兼顾……对女性积极保护义务之意旨及法安定性原则,视社会变迁与祭祀公业功能调整之情形,就相关规定适时检讨修正,俾能更符性别平等原则与'宪法'保障……结社自由、财产权及契约自由之意旨。依本条例第一条:'为祭祀祖先发扬孝道,延续宗族传统及健全祭祀公业土地地籍管理,促进土地利用,增进公共利益,特制定本条例。'之规定,足认本条例系以祭祀祖先发扬孝道,为立法目的之一,因而于解释本条例第五条所定:'本条例施行后,祭祀公业及祭祀公业法人之派下员发生继承事实时,其继承人应以共同承担祭祀者列为派下员。'之'继承人'时,应依本条例之立法目的——即以是否为'共同承担祭祀者'为判定标准,而与分属不同法体系,纯以财产继承为目的之'民法'继承编第1138条规定之遗产继承人有所不同。且祭祀公业之本质及存在目的,仍以祭祀为主,使祖先血食不断,故祭祀者以有血缘关系为原则。本条例施行前,'祭祀公业派下员之男子死亡后,无直系卑亲属者,其遗妻并非当然继承其派下权,但经亲属协议选定为继承人者,继承其派下权'(见'法务部'编印台湾民事习惯调查报告,2004年5月版,798页),足认遗妻虽无血缘存在,但于传统上,可经亲属会议选定为继承人而继承派下权,已非不得为派下员。本条例施行后,既须兼顾……对女性之积极保护义务,参以祭祀公业系以祭祀祖先发扬孝道、延续宗族传统为宗旨,而……遗妻替代死亡一方尽其孝道,且共同承担祭祀祖先责任,向为美德为人颂扬,本于法伦理性,自应认该遗妻为本条例第五条所称之'继承人',而得继承派下权,且不以无直系血亲卑亲属为限。至祭祀公业之派下员死亡,无配偶及直系血亲卑亲属,仅遗母亲为其继承人,并共同承担祭祀祖先责任者,本于相同意旨,亦应为同一解释。查第一审原告侯○锺、侯○霖、侯○英、侯○乡、侯○在分别于第一、二审审理中死亡,原审准其继承人即侯〇锺之母侯黄〇丽承受诉讼,准侯〇霖、侯〇英、侯〇乡、侯〇在之配偶依序为侯徐〇卿、王〇凤、侯叶〇梅、吕〇周与其余子女共同承受诉讼,尚无不合。"

之所以摘录本件判决的理由,在于祭祀公业是最具台湾特色的制度,原为习惯法,于制定"祭祀公业条例"后,仍多争议有待经由解释加以阐明。更重要的是本件判决在法律解释方法论的启示性。本件判决提出了"合宪性"解释、文义解释、目的解释(实际上也使用了历史解释),强调法律解释应以法律文义为基石,惟有实现更大的法之价值之必要时,执法者非不得舍文义解释,而为体系解释(体系之一贯性及整体性)或目的解释(法规范目的),此应就具体个案而为判断。就本件言,"最高法院"系兼采"合宪"解释、体系解释(内在体系)及目的解释(请阅读判决理由),认为"祭祀公业条例"第5条所称之继承人包括死者的遗妻,并不以无直系血亲亲属为限。本件判决凸显了法学方法论的意识、论证的密度和质量。

第五款　不确定法律概念及概括条款①

一、机能及遁入

"民法"使用甚多带有价值、不确定的规范性概念,如重大事由(第489条、第976条第1项第7款)、显失公平(第74条)、不堪同居之虐待(第1052条第1项第3款)。此外,尚有概括条款,如法律行为违反公序良俗者,无效(第72条);行使权利、履行义务,应依诚实及信用方法(第148条第2项);故意以背于善良风俗之方法加损害于他人,应负损害赔偿责任(第184条第1项后段)。

不确定法律概念,尤其是概括条款,涉及立法及司法、法官与法律的关系。就立法及司法的关系言,概括条款系留给司法者造法空间,在某个

---

① 关于不确定之法律概念的分类及区别,尤其是不确定法律概念与概括条款的关系,参见秦季芳:《概括条款之研究》,台大法律研究所1994年硕士论文。关于行政法上之问题,参见翁岳生:《论"不确定法律概念"与行政裁量之关系》,载《行政法与现代法治国家》,第37页以下。德文资料,参见 Engisch, Einführung in das juristische Denken, 9. Aufl., 1997. S. 106 f; Weber, Einige Gedanken zur Konkretiesierung von Generalklauseln durch Fallgruppen, Acp 192(1992), 516.

意义上,可以说是"预先设计的法律对特殊案件个别性的让步"(授权功能)。① 使法律运用灵活,顾及个案,适应社会发展,并引进变迁中的伦理观念,使法律能与时俱进,实践其规范功能(弹性功能)。使法律的适用更能接近社会事实,与法律外的规范体系建立更密切的互动关系,并使"宪法"上的基本权利、法律原则得经由概括条款进入法律之内,使基本权利构成多元社会价值理念的最少共识(继受功能)。就法官与法律的关系言,概括条款使法官更能创造性地参与法律的适用,实践个案正义(法之续造功能)。

值得警惕的是,概括条款亦可能带来三个"遁入"而造成"危机"②:

(1)立法的遁入,即立法者不作必要的利益衡量及探究判断基准,径采概括条款的立法方式。

(2)司法的遁入,即于法律适用时,法官不探寻、发现具体规范,径以概括条款作为请求权基础。③

(3)法律思维的遁入,即思考法律问题时,不穷尽解释适用或类推适用的论证,径以概括条款作为依据。

前述三种概括条款的遁入,应予必要的克制,否则将使法律制度、法律适用及法律思维松懈或软化。

二、具体化的理念

概括条款没有所谓的概念核心,除借助解释方法外,更须加以具体化,始能在个案中加以适用。法的具体化,指法之实现的过程,诚如德国法学家耶林所云:"法的生命就在于其自我实践,此乃生活与法的真理的实现。法的价值,不是纸上正义,而是法本身实践于生活之中";"具体之法不单是接受抽象之法的生命与力量,而是将之回归于生活。法的本质在于实际的实现"。④

法的实现是一种动态的流程,而非单纯静态的结构模式,最高的阶层

---

① Henkel, Recht und Individulaität, 1958, S. 37: „Die Kapitulation des vorausplanenden Gesetzes vor der Individualität des ungewöhnlichen Falls."

② Hedemann, Die Flucht in die Generalklauseln, 1933.

③ 参见拙著:《出售之土地被征收时之危险负担、不当得利及代偿请求权》,载《民法学说与判例研究》(第六册),北京大学出版社2009年版,第76页。

④ Jhering, Geist des römischen Rechts, Ⅱ/2, 2. Aufl., 1869, S. 306.

为法律原则(Rechtsprinzipien),此为普遍的、超乎实证的原理,如人性尊严原则、个人自主及自己责任原则。第二阶层是制定法,包括"宪法"及法律,在"次法律原则"(Unterprinzipen)(如比例原则、诚实信用、信赖原则等)上具体形成具有法律要件及效果的规范。最低层则为法院的判决。法的实现乃是一个基于法之理念,经由制定法,而在法院判决中实践的具体化过程。① 法院于适用法律时,须实现"宪法"的关于基本权利的价值体系,前已于"宪法"基本权利之第三人效力及符合"宪法"解释加以说明,再举一例补充之。

第1052条第1项第3款规定不堪同居的虐待,为裁判离婚原因之一。"司法院"大法官释字第372号解释谓:维护人格尊严与确保人身安全,为"宪法"保障民众自由权利之基本理念。增进夫妻情感之和谐,防止家庭暴力之发生,以保护婚姻制度,亦为社会大众所期待。第1052条第1项第3款所称"不堪同居之虐待",应就具体事件,衡量夫妻之一方受他方虐待所受侵害之严重性,斟酌当事人之教育程度、社会地位及其他情事,以是否已危及婚姻关系之维系为断。若受他方虐待已逾越夫妻通常所能忍受之程度,而有侵害人格尊严与人身安全者,即不得谓非受不堪同居之虐待。此应于个案,依"宪法"维护人格尊严与确保人身安全的原则,予以具体化。

三、具体化的价值判断

规范性概念的适用,具有一项特色,即须于个案依价值判断予以具体化。故此类规范性的概念又称为须具体化,或须价值补充的概念。具体化的价值判断,应参酌社会上可探知、认识的客观伦理秩序及公平正义原则,期能适应社会经济发展及道德价值观念的变迁。兹举一例阐述之:甲男与乙女订婚,其后甲男发现乙女于订婚前已与他人有性关系时,得否请求解除婚约?

第976条第1项第7款规定,婚约当事人之一方,有第1款至第6款

---

① 法之实现(Rechtsverwirklichung)及关于具体化的理念及其实践,参见 Engisch, Die Idee der Konkretisierung in Recht und Rechtswissenschaft unserer Zeit, 1953, 2. Aufl., 1968;法哲学上的分析,Arthur Kaufmann, Analogie und Natur der Sache, 2. Aufl., 1982;吴从周译:《类推与"事物本质"——兼论类型理论》;在"宪法"上的运用,Müller, Juristische Methodik, 6. Aufl., 1995. 参见张嘉尹:《"宪法"解释理论之研究》,台大法律研究所1992年硕士论文。

以外之"其他重大事由"者,他方得解除婚约。问题在于乙女订婚前与他人有性关系,是否为"其他重大事由"。"最高法院"采否定说,1980年台上字第489号判决谓:"第查被上诉人拒不履行婚约,无非以上诉人已非处女……为论据。唯上诉人谓其童贞为被上诉人所夺取,初未承认曾与他人发生性关系,被上诉人又自认曾与上诉人外出同游,并拟云雨巫山,其谓上诉人告知已非清白之身躯,复为上诉人所否认,是上诉人之童贞,是否为被上诉人所取,尚非毫无疑问。即令上诉人于订婚前已非处女,而衡诸现代社会一般观念,能否合于第976条第1项第7款所谓重大事由,亦非无推求之余地。"

本判决的重要意义在于"最高法院"认为衡诸现代社会一般观念,订婚前已非处女,非为第976条第1项第7款所谓重大事由。易言之,"重大事由"此项不确定规范性概念,因社会婚姻观念及性道德的变迁,须重新加以认定。所谓现代社会一般观念,乃指社会通念而言,在法学方法上应强调的是,法官对于社会通念首须客观地加以认识,再依评价加以确认。不确定法律概念或概括条款的具体化,较诸法律解释,更属结合认识与意志的行为。

四、案例比较类型化

依不确定法律概念或概括条款而具体化的个别案例,可以作为其他正待处理案件的比较基础(Fallvergleichung,案例比较),建立类型(Typisierung)。① 为此,判例的分析整理及归类最属重要。如第179条规定:"无法律上之原因而受利益,致他人受损害者,应返还其利益……"其所谓"无法律上之原因"亦属不确定概念,台湾地区学者多采统一说,其所提出之认定标准,或过于抽象(如公平、正义),难以捉摸,或过于狭隘(如债权),不足概括,故应采非统一说类型化,区别给付不当得利与非给付不当得利,"最高法院"数十年来丰富之判决资料,可作为组成类型的材料。②

第148条第2项规定:"行使权利,履行义务,应依诚实及信用方法。"

---

① Larenz/Canaris, Methodenlehre der Rechtswissenschaft, 3. Aufl., 1995, S. 113; Zippelius, Juristische Methodenlehre, 6. Aufl., 1994, S. 65 f.

② 参见拙著:《不当得利》(第二版),北京大学出版社2015年版,第32页。

系实务上最属重要的概括条款,德国学者 Hedemann 甚至称之为帝王条款(Königparagraph)。本条的适用可归为三类:

(1)对权利义务的具体化,尤其是作为建立从义务(附随义务)的依据。

(2)对权利行使的限制。

(3)对法律行为内容的控制。

在每一个基本类型之下,可再分类,如关于权利行使之限制,可再分为权利滥用、权利失效等次级类型。每个基本类型及次级类型各有其构成要件及指导原则,故于具体案件,可依其该当类型而为认定,不必直接诉诸抽象的诚实信用原则,有助于减少思考论证的负担,促进法律适用的安定,并实践相同者应为相同处理的平等原则。例如某甲受雇于乙,不慎泄露乙在营业上的秘密,按其情节可认为系属第 489 条所谓"重大事由",纵定有期限,乙仍得于期限届满前终止其雇佣契约。乙明知其事,但不为终止的表示,并因甲工作优异,数度升迁其职位。于半年后甲因细故触犯于乙,乙即以半年前曾泄露营业秘密为理由而终止契约。问题在于此项终止契约权利之行使是否违反诚实信用原则。

如何将诚实信用原则在此个案中予以具体化,实属不易。"最高法院"曾依诚实信用原则创设权利失效(Verwirkung)的理论,于 1972 年台上字第 2400 号判决谓:"土地出租人明知承租人转租行为无效,本得请求收回土地,但长期沉默未为主张,且每隔 6 年仍与承租人换订租约一次,似此行为,显已引起上诉人之正当信任,以为被上诉人当不欲使其履行义务,而今忽贯彻其请求权之行使,致令上诉人陷于窘境,其有违背诚实信用原则,尤为明显。"此项权利失效理论可供处理上述乙对甲终止契约的案例,认为乙于甲不慎泄露营业秘密已届半年,未为终止契约之表示,并因工作成绩优异,数度升迁其职位,似此行为,显已引起甲之正当信任,以为乙当不欲行使其终止契约的权利,而今忽贯彻其终止契约权的行使,致甲陷于窘境,其权利之行使有违诚实信用原则。由是观之,就概括条款或不确定法律概念加以具体化、类型化,对法律适用的安定性及法律的进步与发展,助益甚巨,实为民法学研究的重大课题。

关于权利失效的适用,"最高法院"有三则判决,可供参照:

(1)规范功能("最高法院"2013 年台上字第 1766 号判决):"权利失效系源于诚信原则,如权利人怠于行使权利确悖于诚信原则,其主观上对权利存否之认识,则非所问。再消灭时效系因一定期间权利之不行使,使其请求权归于消灭之制度;而权利失效理论之运用旨在填补时效期间内,权利人不符诚信原则之前后矛盾行为规范上之不足,以避免权利人权利长久不行使所生法秩序不安定之缺漏,两者之功能、构成要件及法律效果均有不同。"

(2) 要件和范围("最高法院"2013年台上字第1732号判决):"行使权利,履行义务,应依诚实及信用方法,'民法'第148条第2项定有明文。上开规定,依'劳基法'第1条第1项后段规定,对于该法所规范之事件,亦有其适用。而权利人就其已可行使之权利,在相当期间内一再不为行使,并因其行为造成特殊情况,足以引起义务人之正当信任,以为权利人已不欲行使其权利,经斟酌该权利之性质,法律行为之种类,当事人间之关系,社会经济情况,时空背景之变化及其他主客观因素,如可认为权利人在长期不行使其权利后忽又出而行使权利,足以令义务人陷入窘境,有违事件之公平及个案之正义时,本于诚信原则所发展出之法律伦理(权利失效)原则,应认此际权利人所行使之权利有违诚信原则,其权利应受到限制而不得再为行使。因此,该源于诚信原则之权利失效原则,于劳工事件,参照'民法'第148条于1982年1月4日修正时,特于增列第2项之立法理由揭明'诚信原则,应适用于任何权利之行使及义务之履行'之意旨,亦在适用之列。"

(3) 审慎适用("最高法院"2014年台上字第854号判决):"权利失效理论既系针对时效期间内,权利人不符诚信原则之前后矛盾行为规范上之不足,用以填补权利人长久不行使权利所生法秩序不安定之缺漏,剥夺其权利之行使,故在适用上尤应慎重,以免造成时效制度之空洞化。"

权利失效是诚实信用原则的次原则,其理论的形成及具体化有重要法学方法上的意义。诚如法哲学家 Kaufmann 所指出:"所有的法学思维,其核心在于类推的性质……也就是案例比较的性质。"[1]兹综据前述,以权利失效为例,借下列图示显明概括条款的适用过程:

---

[1] Kaufmann, Das Verfahren der Rechtsgewinnung (1979), S. 6.

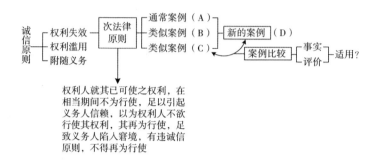

前揭具体化及案例比较的思维模式,可运用于所有的概括条款。

第四节 法之续造

第一款 法之续造的意义、方法和界限

"民法"第1条规定:"民事,法律所未规定者,依习惯;无习惯者,依法理。"本条规定民事的法源及法之适用的方法。法律解释始于文义,终于文义,以可能的文义为界限。法律未规定,亦无习惯法时,"民法"第1条明定得依法理加以判断,其规范意旨系以法院不得借口于法律无明文,将法律关系的争议,拒绝不为审判,系对法院授权得依法理创设得适用的规范,学说上称之为法的续造(Rechtsfortbildung)。

关于"民法"第1条的规范功能,"最高法院"2012年台上字第2037号判决作成一个在法学方法论上具有重大深远意义的法律见解,前已提及,值得再为引述:"'民法'第1条规定:'民事,法律所未规定者,依习惯;无习惯者,依法理',所谓法理,乃指为维持法秩序之和平,事物所本然或应然之原理;法理之补充功能,在适用上包括制定法内之法律续造(如基于平等原则所作之类推适用)及制定法外之法律续造(即超越法律计划外所创设之法律规范)。得斟酌立法政策、社会价值及法律整体精神,认为合乎事物本质及公平原则时,亦可本于制定法外法之续造机能,以该增订之条文作为法理而填补之,俾法院对同一事件所作之价值判断得以一贯,以维事理之平。"

兹再将前揭"最高法院"关于法之适用的见解,图示如下:

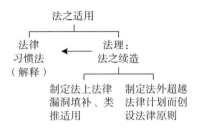

法之适用分为两个阶段,一为法律解释,二为法之续造。法之续造包括制定法上的法律漏洞的填补(类推适用)及超越法律计划外的法律原则的创设。此项法之适用的理解认识及运用,对台湾地区民法的发展具有方法论的重大意义。法律解释与法之续造,并非泾渭分明,而是互有关联,各有其方法上原则及界限,特在本节参照实务案例,加以整理分析,期能建立台湾地区民法学的方法论及法释义学的基石。

第二款 法律漏洞

第一项 法之续造与民法发展

请求权基础的构成要件具有疑义时,须经由解释确定其内容。倘依其可能的文义,作最广义的解释,尚不能使其涵摄于案例事实时,即不能"适用"该项请求权规范。如甲雇用乙整修花园,关于其"劳务"仅以种类指示时,乙应给付何等品质的劳务,实有疑问。第200条第1项规定:"给付物仅以种类指示者,依法律行为之性质或当事人之意思不能定其品质时,债务人应给以中等品质之物。"本条的适用以债务人所给付者,须为"物"为要件。关于"物","民法"未设明文,通说认为系指除人之身体外,凡能为人类排他的支配对象,且独立能使人类满足其社会生活上的需要者,不论其系有体物与无体物,皆为法律上之物。依此解释,"劳务",既非属"物",自不能"适用"第200条第1项规定。于此情形,法律对劳务未设规定,应"类推适用"第200条第1项规定,即给付之劳务,系以种类指示者,依法律行为之性质或当事人之意思不能定其品质时,债务人应给以中等品质之劳务。此际,法之发现过程已经脱离了法律解释的范畴,进入另一个新的阶段:制定法上法之续造,尤其是法律漏洞填补。

自20世纪30年代民法施行以来,实务上类推适用的案例,时常有之,80年代之后更为增多,具有三点重要意义:①社会变迁迅速,问题丛生,法律有时欠缺,必须加以补充,以促进法律进步。②法学方法论上的自觉性的加强,法院认识到造法的必要。③民法的进步,可以"类推适用"作为测试的指标,七十余年来,台湾地区"民法"因类推适用而渐趋成熟,更向前发展。

德国法学家 Ernst Zitelmann 于《德国民法典》实施后之第三年(1903年),在其著名的柏林大学校长就职演说(Rektoratsrede)"论法律上的漏洞"(Lücken im Recht)中,曾谓:"我们需要的人是,能够宽广地、不拘泥文义地、合乎人道地,秉持充分的社会认识,去适用法律,并在适用之际,知道如何去补充法律,促进法律的发展。教育此辈法律人,实在是国家大部分希望之所寄。"①

第二项 法律漏洞与漏洞的填补②

第一目 法律漏洞的意义及类型

法律漏洞,指关于某一个法律问题,法律依其内在目的及规范计划,应有所规定,而未设规定。法律漏洞的基本特征在于违反计划。假如法律是一座墙,则墙的缺口,即法律的漏洞,墙依其本质本应完整无缺,其有缺口,实违反墙之为墙的目的及计划,自应予以修补。如前所述,关于当事人以种类指示劳务时,现行"民法"未设明文,惟债务人应提出如何品质的劳务给付,终须有决定的标准,否则无以维护当事人的利益,对此未设规定,自属法律有所不备,故应类推适用第200条第1项规定加以填补。

例如甲虚伪赠与乙名贵盆景,并即交付,乙明知甲心中欠缺其表示上的效果意思时,该通谋虚伪意思表示无效(第87条但书)。易言之,即甲

---

① 其原文为:Wir brauchen Männer, die die Gesetze weit, frei, human, mit vollem sozialen Verständnis anzuwenden und in der Anwendung zu ergänzen und weiterzubilden wissen. Auf dem Weg der Erziehung solcher Juristen liegt ein großer Teil unserer nationalen Hoffnungen.
② Canaris, Die Feststellung von Lücken im Gesetz, 2. Aufl., 1983;Zitelmann, Lücken im Recht (1903). 黄茂荣:《法学方法与现代民法》,第307页;黄建辉:《法律漏洞、类推适用》,1981年版,第五章。

与乙之间的赠与契约(第 406 条)及物权行为(第 761 条),均为无效,故甲得依第 767 条之规定,向乙请求返还其物。倘乙已将该盆景让售于善意之丙时,即发生甲得否向丙请求返还其物的问题。于此场合,丙得否主张甲不得以其虚伪意思表示无效对抗善意第三人,"民法"未设明文。唯第 87 条第 1 项规定:"表意人与相对人通谋而为虚伪意思表示者,其意思表示无效。但不得以其无效对抗善意第三人。"第 86 条但书规定单独虚伪意思表示无效,与第 87 条所规定通谋虚伪意思表示无效的利益状态相同,"民法"仅于后者规定不得以其无效对抗善意第三人,而于前者未设明文,自属法律漏洞,为保护交易安全,应类推适用第 87 条第 1 项但书规定,亦不得以其无效对抗善意第三人。[1]

与法律漏洞,应严予区别的,系所谓"非固有的漏洞",即关于某项问题,自立法政策言,宜设规定而未设规定。例如第 425 条第 1 项规定:"出租人于租赁物交付后,承租人占有中,纵将其所有权让与第三人,其租赁契约,对于受让人仍继续存在。"学说上称为买卖不破租赁。关于使用借贷,"民法"未设规定,系认为借用人无同于承租人保护的必要,乃立法政策上的判断,非属违反法律规范计划的法律漏洞,无类推适用第 425 条的余地,贷与人将借用物所有权让与他人,其借贷关系对于受让人不能继续存在,亦即借贷关系仍存在于原贷与人与借用人之继承人之间(2015 年台上字第 214 号判决)。

墙之有缺口,有由于自始施工不善,有由于其后遭风雨侵蚀。法律之有漏洞,有为立法之际疏未规定,是为自始漏洞;有为其后因社会经济变迁而产生新的问题,立法之际未及预见而未设规定,是为嗣后漏洞。造墙之际,故意留下缺口者,殆甚少见;立法之际对某项应予规定的问题,不设规定,而让诸判例学说的,颇为常见,此乃所谓有认识的法律漏洞。

关于法律漏洞,最值重视的,系所谓开放漏洞(或公开漏洞,offene Rechtslücke)及隐藏漏洞(verdeckte Rechtslücke),此与漏洞填补的方法有关,兹分别详论之。

---

[1] 参见洪逊欣:《中国民法总则》,第 369 页。

第二目　法律漏洞与类推适用①

1. 甲承租乙所有的土地，该土地因与公路无适宜之联络，致不能为通常使用时，得否向周围土地的所有人丙主张有必要通行权？
2. 第194条规定的慰抚金请求权得否继承或让与？
3. 甲骑机车载送其妻乙(6岁之子或友人)到医院看病途中，被丙违规驾车撞到，乙受伤向丙请求损害赔偿时，应否承担甲对车祸发生的与有过失？
4. 合伙人中之一人执行职务加损害于他人，有无"民法"第28条的类推适用？

一、思考模式

(一) 法理与平等原则

法律漏洞的认定及填补方法，与法律漏洞的类型有密切关系。首先要讨论的是所谓的"公开漏洞"，此指关于某项法律问题，法律依其内在体系及规范计划，应积极设其规定，而未设规定。此类法律漏洞最属常见，应"类推适用"其他规定加以填补。

类推适用(Analogie)，乃比附援引，即将法律于某案例类型所明定的法律效果，转移适用于法律未设规定的案例类型之上。此项转移适用，乃是基于一种认识，即基于其类似性(Ähnlichkeit)，A案例类型的法律效果，应适用于B案例类型，盖相类似者，应作相同的处理，系基于平等原则，乃正义的要求。至于A案例类型与B案例类型是否相类似，应依法律规范意旨加以判断。由此可知类推适用首先应探求某项法律规定之规范目的(法律理由，Ratio legis)，其次则在判断得否基于"同一法律理由"，依平等原则类推及于其他法律所未规定的事项。此项基于平等原则而为的价值判断，一方面用于决定法律漏洞与立法政策错误的界限，作为认定法律漏洞的依据，另一方面则作为类推适用的基础。诚如拉丁法谚所云："Non est regula quin fallet"(法律必有漏洞)；"Ubi eadem ratio, idi idem jus; et de similibus idem est judicium"(在同一理由应适用同一法律；

---

① 参见拙著：《举重明轻、衡平原则与类推适用》，载《民法学说与判例研究》(第八册)，北京大学出版社2009年版，第1页。

类似事项应予类似判决)。

准据上述,对于法律漏洞(公开漏洞)的填补,在法律思维上可分为四个阶段:

(1)认定关于某案例类型 A,法律未设规定,系属法律漏洞。
(2)寻找相类似的案例类型 B,探求其规范意旨,以发现同一法律理由。①
(3)肯定 B 案例类型与 A 案例类型的类似性。
(4)将 B 案例类型的法律效果,类推适用于 A 案例类型之上。

兹将类推适用的过程图示如下:

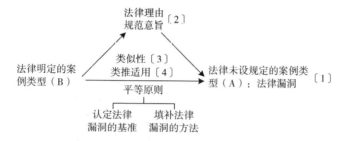

关于法律上类推适用的逻辑基础,有认为系由一般到特别的演绎推论,亦有认为系由特别到一般的归纳推论。形式逻辑上得认为系结合演绎与归纳。首先系将某个(或数个)法律规定抽象化为一般原则,此种一般化的法律原则,系所谓比较因素(tertium comparationis)。其次再将一般化的原则适用于类似的特殊情形。

(二)罗马法上的四脚动物所有人的责任

关于类推适用,罗马法上有一则绝妙的实例,可供参考。依罗马法规定,四脚动物(Quadrupes)的所有人,对该动物所加于他人的损害,应予负

---

① 关于同一法律理由,"最高法院"1953 年台上字第 1349 号判例:"'民法'第 819 条第 2 项规定共有物之处分,如得共有人全体之同意时,既得由共有人中之一人或数人为之,则此项规定于对于共有物买受人提起请求交付共有物买卖价金之诉,实具有同一之法律理由,自应类推适用。"

另参照"最高法院"1979 年台上字第 777 号判例:"建筑房屋基地之出租人,以承租人积欠租金额达二年以上为原因,终止租赁契约,仍应依'民法'第 440 条第 1 项规定,定相当期限催告承租人支付租金,必俟租人于其期限内不为支付者,始得终止租赁契约,非谓一有承租人欠租达二年以上之事实,出租人即得随时终止租赁契约,对于地上权人之保护,不宜较土地承租人为薄,故土地所有人以地上权人积欠地租达二年之总额为原因,依'民法'第 836 条第 1 项规定,撤销其地上权,仍应类推适用'民法'第 440 条第 1 项之规定,践行定期催告程序。"

责,被害人得依 actio de pauperie 之诉,请求损害赔偿。有人自非洲携回两脚的鸵鸟,肇致损害,被害人得否请求损害赔偿,发生疑问。罗马法学者认为应采肯定说,其推理过程为:

(1)四脚动物(Quadrupes),依其文义,不能解释为包括两脚的鸵鸟。然法律所以仅规定四脚动物的所有人,应负损害赔偿者,系因未能预见尚有两脚的鸵鸟,自法律内在目的及规范计划而言,应属法律漏洞。

(2)四脚动物的所有人应负损害赔偿责任之规定,其立法理由(立法旨趣)在于使动物所有人尽其管束的义务,避免损害他人,对任何动物,不论其为两脚或四脚,应均有适用余地。

(3)四脚动物与两脚动物具有类似性,同为动物。

(4)基于同一法律理由,关于四脚动物所有人侵权责任的规定,对鸵鸟所有人,应类推适用之①(参阅下图):

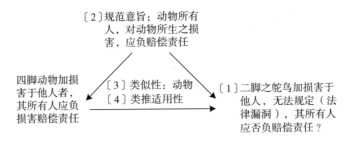

(三)公园规定:狗与猪不得入内②

在某市立公园入口处,悬有告示:狗与猪不得携入公园。某日,有一游客携一画眉鸟入内,管理员微笑欢迎,未加盘问。随后,有一游客携一老虎欲进入公园,管理员大惊,即阻止之,因而展开如下的对话。

管理员:"老虎不得入内。"

游客:"请问,为何前面游客得携鸟入内?"

管理员:"鸟非狗,亦非猪,不在禁止之列,自可入内。"

游客:"诚如所云,鸟非狗,亦非猪,不在禁止之列,故可进入。虎非狗,亦非猪,当亦不在禁止之列,何以不得进入,厚鸟而薄虎,殊失公平。"

管理员:"啊!"(为之语塞)

---

① Bartholomeyczik, Die Kunst der Gesetzesauslegung, 4. Aufl., 1971, S. 87.
② 某日午后参观动物园,见一老虎,触发灵感,构思此例。

管理员之女(肄业某大学法律系一年级),乃出面谓:"鸟无害于公园的安全卫生,故可入内。虎有害游客安全,尤胜于狗!自不可入内。"

游客深以为是,欣然携虎离去。

二、实务案例:由类推适用到准用

(一)"最高法院"关于土地使用权人邻地通行权的决议

某甲承租乙在 A 地的房屋,因与公路无适当联络,致不能为适当的使用,得否通行丙所有的相邻的 B 地?

关于法律漏洞(开放漏洞)与类推适用,实务上最具启示性的是 1990 年 5 月 29 日第 2 次民事庭会议一则关于邻地通行权的决议。院长提议:土地因与公路无适宜之联络致不能为通常使用者,土地使用权人是否得通行周围地以至公路? 有下列甲、乙二说:

甲说:依第 787 条第 1 项规定主张对土地周围地有通行权之人,以该土地所有人为限,土地使用权人不得径依上开规定,对土地周围之地主张有通行权。

乙说:依 1981 年 9 月 17 日"最高法院"1981 年台上字第 3334 号判决要旨:"查物权编关于土地相邻关系之规定,重在图谋相邻不动产之适法调和利用。邻地通行权之性质,为土地所有权人所有权之扩张,与邻地所有权人所有权之限制,是以土地所有权人或使用权人,如确有通行邻地之必要,邻地所有权人或使用权人,即有容忍其通行之义务,此为法律上之物的负担。土地所有权人或使用权人,基于其物权之作用行使上开请求权时,其对象并不以邻地所有权人为限。"似宜采肯定说。

以上二说,应以何说为当,提请决议。

研究报告:民事第三庭,对于台湾地区高等法院暨所属法院 1989 年法律座谈会提案民事类第 10 号法律问题之研究意见:按民事法律所未设之规定,苟非立法有意不予规定,即属立法时之疏漏或嗣后情事变更形成之立法不备,法官有义务探求其规范之目的,依第 1 条立法之授权,援用习惯或法理为之补充解释。

查"民法"创设邻地通行权,原为发挥袋地之利用价值,使地尽其利增进社会经济之公益目的,是以袋地无论由所有权或其他利用权人使用,周围地之所有权及其他利用权人均有容忍其通行之义务。第 787 条规定了土地所有权人邻地通行权,依第833条(已删除)、第850条(已删除)、第914条(已删除)之规定准用于地上权人、永佃权人或典权人间,及各该不动产物权人与土地所有权人间,不外本此立法意旨而为一部分例示性质之规定而已,要非表示于所有权以外其他土地利用权人间即无相互通行邻地之必要而有意不予规定。从而邻地通行权,除上述法律已明定适用或准用之情形外,于其他土地利用权人相互间(包括承租人、使用借贷人在内),亦应援用"相类似案件,应为相同之处理"之法理,为之补充解释,类推适用,以求贯彻。因之,原提案两说,似以肯定说为是。

主席宣布:本案提经讨论后,出席人员咸认原案乙说未尽周延,应采民三庭所提出之研究报告作为乙说,整理后乙说变更如下:"民法"创设邻地通行权,原为发挥袋地之利用价值,使地尽其利增进社会经济之公益目的,是以袋地无论由所有权或其他利用权人使用,周围地之所有权及其他利用权人均有容忍其通行之义务。第787条规定了土地所有权人邻地通行权,依第833条(已删除)、第850条(已删除)、第914条(已删除)之规定准用于地上权人、永佃权人或典权人间,及各该不动产物权人与土地所有权人间,不外本此立法意旨所为一部分例示性质之规定而已,要非表示于所有权以外其他土地利用权人间即无相互通行邻地之必要而有意不予规定。从而邻地通行权,除上述法律已明定适用或准用之情形外,于其他土地利用权人相互间(包括承租人、使用借贷人在内),亦应援用"相类似案件,应为相同之处理"之法理,为之补充解释,以求贯彻。主席宣布,本案经整理后提付表决决议:采乙说。

(二)分析说明

本件系"最高法院"历年关于法律漏洞及类推适用在法学方法上最具创意的决议,分四点言之[①]:

1. "民法"第1条法理之适用:整理后的乙说(决议)删除研究报告的"前言部分":"民事法律所未设之规定,苟非立法有意的不予规定,即属立法时之疏漏或嗣后情事变更形成之立法不备,法官有义务探求其规范之目的,依第1条立法之授权,援用习惯或法理为之补充解释。"殊为可惜,因其阐释第1条的规范功能,甚有价值。本件决议认为类推适用的依

---

① 参见拙著:《关于邻地通行权之法律漏洞与类推适用》,载《民法学说与判例研究》(第七册),北京大学出版社2009年版,第164页。

据在于"法理",而此系指平等原则而言,深值赞同。唯其认为,类推适用乃法律的补充"解释",则值商榷,"解释"二字应可删除。实务上所谓"类推解释"宜改为"类推适用",所谓"反面解释",宜改为反面推论。须强调的是,类推不是法律解释,而是法之续造。

2. 法之续造:本件决议于法律"适用"(第787条),及准用(第833条、第850条及第914条)外,尚认为有法律漏洞存在,突破向来所采"反面推论"的见解,肯定邻地通行权得由物权关系类推适用于债权关系,系一项创造性之法的续造。[①] 此种法律漏洞非属立法时的疏漏,而是因嗣后情事变更,价值判断变迁而生的立法不备,其目的在于更进一步贯彻地尽其利的经济效率。[②]

3. 由类推适用到准用:2010年2月3日修正"民法"第800条之1明定:第774条至第800条规定,于地上权人、农育权人、不动产役权人、典权人、承租人、其他土地、建筑物或其他工作物利用人准用之。本条包括第787条邻地通行权,以概括性准用规定解决了个别类推适用的问题,更为妥善。

4. 法律发展:本件决议对法律漏洞及类推适用的思考过程,及由类推适用到准用的立法发展,甚具参考价值,请特别留意研读之。

三、法律漏洞的认定

(一)反面推论与类推适用[③]

反面推论(Umkehrschluss, argumentum e contrario),系相异于举重明轻、类推适用的一种论证方法,即由反于法律规定的构成要件而导出与法律效果相反的推论。唯此项构成要件须为法律效果的充分且必要条件,即该构成要件已被穷尽列举出可能发生法律效果。此应依解释加以认定,故反面推论非纯属逻辑操作,而是具有规范目的性评价活动。若肯定就某项规定得为反面推论时,即排除了法律漏洞的存在,而无类推适用

---

① 参见拙著:《同时履行抗辩:第264条规定之适用、准用与类推适用》,载《民法学说与判例研究》(第六册),北京大学出版社2009年版,第108页;《买卖不破租赁:第425条规定之适用、准用及类推适用》,载《民法学说与判例研究》(第六册),第145页,北京大学出版社2009年版。

② 本件决议可作为法律经济分析的材料。关于法律经济分析,尤其是财产权的经济分析,参见 Posner, Economic Analysis of Law, 5th ed. 1998, pp. 35 et seq; Cooter/Ulen, Law and Economics, 2nd ed. 1996, pp. 69 et seq.

③ Westerhoff, Gleichheitssatz und Umkehrschluss, Rechtstheorie 28(1997)108.

的余地。兹举一则大法官会议解释加以说明:

关于第767条规定所有人物上请求权的消灭时效,"司法院"大法官释字第107号解释:"已登记不动产所有人之恢复请求权,无第125条消灭时效规定之适用。"又依释字第164号解释:"已登记不动产所有人之除去妨害请求权,不在本院释字第107号解释范围之内,但依其性质,亦无第125条消灭时效规定之适用。"1985年台上字第1332号判决谓:已登记不动产所有人之去除妨害请求权,并无第125条消灭时效规定之适用。经大法官会议释字第164号解释在案。其反面解释,未登记不动产所有人之去除妨害请求权,即有第125条消灭时效规定之适用。又所谓不动产之登记,系指依本地区法令所为之登记而言。须说明者有二:

(1)在"司法院"大法官作成释字第107号解释后,未作成释字第164号之前,依释字第107号的规范意旨,不能采"反面推论",认为已登记不动产所有人之去除妨害请求权仍有第125条消灭时效之适用,而应"类推适用"释字第107号解释。

(2)关于已登记不动产所有人妨害防止请求权的消灭时效,大法官迄未作解释,依释字第107号及第164号解释的规范意旨,应为"类推适用",亦无第125条消灭时效规定的适用。

(二)法律解释与法律漏洞

法律漏洞须以法律未设规定为前提,从而法律解释与法律漏洞具有密切关系,兹举两个著名的问题加以说明:

(1)第246条第1项的解释与"自始主观不能"

法律的限制解释得发生法律漏洞。① 如前所述,第246条第1项关于"以不能之给付为契约标的者,其契约为无效"的规定,应采限制解释,指自始客观不能而言,从而应反面推论,认为"以主观不能之给付为契约标的者,其契约为有效"。关于此项自始主观给付不能,债务人应如何负其责任,未设明文,乃发生法律漏洞,有谓应类推适用第226条规定,使债务人于有可归责之事由时,负损害赔偿责任。

(2)第118条无权"处分"的解释与出卖他人之物的效力

对法律规定作不当"扩张解释"致生法律漏洞,亦属有之。第118条

---

① 相关问题,参见拙著:《土地征收补偿金交付请求权与第225条第2项规定之适用或类推适用》,载《民法学说与判例研究》(第七册),北京大学出版社2009年版,第81页。

规定:"无权利人就权利标的物所为之处分,经有权利人之承认始生效力。无权利人就权利标的物为处分后,取得其权利者,其处分自始有效。但原权利人或第三人已取得之利益,不因此而受影响。前项情形,若数处分相抵触时,以其最初之处分为有效。"关于本条的适用,1950年台上字第105号判例谓:"系争房屋就令如上诉人所称,系因上诉人前往加拿大经商,故仅交其母某氏保管自行收益以资养赡,并未授与处分权,但某氏既在上诉人提起本件诉讼之前死亡,上诉人又为某氏之概括继承人,对于某氏之债务原负无限责任,以第118条第2项之规定类推解释,应认某氏就该房屋与被上诉人订立之买卖契约为有效,上诉人仍负使被上诉人取得该房屋所有权之义务,自不得借口某氏无权处分,请求确认该房屋所有权仍属于己,并命被上诉人回复原状。"①

某氏出卖上诉人交其保管自行收益以资养赡的房屋,系属出卖他人之物。"最高法院"之所以"类推解释"第118条第2项,在于使此出卖他人之物的买卖契约成为有效。然此须以此项买卖契约在未"类推解释"第118条第2项前,系属无权处分,效力未定为前提。因此问题的关键在于出卖他人之物的买卖契约是否为第118条所称的无权处分。对此,应采否定说,认为第118条所称无权处分,乃指处分行为(尤其是物权行为)而言。买卖系债权行为,仅发生债权债务关系,不生物权变动,不以出卖人有处分权为必要,故出卖他人之物(或赠与他人之物、出租他人之物),皆属有效,原无第118条第1项的适用,自不生类推适用同条第2项的问题。之所以需要类推适用,系"最高法院"对第118条所谓"处分"有所误会,作扩张解释包括买卖契约在内。易言之,即"最高法院"自己创造了一个实际上并不存在的法律漏洞。

四、类推适用②

(一) 个别类推及总体类推

类推适用可分为个别类推及总体类推,分述如下:

---

① 拙著:《出卖他人之物与无权处分》,载《民法学说与判例研究》(第四册),北京大学出版社2009年版,第97页。
② 关于类推适用的发展史,参见 Langheim, Das Prinzip der Analagie als juristische Methode: Ein Beitrag zur Geschichte der methodologischen Grundlageforschung vom ausgehenden 18. bis 20. Jahrhundert, 1991.

1. 个别类推

甲向乙购买青草汁,乙说明其具有减重效用,甲饮用后体重未减,健康受损,经检验该青草汁根本不具减重效用。甲得向乙主张何种权利?

个别类推,指就某个别法律规定而为类推适用,亦即其被类推适用的,为个别规定,"民法"第360条规定:"买卖之物,缺少出卖人所保证之品质者,买受人得不解除契约或请求减少价金,而请求不履行之损害赔偿;出卖人故意不告知物之瑕疵者亦同。"关于出卖人故意告知买受人关于标的物事实上不存在的优点时,应负何种责任,"民法"未设明文。第360条后段规定的立法意旨在于保护买受人,即出卖人不应有意利用买受人的不知而达订约不当之目的。在出卖人故意告知买卖标的物事实上不存在优点的情形,此项法律上价值判断亦属具备,应受相同的评价,从而得认定"民法"对此出卖人佯称买卖标的物优点的案例类型,未设明文,系法律漏洞,应类推适用第360条后段的规定予以填补。此亦属个别类推适用。

2. 总体类推

总体类推,指就多数同类法律规定抽出的一般法律原则,而为类推适用,又称法律类推(Rechtsanalogie)。兹就继续性债的关系(Dauerschuldverhältnis)的特别终止加以说明。德国通说认为得由《德国民法典》第626条(雇佣)、第671条第1项(委任)、第696条(寄托)等具继续性法律关系性质的规定建立一项法律原则,即继续性债之关系的一方当事人,得以重大事由主张随时终止该契约,而类推适用于其他法无明文的继续性债之关系。Larenz教授对其推论过程作如下说明,深具方法论上的启示性[①]:

(1)法律就若干债之关系规定基于重大事由得随时终止契约。

(2)诸此债之关系均属继续性债之关系。

(3)继续性债之关系乃具有较长存续期间的法律关系,在当事人间产生了特殊相互的利益结合,而要求彼此间应有良好的和睦相处及属人

---

① Larenz/Canaris, Methodenlehre der Rechtswissenschaft, 3. Aufl., 1995. S. 205. 参见 Oetker, Das Dauerschuldverhältnis und seine Beendigung, 1994, S. 248 f.

性的信赖。

（4）终止权的规范意旨（立法理由，ratio legis）系基于继续性债之关系的特殊性质。

（5）此项立法意旨不但对法律规定的债之关系，对其他法无明文的继续性债之关系亦适用之。

（6）故在现行法律秩序中存有得因重大事由而随时终止契约的一般法律原则，对其他法无明文的继续性债之关系应予以总体类推。

（二）第194条的法律漏洞与类推适用

> 甲因酒醉驾车肇事，致乙死亡，乙的配偶丙在向甲请求非财产上损害（精神痛苦）的相当金额赔偿前，因病死亡。乙的子女得否继承乙的请求权？

第194条规定："不法侵害他人致死者，被害人之父、母、子、女及配偶，虽非财产上之损害，亦得请求赔偿相当之金额。"有疑问的是，此项请求权得否让与或继承。1995年台上字第2934号判决谓："非财产上之损害赔偿请求权，因与被害人之人身攸关，具有专属性，不适于让与或继承。"第195条第2项规定，身体、健康、名誉、自由被侵害而发生之非财产上损害赔偿请求权不得让与或继承，仅属例示规定。第194条规定之非财产上损害赔偿请求权，亦应作同一解释。唯第195条第2项但书规定"以金额赔偿之请求权已依契约承诺，或已起诉者，不在此限"。基于同一理由，此项但书规定，于第194条之情形，亦有其适用。[①] 对此判决，应说明者有三：

（1）第194条未设相当于第195条第2项规定，"最高法院"不采反面推论，认为慰抚金请求权得为让与或继承，而"解释"第195条第2项规定于第194条亦得适用，其结论实值赞同。

（2）关于第195条第2项规定之"解释适用"于第194条，"最高法院"分为两部分：首先，第195条第2项本文（不得让与或继承）系基于同一解释。其次，第195条第2项但书，基于同一理由，亦有其适用。应注意的是，第195条第2项系规定不法侵害他人之身体、健康、名誉或自由，无论如何扩张其文义，皆难认为对第194条的情形系属"同

---

① 参见《"最高法院"民事裁判书汇编》第22期，第118页。

一解释"。

(3)就方法论言,应认为第194条系对慰抚金请求权得否让与或继承,未设明文,衡诸第195条第2项、第977条第3项、第979条第2项、第999条第3项及第1056条第3项规定,系属违反规范计划的法律漏洞,应类推适用上开规定,以为补充。此种类推适用属于所谓的总体类推,即第195条第2项等规定非财产上之损害赔偿请求权,因与被害人的人格攸关,具有专属性,不得让与或继承,但因契约承诺或已起诉时不在此限,乃属一般法律原则,于第194条情形,基于"同一法律理由",应类推适用之。

五、第三人与有过失及第224条的类推适用①

甲骑机车载其7岁之子乙上学,遭丙驾车违规撞击,乙受重伤。经查对车祸的发生甲与有百分之六十的过失。乙向丙请求损害赔偿时,应否承担甲的过失?

第217条第1、2项规定:"损害之发生或扩大,被害人与有过失者,法院得减轻赔偿金额,或免除之。重大之损害原因,为债务人所不及知,而被害人不预促其注意或怠于避免或减少损害者,为与有过失。"此系就被害人与有过失而设的规定,问题在于第三人与有过失时,在何种情形,应由被害人承担。

对此问题,1979年度第3次民庭庭推总会,院长交议:第224条,是否可类推适用于第217条关于被害人与有过失之规定,亦即在适用第217条之场合,损害赔偿权利人之代理人或使用人之过失,是否可视同损害赔偿权利人之过失,适用过失相抵之法则?有甲、乙二说:甲说认为,第224条可类推适用于同法第217条被害人与有过失之规定,亦即在适用第217条之场合,损害赔偿权利人之代理人或使用人之过失,可视同损害赔偿权利人之过失,适用过失相抵之法则。乙说认为,侵权行为之被害人之法定代理人不能类推适用,其余同甲说。以上二说,应以何说为当?决议:采甲说。

此项决议系认为被害人与加害人间纵无债之关系,第224条仍应类

---

① 参见拙著:《第三人与有过失》,载《民法学说与判例研究》(第一册),北京大学出版社2009年版,第58页;Magnus, Drittmitverschulden in deutschen, englischen und französischen Recht, 1974; Lange, Schadensersatz, 2. Aufl., 1990, S.590 f.

推适用,而未成年人亦须承担法定代理人的与有过失。此项见解忽略了第224条的规范意旨,未考虑到未成年人并不能选任监督法定代理人及"民法"保护未成年人的基本原则,是否妥适,仍有深入研究的余地。

值得注意的是,"民法"债编部分条文修正已参照学者学说及实务上见解,于第217条增列第3项规定:"前二项之规定,于被害人之代理人或使用人与有过失者,准用之。"①

六、实务案例与民法发展

实务上类推适用的案例,层出不穷,显现民法存有许多有待法院造法加以填补的法律漏洞,促进法律的进步与发展。兹举五个具有代表性的"最高法院"判决,以供参照,并作进一步的思考分析(请细心研读):

(一)"民法"第28条关于法人侵权行为对合伙的类推适用

"最高法院"2012年台上字第1695号判决:"合伙人因经营共同事业,须有合伙代表、一定之组织、财产及活动管理机制,故于契约之外,亦同时表现团体之性质,与法人之本质并无轩轾。是以,合伙人若因执行合伙事务,侵害他人权利而成立侵权行为者,与法人之有代表权人,因执行职务加损害于他人之情形相类,其所生之法效应等量齐观,被害人自可类推适用'民法'第28条之规定,请求合伙与该合伙人连带负赔偿责任。"(请阅读判决全文)

本件判决肯定"民法"第28条关于法人侵权行为规定对于具有团体性组织体的类推适用,建立一般法律原则,具有重大意义。

(二)"民法"第105条对为本人服劳务使用人的类推适用

"最高法院"2016年台上字第206号判决:"'民法'第105条前段规定:代理人之意思表示,因其意思欠缺、被诈欺、被胁迫,或明知其事情或可得而知其事情,致其效力受影响时,其事实之有无,应就代理人决之,肇因于本人借代理人之行为以扩大其活动范围,该代理人于代理权限内以本人名义所为或所受意思表示而生之法律效果,依同法第103条第1项规定,均归属于本人,因而代理人为代理行为时,其'意思表示瑕疵'或'明知或可得而知其事情'事实之有无?应就为意思表示之代理人决之,并使法律效果直接对本人发生效力,此乃该条规定之所由设。至为本

---

① 拙著:《损害赔偿》,北京大学出版社2017年版,第302页以下。

人服劳务之使用人有此情形时,究以何人之意思表示以为断?'民法'虽未设有规范,惟使用人为本人为意思表示或从事一定事务,对外均未自为意思表示,且其效力亦应同归于本人,殊与本人借代理人之行为辅助而扩大其活动范围者相类。因此,使用人在参与本人意思表示形成之过程中,如因其被诈欺、胁迫,或为本人从事一定事务(包括法律及非法律行为)时,就其是否明知其事情或可得而知其事情?致其效力受影响者,各该事实之有无?参照'民法'第1条'相类似之案件,应为相同处理'之法理,自应类推适用'民法'第105条前段规定,就使用人决之,而由本人主张或承担其法律效果。"

本件判决将"民法"第105条关于代理人知之归属(Wissenszurechnung)的规定类推适用于为本人服劳务的使用人,具有创造性,值得更深入的研究。①

(三)"民法"第425条之1规定(租赁关系之推定)的类推适用

> 甲在乙的土地上有合法的地上权并建造房屋,甲将地上权及房屋让与丙,乙将土地让与丁时,丙得否对丁依"民法"第425条之1规定,主张房屋与丁有租赁关系?

"最高法院"2012年台上字第1643号判决:"按土地及其土地上之房屋同属一人所有,仅将土地或仅将房屋所有权让与他人,或将土地及房屋同时或先后让与相异之人时,土地受让人或房屋受让人与让与人间或房屋受让人与土地受让人间,推定在房屋得使用期限内有租赁关系,'民法'第425条之1第1项前段定有明文,在于保障社会经济利益兼顾受让人利益。是前手有'民法'第425条之1适用,俾免房屋遭受拆除损及社会经济利益,则其后继受房屋者,亦有利用该土地之必要,基于相同维护社会经济需求,房屋其后继受者亦有同受'民法'第425条之1之保护,该条规范目的性应为同一解释。"

"最高法院"2009年台上字第294号判决:"按土地及其土地上之房屋同属一人所有,而仅将土地或仅将房屋所有权让与他人,或将土地及房屋同时或先后让与相异之人时,土地受让人或房屋受让人与让与人间或房屋受让人与土地受让人间,推定在房屋得使用期限内,有租赁关系。

---

① 参见拙著:《民法总则》,北京大学出版社2022年重排版,第465页。

'民法'第425条之1第1项前段定有明文……此项规定,于房屋所有权人原有合法之地上权,而仅将房屋所有权或仅将土地所有权或地上权之全部或一部让与他人,或将土地所有权或地上权及房屋所有权同时或先后让与相异之人时,亦可类推适用。且具有独立性之建筑物,其既有独立之所有权,与地上权间,依现行法律之规定,非不可分开让与,然为顾全其经济作用,此际应类推适用'民法'第425条之1之规定,认建筑物于得使用期间有租赁关系。"

(四)借名登记契约与委任规定之类推适用

> 甲借乙之名为房屋之登记,乙死亡,甲得否主张借名登记契约消灭,向乙的继承人丙请求返还房屋?

"最高法院"2015年台上字第1399号判决:"借名登记之契约,其成立侧重于借名者与出名者间之信任关系,性质与委任关系类似,应类推适用'民法'第550条规定,除契约另有订定或因契约事务之性质不能消灭者,因当事人一方死亡而消灭。此际借名者或其继承人自可依借名契约消灭后之借名标的物返还请求权请求出名者或其继承人返还该标的物,如该标的物因可归责于债务人之事由,致给付不能者,借名人得依'民法'第226条第1项之规定请求赔偿损害,且该项损害赔偿之债,性质上为原债权之延长,属于原债权之变形,与原债权具有同一性,其请求权之消灭时效,应自原债权之请求权可行使时起算。"

(五)可归责于债务人之事由致给付不能与"民法"第225条第2项代偿请求权的类推适用

> 1. 甲借乙之名为A地之登记,乙擅将该地出售于丙并移转其所有权。甲得否向乙请求返还出售A地的价金?
>
> 2. 甲将B屋出售于乙(1000万元),其后甲又将该屋出售于丙(1200万元)并移转其所有权,乙得否向甲请求返还出售B屋的价金?

"最高法院"2016年台上字第2111号判决谓:按"民法"第225条第2项所定之代偿请求权之立法目的,系基于衡平思想,旨在调整失当之财产价值分配,保护债权人之利益,使债权人有主张以债务人对于第三人之损害赔偿请求权或受领自第三人之赔偿物代替原给付标的之权利,其因不可归责于债务人之事由直接转换之利益(如交易之对价)与损害赔偿,发生之原因虽有不同,但性质上同为给付不能之代替利益,应类推适用上开规定,得为代偿请求权之标的。又依"民法"第225条第1项、第2项规定之文义,固须不可归责于债务人之事由致给付不能者,债权人始得主张代偿请求权。惟因可归责于债务人之事由致给付不能者,参酌"民法"第225条第2项规定之立法理由谓"给付不能","不问其债务人应否负责",须以债务人所受之损害赔偿或其所有之损害赔偿请求权,代债务之标的,以保护债权人之利益,应认债权人得选择行使损害赔偿请求权("民法"第226条第1项)或代偿请求权以保护其利益。本件判决将"民法"第225条第2项的代偿请求权类推适用于因可归责于债务人之事由致给付不能及交易对价,系一个具创造性的法之续造。

第三项 目的性限缩与目的性扩张

一、隐藏漏洞与目的性限缩

甲赠A屋给其5岁之子乙,并即以甲自己与乙之名义办理所有权移转登记。半年后,甲因遭遇金融风暴,经商失败,其债权人丙主张此项赠与违反第106条禁止自己代理之规定,不生效力。问丙之主张有无理由?

(一)目的性限缩的意义与功能

法律漏洞,除"公开漏洞"外,尚有所谓"隐藏漏洞"(verdeckte Rechtslücke),即关于某项规定,依法律之内在目的及规范计划,应消极地设有限制,而未设此限制。其填补之道,系将此项规定的适用范围,依法律规范意旨予以限缩(目的性限缩,teleologische Reduktion)。① 类推适用的法理,在于"相类似的,应为相同的处理";目的性限缩的法理,则在于"非相类似的,应为不同的处理",均系基于正义的要求。目的性限缩不同于狭义(限制)解释,前者系将某项法律规定的适用范围加以限缩,于特定案例类型不适用之;后者则系将法律概念局限于其核心范围。

---

① Brandenburg, Die teleologische Reduktion, 1983.

（二）第 1074 条规定目的性限缩与"民法"修正

> 甲男与乙女结婚，乙女婚前与前夫生有一女丙。甲收养丙女时，须否与乙共同为之？

关于隐藏漏洞及目的性限缩，第 1074 条之规定及其修正具有启示性，可资参照。旧"民法"第 1074 条规定："有配偶者，收养子女时，应与其配偶共同为之。"设甲男与乙女结婚，甲男欲收养乙女之子丙为养子，依本条规定文义，乙女似应共同为之。唯此势将导致生母收养自己婚生子女的结果，违反伦理，不符合当事人利益，抵触收养制度。按第 1074 条之立法目的，在使双方配偶均能与被收养者发生亲子关系，以促进家庭和睦，故一方配偶收养他方配偶之子女，他方配偶应无共同为之的必要。准此以言，第 1074 条未设此项限制，自有缺漏，为贯彻法律规范意旨，应作目的性限缩，增设但书规定，即有配偶者，收养子女时，应与其配偶共同为之，"但夫妻之一方，收养他方之子女者，不在此限"。值得注意的是，1985 年 6 月 3 日修正亲属编已将第 1074 条规定作此修正："夫妻收养子女时，应共同为之。但有下列各款情形之一者，得单独收养：一、夫妻之一方收养他方之子女。二、夫妻之一方不能为意思表示或生死不明已逾三年。"由此可知，目的性限缩系就法律规定依其规范目的设但书而限缩其适用范围。

（三）第 106 条规定关于自己代理禁止之目的性限缩

> 甲赠某屋给 7 岁之子乙，并办理所有权移转登记。甲的债权人丙认为此种赠与系所谓的自己代理，效力未定或无效。试问何谓自己代理？其赠与的效力为何？

关于目的性限缩，最具有典型的，是第 106 条的适用。第 106 条规定："代理人非经本人之许诺，不得为本人与自己之法律行为，亦不得既为第三人之代理人，而为本人与第三人之法律行为。但其法律行为，系专履行债务者，不在此限。"如甲授权于乙，代理出售某屋，则乙不得自己购买该屋（自己代理的禁止），亦不得代理丙购买该屋（双方代理的禁止）。违反此项规定时，其法律行为应得甲或丙的承认，始生效力，立法旨趣在于避免利益冲突，立法理由书略谓："如当事人之一方，得为他方之代理人，而为法律行为，然使之得为双方之代理人，而为法律行为，则利益冲突,代理人决不能完全尽其职务,自为法律所不许,但经本人许诺,或其法律行为系专履行债务者,应作为例外,以其无利益冲突之弊。"

设某甲赠某屋给其7岁之子乙,并即依法律行为(物权行为,第758条)为登记。于此情形,甲的赠与有效,乙虽为限制行为能力人,但其受赠某屋,系纯获法律上之利益,得为有效之承诺(第77条但书),赠与契约(第406条)及物权行为(第758条)均属有效,乙取得该屋的所有权,并且有法律上之原因。倘乙仅5岁时,为无行为能力人,须由其父甲(法定代理人)代为意思表示,并代受意思表示(第76条),因而发生自己代理的问题,而有第106条规定的适用。本人乙系无行为能力人,不能对甲的赠与为允诺,赠与房屋又难谓系专履行债务,依第106条之规定,甲(父)与乙(子)间的法律行为(赠与契约及物权行为),应不生效力,然此实不足保护无行为能力人的利益。因此,需对第106条禁止自己代理的规定,作目的性限缩,认为于法定代理人单纯赠与无行为能力人的案例类型,应再设"不在此限",使其法律行为仍生效力,盖其无利益冲突之弊,兼足贯彻"民法"保护无行为能力人的基本原则。

二、目的性扩张

目的性扩张,指依法律规范目的将法律构成要件超越其可能文义而为适用,此乃介于扩张解释与类推适用之间,如何定其性质,引起争论。有认为无独立存在的意义,乃属一种扩张解释。有认为系一种特别的类推适用。德国通说肯定此为一种法之续造的方法,具有填补法律漏洞的功能,兹举一个案例加以说明。

《德国民法典》第844条规定:"死者于被害时,与第三人具有法律关系,而基于该法律关系,死者对第三人依法负有法定义务,或可能负扶养义务,且该第三人因被害人死亡之结果致丧失其受扶养之权利者,在死者于被推定生存时间所负扶养义务限度内,赔偿义务人应以支付定期金,对该第三人给付损害赔偿。"(参阅"民法"第192条第2项规定:"被害人对于第三人负有法定扶养义务者,加害人对于该第三人亦应负损害赔偿责任。")问题在于死者的配偶得否请求此项推定生存期间,因其配偶提前死亡而丧失其配偶若继续支付保险费时而得请求的社会保险年金。德国联邦最高法院采肯定见解(BGHZ 246)。Larenz教授认为此项请求权不为《德国民法典》第844条第2项的文义所涵盖,但符合其规范意旨,因该条项的意旨在于保护扶养权利人的利益,应扩张其适用及于因死者提早死亡不能缴纳社会保险费的情形。立法者对此未设规定,系属法律漏洞,之所以不类推适用,因为其与法律所规定的情形不具类似性而为同等适用。惟尽管其构成要件不同,却具相同的价值判断,从而应依《德国民法典》第844条第2项的意旨,使寡妇得对加害人主张因其夫死亡而丧失的社会保险年金请求权。① 此项见解可供解释适用"民法"第192条规定的参考。

三、"消费者保护法"第51条规定的解释目的性限缩与目的性扩张

甲企业经营者因过失生产具有瑕疵的食品,致消费者乙食后中毒死亡,其继承人丙就其支出的医疗费用等得否向甲请求损害赔偿?丙得否依"消费者保护法"第51条之规定向甲请求以该赔偿为计算基础的惩罚性赔偿金。

(一) 问题说明

"消费者保护法"第7条规定:"从事设计、生产、制造商品或提供服务之企业经营者,于提供商品流通进入市场,或提供服务时,应确保该商品或服务,符合当时科技或专业水平可合理期待之安全性。商品或服务具有危害消费者生命、身体、健康、财产之可能者,应于明显处为警告标示及紧急处理危险之方法。企业经营者违反前二项规定,致生损害于消费者或第三人时,应负连带赔偿责任。但企业经营者能证明其无过失者,法院得减轻其赔偿责任。"又依同法旧法第51条规定:"依本法所提之诉讼,因企业经营者之故意所致之损害,消费者得请求损害额三倍以下之惩罚性赔偿金;但因过失所致之损害,得请求损害额一倍以下之惩罚性赔偿金。"新修正条文为:"依本法所提之诉讼,因企业经营者之故意所致之损害,消费者得请求损害额五倍以下之惩罚性赔偿金;但因重大过失所致之损害,得请求三倍以下之惩罚性赔偿金,因过失所致之损害,得请求损害额一倍以下之惩罚性赔偿金。"此两个条文在适用上产生三个问题(参阅前揭案例):

1. 消费者死亡,适用"消费者保护法"第7条规定时,其继承人得否依"民法"第192条第1项规定,请求其所支出的医疗费用?

---

① Larenz/Canaris, Methodenlehre, S. 216 f.

2. 消费者死亡时,其继承人得否依"消费者保护法"第51条规定请求其所支出医疗费用为计算基础的惩罚性赔偿金?

3. 旧"消费者保护法"第51条规定应否目的性限缩于重大过失。

"最高法院"2015年台上字第358号判决对此三个问题的法律见解,具有法之适用方法论上的意义,特详为说明。

(二)"民法"第192条规定于"消费者保护法"的适用

"民法"第192条第1项规定:"不法侵害他人致死者,对于支出医疗及增加生活上需要之费用或殡葬费之人,亦应负损害赔偿责任。"本条规定得否适用于"消费者保护法","消费者保护法"未设明文,但不得径认为系具有法律漏洞而发生类推适用问题。"最高法院"2015年台上字第358号判决谓:"按'消费者保护法'第1条第1项揭橥'为保护消费者权益,促进……消费生活之安全,提升……消费生活质量,特制定本法';复于同条第2项规定'有关消费者之保护,依本法之规定,本法未规定者,适用其他法律','消费者保护法'乃属'民法'之特别法,并以'民法'为其补充法。故消费者或第三人因消费事故死亡时,'消费者保护法'虽未明定其得依该法第7条第3项规定,请求企业经营者赔偿之主体为何人?及所得请求赔偿之范围?然该条系特殊形态之侵权行为类型,同条第2项更明列其保护客体包括生命法益,且于同法第50条第3项规定,消费者让与消费者保护团体进行诉讼之损害赔偿请求权,包括'民法'第194条、第195条第1项非财产上之损害,此依上开同法第1条第2项补充法之规定,自应适用'民法'第192条第1项、第2项及第194条规定,即为被害人支出医疗及增加生活上需要之费用或殡葬费(下称医疗等费)之人,得请求企业经营者赔偿该医疗等费;对被害人享有法定扶养权利之第三人,得请求企业经营者赔偿该扶养费;被害人之父、母、子、女及配偶,得请求企业经营者赔偿相当之金额(即慰抚金)。"

"最高法院"采体系及目的解释方法,肯定于"消费者保护法"亦有"民法"第192条规定的适用,实值赞同。

"民法"第192条的适用,系以"不法致人于死"的情形,此须具备侵权行为的要件("民法"第184条等,"消费者保护法"第7条)。"民法"第192条依其文义不适用于"不法侵害他人身体健康"的情形。就此法律未设规定的情形,得否认系法律漏洞而为类推适用?第192条系属例外规定,就不法伤害他人身体健康,未设规定,并未违反法律规范计划而发生法律漏洞。

第三人得依无因管理或不当得利向加害人请求其支出之医疗费用。其因被害人身体健康受侵害时,其扶养权利人亦不得向加害人请求扶养费用。

(三)企业者的过失得否限缩于重大过失:隐藏漏洞与目的性限缩

在前揭"最高法院"2015年台上字第358号判决,原审法院谓:"消费者保护法"第51条规定,系继受自美国法,但扩大惩罚性赔偿金适用范围,而及于行为人出于过失情形,此为英美法所无。为求符合英美惩罚性赔偿制度原始精神,并与台湾地区固有损害赔偿法填补损害本旨相协调,该条所谓"过失",应为目的性限缩解释而限于"重大过失",亦即当行为人显然欠缺注意,如稍加注意,即得避免损害时,法院始应课以惩罚性赔偿金。富友旅行社并无过失,新台旅行社依其过失情状,仅为善良管理人注意义务之违反,难认有何重大过失之情,自难依上开规定请求惩罚性赔偿金。

"最高法院"谓:过失有重大过失、具体轻过失、抽象轻过失之分,"消费者保护法"第51条但书,既将企业经营者应负"一倍以下之惩罚性赔偿金"之责任规定为"过失",而未如2004年6月30日制定之"证券投资信托顾问法"第9条第1项,明定惩罚性赔偿限定以"故意或重大过失"者为限;且该条之立法理由,复明示参酌美国立法例而有惩罚性赔偿金之规定,立法者于制定该条时,显知悉美国之惩罚性赔偿金,着重于重大过失时方可成立,于过失与重大过失之间,在立法政策上已作取舍与抉择,于此情形,自不得再作"目的性限缩",解为限于重大过失者,始有该条但书规定之适用。

"最高法院"见解的结论可资赞同。值得提出的是,目的性限缩(teleologische Reduktion),旨在填补隐藏法律漏洞。旧"消费者保护法"第51条规定"企业经营者……因过失所致之损害,得请求损害额一倍以下之惩罚性赔偿金",乃立法政策问题,并无法律漏洞存在,不发生目的性限缩问题。在就某法律规定作目的性限缩时,应先审慎认定其有无应予填补的法律漏洞。

(四)消费者或第三人死亡时,被害人的继承人或遗产管理人就其支出的医疗费等得否依旧"消费者保护法"第51条规定请求惩罚性赔偿金

1. 法律解释与公开漏洞

旧"消费者保护法"及现行"消费者保护法"第51条明定得请求惩罚性赔偿的主体为消费者,未规定消费者死亡时得请求惩罚性赔偿的主体。此非法律解释问题,而为法律未设规定是否构成法律漏洞问题。

"最高法院"在前揭判决认定其为公开漏洞,提出以下论证:"于消费者或第三人死亡时,其权利能力已然消灭,究应由何人为此惩罚性赔偿金之请求?计算该赔偿金之损害额又以何者为准?'消费者保护法'均未设其规范。揆诸该条所定惩罚性赔偿金制度,系'为促使企业者重视商品及服务质量,维持消费者利益,惩罚恶性之企业经营者,并吓阻其他企业经营者仿效'而设,规范目的侧重于惩罚恶性之企业经营者,以遏止该企业经营者及其他业者重蹈覆辙,与同法第7条第3项规定目的只在填补被害人所受之损害,未尽相同,被害人是否因企业经营者之违反规定而死亡?对于惩罚性赔偿金之成立,并不生影响;且依'举轻以明重'之法则,被害人因消费事故而受伤害,企业经营者就其故意或过失既须承担支付该赔偿金,于造成死亡之情形,尤不得减免其责任(生命法益之位阶更高于身体、健康或财产法益);另参酌'民法'第192条第1项规定之旨趣,乃植基于生命权受侵害之被害人,因该事故所生之医疗等费,系生命权被侵害致生直接财产之损害,被害人之继承人或遗产管理人本得向加害人求偿,倘已由第三人支出,第三人虽得向继承人或遗产管理人求偿,亦因该条项之特别规定,得径向加害人求偿,以避免辗转求偿之繁琐,可知'消费者保护法'第51条就此原应积极规范而未规定之'公开漏洞'……""最高法院"以详细论证,肯定"消费者保护法"未规定消费者死亡时,其继承人得就支出费等赔偿额请求惩罚性赔偿金,具有公开漏洞,实值肯定。

2. 类推适用或目的性限缩

在肯定"消费者保护法"第51条存有法律漏洞时,应如何加以填补?类推适用或目的性扩张?"最高法院"在前揭判决谓:"自应从该条之规范意旨,作'目的性扩张'以补充之,而将请求权人之主体,扩及于被害人之继承人或遗产管理人,始符该法之立法本旨,以免造成轻重失衡。因此,企业经营者就其提供之商品或服务,因故意或过失,致消费者或第三人死亡者,被害人之继承人或遗产管理人,即得依'消费者保护法'第51条规定,请求企业经营者给付惩罚性赔偿金,并以非专属性且系因该事故应支出之医疗等费,而不超出该消费者或第三人原得请求之基础损害数额,作为计算惩罚性赔偿金之基准。"

目的性扩张的功能相当于类推适用,但在方法论上应加区别。若作目的性扩张,应不以具有公开漏洞为必要。"最高法院"认为就消费者死亡的情形，"消费者保护法"未设规定系公开漏洞，在此情形应类推适用"消费者保护法"第51条规定，而非作目的性扩张。

(五)请求权基础的建构

"最高法院"2015年台上字第358号判决涉及"消费者保护法"第7条和第51条适用上的基本问题，在法学方法论上具有意义，可作为案例研习或司法考试的题目。兹参照"最高法院"见解，建构请求权，此种方法有助于理解重要法律争点，培养请求权基础的思考方法(请写成书面)。

> 死者继承人对企业经营者的请求
> 一、对死者支出的医疗、增加生活上需要等费用
> 　　(一)"民法"第192条？
> 　　　　1. 须不法致人于死
> 　　　　　　(1)"民法"第184条
> 　　　　　　(2)"消费者保护法"第7条
> 　　　　2. 第192条的适用
> 　　　　　　(1)体系解释
> 　　　　　　(2)目的解释
> 　　(二)死者继承人得向企业经营者依"民法"第192条请求医疗等费的损害
> 二、惩罚性赔偿金
> 　　(一)"消费者保护法"第51条
> 　　　　1. "消费者保护法"第7条、第51条：死者继承人的惩罚性赔偿金请求权？
> 　　　　　　(1)"消费者保护法"第7条
> 　　　　　　(2)"消费者保护法"第51条未设规定？
> 　　　　　　(3)法律漏洞(+)
> 　　　　　　(4)目的性扩张或类推适用
> 　　　　2. 企业经营者的过失(旧法)
> 　　　　　　(1)过失的意义
> 　　　　　　(2)目的性限于重大过失？
> 　　(二)死者的继承人得类推适用"消费者保护法"第51条规定向企业经营者请求惩罚性赔偿金

第三款　制定法外的法之续造

第一项　意义及功能

法之续造,分为制定法内的法之续造(法律漏洞与类推适用及目的性限缩)及制定法外的法之续造。前者前已详述,后者又称为超越法律计划外的法之续造。此种法之续造系在制定法之外(extra legem),仍在法之内(intra ius),其功能在于更进一步促进法的发展,从而必须符合法秩序的一般原则,始具正当性,并须有一定的界限。

Larenz 教授提出得为此种超越法律计划外法之续造的三种情形[①]:

一、适应法律交易需要而为的法之续造

为顾及法律交易需要而从事的法之续造,其主要情形包括让与担保、收取债权授权(Einziehungsermächtigung)、期待权及其让与性。此等制度因非违反法律(contra legem),得在法之内加以创造。

二、基于事物本质而为的法之续造

事物本质(Natur der Sache)涉及社会生活事务的存在与当然、物质与精神、现实与价值,并与正义具有密切关联。事物本质不仅可以指引立法,并作为客观目的之解释方法,法之续造的依据,例如关于无权利能力社团,不应适用合伙,而应适用社团的规定。

三、基于法律伦理原则而为的法之续造

法律伦理原则系法规范正当化的准则,具有实质正义的内容,虽不能直接适用于个案,但其指导思想得经由立法或司法实践的具体化过程,形成可操作的具体规则和案例类型,此体现于诚实信用原则的功能及解释适用。缔约上过失制度的发展最能显现法之续造的功能。在 Jhering 发现缔约上过失后即为法律意识所肯认,经由法院判决而成为一种习惯法上的制度,最后则由立法加以规定,予以法典化(《德国民法典》第241条第2项、第311条第2项)。

---

① Larenz/Canaris, Methodenlehre der Rechtswissenschaft, S. 232 f.

另一个基于法律伦理原则而为的法之续造,系一般人格权(allgemeines Persönlichkeitsrecht)。《德国民法典》第 823 条第 1 项列举生命、身体、健康、自由应受保护,德国联邦最高法院以《德国基本法》第 2 条所规定的人之尊严为依据,作符合宪法的法之续造,创设了概括性的一般人格权,作为《德国民法典》第 823 条第 1 项所称的其他权利,使被害人得依《德国民法典》第 253 条规定请求非财产损害的金钱赔偿。

超越制定法的法之续造须具备两个基本要件,而受其限制。其一,须有一个需要解决的法律问题,而非法外空间,与法秩序无关的问题。其二,此项问题须不能依单纯法律解释或法律内在续造(类推适用)而为解决,而须如前述三个类型所示,法之续造系基于法律交易的需要、事物本质、法秩序及法律伦理原则。在从事此种法官造法,而为法之内的法之续造时,须就其必要性及符合法秩序的法律原则,积极地提出具有说服力之法的论证。

第二项　台湾地区法上的发展

"民法"上的制度,例如缔约上过失理论、关于无权利能力社团应类推适用社团规定、让与担保等,均为超越法律外的法之续造。值得说明的是人格权法的发展。

"民法"第 18 条规定人格权,第 184 条第 1 项前段的权利包括人格权,虽然不必创设一般人格权,但得经由法的解释及续造,逐渐建立完善的保护机制。关于人格权保护与言论自由的调和,应作符合"宪法"的解释。关于死者的名誉权的保护,应就第 195 条所规定的其他人格权益,作更进一步的具体化,创设了对故人敬慕之情的人格利益。

应再为提出的是"最高法院"2015 年台上字第 1407 号判决:"随社会变动、科技进步、传播事业发达、企业竞争激烈,常见利用姓名、肖像等人格特征于商业活动,产生一定之经济效益,该人格特征已非单纯享有精神利益,实际上亦有其'经济利益',而具财产权之性质,应受保障。又人之权利能力终于死亡,其权利义务因死亡而开始继承,由继承人承受。故人格特征主体死亡后,其人格特征倘有产生一定之经济利益,该人格特征使用之权利尚非不得由其继承人继承,而无任由第三人无端使用以获取私利之理。"此为人格权法具里程碑意义的判决,继受了美国法上隐私权和公开权(right of publicity),德国法上人格权具精神利益与财产利益,历经百年形成建立的法律见解,乃超越制定法的法之续造的典型案例。期待学者能作深入的研究,阐明法律发展的问题,强化论证说理,建构人格权保护的理论体系,促进台湾地区法律的进步发展。

第五章 民法请求权基础体系
——案例研习

第一节 体系构成

第一款 法之适用与请求权基础

法律思维的核心在法之适用。法之适用系将抽象的法律规范适用于具体案例,其主要工作在于针对具体案例事实的法律问题,寻找得适用的法律规范,此为法之发现、法之获取或法之创造的过程。在"民法"上的法律规范主要系指请求权基础。请求权基础系一方当事人得向他方当事人有所请求的法律规范。关于请求权的探寻检查,宜采下列次序:

1. 契约上请求权 ─┬─ 原给付请求权
　　　　　　　　└─ 次给付请求权

2. 类似契约请求权 ─┬─ 表见代理
　　　　　　　　　├─ 无权代理
　　　　　　　　　└─ 缔约过失

3. 无因管理请求权 ─┬─ 真正无因管理 ─┬─ 适法管理
　　　　　　　　　│　　　　　　　　└─ 不适法管理
　　　　　　　　　└─ 不法管理

4. 物上请求权 ─┬─ 所有物返还请求权
　　　　　　　└─ 占有物返还请求权

5. 不当得利请求权 ─┬─ 给付不当得利
　　　　　　　　　└─ 非给付不当得利:权益侵害不当得利

6. 侵权行为损害赔偿请求权 ─┬─ 一般侵权行为──第184条 ─┬─ 权利侵害(第1项前段)
　　　　　　　　　　　　　 │　　　　　　　　　　　　　├─ 故意背于善良风俗(第1项后段)
　　　　　　　　　　　　　 │　　　　　　　　　　　　　└─ 违反保护他人之法律(第2项)
　　　　　　　　　　　　　 └─ 特别侵权行为

7. 其他请求权

之所以采取前揭检查次序,并非逻辑的当然,而是基于目的性考虑,即前提问题宜先为处理,避免重复。前揭检查次序系一般原则,得就个案事实加以变更。

兹将"民法"上重要的请求权基础整理如下,以便参照(请彻底研读理解法律条文):

	项目	条文	内容
契约请求权	主请求权:履行请求权	买卖:第 348 条	I 物之出卖人,负交付其物于买受人,并使其取得该物所有权之义务。 II 权利之出卖人,负使买受人取得其权利之义务,如因其权利而得占有一定之物者,并负交付其物之义务。
		第 367 条	买受人对于出卖人,有交付约定价金及受领标的物之义务。
	次请求权:损害赔偿请求权	第 227 条	I 因可归责于债务人之事由,致为不完全给付者,债权人得依关于给付迟延或给付不能之规定行使其权利。 II 因不完全给付而生前项以外之损害者,债权人并得请求赔偿。
类似契约请求权	表见代理	第 169 条	以自己之行为表示以代理权授与他人,或知他人表示为其代理人而不为反对之表示者,对于第三人应负授权人之责任。但第三人明知其无代理权或可得而知者,不在此限。
	无权代理	第 110 条	无代理权人,以他人之代理人名义所为之法律行为,对于善意之相对人,负损害赔偿之责。
	缔约过失	第 245 条之 1	I 契约未成立时,当事人为准备或商议订立契约而有左列情形之一者,对于非因过失而信契约能成立致受损害之他方当事人,负赔偿责任: 一、就订约有重要关系之事项,对他方之询问,恶意隐匿或为不实之说明者。 二、知悉或持有他方之秘密,经他方明示应予保密,而因故意或重大过失泄露者。 三、其他显然违反诚实及信用方法者。 II 前项损害赔偿请求权,因二年间不行使而消灭。

(续表)

	项目	条文	内容
	无因管理	第172条	未受委任,并无义务,而为他人管理事务者,其管理应依本人明示或可得推知之意思,以有利于本人之方法为之。
		第176条	Ⅰ 管理事务,利于本人,并不违反本人明示或可得推知之意思者,管理人为本人支出必要或有益之费用,或负担债务,或受损害时,得请求本人偿还其费用及自支出时起之利息,或清偿其所负担之债务,或赔偿其损害。 Ⅱ 第一百七十四条第二项规定之情形,管理人管理事务,虽违反本人之意思,仍有前项之请求权。
		第177条	Ⅰ 管理事务不合于前条之规定时,本人仍得享有因管理所得之利益,而本人所负前条第一项对于管理人之义务,以其所得之利益为限。 Ⅱ 前项规定,于管理人明知为他人之事务,而为自己之利益管理之者,准用之。
物权请求权	所有物返还请求权	第767条	Ⅰ 所有人对于无权占有或侵夺其所有物者,得请求返还之。对于妨害其所有权者,得请求除去之。有妨害其所有权之虞者,得请求防止之。 Ⅱ 前项规定,于所有权以外之物权,准用之。
	占有返还请求权	第962条	占有人,其占有被侵夺者,得请求返还其占有物;占有被妨害者,得请求除去其妨害;占有有被妨害之虞者,得请求防止其妨害。
不当得利请求权	不当得利	第179条	无法律上之原因而受利益,致他人受损害者,应返还其利益。虽有法律上之原因,而其后已不存在者,亦同。
侵权行为请求权	侵权行为(特别侵权行为请自行参阅)	第184条	Ⅰ 因故意或过失,不法侵害他人之权利者,负损害赔偿责任。故意以背于善良风俗之方法,加损害于他人者亦同。 Ⅱ 违反保护他人之法律,致生损害于他人者,负赔偿责任。但能证明其行为无过失者,不在此限。

请求权规范系由请求权基础、补助规范、对抗性规范共同构成。应精确认识每一个请求权基础的构造(构成要件及法律效果),理解每一个概念用语、法律上利益衡量和价值判断。例如:

1. 在契约请求权应区别原给付请求权(契约履行请求权的发生、消灭、抗辩)和次请求权(损害赔偿请求权、解除契约回复原状请求权)。

2. "民法"第245条之1关于缔约上过失责任,为何限于"契约未成立时",限缩其适用范围?立法理由何在?有无修正必要?

3. 建构无权代理的要件(须否具有过失?)、效果(履行利益或信赖利益),限制行为能力人应否负无权代理责任?

4. 在无因管理,如何区别管理人违反或未违反本人明示或可得推知意思而为事务的要件及效果(适法无因管理、不适法无因管理、不法管理)?

5. 如何认定不当得利无法律上原因,受利益,致他人受损害?如何建构给付不当得利与非给付不当得利?

6. 在侵权行为,"民法"为何不规定"因故意或过失不法侵害他人者,应负损害赔偿责任"?而于"民法"第184条设第1项前段、第1项后段及第2项规定,其立法理由及解释适用的问题。

兹将法之适用上的案例与请求权基础图示如下,作为案例研习的思考模式:

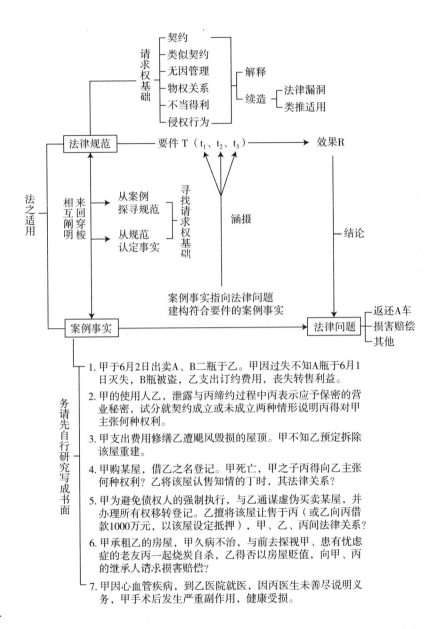

1. 甲于6月2日出卖A、B二瓶于乙。甲因过失不知A瓶于6月1日灭失，B瓶被盗，乙支出订约费用，丧失转售利益。
2. 甲的使用人乙，泄露与丙缔约过程中丙表示应予保密的营业秘密，试分就契约成立或未成立两种情形说明丙得对甲主张何种权利。
3. 甲支出费用修缮乙遭飓风毁损的屋顶。甲不知乙预定拆除该屋重建。
4. 甲购某屋，借乙之名登记。甲死亡，甲之子丙得向乙主张何种权利？乙将该屋认售知情的丁时，其法律关系？
5. 甲为避免债权人的强制执行，与乙通谋虚伪买卖某屋，并办理所有权移转登记。乙擅将该屋让售于丙（或乙向丙借款1000万元，以该屋设定抵押），甲、乙、丙间法律关系？
6. 甲承租乙的房屋，甲久病不治，与前去探视甲、患有忧虑症的老友丙一起烧炭自杀，乙得否以房屋贬值，向甲、丙的继承人请求损害赔偿？
7. 甲因心血管疾病，到乙医院就医，因丙医生未善尽说明义务，甲手术后发生严重副作用，健康受损。

需再强调的是，法律的生命在于具体案例，案例体现变动中的社会生活。经由案例学习法律，运用想象力去构思案例，对于制定法律、适用法律具有重要的意义。

第二款　案例研习解题思考、案例解说

本章的目的在于以案例研习来学习法之适用,属于法律思维的实践。其主要内容:

1. 依"民法"上请求权基础的检查次序,加以论述。

2. 采用请求权基础鉴定体裁的方法。

3. 案例研习的目的在于培养思考方法、法之适用的能力,特别增加关于民法总则(契约上请求权)的案例,希望初习法律的人,亦能理解。开始上民法总则课程,即应以简单案例[例如甲将乙所借之书出售于丙(知情或不知情)并移转其所有权]讲解请求权基础的思维方法:谁得向谁有所请求,其请求权基础?

4. 本书案例多采自"最高法院"判决,期能结合理论与实务,特别重视法之适用的论证。论证是法之适用的核心,攸关解题(或法院判决)的质量。学习法律就是学习如何论证!

5. 案例研习包括三个部分:

(1)案例:研读案例,理解案例最为重要。

(2)解题思考:认识案例的法律问题,发现问题重点,构思解题架构,训练在脑中建构思考路径。

(3)案例解答:本书提供的案例解答仅供参考。务请先自己解题(写成书面!),再与本书提供的案例解说对照比较,并加以检讨修正,而能有自己的见解。要再强调的是,精确引用条文(适用或类推适用)。

最后要提醒的是,读十个案例,不如认真写一个案例研习!数人一起讨论,效用最大。培养法律思维能力,终身受益。需再强调的是,本书的案例、体系、图表要用心理解,不要强行记忆。

第二节　契约上的请求权

第一款　基本理论

一、私法自治、法律行为和契约

契约上的请求权体现私法自治及社会经济活动,最属重要,并常为其

他请求权的前提问题,通常应最先加以检查。契约是一种债之关系,规定于"民法"债编。契约是法律行为,由一方当事人的要约与他方当事人的承诺两个意思的合致所构成(第153条),适用"民法"总则第四章的法律行为和意思表示的规定(第71条至第118条),从而契约上请求权在体系上应综合适用"民法"总则与债编的相关规定。

二、契约上的请求权:原请求权与次请求权

基于债权契约而生的请求权(契约上请求权),可分为两个基本类型:①履行请求权(原契约请求权,primäre Vertragsansprüche):如买受人得向出卖人请求交付其物并移转其所有权(第348条),出卖人得请求买受人支付价金,并受领标的物(第367条)。②次契约请求权(sekundäre Vertragsansprüche):债务不履行损害赔偿请求权,因契约解除而发生的回复原状请求权(第259条)。

契约上请求权系基于一定契约而发生,通常应先认定该契约的类型,究为何种有名契约、无名契约或混合契约,因其与契约的成立、效力(如方式)、强制规定或任意规定的适用有关。请求权基础的探寻,与契约类型的认定,在思考上常同时进行。如甲受雇于乙,为乙补习英文1个月,报酬1万元,乙因病不能上课时,甲得否请求报酬? 其请求权基础为第487条规定:"雇用人受领劳务迟延者,受雇人无补服劳务之义务,仍得请求报酬。但受雇人因不服劳务所减省之费用,或转向他处服劳务所取得,或故意怠于取得之利益,雇用人得由报酬额内扣除之。"在检讨甲的请求权时,须同时认定当事人所订立的是雇佣契约。倘甲系为乙作人身的画像,乙因病不能受领时,无第487条规定的适用,盖甲与乙所订立的契约系属承揽,而非雇佣。

三、债权行为与物权行为:负担行为与处分行为

查阅法律规定,说明下列问题:

1. 甲将A屋与B车出卖于乙,并移转其所有权,共有多少法律行为? 何谓负担行为与处分行为? 物权行为与准物权行为?

2. 在情形1,甲与乙间的买卖契约不成立、无效或被撤销时,甲与乙间的法律关系如何? 说明其请求权基础。

3. 在情形2,乙已将A屋与B车出卖于善意之丙并移转其所有

权时,当事人间的法律关系应依何次序检查？谁得对谁主张何种权利？

(一)债权行为与物权行为

契约一般系指债权契约,又称为债权行为或债务行为。此外尚有所谓的物权行为。物权行为指直接引起物权变更的法律行为,包括物权契约(如所有权的移转,担保物权、用益物权的设定)和单独行为(如抛弃物权)。第758条规定:"不动产物权,依法律行为而取得、设定、丧失及变更者,非经登记,不生效力。前项行为,应以书面为之。"本条所称法律行为系指物权行为。第761条第1项规定:"动产物权之让与,非将动产交付,不生效力。但受让人已占有动产者,于让与合意时,即生效力。"本条所称让与合意指物权契约。物权行为亦适用"民法"总则关于法律行为及意思表示的规定。认识及区别债权行为(负担行为)与物权行为(处分行为)对于学习民法,适用民法,最属重要。在某种意义上,可以说不能区别认识此两类法律行为,即不懂民法,不能适用民法处理案例。

例如甲出卖A屋及B车给乙,并让与其所有权。出卖A屋及B车系买卖契约、债权行为(负担行为),让与其所有权系物权行为(处分行为)。关于二者的关系,应说明的有四点：

1. 负担行为与处分行为:债权行为(债务行为)又称为负担行为,债之关系(如买卖、雇用等)的当事人负有作为或不作为的义务。与负担行为应予区别的是处分行为。处分行为,系直接引起权利得丧变更的法律行为,除物权行为外尚包括准物权行为(如债权让与)。

2. 物权行为之无因性:物权行为具有无因性,即物权行为不因债权行为(原因行为)不成立、无效、被撤销而受影响。在前举之例,设甲与乙间的买卖契约不成立(无效或被撤销)时,移转A屋与B车的物权行为仍属有效。在此情形,乙受有A屋与B车所有权的利益,系无法律上原因,应依不当得利规定负返还义务(第179条)。甲对乙不能主张所有物返还请求权(第767条),仅能主张不当得利请求权(债权请求权)。乙将A屋与B车的所有权让与丙时,系属有权处分。

3. 物权行为标的的特定:债权行为得以多数的物为客体,如出卖A屋和B车。物权行为采客体特定主义,即须就个别之物作成物权行为。在前举之例,甲与乙间有一个出卖A屋与B车的买卖契约,有两个物权行为:一是移转 A 屋所有权的物权行为,二是移转 B 车所有权的物权行为。

4. 物权行为的处分权:物权行为须有处分权(如所有权),或经权利人(所有权人)授权,否则成立无权处分(第 118 条)。债权行为(尤其是买卖契约)不以出卖人有处分权为必要,从而出卖他人之物,亦属有效。出卖他人之物非属无权处分。

(二) 实务发展:两个重要案例

需特别指出的是,"最高法院"关于两个争议性的处分行为作出了重要的决议:

1. 借名登记:2017 年 2 月 14 日"最高法院"2017 年度第 3 次民事庭会议决议

院长提议:借名人甲与出名人乙就特定不动产成立借名登记关系,乙未经甲同意,将该不动产所有权移转登记于第三人丙,其处分行为效力如何?

甲说(有权处分说):不动产借名登记契约为借名人与出名人间之债权契约,出名人依其与借名人间借名登记契约之约定,通常固无管理、使用、收益、处分借名财产之权利,然此仅为出名人与借名人间之内部约定,其效力不及于第三人。出名人既登记为该不动产之所有权人,其将该不动产处分移转登记于第三人,自属有权处分。

乙说(原则上有权处分,例外于第三人恶意时无权处分):借名登记契约乃当事人约定,一方(借名人)经他方(出名人)同意,而就属于一方现在或将来之财产,以他方之名义,登记为所有人或其他权利人。出名人在名义上为财产之所有人或其他权利人,且法律行为之相对人系依该名义从形式上认定权利之归属,故出名人就该登记为自己名义之财产为处分,纵其处分违反借名契约之约定,除相对人系恶意外,尚难认系无权处分,而成立不当得利。

丙说(无权处分说):出名人违反借名登记契约之约定,将登记之财产为物权处分者,对借名人而言,即属无权处分,除相对人为善意之第三人,应受善意受让或信赖登记之保护外,如受让之相对人系恶意时,自当依第 118 条无权处分之规定而定其效力,以兼顾借名人之利益。

以上三说,应以何说为当?请决议。

决议:采甲说(有权处分说)。

2. 债权双重让与:2016年10月25日"最高法院"2016年度第15次民事庭会议决议

讨论事项:2015年民议字第5号提案。

民六庭提案:债权人将其对债务人之债权出让,并为转让后,复将该债权出让于第三人,并转让之(下称债权双重让与),该第二次债权转让(让与)行为之效力如何?

甲说(有效说):在第二债权让与之通知先于第一债权让与之通知到达前,债务人未向第二受让人清偿或作出其他免责行为时,得依其选择第二受让人为债权人,或以自己危险,向第一受让人清偿。

乙说(无效说):债权之双重让与,第二受让人系受让不存在之债权,乃以不能之给付为契约标的,应适用或类推适用第246条第1项之规定而无效。

丙说(通知生效说):债权人先对债务人通知第二次让与之事实,即对债务人生效。

丁说(效力未定说):在债权双重让与之场合,先订立让与契约之第一受让人依"债权让与优先性"原则虽取得让与之债权,但第二受让人之让与契约,并非受让不存在之债权,而系经债权人处分现仍存在之他人(第一受让人)债权,性质上乃无权处分,依第118条规定,应属效力未定。

以上四说,应以何说为当?请决议。

决议:采丁说(效力未定说)。

实务上两个重要的决议,旨在统一法律见解。债权双重让与系双重处分行为,前者为有权处分,后者为无权处分,"最高法院"改采效力未定说,可资赞同。关于借名登记,采有权处分说,系从内部关系立论。问题在于采此见解,第三人恶意亦可取得不动产所有权,不足保护借名人。作此决议或在吓阻借名登记,亦未可知。

(三)体系构成

负担行为(债权行为)、处分行为(物权行为)与准物权行为(债权让与),系民法法律行为上的核心制度(民法上的"任督二脉")。需再强调的是,需能明辨二者,始能认识民法的体系构造,正确适用法律。图解如下:

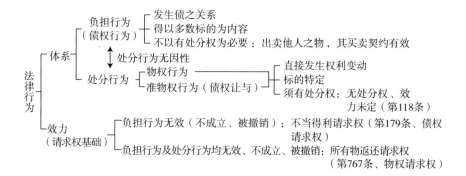

第二款 契约履行请求权

第一项 思考方法

一、契约类型、给付义务、附随义务

契约履行请求权系"原给付请求权",应先于债务不履行损害赔偿等"次给付请求权"加以检查。第 199 条第 1 项规定:"债权人基于债之关系,得向债务人请求给付。"就契约言,乃指此种履行请求权而言。在双务契约,双方当事人各有其给付请求权,如在雇佣契约,受雇人有服劳务义务,雇用人有给付报酬的义务(第 482 条)。在单务契约,则仅一方当事人有给付请求权,如在赠与,仅受赠人得向赠与人请求移转其赠与之财产(第 406 条)。履行请求权种类甚多,在此无法一一列出,请读者自行整理研究:

1. 认定契约的类型:有名契约、无名契约;双务契约、单务契约;有偿契约、无偿契约。
2. 契约上的义务群:各该契约的给付义务(主给付义务、从给付义务)、附随义务(保护、说明、通知、协力等义务)。

二、三个思考问题

关于契约履行请求权,是一种动态发展的过程,在处理案例时,应区别三个问题,依下列次序加以思考检查:

1. 契约履行请求权是否发生？
2. 契约履行请求权是否消灭？
3. 契约履行请求权得否实现？

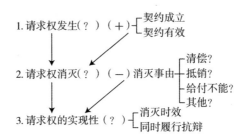

此种请求权发生、消灭、实现性的对立性关系对于法律学习、法律实务甚为重要，将于相关案例作较详细的说明。

第二项　契约履行请求权的发生

一、契约成立的规范机制

（一）体系构成

契约履行请求权因契约成立而发生。关于契约成立（缔结契约），第153条规定："当事人互相表示意思一致者，无论其为明示或默示，契约即为成立。当事人对于必要之点，意思一致，而对于非必要之点，未经表示意思者，推定其契约为成立，关于该非必要之点，当事人意思不一致时，法院应依其事件之性质定之。"所谓"当事人互相意思表示一致"，指一方的要约与他方的承诺，二者皆为意思表示，从而关于契约成立应适用"民法"总则关于意思表示（第86条以下）及债之通则的规定（第153条至第163条）加以认定。兹整理契约成立的机制如下（请查阅相关条文）：

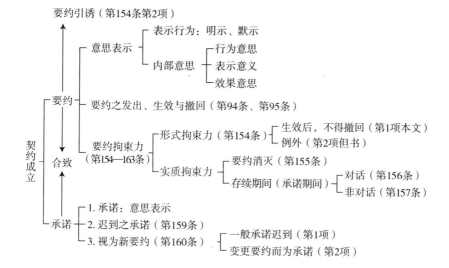

请再研读契约成立机制的相关条文。处理案例时,请参照前揭图示,认定其涉及的问题争点(按图索骥)。例如:

1. 甲对乙表示,愿意购买乙在橱窗标价的衣服时,买卖契约是否成立?
2. 甲向乙购买某车的信件到达乙之后,在乙承诺前,甲得否撤回?
3. 甲在网络上标卖某稀有邮票,究为要约,抑为要约引诱,如何认定?
4. 甲有事外出,请邻居乙照顾 6 岁之丙,乙欣然同意。乙疏于照顾致丙受伤时,甲或丙得向乙主张何种权利?

(二)实务案例

1. 契约类型:借名登记契约

何谓借名登记契约?有名或无名契约?出名人死亡时,借名人得否或如何向其继承人请求返还借名登记的房屋?继承人将房屋让与知情之第三人时,其法律关系?说明其请求权基础。

关于契约履行请求权,"民法"就有名契约设有规定(如买卖契约,第348条、第367条)。在无名契约,得类推适用类似的有名契约的规定。无类似的有名契约可资类推适用时,得以该契约作为请求权基础。实务中具有争议的是所谓的借名登记契约,分三点言之:

(1)无名契约的性质:借名登记契约系当事人约定,一方(借名者)经他方(出名人)同意,而就属于一方现在或将来之财产,以他方名义,登记为所有人或其他权利人,实质上仍由借名人享有该财产之使用、收益及处分权,并负担因此所生之义务,系无名契约之一种,性质上与委任相似,尚难认系要物契约(2015年台上字第64号)。借名登记契约其性质与委任契约类同,非必为有偿契约,并应类推适用委任关系终止、消灭之规定(2008年台上字第2445号)。

(2)借名登记契约的效力及举证责任:"借名登记"者,谓当事人约定一方将自己之财产以他方名义登记,而仍由自己管理使用、处分,他方允就该财产为出名登记之契约。倘其内容不违反强制禁止规定或公序良俗者,应赋予无名契约之法律上效力。证明借名登记契约成立之证据资料,不以直接证据为限,倘综合其他情状,证明一方出资取得财产登记他方名下后,仍持续行使该财产之所有权能并负担义务者,非不得凭此等间接事实,推理证明彼等间存有借名登记契约(2016年台上字第600号)。

(3)出名人的有权处分:不动产借名登记契约为借名人与出名人间之债权契约,出名人依其与借名人间借名登记契约内容之约定,通常固无管理、使用、收益、处分借名财产之权利。然此债权契约为出名人与借名人间之内部约定,其效力不及于第三人。出名人既登记为该不动产之所有权人,其将该不动产处分并移转于第三人,自属有权处分,无无权处分可言(2014年台上字第1518号、"最高法院"2017年度第3次民事庭决议)。依此见解,第三人纵非善意,亦得取得该不动产所有权。

2. 预约与本约

何谓预约、本约?如何区别?甲与乙约定买卖A屋,但对付款方式及移转所有权等表示将于某日协议约定,在此之前,出卖人甲将A屋所有权移转于丙,乙得对甲主张何种权利?

契约有预约与本约之分,两者异其性质及效力。预约权利人仅得请求对方履行订立本约之义务,不得径依预定之本约内容请求履行。又买卖预约,非不得就标的物及价金范围先为拟定,作为将来订立本约之张本,但不得因此即认买卖本约业已成立(1972年台上字第964号判例)。系争协议虽约定买卖标的物及买卖总价,惟关于付款方法及系争标的物移转等重要事项,均有待两造于2011年3月15日前签订买卖协议书以约定之,堪认系争协议书为买卖契约之预约,两造负有于同年3月15日前以系争协议为张本签订买卖契约书之买卖本约之义务(2017年台上字第480号)。

契约当事人一方请求他方订立本约,系以请求他方履行本约为其最终目的。设买卖预约之出卖人,于订约后将买卖标的物之不动产所有权移转于第三人,其对于买受人所负移转所有权之义务,即陷于给付不能之状态,而买卖预约未经当事人合意解除或失其效力前,预约当事人仍负有订立本约之义务。预约之出卖人如不订立本约,纵发生给付不能之情形,预约之买受人非不得请求预约出卖人赔偿因违反预约所受之损害(2009年台上字第1711号)。

据前述"最高法院"判决可知:

(1)预约买卖之买受人,对预约出卖人有履行预约的请求权,但无履行本约的请求权。

(2)给付不能时(如预约买卖标的物灭失),预约买受人对预约出卖人有损害赔偿请求权。但不发生违反本约的损害赔偿请求权。

3. 意思合致与契约内容

> 何谓契约的要素、常素、偶素?何者需要意思合致?物之出卖人与买受人未约定价金、履行时间、地点,应如何处理?

依契约自由原则,契约之双方当事人虽得再订立契约,使原属有效之契约向将来发生归于无效(合意终止),惟其成立要件仍应依第153条之规定。依该条规定,当事人对于必要之点必须意思一致,始能成立。所谓必要之点,通常固指契约之要素(主给付义务、买卖契约的标的物、价金),但对于契约的常素(通常的因素,如履行时、履行地)或偶素(如运费或包装),当事人之意思如特别注重时,该常素或偶素亦可成为必要之点(2010年台上字第60号)。专利技术投资合作契约之成立,除一方出资金额及分配股权比例为必要之点外,就他方对等出资方式之专利权及其延伸权利归属,直接攸关该合作契约之实质内容,影响双方权利义务,自亦为合作契约必要之点(2014年台上字第22号)。非必要之点当事人意思不一致时,应由法院依事件之性质定之,并适用相关的任意规定。

4. 要约拘束力

> 甲对乙表示出卖A古董,并声明不受其拘束。在乙为承诺前,甲将A古董所有权移转于丙,乙得否请求甲负违约责任?

第154条第1项规定:"契约之要约人,因要约而受拘束。但要约当时预先声明不受拘束,或依其情形或事件之性质,可认当事人无受其拘束之意思者,不在此限。"本条所称"因要约而受拘束",指形式拘束力,即要约生效后,不得再为撤回(撤销)。所称当事人无受其拘束之意思,究指要约不具形式拘束力,抑或根本不成立要约,尚有争论。"最高法院"2016年台上字第2360号判决谓:"当事人就其意思表示,倘依客观情形判断,并无受其拘束之意思,即不应解为要约。"在此情形,相对人自不得对之为承诺。

5. 标卖之表示:要约之引诱？要约?

标卖之表示,究为要约之引诱,抑或为要约,无法律明文规定,应解释为依标卖人之意思定之。依普通情形而论,标卖人无以之为要约之意思,应解为要约之引诱,但标卖之表示,如明示与出价最高之投标人订约者,除别有保留外则应视为要约,出价最高之投标即为承诺,买卖契约因之成立,标卖人自负有出卖人之义务(1944年永上字第531号判例、2007年台上字第638号)。

案例〔1〕契约与好意施惠行为

> 甲系乙的邻居,任职于机场附近,获知乙将于某日搭乘飞机外出洽谈商务,因乙于数日前曾协助甲搬家,甲乃向乙表示愿意送机,乙欣然表示感谢。试问:
>
> 1. 乙得否向甲请求履行送机? 设甲未能送机时,乙得否向甲请求赔偿额外支出交通费用?
>
> 2. 甲接送乙到机场途中,因过失发生车祸,乙受伤住院支出医疗费用,或未能如期出行完成商务谈判遭受损失时,乙得否向甲请求损害赔偿?

一、解题思考

(一)契约与好意施惠行为

本案例涉及契约与好意施惠行为的区别。① 在一个关于股票营业员未能详为查证资料,提供错误讯息案中,"最高法院"认为:"上诉人自

---

① 关于好意施惠行为的概念,参见拙著:《债法原理》,北京大学出版社2022年重排版,第186—187页。

行于网络得悉换股讯息,以电话委请被上诉人营业员邱○琍查询二家公司有无确定换股及换股日期,邱○琍本无查证义务,且该事项非为达委托买卖有价证券目的而担保债之效果完全实现所应为之义务,与主给付义务毫无必要关联,亦不具辅助功能,自非系争契约之附随义务。邱○琍代为询问显欠缺法律行为之效果意思,纯粹是契约以外之请托、'好意施惠'行为,两造并非另成立一委任契约,上诉人主张被上诉人未告知仅限内部换股,有债务不履行之情事,即非可采,亦无任何债务不履行责任,更不构成缔约上过失责任。又'好意施惠'之一方,若因故意或过失不法侵害相对人之权利者,仍应就其'故意或过失'不法侵害他人权利之行为,负损害赔偿责任。若施惠者未侵害相对人之'权利',仅因其不为履行或不为完全履行,致相对人受'纯粹经济上损失',施惠者既非侵害相对人之'权利',自不构成'民法'第184条第1项前段之侵权行为。"(2014年台上字第848号,"最高法院"赞同原审见解。)

社会生活中的好意施惠行为甚为常见,例如邻居外出,好意看顾小孩,因疏失致小孩受伤。甲好意为乙邮寄函件,迟未寄出,致不发生解约买卖契约的效力。甲好意代乙签特定号码乐透,因误写号码,致未中大奖。在此等情形,甲与乙之间有何法律关系?之所以参照"最高法院"判决设计例题,其目的在于连接实务,认识法院见解及法律适用上的论证。

法院评议通常系采鉴定体裁,再作成判决,即以鉴定的思考方法作为判决基础,试就本件判决,模拟法院的评议过程:

　　甲法官:乙的请求权基础,究系契约或侵权行为?
　　乙法官:何种契约?送机系无偿委任,抑或其他有名、无名契约?
　　丙法官:问题在于甲提供送机服务,究系契约抑或好意施惠行为?二者如何区别?
　　丁法官:此乃解释问题,先要有认定标准。
　　戊法官:本案似可认系好意施惠行为,因为……
　　丁法官:依谁的立场加以解释,施惠者、相对人或客观第三人?
　　戊法官:关于侵权行为,应系适用第184条第1项前段规定。
　　甲法官:好意施惠行为系属无偿,宜否限制侵权责任?
　　乙法官:这确是一个值得考虑的问题,如何限制?得否认定默示排除责任?或限于故意或重大过失?

基于评议所获共识,作成判决。

(二)解题构造

案例研习,先要有解题思考,并以此为基础,拟定简明解题构造(解题架构),整理思路,凸显问题重点。兹将本案例的解题思考简示如下:

> 一、契约责任
> (一)乙得否向甲依"民法"第528条之规定请求送机?
>   1. 请求权发生
>   (1)委任契约?
>   (2)好意施惠行为?
>   (3)判断基准
>   (4)结论:好意施惠行为
>   2. 乙不得向甲依"民法"第528条之规定请求送机
> (二)乙得否向甲请求未送机的损害赔偿?
>   1. 无契约上请求权:乙与甲间不成立委任契约
>   2. 缔约上过失:无"民法"第245条之1的适用
> 二、侵权责任
> (一)乙得否向甲依"民法"第184条第1项前段之规定请求损害赔偿?
>   1. 责任要件
>   2. 责任效果
>   (1)责任限制?
>   ①默示免责?
>   ②限于故意或重大过失:无偿性?
>   (2)身体健康受侵害的损害赔偿(+)
>   (3)更改班机费用:纯粹经济上损失(-)
>   (4)丧失缔约的损失:纯粹经济上损失(-)
> (二)乙得向甲依"民法"第184条第1项前段之规定请求身体健康受侵害的损害赔偿

二、解答(请先自行解答)

(一)乙得否向甲依第528条规定请求甲送机?或请求未送机的损害赔偿?

1. 乙得向甲依第528条关于委任契约的规定请求送机,须双方相互意思表示一致成立契约(第153条)。问题在于甲对乙表示于某日送机是否成立允为他人处理事务的委任契约(第528条),抑仅为好意施惠行为,其关键在于甲有无法律上受拘束的效果意思。此应探求当事人真意,依诚实信用原则、交易惯例,并斟酌行为的性质、目的、理由、有偿或无偿及责任风险等加以解释认定(第98条)。须强调的是,当事人意思表示的解释,不能单从表意人的立场观点,而应依合理第三人、客观受领人的立场加以认定。

甲对乙表示提供送机服务,系出于回报乙曾帮助搬家,乃社会生活人情之常,具无偿性。外出洽谈商务,涉及较大风险,甲应无承担此种风险的意思。

综据上述,应认甲对乙表示送机,欠缺受法律约束的效果意思,不成立契约,乃属好意施惠行为。乙不得向甲依第528条规定请求送机。

2. 甲与乙间不成立委任契约,不发生甲未送机的债务不履行的损害赔偿责任。

3. 甲与乙间的好意施惠行为,不涉及当事人为准备或磋商订立契约,不成立第245条之1规定的缔约上过失责任。乙就其因甲未送机致额外支出的交通费,不得向甲请求损害赔偿。

(二)乙得否依第184条第1项前段规定,向甲请求因甲过失发生车祸所生的损害赔偿?

乙得向甲依第184条第1项前段规定,请求因甲过失发生车祸所生的损害赔偿,其要件系甲因故意或过失不法侵害乙的权利。首须认定的是,在好意施惠行为,加害人的责任是否受有限制。

应先考虑的是责任的排除,此须基于甲与乙间的合意,应由被害人负举证责任。本件案例并无可供认定甲与乙间有明示或默示排除责任的约定。

或有认为好意施惠行为系属无偿,应参照无偿契约的规定,将侵权责任限于重大过失或违反应尽善良管理人的注意义务。此项见解虽具有意义,但现行"民法"就无偿契约的归责事由,有明定为故意或重大过失(赠与,第410条),有明定应尽与处理自己事务同一的注意义务(委任,第535),并未有一般的法律原则,可以类推适用于侵权行为。在好意施惠行为,施惠者仍应尽善良管理人的注意义务,保护他人的权利不受侵害。

甲在送机途中,因发生车祸侵害乙的身体健康(人格权益),具有不法性。乙因其身体健康受侵害致支出医疗费用,具有相当因果关系。甲开车具有过失。乙得依第184条第1项前段规定向甲请求损害赔偿。

乙因身体健康住院不能外出进行商务谈判受有损害,不具相当因果关系。此属纯粹经济上损失而非权利受侵害。乙不得向甲依第184条第1项前段规定请求损害赔偿。

案例〔2〕法律系学生租屋被拒

甲住澎湖,考上台北某大学,急于寻找租屋。某日在大学附近发现乙在某公寓前张贴租屋广告:"A屋出租:10坪套房,厨浴俱全,租金每月10000元,水电另计,租期最少一年,即可入住。"甲入内参观,甚为满意。甲三日后到乙处,表示租屋,同意所提条件,并郑重表明自己是法律系学生。乙回答:"不愿出租给法律系学生。"甲表示乙有歧视,坚持租赁契约成立,乙有交屋义务,有无理由?

一、解题思考

(一)要约与要约引诱

关于契约成立,首先须区别好意施惠行为与契约,其次应明辨要约的引诱与要约。要约与要约引诱二者不易区辨,"民法"特就两种常见的争议问题明文加以规定。"民法"第154条第2项规定:"货物标定卖价陈列者,视为要约。但价目表之寄送,不视为要约。"所谓不视为要约,系指要约的引诱。货物标价视为要约,但要约人得预先声明不受拘束(例如标示货物为样本,第154条第1项但书)。报纸上常见各种人事广告、房屋买卖、房屋出租广告,特设本例说明要约与要约引诱的区别,以及其所涉的私法自治、契约自由原则。

(二)解题构造

```
一、甲得否向乙依"民法"第423条规定请求交付A屋
  (一)租赁契约?甲与乙相互意思表示一致(第153条)
    1. 乙的要约?
      (1)要约:受法律上拘束的意思表示
      (2)出租房屋系对公众邀约:要约引诱
      (3)不成立要约(-)
    2. 甲的要约
      (1)受拘束的意思表示:要约
      (2)要约发出:对话
      (3)要约生效:乙了解(第94条)
    3. 乙的承诺
      (1)乙拒绝承诺
      (2)要约消灭
  (二)租赁契约不成立
二、甲不得向乙依"民法"第423条规定请求交付A屋
```

二、解答

1. 甲得向乙依"民法"第423条规定请求交付A屋,须甲与乙间要约与承诺两个意思表示相互一致成立租赁契约。

首须认定的是,乙出租A屋的广告是否为要约。要约系欲以一定可确定的要素(如买卖标的物与价金)与相对人成立契约,在法律上受拘束的意思表示。乙出租A屋的广告内容包括标的物及租金,虽具可确定的要素,但因系对公众为邀约,不具在法律上受拘束的意思。之所以如此解释,其理由有二:若属要约,乙将与任何为承诺之多数人成立契约,承担不能履行的违约责任。是否成立租赁契约亦须考虑相对人的性质、支付能力等。乙出租A屋的广告非属要约而系要约引诱。

甲因乙的要约引诱而对乙为表示愿以所提条件承租A屋,其内容可得确定,并具受法律上拘束的意思,应认系对乙为对话要约,因乙的了解而发生效力(第94条)。乙对甲表示不愿出租,系拒绝甲的要约。要约经拒绝者,失其拘束力(第155条),要约归于消灭。因此在甲与乙间并未因要约与承诺相互一致表示而成立租赁契约。

值得提出的是,甲认乙以其系法律系学生拒绝租屋,具有歧视性。拒绝要约不必说明理由,乃在体现缔约自由。乙对甲表示:"不愿出租于法律系学生。"或系基于以前经验,或为避免纠纷,或出于其他缘由,非径可认为具有歧视性。拒绝缔约的理由纵使具有歧视性,并不因此使乙负有缔约的义务,甲与乙间不成立租赁契约。

2. 甲不得向乙依"民法"第423条规定请求交付A屋。

案例〔3〕遗失的意思表示

甲教授预定在退休后到乡间居住,专心写作,乃与乙商议租赁其在某地的A屋。某日甲接到乙的信件,表示愿依商议内容,自某日起,以每月3万元出租A屋,为期三年,并于某月某日支付租金。甲即写好回函表示同意,贴好邮票。在寄出回函前,甲以18%优惠利率将被取消,租金偏高,尚需考虑,乃将该信放在研究室办公桌上,外出讲学。甲新来的研究助理丙发现该信,认为甲教授忘记寄出,乃代为投邮。甲教授一周后回来,接到乙的信件,表示准备交屋,请于某日支付租金,并特别表示因尊重教授,拒绝他人高价租屋的要约。甲教授以该租屋函件非其寄发,不成立租赁契约。乙得否向甲教授请求支付租金?

一、解题思考

(一)意思表示的发出

"民法"第95条规定:"非对话而为意思表示者,其意思表示,以通知达到相对人时,发生效力。但撤回之通知,同时或先时到达者,不在此限。表意人于发出通知后死亡或丧失行为能力或其行为能力受限制者,其意思表示,不因之失其效力。"由此可知,意思表示发生效力,须以"发出"通知为必要,未经"发出"的意思表示被称为遗失的意思表示,例如要约的信函在发出前遗失,被他人拾而寄出。遗失的意思表示的效力如何,能否成立契约,发生何种法律效果,涉及意思表示的基本问题,经常被提出讨论。

(二)解题构造

> 乙得否向甲依"民法"第439条规定请求支付3万元租金?
> 一、租赁契约:请求权发生
> 　(一)乙的要约(+)
> 　(二)甲的承诺?
> 　　1. 承诺意思表示的作成?
> 　　2. 承诺发出?
> 　　　(1)甲未发出?
> 　　　(2)丙代为寄出?
> 　　　　①丙非表示使者
> 　　　　②未经由丙而发出
> 　　3. 甲因其过失而受拘束?
> 　　4. 意思表示未发出,不发生效力(−)
> 　(三)甲的承诺不发生效力,不成立租赁契约
> 二、乙对甲无"民法"第439条的租金请求权

二、解答

1. 乙得向甲依"民法"第439条规定请求支付租金,若甲与乙因要约与承诺互相表示意思一致而成立租赁契约(第153条)。

乙致函于甲表示愿以每月3万元出租A屋,为期3年,其内容确定,系属对甲的要约。问题在于甲的承诺。

承诺系须受领的意思表示,在非对话要约,于其通知到达相对人时发生效力(第 95 条)。甲作成信函,同意乙所提出缔约内容,客观上具有承诺的要件,主观上亦有行为意思、表示意思及效果意思,应认甲有对乙为承诺的意思表示。关键在于此项承诺的意思表示是否因发出到达乙而发生效力。

意思表示的发出,系指表意人将其意思表示发送给相对人,使其能到达相对人,邮寄、传真函件为其典型情形。甲教授完成信函,放置桌上未为寄出,并未自为意思表示的发出。意思表示得由传达使者而发出。丙系甲教授的助理,未受甲的指示,亦无其他情况可认其系甲教授的表示使者,其邮寄信函非可认系甲教授承诺意思表示的发出。

值得提出的是,甲教授将贴好邮票的信函放在研究室桌上,得否认其具有过失,而将丙的寄出信函归责于甲,使甲教授受其拘束。表意人关于意思表示发出的过失,或得引发表意人应否就相对人信赖意思表示有效而受的损害的赔偿问题,但对意思表示未经发出的认定,不生影响。①

甲教授对乙要约的承诺不发生效力,未成立租赁契约。

2. 乙不得向甲教授依"民法"第 439 条规定请求支付 3 万元租金。

案例〔4〕表示使者与受领使者

甲喜好收集科技产品,于 3 月 10 日接获乙的信件,表示愿以 10 万元出售某 iPhone I,但须于 3 月 15 日前承诺。甲出差到外地,难与乙联络,于 3 月 14 日以微信告知其友人丙,于 3 月 15 日携带 1 万元到乙宅,表示其愿购以 10 万元买 iPhone I,以 1 万元作为定金。丙于 3 月 15 日上午 10 时到乙宅,适乙外出,丙乃将 1 万元支付给乙之妻丁,并告知甲欲购买 iPhone I。丁迟至 3 月 16 日下午始将甲愿买之意告知乙。乙在 3 月 16 日早上因未获甲的消息,乃将该 iPhone I 出卖于他人,并对甲表示承诺迟到。试问甲得否向乙请求交付 iPhone I,并移转其所有权。

一、解题思考

(一)使者与代理

在现代分工的社会,从事各种法律交易、缔结契约,常需借助第三

---

① 参见拙著:《民法总则》,北京大学出版社 2022 年重排版,第 346 页。

人,包括使者、代理。兹将二者的不同图示如下:

```
            ┌─ 使者 ┬─ 表示使者:传达本人的意思表示:到达相对人生效 ┐ 不必有
意思         │       └─ 受领使者:传达相对人的意思表示于本人       ┘ 行为能力
表示  ┤
            └─ 代理 ┬─ 积极代理:代为意思表示:对本人发生效力   ┐ 得为限制行为能力人
                    └─ 消极代理:代受意思表示:对本人发生效力   ┘ (第104条)
```

  1. 使者,系传达本人的意思表示(传达人或传达机关,第89条)。分为表示使者与受领使者,不以有行为能力为必要,无行为能力人亦得为使者。其受领的意思表示,于置于本人可支配范围,得随时了解其内容的状态时发生效力。意思传达不实时,本人得撤销之(第89条)。

  2. 代理,系代理人以本人名义自为意思表示,有判断决定余地。代理分为积极代理(代为意思表示)与消极代理(代受意思表示)。限制行为能力人亦得为代理人。相对人的意思表示于到达代理人时,发生效力。关于代理人意思表示的瑕疵,"民法"第105条规定:"代理人之意思表示,因其意思欠缺、被诈欺、被胁迫,或明知其事情或可得而知其事情,致其效力受影响时,其事实之有无,应就代理人决之。但代理人之代理权系以法律行为授与者,其意思表示,如依照本人所指示之意思而为时,其事实之有无,应就本人决之。"

  3. 究为使者或代理,应从受领人的立场,客观地加以解释认定。

(二) 解题构造

```
Ⅰ "民法"第348条第1项:须要约与承诺相互意思表示一致成立买卖契约
  (第153条)
  (一) 乙的要约(+)
  (二) 甲的承诺?
     1. 承诺的意思表示
     2. 甲未自为发出
     3. 经由表示使者发出
        (1) 丙为甲的表示使者(传达)
        (2) 丙发出甲为承诺的意思表示
     4. 承诺到达
        (1) 丁为乙的受领使者
        (2) 承诺因到达而发生效力
  (三) 甲与乙间成立买卖契约
Ⅱ 甲得向乙依"民法"第348条第1项规定请求交付iPhone I并移转其所
  有权
```

二、解答

1. 甲得向乙依"民法"第 348 条第 1 项规定请求交付 iPhone I 并移转其所有权。此须甲与乙间要约与承诺相互意思表示一致成立买卖契约（第 153 条）。

乙致函于甲表示愿以 10 万元出售某 iPhone I，系为要约。问题在于甲的承诺是否到达乙而发生效力。

甲指示其友人丙携带 1 万元到乙处，表示愿购买 iPhone I，系以丙为表示使者，传达其对乙为承诺的意思表示。丙于 3 月 15 日上午 10 时将 1 万元交付于乙的妻子丁，并告知甲同意以 10 万元购买 iPhone I。问题在于丁是否为乙的受领使者。

受领使者，系指经他人授权得受领意思表示之人，例如公寓大厦的管理员、公司的收发员等。共同生活的配偶亦属具有受领权限的受领使者。

受领的意思表示，于通常可置于本人控制的范围、了解的状态时，得认因到达而发生效力。乙之妻丁于 3 月 15 日上午 10 时受领甲的意思表示，通常可期待于 3 月 15 日当日，将该意思表示传达于乙，置乙于可了解的状态而发生到达的效力。丁迟至 3 月 16 日下午始将甲承诺的意思表示告知于乙，不影响甲的承诺的效力。

甲与乙间要约与承诺相互表示意思一致，买卖契约成立。

2. 甲得向乙依"民法"第 348 条第 1 项规定请求支付 iPhone I，并移转其所有权。

案例〔5〕A 教授的订书单

某大学 A 教授，于 3 月 1 日接获 B 出版社寄来的"台湾法学百科全书"目录，载明该全书共十册，价款一万元，并附订书单。A 教授于 3 月 4 日填妥订书单，即于上课后交 C 生回家途中于邮局投寄。C 生离去之后，A 教授忆起其同事 D 教授曾参加该全书编辑工作，答应赠送其一套，即自四楼研究室窗口呼叫，"不要投寄"，C 生于下课钟声中误听为"不要忘记"，点头离去，而投寄之。A 教授于 3 月 5 日下午知其事，即以限时专送致函于 B 出版社，叙明事由，表示撤回订书单，仓促之间，未贴限时专送标签，并误投于平邮邮筒，延至 3 月 7 日上午始行到达。B 出版社于 3 月 6 日上午收到 A 教授的订书单，即于当日下午寄发该百科全书,于3月9日到达,A教授拒绝受领。试问B出版社得向A教授主张何种权利？

一、解题思考

(一)法律行为与私法自治

法律行为系民法的核心,是德国19世纪以来法学上最伟大的成就、最精致的部分。法律行为的要素是意思表示。意思表示系指将企图发生一定私法上效果的意思,表示于外部的行为。意思表示是由外部的表示行为及内心意思所构成,内心意思包括行为意思、表示意思及效果意思。法律行为由一个意思表示所构成的,称为单独行为,如捐助行为或所有权的抛弃。其由两个对立意思表示(要约与承诺)所构成的,称为契约,包括债权契约(如买卖)、物权契约(如所有权的移转)及身份契约(如结婚)。法律行为及意思表示制度旨在实践个人意思自由及自主,并维护相对人的信赖及交易安全。之所以设计本件案例,并作较详细的解说,系为使初习民法者更能体认"民法"关于契约的缔结、要约、承诺、意思表示的撤回或撤销等规定,具有体现私法自治和契约自由的重大意义。

(二)解题构造(请先写成书面,在脑中构思)

```
Ⅰ B出版社的请求权基础:第367条
  (一)买卖契约成立:请求权发生
    1. A教授的要约?
      (1)B寄送目录及订书单的法律性质:要约？要约引诱？(第154条第2项)
      (2)要约的成立与发出(第95条)
      (3)使者权限的撤回
      (4)意思表示发出后,效果意思的变更对意思表示效力的影响
      (5)撤回要约(第95条)?
      (6)结论:A教授的要约
    2. B出版社的承诺
  (二)请求权因意思表示的撤销而消灭?
    1. 撤销的意思表示(第114条)
    2. 撤销原因
      (1)内容错误(第88条)?
      (2)传达错误(第89条)?
Ⅱ B出版社得向A教授依"民法"第367条规定请求支付价金1万元及受领标的物
```

二、解答

1. B 出版社得向 A 教授依"民法"第 367 条规定请求支付价金 1 万元及受领标的物，须以买卖契约成立为要件。

(1) 买卖契约的成立，须当事人就标的物及其价金互相意思表示一致(第 345 条第 2 项)。

首先应认定的是，B 出版社寄送的"台湾法学百科全书"的目录及订书单，究为要约，抑为要约引诱。要约的成立，须由一方当事人向相对人为缔约的表示，而有受其拘束的意思。"民法"为促进交易安全，就典型案例设有拟制的规定，以杜争议，即："货物标定卖价陈列者，视为要约。但价目表之寄送，不视为要约。"(第 154 条第 2 项) B 出版社寄送目录及订书单，应认系价目表之寄送，不视为要约，仅为要约引诱。

其次应再检讨的是，A 教授寄发订书单是否成立要约。要约系属意思表示，而意思表示的成立须有客观的表示行为及主观的意思。所谓主观的意思，可分为行为意思、表示意思及效果意思。行为意思系意思表示必备的要件，因此客观上虽有表示行为，但欠缺行为意思时，其意思表示并不成立，如甲丢弃致乙购屋的信函，丙拾而寄之，并不构成要约，乙虽为承诺，契约仍不成立。内心效果意思的欠缺，对意思表示的成立，不生影响。至于表示意思是否为意思表示应具备的主观要件，学者见解极不一致，因与本例无关，暂置不论。依据上述，A 教授填具订书单，系基于行为意思而为表示行为，意思表示因而成立。

意思表示须经发出，到达相对人始生效力(第 95 条)。所谓发出，指表意人依其意思完成传递其意思表示于相对人的必要行为而言。表意人将信件投入邮筒时，固为发出；表意人将信件交与使者投寄，于交付之际，其意思表示已脱离其支配范围，亦属已为发出。故 A 教授将订书单交付 C 生于回家途中投寄时，其订购"台湾法学百科全书"的要约已为发出。

问题在于 A 教授试图阻止 C 生投寄订书单未果，是否影响其要约的效力。A 教授将其订书单交 C 生投寄，系授与使者权限。此项使者权限，倘经撤回，则使者所为的传达，即非由 A 教授所发出。使者权限，与代理权同，均得撤回。使者权限的授与或撤回，亦属意思表示，于对话人间须于相对人了解时，始生效力(第 94 条)。A 教授自四楼研究室窗口呼叫"不要投寄"，C 生于下课钟声中误听为"不要忘记"，未能了解其内容，A教授的撤回不生效力，C生的使者地位，依然存在，要约的发出不因此而受影响。

A教授于发出要约之后，试图取回，阻止要约到达相对人，乃内心效果意思的变更，对于意思表示的效力，不生影响。"民法"第95条第2项规定，表意人于发出通知后死亡或丧失行为能力，或其行为能力受限制者，其意思表示不因之失其效力，立法目的在于保障相对人的信赖及交易安全。表意人的死亡既不影响已发出意思表示的效力，内心效果意思的变更，更不待言。

A教授的要约，于3月6日上午到达B出版社，其撤回的通知于3月7日始到达，不生撤回的效力。又此项撤回的信件，未贴限时专送标签，以平信寄发，按其传达方法依通常情形，不能同时或先时到达，B出版社无即发迟到通知之义务（第162条第1项）。

B出版社于3月6日上午收到A教授的订书单，于当日下午即寄发"台湾法学百科全书"，是为承诺，于3月9日到达A教授时发生效力。

据上所述，A教授与B出版社关于以1万元购买"台湾法学百科全书"的相互意思表示一致，其买卖契约成立。

(2) A教授支付价金及受领标的物之义务，得因A教授撤销其所为之意思表示而消灭（第114条第1项）。问题在于A教授是否已为撤销的表示，并且有撤销原因。

A教授于3月5日致函于B出版社，表示撤回订书单。此项表示行为，依案例事实探究当事人的真意，得解释为系"撤销"其所为的意思表示。

问题在于A教授得否依"民法"第88条第1项规定，撤销其意思表示。对此，应采否定说，因为A教授填妥订书单交C生投寄，关于其意思表示之内容并无错误。至于A教授忘记D教授已答应赠书之事，乃动机错误，不在撤销之列。又A教授亦不得以C生传达不实，依"民法"第89条，比照第88条规定撤销其意思表示。盖C生系投寄A教授所作成的信件，对其意思表示之内容，并无传达不实。

2. B出版社得向A教授依"民法"第367条规定请求支付价金1万元，并受领标的物。

案例〔6〕以限制行为能力人为代理人

甲在家聚会，会后设宴，甲嘱其17岁之子乙到隔壁丙经营的自助餐店,以甲名义订购便当。乙与丙店打工的17岁店员丁商议菜色,表示购买20份控肉饭便当,价金共2000元。乙对丁付款,受领丁交付的20个便当。试说明其法律关系。

一、解题思考

案例〔6〕是个简单的案例,但可供说明代理制度的基本问题,深刻思考其法律关系。处理案例需要具备一定程度有体系性的法律智识,从案例找寻法律规范,从法律规范认识案例问题。

代理,系代理人于代理权限内以本人名义所为的意思表示(积极代理),或所受领意思表示(消极代理),直接对本人发生效力(第103条)。代理分为法定代理及意定代理。前者依法律规定而发生,如父母为未成年人的法定代理人(第1086条、第76条)。后者因本人(被代理人)以法律行为授权而发生(第167条)。

代理须具备三个要件:

1. 代理人的意思表示:此须依解释而认定。

2. 以本人名义(显名主义,公开原则):为法律行为时虽未以本人名义为之,惟实际有代理本人的意思,且此项意思为相对人明知者,成立所谓的隐名代理,亦具代理的效力。

3. 代理权限:在法定代理,其代理权限,依法律规定。在意定代理,依授权,有为概括授权,有为限制授权。代理权的授与得对代理人为之(内部授权),亦得对相对人或公众为之(外部授权)。无代理权限(包括自始无代理权、代理权消灭、超越代理权限)而为代理,称为无权代理,效力未定,须经本人承认始生效力。本人不为承认时,无权代理人应对善意相对人负损害赔偿责任(第110条)。

值得特别提出的是,"民法"第104条规定:"代理人所为或所受意思表示之效力,不因其为限制行为能力人而受影响。"之所以设此规定,系因代理的效力直接归于本人,代理人不因代理而享受权利或负担义务,有利于作成代理行为,无害于限制行为能力人。

综据上述,参照前揭案例〔6〕,将代理的基本构造图示如下(请阅读条文):

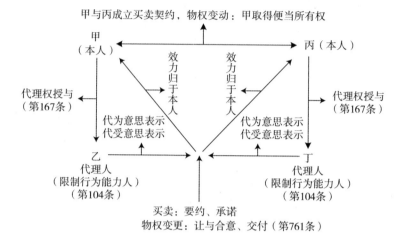

二、解答

(一)买卖契约

甲与丙间的买卖契约因要约与承诺相互意思表示一致而成立(第153条)。

甲本人未自为要约的意思表示。甲对乙授与代理权,乙以甲的名义向丙的店员丁为购买20个、价金共2000元的控肉饭便当的要约。丁受雇于丙,通常就出卖便当具有代理权限。乙的要约系对话的意思表示,于丁了解时发生效力(第94条)。丁以丙的名义为承诺的意思表示,亦于乙了解时发生效力。乙与丁均系限制行为能力人,依"民法"第104条规定,代理人所为或所受意思表示之效力,不因其为限制行为能力人而受影响。

乙与丁相互为要约与承诺的意思表示一致,其效力直接归于甲与丙,而在甲与丙间成立买卖契约。甲得向丙请求交付20个便当,并移转其所有权(第348条),丙得向甲请求价金2000元(第367条)。

(二)物权变动

依"民法"第761条规定,动产物权之让与,于让与合意及交付动产而发生效力。所谓让与合意系指以让与动产物权为内容的物权行为(物权契约、处分行为),应类推适用民法关于契约成立的规定(第153条以下)。乙以甲的名义支付2000元价金,经丁以丙的名义受领,其货币所有权直接归于丙。丁为受雇人,受丙指示,管领2000元,系属占有辅助人,丙为占有人(第942条)。

丁以丙的名义,移转20个便当的所有权并交付于乙,乙以甲的名义为让与合意,直接对甲发生效力,由甲取得20个便当所有权。乙系甲之未成年子女,受甲指示而管领便当,系占有辅助人,甲为便当的占有人(第942条)。

案例〔7〕直接代理与间接代理

甲雅好收藏文物,知乙有宋代某古砚待售,乃委托丙前往洽购,并授与代理权。丙以甲之名义以50万元向乙购买该石砚并付款,乙同时交付石砚。试比较说明甲未授与丙代理权,丙系以自己名义向乙购买石砚时当事人间的法律关系。

一、解题思考

案例〔7〕在说明直接代理与间接代理。直接代理(简称代理),系以本人名义代为或代受意思表示。间接代理,系以自己名义为意思表示或受领意思表示,虽称之为间接代理,但实非代理。常有误认代理可分为直接代理与间接代理,应请注意。行纪是典型的间接代理,"民法"第576条规定:"称行纪者,谓以自己之名义,为他人之计算,为动产之买卖或其他商业上之交易,而受报酬之营业。"第577条规定:"行纪,除本节有规定者外,适用关于委任之规定。"间接代理不限于行纪,在授与代理权的情形,代理人未以本人名义而以自己名义为法律行为时,亦属间接代理。

二、解答

(一)直接代理与间接代理的法律关系

1. 直接代理

甲委任丙并授与代理权向乙洽购宋代石砚,丙以甲的名义向乙购买石砚,其效力直接归属于甲,甲与乙间成立买卖契约。甲得向乙请求交付石砚,并移转其所有权(第348条),乙得向甲请求支付价金50万元。乙将石砚交付于丙,丙系以本人名义而为让与合意,直接对甲发生效力,丙基于委任受领石砚的交付,以甲为占有人(间接占有),丙为直接占有人(第941条),由甲取得所有权(第761条)。

2. 间接代理

甲委任丙,并未授与代理权,丙以自己名义与乙订立石砚买卖契约时,由丙自己取得对乙交付石砚及移转其所有权的请求权,并因与乙间的让与合意及受领交付而取得石砚所有权。丙系受任人,应将其以自己名义为委任人取得的石砚所有权移转于甲(第541条)。

(二)法律风险

直接代理与间接代理具有不同的法律风险。在直接代理,系以本人名义而为意思表示,直接对本人发生效力,其特色在于显名原则。在间接代理,系以自己名义为法律行为,其特色在于本人隐藏其名,常见于购买名画古董,不欲人知。从事法律交易需要认识权益关系及管控风险。在本件案例,若丙擅将石砚让售于第三人时,在直接代理,丙系属无权处分(第118条),并侵害甲的所有权(第184条第1项前段)。在间接代理,丙系有权处分,但应对甲负债务不履行损害赔偿责任(第544条)。认识各种法律制度的功能及交易上的风险,如何加以控制,是法律人所要培养的基本能力。

案例〔8〕代理权授与及基础关系

甲经营旧计算机买卖,认识17岁之乙,知其熟知计算机,能言善辩,甲乃雇用其为店员,并授权推销产品。丙向乙洽购A计算机,丙出价3万元,乙同意,并约定3日内付款取货。其后丙获知友人赠送计算机,查知乙系未成年人,受雇于甲,未经其父同意,乃以此为理由,认为买卖契约不成立,拒不付款取货。甲得否向丙请求支付3万元价金?

一、解题思考

(一)代理权授与与基础关系

在处理代理行为的法律问题,须认识代理权授与及基础关系。代理权的授与系单独行为,通常有委任、雇佣等基础关系,从而发生一个著名的问题:代理权授与及基础关系,究为有因或无因?

有因说认为,基础关系不存在(不发生或消灭)时,不发生代理权或代理权归于消灭。无因说认为,代理权的授与系独立于基础关系,不因基础关系的存否而受影响。德国通说系采无因性,《德国民法典》第168条规定:"代理权之消灭,依其所授与关系定之。"乃属例外规定。"民法"第108条第1项规定:"代理权之消灭,依其所由授与之法律关系定之。"例如雇佣关系消灭时,其代理权亦随之消灭。台湾地区学者亦多采无因说,盖其符合代理权授与与基础关系分立制度,较能维护交易安全。

代理权的授与系单独行为,仅赋予代理权限,并未发生债之关系,代理人不为代理行为或逾越代理权限时,并不发生债务不履行责任。其所以应负债务不履行责任,系因为违反委任、雇佣等基础关系所生的给付义务(详见案例〔9〕)。

兹据上述,将代理权授与及基础关系的适用关系,图示如下：

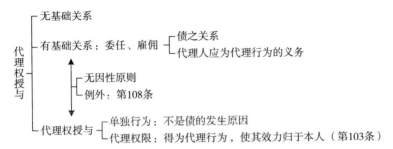

(二)解题构造

> I 甲得向丙依"民法"第367条规定请求支付价金3万元,须要约与承诺相互意思表示一致,成立买卖契约
> (一)丙的要约(+)
>   1. 丙对乙为要约
>   2. 乙以甲名义代受意思表示
>   3. 对甲直接发生效力
> (二)甲的承诺？
>   1. 甲未自为意思表示
>   2. 乙代理甲为承诺？
>   (1)意思表示
>   (2)以本人名义
>   (3)代理权限
>   ①雇佣:基础关系
>   ②授与代理权
>   A. 因雇佣不生效力而受影响？
>   a. 有因说
>   b. 无因说(+)
>   B. 代理权授与不受影响(+)
>   (4)乙的承诺的意思表示直接对甲发生效力(+)
> (三)甲与丙间因要约与承诺相互表示一致成立买卖契约
> II 甲得向丙依"民法"第367条规定请求支付价金3万元

二、解答

1. 甲得向丙依"民法"第367条规定请求支付3万元价金,须甲与丙要约与承诺互相意思表示一致而成立买卖契约(第153条)。

丙对甲的店员乙表示以3万元购买A计算机,系属要约,乙受雇于甲销售计算机,具有代理权限,乙以甲名义所受丙的意思表示,对甲发生效力(第103条)。乙虽属限制行为能力人,其所为及所受意思表示之效力,不受影响(第104条)。

甲系经由其代理人乙为承诺的意思表示。乙17岁系限制行为能力人,未经其法定代理人同意而受雇于甲,其雇佣契约不生效力。问题在于甲对乙授与的代理权,是否因雇佣契约不生效力而受影响。

关于代理权授与及雇佣契约等基础关系,有采有因说,主张基础关系不存在时,代理权亦不发生或归于消灭。通说认为应采无因说,其理由系代理权的授与乃单独行为,独立于其基础关系,不受基础关系影响,以维护交易安全。"民法"第108条第1项规定:"代理权之消灭,依其所由授与之法律关系定之。"系属例外规定,于本件情形,并不适用。乙的代理权限不因雇佣契约未生效力而受影响,乙以甲的名义对丙的要约为承诺的意思表示,直接对甲发生效力(第103条)。甲与丙相互为要约与承诺意思表示一致成立买卖契约。

2. 甲得向丙依"民法"第367条规定请求支付购买A计算机的价金3万元。

案例〔9〕代理权的内部授权与外部授权

甲委任乙并授与代理权向丙购买二手车。甲将授权乙购车之事告知丙车商。甲于乙前往购车时,对乙表示价金不得超过30万元。乙发现A车性能甚佳,丙出价40万元,乙同意购买。试问:

1. 丙得否向甲请求支付价金40万元?
2. 甲得否向乙以该车物非所值,向乙请求损害赔偿?

一、解题思考

(一) 代理权之授与及债之关系

"民法"于债之通则第一节"债之发生"第二款"代理权之授与"第167

条规定:"代理权系以法律行为授与者,其授与应向代理人或向代理人对之为代理行为之第三人,以意思表示为之。"由此可知,代理权之授与,系单独行为。所谓其授与应向代理人以意思表示为之,系指内部授权;向代理人对之为代理行为之第三人以意思表示为之,系指外部授权。代理权之授与虽系规定于债之发生之节内,但非债之发生原因。其发生债之关系的,系代理权授与的基础关系,例如委任、雇佣等。代理权之授与,使代理人得以以本人名义为代理行为的权限,使其效力直接归于本人。代理人应为代理行为的义务及其所发生债务不履行责任来自委任、雇佣等基础关系(参阅案例〔8〕)。案例〔9〕旨在阐明代理权授与的法律构造。

(二)解题构造

一、丙得否向甲依"民法"第367条规定请求支付40万元价金?
　(一)买卖契约成立
　　1. 甲的要约(-)
　　　(1)甲未自为要约
　　　(2)乙之代理
　　　　①意思表示:以40万元购买A车
　　　　②以甲名义
　　　　③ 代理权限
　　　　　A.内部授权:限制30万元
　　　　　B.外部授权:未为限制
　　　　　C.代理权不受影响
　　　(3)乙以40万元购买A车的要约的意思表示,对甲发生效力
　　2. 丙的承诺
　　　丙对乙的要约为承诺的意思表示,经乙受领而对甲发生效力
　　3. 甲与丙间要约、承诺互相意思表示一致,成立买卖契约
　(二)丙得对甲依"民法"第367条规定请求支付价金40万元
二、甲得否对乙请求损害赔偿?
　(一)乙违反甲所授与的代理权?
　　1. 代理权授与不是债之发生原因
　　2. 代理权授与及基础关系
　　3. 甲无损害赔偿请求权
　(二)乙受任人的损害赔偿责任:第544条
　　1. 债之关系:委任
　　2. 不完全给付
　　3. 甲向乙得依"民法"第544条规定请求损害赔偿

二、解答

(一)丙对甲的支付价金请求权

1. 丙得向甲依"民法"第367条规定请求支付价金40万元,若丙与甲间的要约与承诺相互意思表示一致成立买卖契约。

甲未为自为要约的意思表示。甲对乙授权以不超过30万元向丙购买二手车。乙以甲名义向丙为购买A车的意思表示。问题在于乙以40万元购买,超过甲30万元的授权范围,是否对甲发生效力。

甲除对乙授与代理权(内部授权)外,尚向代理人对之为代理行为的第三人丙,为授与乙代理权的意思表示(外部授权)。内部授权范围设有限制,外部授权未有限制时,代理权限不因此而受影响。乙以40万元向丙购车,虽超过30万元,其要约的意思表示对甲直接发生效力。丙对乙的要约为承诺的意思表示,经乙受领而对甲发生效力(第103条)。甲与丙间要约与承诺互相意思表示一致,成立买卖(第153条)。

2. 丙得向甲依"民法"第367条规定请求支付价金40万元。

(二)甲对乙请求损害赔偿

1. 甲得否以乙违反代理权授与的限制,请求损害赔偿?

(1)甲得以乙逾越内部授权购买A车受有损害,而向乙请求损害赔偿,须乙的代理行为构成债务不履行,而此应以代理权之授与发生债之关系为前提。

代理权之授与虽明定于"民法"债编通则"债之发生"内(第167条),但其性质乃单独行为,并非债之关系的发生原因。代理权之授与应与委任等基础关系严予区别。代理权之授与使代理人"得"以本人名义为法律行为,而直接对本人发生效力,但不因此使代理人有"应"为代理行为的义务,此项义务系来自委任等基础关系。代理人不为代理行为或逾越代理权限而为代理行为,本身并不构成债务不履行,从而亦不发生债务不履行问题。

(2)甲不得向乙以违反代理权之授与请求损害赔偿。

2. 甲得向乙依"民法"第544条规定请求损害赔偿,其要件系乙处理委任事务有过失或逾越权限行为致甲受损害。

(1)甲与乙有委任契约,并授与代理权。委任契约所规范的,系委任人与受任人间内部关系,与受任人因受委任人授与代理权而与第三人间之法律关系属外部关系有别。受任人处理委任事务逾越权限,性质上为不完全给付,其因而致委任人受有损害时,即应依"民法"第544条规定对委任人负损害赔偿责任。关于受任人的过失,应依债务不履行可归责事由举证责任的分配,由受任人负举证责任(参照"最高法院"2010年台上字第2145号判决)。乙明知甲授权购买二手车不得超过30万元,而以40万元购买价非所值40万元的汽车,其处理事务有过失,逾越代理权限,致甲受损害。

(2)甲得向乙依"民法"第544条规定请求损害赔偿。

案例〔10〕双方代理:纯获法律上利益

甲与乙系大学法律系同学。甲住台北,在高雄某处有老旧透天厝,委托并授权住在高雄执业之土地代书乙代为出售,价金不得低于1000万元。丙获知该屋附近预定开发新商业区,授权乙购买旧屋,准备拆除重建。因甲长期在外地治病无法联络,乙乃各以甲的代理人名义与丙的代理人名义订立买卖契约,价金1200万元。甲回台北后,拒不承认该买卖契约,丙得否向甲请求交付房屋,并移转其所有权?

一、解题思考

(一)自己代理与双方代理

"民法"第106条规定:"代理人非经本人之许诺,不得为本人与自己之法律行为,亦不得既为第三人之代理人,而为本人与第三人之法律行为。但其法律行为,系专履行债务者,不在此限。"所称"为本人与自己之法律行为",指自己代理。例如甲授权乙租屋,乙以甲的名义与自己订立出租其屋的租赁契约。所称"既为第三人之代理人,而为本人与第三人之法律行为",指双方代理。例如甲授权乙出租A屋,丙授权乙租赁房屋,乙以甲与丙的代理人名义订立租赁契约。"民法"第106条禁止自己代理与双方代理,旨在避免利益冲突,但规定有经本人许诺、专为履行债务两种例外。违反"民法"第106条规定时,其代理行为效力未定,得经本人承认而发生效力。问题在于代理行为不发生利益冲突时,应如何解释适用。①

(二)解题构造

> I 丙得向甲依"民法"第 348 条规定请求交付房屋并移转其所有权,须甲与丙要约与承诺相互意思表示一致而成立买卖契约
>   (一)丙的要约
>   1. 乙以丙的代理人名义向甲为以 1200 万元购屋的意思表示
>   2. 乙以甲的代理人名义受领丙的意思表示,对丙发生效力
>   (二)甲的承诺
>   乙以丙的代理人名义受领甲的意思表示,对丙发生效力
>   (三)甲与丙间成立买卖契约
>   (四)买卖契约的效力?
>   1. 双方代理(第 166 条)
>   2. 效力未定
>   3. 因甲受有利益而发生效力?
>   (1)须本人纯获法律上利益
>   (2)不能就个案而判断
>   (3)买卖契约效力未定
>   (4)甲拒绝承认,买卖契约确定不生效力
> II 丙不得向甲依"民法"第 348 条规定请求交付房屋并移转其所有权

二、解答

1. 丙得向甲依"民法"第 348 条规定请求交付房屋并移转其所有权,须丙与甲的要约与承诺相互意思表示一致而成立买卖契约。

乙为丙的代理人,乙以丙的代理人名义向甲为以 1200 万元购买透天厝的要约,经甲的代理人乙受领,对丙直接发生效力。乙以甲的代理人名义对丙的要约为承诺,其意思表示亦因乙的受领对甲直接发生效力。丙

---

① 参照"最高法院"2009 年台上字第 2050 号判决:"按'公司法'第 223 条规定,董事为自己或他人与公司为买卖、借贷或其他法律行为时,由监察人为公司之代表,旨在禁止双方代表,以保护公司(本人)之利益,非为维护公益而设,自非强行规定,故董事与公司为借贷等法律行为违反该规定,并非当然无效,倘公司(本人)事前许诺或事后承认,对于公司(本人)亦发生效力,此观'民法'第 106 条及第 170 条第 1 项之规定自明。"

与甲的要约与承诺相互意思表示一致而成立买卖契约。问题在于此种双方代理的买卖契约是否有效？

依"民法"第106条规定，除经本人之许诺，或专履行债务者外，不得既为第三人之代理人，而为本人与第三人之法律行为。乙以甲名义与丙所订立之买卖契约，未经甲的许诺，亦非属专为履行债务，效力未定。

问题在于丙以1200万元购买时值1000万元的房屋，甲获有利益，得否因此使买卖契约发生效力。

"民法"第106条之所以禁止双方代理，是基于避免利益冲突的考虑，在甲纯获法律上利益的案例类型，得就"民法"第106条作符合目的性的限缩，肯定双方代理法律行为的效力。所谓纯获法律上利益，系指就该法律行为获有利益，而不负担任何法律上的不利益而言，例如获赠某物所有权，而非就个案认定其是否获有经济利益，此将造成法律适用的不安定。在本件案例，甲须移转透天厝所有权于丙，价金虽高于时价，乃属个案情形，不能认系纯获法律上利益，而使买卖契约发生效力。甲拒不承认该买卖契约，确定不生效力。

2. 丙不得向甲依"民法"第348条规定请求交付房屋并移转其所有权。

案例〔11〕自己代理：隐藏漏洞与目的性限缩

甲丧妻，与乙女结婚，生一男。甲与前妻生有一女丙，6岁。甲为照顾丙将来生活，赠与某屋，以自己与丙的法定代理人的名义为赠与的法律行为，并经办理所有权移转登记。二年后甲死亡，乙女发现甲赠屋于丙之事，认为其法律行为不生效力，该屋应列入遗产，共同继承，有无理由？

一、解题思考

(一) 自己代理与双方代理

参见案例〔10〕的说明。

(二) 解题构造

Ⅰ 乙得向丙主张将房屋列入遗产,共同继承,须丙未因甲的赠与及移转所有权登记而取得该屋所有权
(一) 赠与契约:第 406 条
　1. 甲的要约
　2. 丙的承诺
　　(1) 丙为无行为能力人不能自为承诺
　　(2) 甲以丙法定代理人名义为承诺
　3. 赠与成立
　4. 赠与的效力:自己代理?
　　(1) 第 106 条
　　　① 禁止自己代理:效力未定
　　　② 立法目的:避免利益冲突
　　　③ 例外:本人允诺、专为履行债务(−)
　　(2) 法律漏洞与目的性限缩
　　　① 法律漏洞?
　　　　A. 隐藏漏洞
　　　　B. 丙纯获法律上利益,无利益冲突,法律未设例外规定(+)
　　　② 目的性限缩
　　　　A. 填补漏洞方法
　　　　B. 适用范围的限缩(+)
　　(3) 赠与有效
(二) 房屋所有权:第 758 条
　1. 登记
　2. 法律行为
　　(1) 物权行为
　　(2) 自己代理
　　(3) 专为履行债务
　　　① 第 106 条:例外规定
　　　② 履行赠与契约的债务
　　(4) 物权行为有效
　3. 丙取得房屋所有权
Ⅱ 乙不得向丙主张其未取得房屋所有权,应将房屋列入遗产,共同继承

二、解答

(一)赠与契约

乙得向丙主张房屋应列入遗产,共同继承,须丙未因甲的赠与及移转所有权登记而取得该屋所有权。

甲欲将某屋赠与丙。丙6岁,为无行为能力人,不能自为法律行为。甲系丙的法定代理人,得以自己与丙之法定代理人名义订立赠与契约(第406条)。此项赠与系以自己代理所为之法律行为,依"民法"第106条规定,除经本人之许诺或专为履行债务者外,效力未定。丙系无行为能力人,不能为许诺。所谓专为履行债务,不包括照顾未成年子女将来生活的情形在内。依"民法"第106条之规定,甲与丙间的赠与应不生效力。

"民法"第106条规定禁止自己代理,旨在避免利益冲突,依此规范目的,在某种案例类型根本不发生利益冲突时,应无禁止自己代理的必要。"民法"第106条就此种情形,应设规定而未为规定,违反其规范计划时,构成法律漏洞,应依立法目的,限缩其适用范围。

甲将某屋赠与丙,系属无偿,丙系纯获法律上利益,根本不发生利益冲突。衡诸"民法"第106条的规范意旨,应作限缩目的性,不适用于此种法定代理人对未成年子女赠与的情形,以保护无行为能力人的利益。甲与丙间有效成立赠与契约。

(二)房屋所有权

不动产物权,依法律行为而取得者,经登记而生效力,"民法"第758条设有明文规定。所谓法律行为系指移转不动产物权的物权行为(物权契约)。甲已将房屋登记于丙。问题在于丙得否因与甲间成立物权契约而取得房屋所有权。甲系以自己与丙之法定代理人名义作成让与房屋所有权的法律行为,亦有"民法"第106条规定的适用。惟甲与丙间之所以以自己代理作成物权契约,系专为履行甲与丙间成立的赠与契约所生移转房屋所有权的债务,应属有效。

(三)结论

丙依其与甲成立的赠与契约,并依物权行为及登记而取得房屋所有权。乙不得向丙主张将该屋列入遗产,共同继承。

案例〔12〕无权代理

甲经营字画买卖,雇某大学艺术系硕士乙为经理,负责购画。其后甲以乙专业能力不足,限制其不得购买宋画,并告知丙等相关人士。某日乙知悉丙有一幅宋代山水画待售,乙检视该画后,认为物超所值,为使甲肯定其能力,与丙讨价还价后,丙表示愿以45万元卖出,乙以甲之代理人的名义同意购买。数日后,丙远道专程送画到甲的画廊,甲认为该画不值45万元,以未授权于乙,拒绝付款,丙表示乙曾以甲之代理人的名义向其购买某画,甲未异议仍付款,甲应负授权人责任。丙未能证明其系善意,非因过失误认乙仍有代理权。试问:

1. 丙得否向甲请求支付45万元价金?
2. 丙得否向乙请求履行契约,或赔偿其支出的送画费用(5000元),或丧失的转售利益(2万元)?

一、解题思考

(一)无权代理的要件及效果

再要提出的是法之适用,要从案例寻找法律规范,从法律规范认定事实,建构请求权基础。案例〔12〕涉及三个关于民法无权代理的规定:

1. 代理权之撤回及限制:"民法"第107条规定:"代理权之限制及撤回,不得以之对抗善意第三人。但第三人因过失而不知其事实者,不在此限。"

2. 表见代理:"民法"第169条规定:"由自己之行为表示以代理权授与他人,或知他人表示为其代理人而不为反对之表示者,对于第三人应负授权人之责任。但第三人明知其无代理权或可得而知者,不在此限。"

3. 无代理权人责任:"民法"第110条规定:"无代理权人,以他人之代理人名义所为之法律行为,对于善意之相对人,负损害赔偿之责。"

前揭三个条文涉及两个问题:
1. 无权代理人责任的要件及效果。
2. 无权代理人责任与表见代理的适用关系。

(二)解题构造

问题一：Ⅰ 丙得向甲依"民法"第367条规定请求支付45万元价金，须甲、丙间成立买卖契约
  (一)丙的要约
  (二)甲的承诺
    1. 甲未自为承诺的意思表示
    2. 乙为代理
      (1)意思表示
      (2)以甲名义
      (3) 代理权限
        ①乙无代理权限
          A. 第107条
          B. 逾越受限制的代理权限
        ②表见代理
          A. 第169条
          B. 不成立表见代理
        ③无权代理：买卖契约效力未定
  (三)买卖契约效力未定，甲拒绝承诺，确定不生效力
  (四)甲与丙不成立买卖契约
Ⅱ 丙不得向甲依"民法"第367条规定请求支付价金45万元

问题二：丙得否向乙依"民法"第110条规定请求损害赔偿？
  (一)乙的无权代理
    1. 代理权受限制(第107条)：无权代理
    2. 买卖契约效力未定：甲拒绝承认、确定不生效力
    3. 担保责任 ：不以有过失为要件
    4. 丙为善意，并无过失
  (二)法律效果：丙得对乙主张的权利
    1. 履行契约(-)
    2. 履行利益的损害赔偿(-)
    3. 信赖利益的损害赔偿 (+)
      (1)信赖利益
      (2)不得超过履行利益

二、解答

（一）丙得否向甲请求支付价金 45 万元

1. 丙得向甲依"民法"第 367 条规定请求支付价金 45 万元，须丙与甲间具有有效的买卖契约。

乙以甲的代理人名义与丙商议购买某件宋画，丙向乙为以 45 万元出售宋画的要约。乙以甲的名义为承诺。问题在于乙的代理权限。

甲雇用乙为经理，授与代理权，其后甲以乙未具专业知识，限制其不得购买宋画。乙向丙购买宋画，逾越代理权限，系属无权代理。依"民法"第 107 条规定，代理权的限制不得对抗善意第三人，但第三人因过失不知其事实者不在此限。丙未能证明其系善意，非因过失不知乙无代理权限，甲得以其代理权的撤回对抗丙。

"民法"第 169 条规定，由自己之行为表示以代理权授与他人或知他人为其代理人而不为反对之表示者，对于第三人应负授权人之责任。但第三人明知其无代理权或可得而知者，不在此限。乙在其代理权受限制后，曾向丙购买宋画，甲未异议而付款，此系对乙的无权代理予以承认，非得据此认为甲系以行为表示授与代理权，应成立表见代理而应负授权人责任。

乙逾越甲所限制的代理权，向丙购买宋画，系属无权代理，买卖契约效力未定，甲拒不承认。甲与丙间买卖契约确定不生效力。

2. 丙不得向甲依"民法"第 367 条规定请求支付价金 45 万元。

（二）丙得否向乙请求损害赔偿？

丙得向乙依"民法"第 110 条请求损害赔偿，须乙系无代理权，以甲的名义而为宋画买卖，丙系善意，受有损害。

1. 甲对乙授与购画代理权，其后限制不得购买宋画，乙逾越代理权限，向丙以甲名义购买宋画，系无权代理，经甲拒绝承认，确定不生效力。

依"民法"第 110 条规定，无权代理人以他人之代理人名义所为之法律行为，对于善意之相对人，负损害赔偿责任。无权代理人之责任，系直接基于"民法"规定而发生的特别责任，并不以无权代理人有故意或过失为必要，系属于所谓原因责任、结果责任或无过失责任之一种（参照"最高法院"1967 年台上字第 305 号判例）。乙纵使证明其无过失，亦无从免负无权代理人责任。

2. 关于丙得向乙请求损害赔偿,立法例上有明定无权代理人应负履行责任,"民法"不采此制度。"民法"第 110 条规定的损害赔偿,系指因信赖其系有权代理而为法律行为所受损失(信赖利益)。信赖利益不得超过因买卖契约成立所获转售等的利益(履行利益)。因此丙仅得向乙请求赔偿其信赖买卖契约成立所支出送画到甲的画廊的费用 5000 元,不得请求赔偿转售该画的利益 2 万元。

案例〔13〕表见代理:遗失的授权证书

甲女与乙男结婚。甲女继承其父遗产,拥有数栋房屋。因不善经营,乃委托授权于乙,代为处理出租、买卖等事项。其后乙有外遇,夫妻感情不睦,甲撤回对乙的授权,并取回授权书,放在其卧室保险柜。乙窃取该授权书并提示于丙,商议出租 A 栋办公大楼。丙表示愿以每年 500 万元承租该屋,为期十年,乙以甲的代理人名义表示同意。丙非因过失不知乙的代理权已被撤回及乙窃取授权书的情事。甲拒绝承认该租赁契约。丙得否向甲请求交付 A 栋办公大楼?

一、解题思考

(一)表见代理

无代理权而以本人名义为法律行为,对善意相对人应负损害赔偿之责("民法"第 110 条)。为进一步保护交易安全,"民法"更设有代理权表见制度(权利表见代理、表见代理),其情形有二:

1. 代理权继续存在:"民法"第 107 条规定:"代理权之限制及撤回,不得以之对抗善意第三人。但第三人因过失而不知其事实者,不在此限。"第 109 条规定:"代理权消灭或撤回时,代理人须将授权书交还于授权者,不得留置。"

2. 授权的表见:"民法"第 169 条规定:"由自己之行为表示以代理权授与他人,或知他人表示为其代理人而不为反对之表示者,对于第三人应负授权人之责任。但第三人明知其无代理权或可得而知者,不在此限。"

"民法"第 169 条规定的表见代理的解释适用,参照以下"最高法院"判例:

1. 公司许他人以其公司名义为同一营业者,他人所经营之公司,固不因此而成为本公司之一部,惟其许他人使用自己公司名义与第三人为法律行为，即系"民法"第169条所谓表示以代理权授与他人之行为，如无同条但书情形，对于第三人自应负授权人之责任（1956年台上字第461号判例）。

2. 某甲在某某配销所之职位仅次于上诉人，上诉人之印章与支票簿常交与某甲保管，签发支票时系由某甲填写，既为上诉人所自认，纵令所称本件支票系由某甲私自签盖属实，然其印章及支票既系并交与该某甲保管使用，自足使第三人信其曾以代理权授与该某甲，按诸"民法"第169条之规定，自应负授权人之责任（1955年台上字第1428号判例）。

3. "民法"第169条系为保护善意第三人而设，故本人有使第三人信以为以代理权授与他人之行为而与之交易，即应使本人负其责任。又此本人责任系指履行责任而言，并非损害赔偿责任，故本人有无过失在所不问（1955年台上字第1424号判例）。

4. 由自己之行为表示以代理权授与他人者，对于第三人应负授权人之责任，必须本人有表见之事实，足使第三人信该他人有代理权之情形存在，且须第三人基此表见之事实，主张本人应负授权人之责任，若第三人不为此项主张，法院不得径将法律上之效果，归属于第三人（1971年台上字第2130号判例）。

实务上常见本人将印章、身份证、土地所有权状交付他人，如认定其构成表见代理，体现事实认定，系法之适用上的重要、困难的问题，特摘录数则"最高法院"判决，俾供参照：

1. 由自己之行为表示以代理权授与他人者，对于第三人应负授权人之责任，必须本人有表见之事实，足使第三人信该他人有代理权之情形存在，始足当之（参看1971年台上字第2130号判例）。将自己印章交付他人，委托该他人办理特定事项者，比比皆是，倘持有印章之该他人，除受托办理之特定事项外，其他以本人名义所为之任何法律行为，均须由本人负表见代理之授权人责任，未免过苛。原审徒凭上诉人曾将印章交付给吕某之事实，即认被上诉人就保证契约之订立应负表见代理之授权人责任，自属率断（1981年台上字第657号判例）。

2. 查不动产所有权状、印鉴章及身份证等均为办理抵押权设定登记必备之文件，衡情被上诉人应妥为保管，而赖温铃将系争不动产所有权状、被上诉人之印鉴章、身份证复印件连同印鉴证明交付代书蔡明福办理系争抵押权设定登记，果为被上诉人同意交付，是否非使第三人信以为其有以代理权授与他人之表见行为,洵非无疑,非无进一步研求之余地(2017年台上字第491号判决)。

3. 查被上诉人辩称其将印鉴章、所有权状、身份证等交付钟瑞珍,系委托钟瑞珍以其名义向银行抵押借款,以筹资购买系争不动产其余之产权等语,倘非虚言,似其已授权钟瑞珍为其办理抵押借款事宜,仅有借款对象为银行之限制而已。果其已有委托钟瑞珍代其办理抵押借款之授权行为,借款对象之指定即属代理权之限制,依上说明,不得对抗善意第三人。……抵押权设定固为无因性之物权行为,然设定目的既系为担保一定之债权,衡诸抵押义务人多数兼为抵押债务人,提供不动产设定抵押权,为其借款担保之社会常态,则钟瑞珍执被上诉人所提供之印鉴章、所有权状、身份证等物件,以被上诉人名义向上诉人抵押借款时,被上诉人上开行为堪认表示以代理权授与他人之范围,是否仅限于设定抵押权之物权行为,而不及于借贷之债权行为,洵非无疑(2015年台上字第2453号判决)。

(二)解题构造

Ⅰ 丙得向甲依"民法"第423条规定请求交付A栋办公大楼,须丙与甲间要约与承诺互相一致成立租赁契约
(一)丙的要约
(二)甲的承诺
 1. 甲未为承诺的意思表示
 2. 乙之代理
  (1)意思表示
  (2)以甲名义
  (3)代理权限
   ①原代理权因撤回而消灭
   ②丙信赖代理权的存在
    A. 授权书的收回
    B. 授权书被盗
     a. 丙的信赖
     b. 无可归责于甲的事由
   ③丙的信赖保护?
 3. 乙系无权代理,甲不承认,不生效力
Ⅱ 丙不得向甲依"民法"第423条规定请求交付A栋办公大楼

二、解答

1. 丙得向甲依"民法"第423条规定请求交付A栋办公大楼,须丙与甲要约与承诺互相表示一致成立租赁契约。

丙对乙为租赁A栋办公大楼的要约。乙提出甲的授权书,以甲的代理人名义对丙的要约为承诺,而订立租赁契约。问题在于乙的代理权已被甲撤回,乙提示窃取来的授权书而为代理行为,是否对甲发生效力。

"民法"第107条规定:"代理权之限制及撤回,不得以之对抗善意第三人。但第三人因过失而不知其事实者,不在此限。"又第109条规定:"代理权消灭或撤回时,代理人须将授权书交还于授权者,不得留置。"之所以设此规定,在于防止代理人的滥用害及授权者,并表明授权书具有代理权的表征,第三人的善意信赖应受保护。

关键在于乙的代理权经甲撤回消灭后,窃取已交还的授权书,与丙为租赁的法律行为,丙非因过失善意信赖代理权继续存在,应否受到保护。为合理平衡当事人的利益及交易安全,应视本人有无可归责的情事而为认定。其有可归责于本人的情事者,例如本人未取回授权书,或取回后再交与无权代理人保管时,善意人第三人应受保护。在本件案例,甲取回授权书,收存于保险箱,被乙所盗,通常非可认为可归责于本人,相对人丙的善意信赖,不受保护。

甲得主张乙提示窃取的授权书,以甲的名义与丙订立租赁契约,系无权代理,拒不承认租赁契约。丙与甲的租赁契约确定不生效力。

2. 丙不得向甲依"民法"第423条规定请求交付A栋办公大楼。

第三项　契约请求权不发生
——契约无效、撤销、不生效力

一、体系构造、思考层次

契约上履行请求权的发生,除契约成立外,尚需该契约有效,即当事人有行为能力,标的系可能、确定、适法及妥当,要约与承诺的意思表示、并无瑕疵(一般有效要件),且具备个别契约的特别生效要件。法律行为(契约)不具一般生效要件,其效力如何,立法者衡量私法自治原则、社会公益、交易安全、当事人利益等因素,设有相当复杂的规定,在此难以详

述,为便于观察,图示如下:

效果	行为能力欠缺	标的不适当	意思表示瑕疵
无效	(1) 无行为能力人之行为(第75条) (2) 限制行为能力人未得允许之单独行为(第78条)	(1) 违反强行法规(第71条) (2) 违背公序良俗(第72条)	(1) 真意保留(第86条但书) (2) 通谋虚伪表示(第87条)
得撤销		暴利行为(第74条)	(1) 错误及误传(第88、89条) (2) 被诈欺、胁迫(第92条)
效力未定	(1) 限制行为能力人未得允许之契约(第79条) (2) 无权处分、无权代理(第118、170条)		

（法律行为有效要件及效果：完全有效／不完全有效）

在契约履行请求权的思考层次,首先要认定的是,契约是否成立,前已说明。要更进一步检查的是契约履行请求权是否因有无效、被撤销、效力未定等事由,而发生权利自始不发生的抗辩。此在法律思考、实务上至为重要,图示如下:

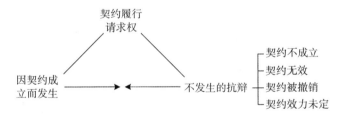

值得特别提出的是契约无效、被撤销、不生效力的法律效果。此应区别债权行为(买卖、赠与等)和物权行为(处分行为)而认定:

1. 债权行为无效、被撤销、不生效力时,发生不当得利请求权(第179条)。

2. 物权行为亦属无效、被撤销、不生效力时,发生所有物返还请求权(第767条)。

例如甲出卖某物(房屋或汽车)给乙(第345条),并移转其所有权(第758、761条)。买卖契约无效、被撤销、不生效力时,甲得向乙依"民法"第179条规定,请求乙返还该物所有权(债权请求权)。

在前揭情形,物权行为亦属无效(物权请求权)、被撤销、不生效力时,甲得向乙依"民法"第767条规定请求返还该物,或依"民法"第179条规定主张占有的不当得利请求权。

二、请求权基础构成图解

鉴于区别债权行为或物权行为在法之适用上的重要性,再就前揭案例图示其请求权基础构造如下,以助理解:

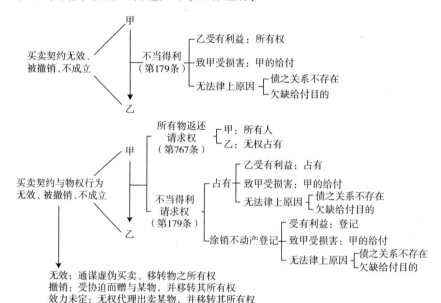

案例〔14〕17岁之未成年人以补习费购买机车

17岁之甲未考上大学,其父乙给予3万元到补习班上课。甲向丙购买二手机车。甲身材高大,善于言辞,丙不知其尚未成年,将定价1万元的机车以9000元出卖于甲,甲以其父交与的补习费付款取车。两个星期后,乙发现甲骑机车四处游玩,未能专心于学业,乃命甲向丙取回9000元。经查甲于两日前已将该机车出卖于20岁的同学丁并交付移转其所有权。甲父乙知其事后,即命甲向丁请求返还机车。试说明当事人间的法律关系。

一、解题思考

(一)行为能力制度

民法系建立在三种"能力"制度之上:①权利能力;②行为能力;③侵权能力。"民法"第6条规定:"人之权利能力,始于出生,终于死亡。"权利能力指享受权利、负担义务的能力,使每一个自然人成为平等的权利主体。侵权能力指个人认识其行为所具法律上效果的能力,作为侵权责任的要件,应就个案情形加以认定。行为能力指自然人得以法律行为取得某种权利、负担某种义务的能力。

行为能力系法律行为的有效要件,乃私法自治的基础,民法以人的年龄为基础,兼顾未成年人保护及交易安全,规定三种行为能力:①成年人(满18岁)为完全行为能力人;②满7岁的未成年人为限制行为能力人;③未满7岁的未成年人为无行为能力人,明定其法律行为的效力,并规定父母为其未成年子女的法定代理人(第1086条)。兹将行为能力制度的规范体系图示如下(务请阅读条文),请深入理解规范体系及立法上的利益衡量与价值判断:

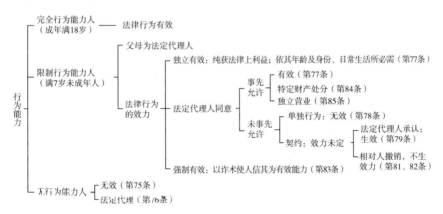

据上图所示,民法关于限制行为能力人的法律行为设有较为复杂的规定,其理由系一方面为保护未成年人,另一方面又须使限制行为能力人能够参与法律交易、从事社会活动,并为其成年后的社会生活做准备。

(二)解题构造

案例[14]涉及限制行为能力人从事法律行为的若干基本问题。须再强调的是解题要彻底研读案例事实,认识案例问题(某物的返还?损害赔偿?),寻找法律规范(请求权基础),并从法律规范认定事实,而为法之适用。要注意的是,在涉及多数人的法律关系时,要考虑谁得向谁有所主张权利的次序检查。为掌握案例事实,显明法律问题,请先自行研究本件案例的法律关系,再与下面图解加以比较。

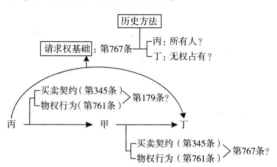

案例[14]涉及多数人关系,检查次序上宜先讨论丙对丁得主张何种权利,其理由有二:①符合当事人间的利益状态(经济目的)。②先处理前提问题,避免重复。兹采请求权基础方法及历史方法,提出如下解题构造,以供参照:

问题一:丙对丁的请求权
Ⅰ 请求权基础第767条:丙为所有人,丁无权占有?
　(一)丙原为机车所有人
　(二)丙仍为机车所有人?
　　1. 机车买卖契约(第345条)
　　　(1)丙的要约
　　　(2)甲的承诺?
　　　　①甲系限制行为能力人
　　　　②非纯获法律上利益(-)
　　　　③法定代理人同意?
　　　　　A. 未允许:效力未定
　　　　　B. 未承认:确定不生效力
　　　(3)买卖契约不发生效力
　　2. 物权变动

(续表)

```
            (1)让与合意:物权契约(第761条)
            (2) 甲纯获法律上利益 (+)
            (3)甲取得机车所有权
        (三)丙非机车所有人
      Ⅱ 丙对丁不得依"民法"第767条请求返还机车
    问题二:甲对丁的请求权
    Ⅰ 请求权基础:第767条:机车返还请求权
        (一)甲为机车所有人
            参照前述
        (二)丁系无权占有?
            1. 丁未取得机车所有权(-)
                (1)甲系限制行为能力人
                (2)出卖机车:不生效力
                (3)让与机车所有权:不生效力
                (4)法定代理人乙未允许或承认
            2. 丁未取得机车所有权:无权占有
    Ⅱ 甲得向丁请求返还机车(第767条)
    问题三:丙对甲的请求权
        (一)请求权基础:第767条(-)
        (二)不当得利请求权:第179条?
            1. 甲受所利益:对丁的机车返还请求权(第767条)
            2. 致丙受损害:丙的给付
            3. 无法律上原因:买卖契约确定不生效力,欠缺给付目的
        (三)丙得向甲依"民法"第179条规定请求让与其对丁的机车返还请求权
```

二、解答

(一)丙对丁的请求权

1. 丙得向丁依"民法"第767条规定请求返还机车,须丙系所有人,丁为无权占有。

丙原系机车所有人,问题在于丙将其机车让售于甲后是否仍为机车所有人。丙对甲为以9000元出卖定价1万元机车的要约。甲系17

岁,系限制行为能力人,甲对丙为购买机车的承诺,未得法定代理人事先允许。限制行为能力人为意思表示或受意思表示,系纯获法律上利益者,有效(第77条但书)。所谓纯获法律上利益,系指就该法律行为受有利益,而不承担任何法律上义务(如受赠某书)。甲以9000元购买定价1万元的机车虽有价金上的差价利益,但因负有支付价金的义务,不能认系纯获法律上利益,其买卖契约效力未定。法定代理人乙命甲向丙取回已支付的价金9000元,系拒绝承认该买卖契约。甲与丙的买卖契约确定不生效力。

应再检查的是,丙将机车所有权让与甲(物权契约),并将该车交付甲时,甲是否取得该车所有权(第761条),问题在于甲是否纯获法律上利益。"民法"区别债权行为(买卖)与物权行为,物权行为具有无因性,物权变动的效力系就物权行为本身加以判断,不受债权行为存否的影响,甲自丙受让机车所有权,不因此负担任何法律上义务,系纯获法律上利益,甲取得该机车所有权,丙非该机车所有人。

2. 丙不得向丁依"民法"第767条规定请求返还机车。

(二) 甲对丁的请求权

1. 甲得向丁依"民法"第767条请求返还机车,须甲系机车所有人,丁系无权占有。

甲向丙购买机车,甲与丙的买卖契约虽确定不生效力,但受让该机车所有权,系纯获法律上利益,甲虽系限制行为能力人,仍能取得其所有权,前已说明。甲系限制行为能力人,未经法定代理人允许出卖其所有的机车于丁,并移转其所有权,系属效力未定。甲的法定代理人乙命甲向丁取回机车,拒不承认甲之法律行为,其法律行为(买卖契约及物权行为)均确定不生效力。甲为该车所有人,丁为无权占有。

2. 甲得依"民法"第767条规定向丁请求所有物返还请求权。

(三) 丙对甲的请求权

丙得向甲依"民法"第179条规定请求返还甲无法律上原因,致丙受损害,所受的利益。甲基于与丙的物权契约而取得机车所有权,受有利益。甲因丙的给付而受此利益。甲与丙间买卖契约确定不生效力,债之关系不存在,欠缺给付目的,甲系无法律上原因而受利益。丙得向甲依"民法"第179条规定请求返还机车所有权,甲不能原物返还,丙得向甲请求让与其对丁的所有物返还请求权。

案例〔15〕法律行为违反强制或禁止规定：规范体系的构成

"民法"第 71 条规定："法律行为,违反强制或禁止之规定者,无效。但其规定并不以之为无效者,不在此限。"试说明法律行为违反下列规定的效力及法律效果：

1. "公司法"第 16 条第 1 项规定："公司除依其他法律或公司章程规定得为保证者外,不得为任何保证人。"

2. 旧"证券交易法"第 60 条第 1 项第 1 款规定："证券商不得有左列各款之行为：一、收受存款或办理放款。如有违反时,主管机关得以同法第 66 条规定为警告、停业或撤销营业特许之处分,及行为人应负同法第 175 条所定刑事责任。"

3. "银行法"第 12 条之 1 第 2 项规定："银行办理自用住宅放款及消费性放款,已取得前条所定之足额担保时,不得要求借款人提供保证人。"

4. 旧"台南市财团法人设立许可及监督自治条例"第 19 条第 1 项第 4 款规定："本市财团法人董事会就董事长及董事之选聘及解聘之重要事项之决议,应有三分之二以上董事出席,董事总额过半数同意,并经主管机关核准后行之。"

5. "劳动基准法"第 12 条第 1 项规定："劳工有左列情形之一者,雇主得不经预告终止契约……"

一、实务见解

"民法"第 71 条规定："法律行为,违反强制或禁止之规定者,无效……"该条规定系在限制私法自治,具有重要的功能。法律规定分为任意规定(如"民法"关于出卖人瑕疵担保责任的规定)及强行规定(包括强制规定及禁止规定)。强行规定,如"民法"第 758 条第 1 项规定："不动产物权,依法律行为而取得、设定、丧失及变更者,非经登记,不生效力。"禁止规定,如旧"土地法"第 30 条规定非自耕农不得买卖农地。关于禁止规定,通说区别为取缔规定(法律行为有效)及效力规定(法律行为无效),如何区别二者的判断标准,系实务上的重要问题,特就前述规定,整理"最高法院"见解如下(请先自己思考,再阅读下文并理解"最高法院"的判决理由)：

1. "最高法院"1980年台上字第1676号判例(关于"公司法"第16条第1项):"公司除依其他法律或公司章程规定,以保证为业务者外,不得为任何保证人,为'公司法'第16条第1项所明定。本件被上诉人公司系以某报之出版发行等为业务,而非以保证为业务,自有上开禁止规定之适用。且所谓不得为任何保证人,非仅指公司本身与他人订立保证契约为保证人,即承受他人之保证契约,而为保证人之情形,亦包括在内。"

2. "最高法院"1977年台上字第1726号判例(关于"证券交易法"第60条第1项第1款):"'证券交易法'第60条第1项第1款虽明定:证券商不得收受存款或办理放款,惟如有违反时,仅生主管机关得依同法第66条为警告、停业或撤销营业特许之行政处分,及行为人应负同法第175条所定刑事责任之问题,非谓其存款及放款行为概为无效。"

3. "最高法院"2010年台上字第1987号判决(关于"银行法"第12条之1):"银行办理自用住宅放款及消费性放款,已取得同法第12条所定之足额担保时,不得以任何理由要求借款人提供连带保证人,'银行法'第12条之1定有明文。揆其立法理由乃长期存在之银行连带保证人制度,严重违反公平交易原则,侵犯消费者权益,破坏银行风险管理及内部控管功能,扭曲金融市场应有机制,故明文加以禁止,如有违反规定,应属无效。"

4. "最高法院"2016年台上字第1840号判决(关于旧"台南市财团法人设立许可及监督自治条例"第19条第1项第4款):"地方自治团体……享有自主与独立之地位……具有自主组织权及对自治事项制定规章并执行之权限……因此,'民法'第71条所指之强行法规(强制规定与禁止规定),应包括地方政府根据'地方制度法'第25条之规定,就其自治事项或依法律及上级法规之授权,所制定之自治法规,以贯彻尊重地方自治团体权限之精神。而该自治法规所定之规定,究为取缔规定或效力规定,应综合考量其规范目的及法规意旨而定,不得仅以自治法规就违反强行法规之行为,已另有行政处罚之条文,作为认定之唯一标准。"

5. "最高法院"2014年台上字第2700号判决(关于"劳动基准法"第12条第1项):"雇主倘故意滥用其经济上之优势地位,借'合意终止'之手段,使劳工未处于'缔约完全自由'之情境,影响其决定及选择之可能,而与劳工缔结对劳工造成重大不利益之契约内容,导致劳工显失公平,并损及诚信与正义者,即属以间接之方法违反或以迂回方式规避上开条项之禁止规定。于此情形,劳工自得比照直接违反禁止规定,主张该合意终止契约为无效,以落实'劳动基准法'依据'宪法'第15条、第152条及第153条规定而制定之本旨('劳动基准法'第1条参照)。"

二、规范体系及思考模式

"民法"第71条规定限制契约自由及私法自治,联结于私法和公法整个法秩序,是一个重要的规定,特参照前揭"最高法院"见解,提出一个处理具体案例的思考模式:

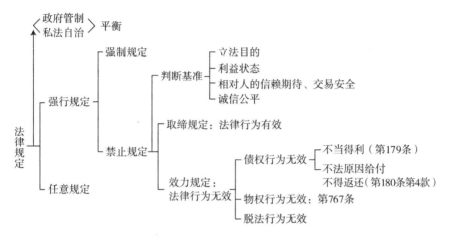

理论及实务上的核心问题,在于以何种判断标准或因素认定禁止规定究为取缔规定或效力规定。在一件关于公寓大厦管理条例第9条第2项、第3项是否为强行规定的判决(请阅读之),"最高法院"认为,按为维持社会秩序、增进公共利益、确保民众福祉及贯彻政府政策,在不违反"宪法"第23条之比例原则下所制定之行政法规,其规范内容倘在禁止当事人(包括政府机关及民众)为一定行为,而属于"民法"第71条前段所称之"禁止之规定"者,经权衡该规定之立法精神、规范目的及法规之实效性,并斟酌其规范伦理性质之强弱、法益冲突之情形、缔约相对人之期待、信赖保护之利益与交易之安全,暨当事人间之诚信及公平,足认该规定仅在于禁遏当事人为一定行为,而非否认该行为之私法效力时,性质上应仅属取缔规定而非效力规定,当事人间本于自由意思所成立之法律行为,纵违反该项禁止规定,亦仍应赋予私法上之法律效果,以合理兼顾行政管制

之目的及契约自由之保护。应说明的有二：

1. 本件判决提出综合性的判断基准，具有动态体系（bewegliches System）①，为使其成为实质的论点②，应就个案加以具体化，详为论证。

2. 强行规定涉及政府对法律行为的管控及私法自治与契约自由的基本权利，有疑义时，应作符合契约自由的解释。

案例〔16〕法律行为有背于公序良俗：母子签订摊还扶养费协议书

甲妇，夫早逝，劳苦工作养育乙、丙二子。为保障将来生活，甲与满20岁之子乙、丙共同签订协议，约定："甲耗尽金钱、精神，单独培育乙、丙二子，鉴于时下人生多无伦理观念，唯恐老来仰人鼻息，故乙、丙在自力更生后，把收入纯利的百分之六十按月逐次摊还……5012万元整……日后如婚姻对象与甲商讨或孝心感人，将斟酌催讨金额。……甲方存款、○○路○○号房子由乙、丙两兄弟平分……"乙毕业后行医，甲向乙请求履行该协议书的约定，乙以该协议书有背于公序良俗拒绝履行。甲得否向乙请求返还协议书约定的金额？

一、解题思考

(一) 公序良俗：概括条款的具体化

案例〔16〕系参照"最高法院"2014年台上字第2036号判决而设计。将法院判决加以案例化，以供案例研习，有助于更深刻认识层出不穷的社会问题及法院判决的论证。"民法"第72条规定："法律行为，有背于公共秩序或善良风俗者，无效。"系民法上最重要的典型概括条款。概括条款须从案例比较，组成类型，建立类如构成要件的判断因素，以利适用，以维护法律平等适用原则及法的安定性。兹整理近年"最高法院"相关判决，组建具体化的案例类型（类型具有重叠性）：

---

① Bylinski/Krejei/Schilchen/Steiner (Hrsg.), Das bewegliche System im geltenden und künftigen Recht, 1986; Schilcher, Das bewegliche System wird Gesetz, in: FS Canaris, 2007, S. 1299-1329; Wilburg, Die Elemente des Schadensrechts, 1941; Entwicklung eines beweglichen Systems im bürgerlichen Recht, Grazer Rektorsrecht, 1950. 关于动态体系、案例类型、案例比较与具体化的方法论，Möllers, Juristische Methodenlehre, § 10, S. 333 f.

② 关于论点理论/论题学(Topiklehre)，Fischer, Topi verdekter Rechtsfortbildung im Zivilrecht Jurisprudenz, 2009; Struck, Topische Jurisprudenz (1971); Viehweg, Topik und Jurisprudenz, 5. Aufl., 1974.

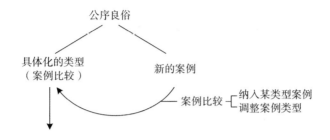

案例类型	具体案例：衡量因素、论证
政府利益、法秩序价值	民众诉讼权：未取得律师资格、意图牟利、办理诉讼案件、约定标的物二分之一报酬（2014年台上字第41号；2006年台上字第2928号）
滥用优势地位	1. 劳动契约竞业禁止的约定（2014年台上字第793号）。 2. 雇主与员工约定不合理的离职条件、剥夺终止契约后原得享有的权利，并约定显不相当之高额惩罚性赔偿金（2007年台上字第165号） 3. 最低服务年限的约定：应依具体个案而认定（2007年台上字第1396号）
限制他人自由	1. 以人身为抵押标的之契约（1927年上字第1745号判例） 2. 诱使妇女同居，将土地所有权移转登记于该女名下，复约定一旦终止同居关系，仍须将该地返还，以资钳制，而达其永久占有私欲（1976年台上字第2346号判例）
应受非难的动机、目的	1. 父母尚在，预立分管契约处分财产，预行剥夺母之应继分（1955年台上字第1068号判例） 2. 某男与未婚同居的妇女约定："若女不堕胎，应自负扶养责任"（2013年台上字第130号）

（二）解题构造

> Ⅰ 甲得否向乙依协议书请求返还约定金额？
> （一）协议书约定：请求权基础
> 　　1. 契约自由
> 　　2. 契约类型
> （二）契约成立
> 　　要约与承诺相互意思表示一致
> （三）契约无效？
> 　　1. 第72条规定公序良俗的具体化
> 　　2. 2014年台上字第2036号判决
> 　　　（1）原审见解
> 　　　（2）"最高法院"判决：判断因素
> 　　3. "最高法院"见解的肯定
> Ⅱ 甲得向乙依协议书请求摊还约定的金额

二、解答

Ⅰ 甲得向乙依协议书请求偿还约定金额，须双方要约与承诺互相意思表示一致，订立该协议书。

（一）协议书成立

甲与乙双方互相意思表示一致订立协议书。依契约自由原则，甲与乙得依合意自主决定协议书（契约）的内容。该协议书非属民法规定的有名契约，亦无类似契约可以类推适用，得径依该协议书内容认定当事人间的法律关系，并以其约定作为甲得向乙请求给付的请求权基础。

（二）协议书的效力

1. 问题在于乙得否主张该协议书有背于公共秩序或善良风俗无效（第72条）。"民法"第72条规定法律行为有背于公共秩序而无效，系指法律行为本身违反社会一般利益及道德观念而言。此种概括条款，应就案例类型，斟酌相关因素综合加以判断。

2. 关于本件案例，"最高法院"2014年台上字第2036号判决，可资参照：

（1）原审法院认定甲与乙的约定背于公序良俗无效，其理由谓：扶养制度之建立,具有直接实现"宪法"第15条生存权之功能,具"宪法"上重要价值,而有公益性。又父母对于未成年之子女,有保护及教养之权利义务,"民法"第1084条第2项定有明文……父母对其未成年子女之扶养义务,系基于父母子女之身份关系而生,并为具有公益性之法定义务,倘父母与子女立约偿还,无异将父母子女之身份关系金钱化,害及子女利益,更悖于扶养制度之本旨。被上诉人签署系争协议书时,甫年满20岁,为牙医系二年级学生,上诉人即与之签署应返还上开扶养费用之协议书,使其甫成年即与朱○德须负担计5012万元之债务,显有违父母子女之伦常,且悖于亲属编关于扶养制度之规定,有违反社会一般利益及道德观念,乃有背于公共秩序或善良风俗,应为无效。

(2)"最高法院"认为:"按'民法'并非容认个人意思之绝对自由,必在与社会之存在及其发展所必要之一般秩序与吾人立身处世之道理、法则暨社会道德相符,且不反于社会妥当性或正当性之限度内,始容许私法自治之原则。惟'民法'第72条所称之'法律行为,有背于公共秩序或善良风俗者,无效',系指法律行为之标的,亦即法律行为之内容(当事人因该法律行为所欲使其发生之事项),与上开秩序、道理、法则暨社会道德不兼容,显然背离社会之妥当性,或带有反社会性之动机经表现于外而成为法律行为标的之一部,或与其结合之法律行为,有助长反社会行为实现之具体危险,而为相对人有预见之可能者而言。复以'民法'关于'公序良俗'之规定,一为对私法自治之限制;他则系重建契约自由与维护'宪法'基本价值之工具,为落实'公序良俗'所蕴含'宪法'基本权之意涵,凡法律行为涉及生存等基本权之事项,自须兼顾缔约双方处境之优劣及该基本权是否被重大侵害而反于社会性,始得展现其真正意义。因此,审判法院于透过该'公序良俗'之抽象、概括规定,调整当事人之自治领域,检视法律行为是否为无效时,除斟酌法律行为之内容、附随情况、当事人之动机、目的等在该时、空环境下,是否符合首揭秩序、道理、法则、道德观念及社会妥当性外,尚应就法律行为之内容涉及生存等基本权者,并将当事人之一方是否在经济、学识、经验等处于严重劣势?及该法律行为之成立,是否将对其基本权造成重大之损害而反于社会性等其他相关因素考量在内,以综合判断之。否则,即难谓有该条所定'法律行为,有背于公共秩序或善良风俗者,无效'之适用。被上诉人签立系争协议书时,为年满20岁以上就读医学院牙医系之学生,而系争协议书所约定之给付,有金额上限,复系按收入纯利百分之六十计付,并记载将来减少催讨金额及遗产分配之原则,则综合系争协议书之标的内容、当事人之动机、目的等因素,系争协议书是否背离一般秩序、社会道德及立身处世道理、法则而反社会之妥当性? 可否谓被上诉人于签立系争协议书时,相对于上诉人,其经济、学识、经验等项系处于结构性之劣势? 是否会肇致被上诉人将来难以生存? 此与系争协议书是否有背于'公序良俗'之认定,所关颇切,已非无进一步推求之余地。原审未遑逐一详予探求研析,遽认系争协议书违反'公序良俗'而为上诉人不利之判决,亦嫌速断。"

3. 公序良俗系抽象的概括条款,具有法律授权、弹性适用,继受民法外的法律价值及社会伦理的重要功能,体现于本件案例上的适用。公序良俗概括条款没有所谓的概念核心,不能采传统解释方法,必须加以具体化,在规范与案例之间组成中间类型,衡量具动态性的因素,加以认定判断。

在本件案例,综合参酌"最高法院"所提出契约自由、社会秩序变迁中的伦理观念、经济上是否具有结构性的劣势、生存权是否受到重大伤害等因素,应可认定该协议书并未背于公序良俗而无效[请参照高等法院2014年金上更(一)字第130号判决]。

Ⅱ 甲得向乙依协议书内容请求返还约定的金额。

案例〔17〕意思表示错误: 购买唐卡误传价金

甲喜好收藏古物,知乙有意出售某件19世纪的唐卡,商议多时,价金未获一致。某日甲告诉其秘书丙发函给乙,愿出价34万元购买,丙误写成43万元。乙接到甲函后,即以传真表示:"谢谢,同意,尽速交画。"三天后甲收到乙由专人送到的唐卡,附有43万元的账单。甲即以传真对乙告知丙误传价格之事,拒绝付款。乙表示其支出运费5000元,丧失转售利益4000元。

1. 乙得否向甲请求支付43万元价金?
2. 乙得向甲请求何种损害赔偿?

一、解题思考

(一)体系构成

人非圣贤,孰能无过,错误难免,如何加以合理规范? "民法"第88

条至第 91 条设有四个条文:第 88 条:"意思表示之内容有错误,或表意人若知其事情即不为意思表示者,表意人得将其意思表示撤销之。但以其错误或不知事情,非由表意人自己之过失者为限。当事人之资格或物之性质,若交易上认为重要者,其错误,视为意思表示内容之错误。"第 89 条:"意思表示,因传达人或传达机关传达不实者,得比照前条之规定撤销之。"第 90 条:"前二条之撤销权,自意思表示后,经过一年而消灭。"第 91 条:"依第 88 条及第 89 条之规定撤销意思表示时,表意人对于信其意思表示为有效而受损害之相对人或第三人,应负赔偿责任。但其撤销之原因,受害人明知或可得而知者,不在此限。"这四条规定构成关于错误的规范体系:

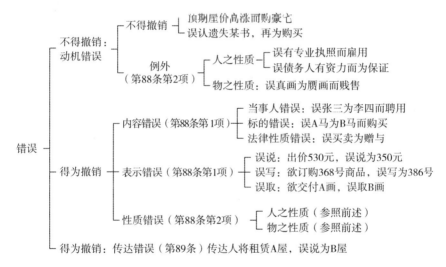

请读者理解法律规定的意旨及明辨各种类型的错误(第 88 条、第 89 条),掌握撤销的要件及法律效果(第 90 条、第 91 条)。案例〔17〕旨在建构一个意思表示错误撤销的思考模式。

(二) 解题构造

问题一：乙得向甲依"民法"第367条规定请求支付价金43万元，须买卖契约成立、有效

Ⅰ 乙得向甲依"民法"第367条请求支付价金，须买卖契约成立
   (一) 买卖契约成立：要约承诺意思表示合致：请求权发生
     1. 甲的要约
       (1) 甲为要约的意思表示
       (2) 丙为传达：发出
       (3) 到达乙生效
     2. 乙的承诺
     3. 乙对甲为承诺意思表示
     4. 买卖契约成立
   (二) 有效的买卖契约：请求权消灭
     1. 撤销原因
     (1) 传达错误(第89条)
       ①甲的意思表示
       ②丙为传达
       ③传达错误：将34万元误书为43万元：到达意思表示的内容异于所发出的内容
     (2) 比照第88条第1项：表示行为错误(+)
     2. 撤销的意思表示？
     (1) 甲对乙为撤销的意思表示(第114、116条)
       ①意思表示
       ②单独行为：形成权
     (2) 撤销意思表示的解释(+)
     3. 除斥期间(−)
     4. 排除事由(−)
     5. 买卖契约视为自始无效(第114条)
Ⅱ 乙不得向甲依"民法"第367条请求支付价金43万元

问题二：乙对甲的损害赔偿请求权
Ⅰ "民法"第91条
   (一) 要件
     1. 意思表示的撤销
     2. 信意思表示有效受有损害
       (1) 信意思表示有效
       (2) 受有损害：支出运费、转售利益

(续表)

> 　　3. 乙非因过失不知撤销原因
> （二）效果：损害赔偿
> 　　1. 信赖利益
> 　　2. 不超过履行利益
> Ⅱ 乙得向甲依"民法"第91条规定请求支付运费5000元

二、解答

（一）乙得否向甲请求支付43万元价金

1. 乙得向甲依"民法"第367条规定请求支付价金43万元，须甲与乙的要约与承诺互相意思表示一致而成立买卖契约。

甲欲以34万元向乙购买唐卡，指示其秘书丙致函于乙，而为要约意思表示的发出。丙系甲的传达人，将价金误书为43万元，其意思表示于函件到达于乙时，发生效力（第95条第1项）。乙以传真对甲表示同意，系对甲以43万元购买唐卡要约为承诺的意思表示，于到达甲时发生效力，甲与乙要约与承诺互相意思表示一致，成立买卖契约（第153条）。

问题在于该买卖契约是否因甲的撤销而视为自始无效（第114条）。甲对乙表示其秘书丙将其表示的价金34万元误书为43万元，造成错误，拒绝付款，敬请原谅。在解释上得认为此乃撤销的意思表示，属于单独行为，具形成权的性质，于到达相对人乙时发生效力。

关键在于甲有无撤销的原因。

甲对其秘书丙表示以34万元购买乙的西藏唐卡，其意思与表示一致，并无意思表示内容的错误。丙受甲指示，传达其购买唐卡的意思表示，将34万元误书为43万元，其内容不同于甲指示丙发出的内容，乃传达错误。"民法"第89条规定，意思表示因传达人传达不实者，得比照第88条之规定，撤销之。所谓比照第88条规定，系指表意人若知其事情即不为意思表示者而言（表示行为错误）。甲于意思表示后一周内为撤销，未超过撤销权应于意思表示后一年内以意思表示为之的除斥期间（第90条）。

甲与乙间的买卖契约经甲撤销，视为自始无效（第114条）。

2. 乙不得向甲依"民法"第367条规定请求支付43万元价金。

(二) 乙对甲的损害赔偿请求权

1. 乙得向甲依"民法"第91条规定请求损害赔偿,须甲撤销其意思表示,乙信其意思表示为有效而受损害。

甲依"民法"第88条及第89条规定撤销买卖契约,前已叙明。案例事实未涉及乙明知或因过失知有撤销之原因。乙得请求损害赔偿的,系其信买卖契约有效所受损害(积极损害、信赖利益),而非因买卖契约有效得获的履行利益(消极损害)。乙支出运送唐卡的费用(5000元),系属信赖利益的损害。其丧失的转售利益,系履行利益损害(4000元)。问题在于信赖利益的损害赔偿,应否受履行利益损害赔偿的限制,不得超过履行利益。"民法"第91条未设明文,但在解释上应作此限制。故乙仅得请求4000元信赖利益的损害赔偿。

2. 乙得向甲依"民法"第91条规定请求4000元的损害赔偿。

案例〔18〕诈欺:代理人受骗购买事故车

甲刚考取驾照,委任授权乙到丙的车行购买二手车。乙中意A车,询问车行销售经理丁,该车曾否发生事故。丁曾经由该车前车主获知该车二度发生车祸,仍对乙表示未发生车祸,安全无虞。乙以甲的名义出价25万元,丁同意,并约定一周内付款取货。订约后次日,甲请戊前往检验该车,证实确属事故车。于三日后甲对丙表示拒绝付款。丙得否向甲请求支付25万元价金?

一、解题思考

(一) 规范目的、体系构成

受诈欺、胁迫而为意思表示,影响私法自治的自主决定原则,"民法"特别规定得为撤销(为何不规定无效或效力未定?)。

"民法"第92条规定:"因被诈欺或被胁迫而为意思表示者,表意人得撤销其意思表示。但诈欺系由第三人所为者,以相对人明知其事实或可得而知者为限,始得撤销之。被诈欺而为之意思表示,其撤销不得以之对抗善意第三人。"第93条规定:"前条之撤销,应于发现诈欺或胁迫终止后,一年内为之。但自意思表示后,经过十年,不得撤销。"为明确第92条的规范内容,图示如下:

类例	要件	效力	第三人	除付时间
诈欺	1.诈欺行为 ─ 告知不实之事／有告知义务而未告知／单纯沉默（—） 2.使相对人陷于错误 3.因果关系（二重）─ 因诈欺陷于错误／因错误而为意思表示 4.故意	1.得撤销其意思表示 2.意思表示经撤销后，视为自始无效（第114条第1项）	第三人为诈欺时，须相对人明知或可得而知其事实，始得撤销	应于发现被诈欺或胁迫终止后一年为之，但自意思表示经过十年后，不得撤销
胁迫	1.胁迫行为 ─ 告以不利后果／违法性 ─ 目的不法／手段不法／手段与目的不相当 2.使相对人陷于恐惧（心理强制状态） 3.因果关系（二重）─ 因胁迫心生恐惧／因恐惧而为意思表示 4.故意	1.得撤销其意思表示 2.意思表示经撤销后，视为自始无效（第114条第1项）	第三人胁迫无论相对人明知与否均得撤销	

1. 请明辨诈欺与胁迫立法目的及规范内容的不同，并与"民法"关于意思表示错误得撤销的规定加以比较。

2. 确实理解诈欺、胁迫的要件，并在具体案例中加以定义、涵摄、适用。

3. 第三人为诈欺时，相对人不知或非因过失不知其事实时，表意人不得撤销。问题在于何谓第三人？在胁迫的情形，不论相对人是否明知或非因过失而不知，均得撤销。盖胁迫较为严重，表意人应特别受到保护（立法上利益衡量）。

4. 诈欺之撤销，不得对抗善意第三人，旨在保护交易安全。例如甲受乙诈欺让售计算机给乙，乙转售于丙，丙得主张其系善意，乙系有权处分，其仍能取得所有权。在胁迫的情形，得对抗第三人，但第三人得主张善意取得（第801条、第948条）。

5. 受诈欺或胁迫而为之意思表示，得为债权行为与物权行为（例如受诈欺、胁迫出卖某物并移转所有权）。在此情形，表意人得以共同瑕疵并撤销二者（有疑义时，应作如此解释），依"民法"第767条主张所有物返还请求权，依"民法"第179条主张占有不当得利请求权。

6. 请就案例〔18〕说明在已交车、甲付款之后，甲撤销其意思表示时当事人间的法律关系（写成书面）。

(二)解题构造

> Ⅰ 丙得向甲依"民法"第367条规定请求支付价金25万元,须丙与甲间成立有效买卖契约
> (一)买卖契约: 请求权发生
> 　　甲的代理人乙的要约与丙的代理人丁的承诺互相意思表示一致,其效力及于本人,在甲与丙间成立买卖契约(第153条)
> (二)买卖契约经甲撤销,视为自始无效(第114条): 请求权消灭
> 　　1. 撤销原因
> 　　　(1)丁对乙为诈欺(+)
> 　　　　①诈欺行为:告知非事故车
> 　　　　②乙陷于错误
> 　　　　③乙为意思表示
> 　　　　④丁故意
> 　　　(2)代理人受诈欺,其事实应就代理人决之(第105条)
> 　　　(3)甲有撤销权
> 　　2. 撤销的意思表示(+)
> 　　　(1)甲为撤销权人
> 　　　(2)丙为相对人
> 　　　(3)撤销的意思表示:单独行为(形成权)
> 　　3. 撤销权行使期间(+)
> 　　4. 排除事由?
> 　　　(1)第92条第1项但书:诈欺系由第三人所为者,以相对人明知其事实或可得而知者为限,始得撤销之
> 　　　(2)丁为诈欺
> 　　　(3)丁非第三人
> 　　5. 买卖契约经撤销视为自始无效(第114条)
> Ⅱ 丙不得向甲依"民法"第367条规定请求支付价金25万元

二、解答

1. 丙得向甲依"民法"第367条规定请求支付价金25万元,须丙与甲间成立有效的买卖契约。

甲的代理人乙与丙的代理人丁(销售经理)的要约与承诺互相意思表示合致,直接对本人发生效力(第103条),在甲丙间成立买卖契约(第153条)。

问题在于丙与甲间的买卖契约,是否经甲撤销承诺的意思表示而视为自始无效(第114条)。

首应认定的是甲有无撤销原因,此须以其代理人乙受有诈欺为要件。丙车行的销售经理丁被乙询问,不实告知A车非属事故车,使乙陷于错误,而为购车的承诺,具有因果关系。丁不实告知出于故意,乙系受丁诈欺而为承诺之意思表示(第92条)。代理人意思表示被诈欺时,其事实之有无,应就代理人决之(第105条)。因此应认定甲之代理人乙受诈欺而为承诺。

代理人之意思表示受诈欺时,本人有撤销权。甲对丙以其代理人乙受诈欺而拒绝付款,系为撤销的意思表示(第114条)。此项撤销系于乙为意思表示后第四日为之,并未逾越行使撤销权的除斥期间(第93条)。

有疑问的是,丙得否主张其未明知或可得而知丁的诈欺,甲不得撤销其意思表示。"民法"第92条但书规定,因被诈欺而为意思表示,其诈欺系由第三人所为者,以相对人明知其事实或可得而知者为限,始得撤销之。此乃撤销权的排除事由。所谓第三人应作限制解释,系指未参与其意思表示之人而言,不包括代理人或使用人在内。丁系丙的代理人,非属所谓第三人,甲的撤销权不因此而受影响。甲撤销其代理人乙受诈欺而为之意思表示,甲与丙间的买卖契约视为自始无效(第114条)。

2. 丙不得向甲依"民法"第367条规定请求支付25万元价金。

案例〔19〕诈欺:医生为爱情不实记载人寿保险的体检报告

甲步入老年,为保障其妻乙的生活,向丙保险公司投保人寿保险,以乙为受益人。丙保险公司要求甲到丁医院体检。戊医生发现甲患有胰脏癌,因其正与甲之女热恋,故为不实记载,使甲得顺利向丙保险公司投保。戊医生将甲罹病及不实记载之事告知乙。三年后甲因癌症死亡,丙支付乙保险金1000万元。一年后丙保险公司发现其事,查知戊伪造病历之事,丙保险公司起诉向乙请求返还保险金,有无理由?

一、解题思考

(一)问题争点

案例〔19〕涉及第三人利益契约与诈欺。关键问题在于如何解释、认定第 92 条所称"诈欺系由第三人所为者",请参阅案例〔18〕。

(二)解题构造

> Ⅰ 丙得向乙依"民法"第 179 条规定请求返还 1000 万元保险金,其要件为:乙受利益;致丙受损害;无法律上原因
> (一)乙受利益
> (二)致丙受损害
> (三) 无法律上原因
>   1. 丙撤销人寿保险契约,致其自始视为无效(第 114 条)?
>   (1)撤销原因
>   ①丙受诈欺(第 92 条)
>   A. 戊为诈欺
>   B. 使丙陷于错误
>   C. 因果关系
>   D. 戊系故意
>   ②甲不知戊为诈欺
>   ③戊告知乙,得否撤销?
>   A. 乙系人寿保险契约的受益人,对丙有给付请求权
>   B. 戊为诈欺:第三人
>   C. 乙明知丙受诈欺
>   D. 丙得对乙为撤销
>   (2)撤销的意思表示
>   (3)未逾除斥期间
>   (4)人寿保险契约经丙撤销视为自始无效(第 114 条)
>   2. 乙受利益无法律上原因
> Ⅱ 丙得向乙依"民法"第 179 条规定请求返还 1000 万元保险金

二、解答

1. 丙保险公司得向乙依"民法"第 179 条规定请求返还 1000 万元保险金,其要件为乙受有利益,因丙之给付而受利益,法律上原因其后不存在。

乙自丙保险公司受领 1000 万元保险金,受有利益。丙保险公司对乙给付保险金 1000 万元。问题在于乙受有利益,是否无法律上原因。关键在于该人寿保险契约是否经丙撤销而视为自始无效(第 114 条)。

戊医生故意不实记载人寿保险要保人甲的体检病历,致丙公司(通常

系经其代理人为人寿保险契约的法律行为)陷于错误而订立人寿保险契约,二者具有因果关系而构成诈欺。问题在于丙人寿保险契约的要保人甲不知戊的诈欺行为,而受益人乙明知其事,丙保险公司得否撤销保险契约。

"民法"第92条第1项但书规定:"但诈欺系由第三人所为者,以相对人明知其事实或可得而知者为限,始得撤销之。"依此规定的规范目的,其适用范围应扩张及于就该意思表示(法律行为)直接取得权利之人(目的性扩张)。盖于此情形,无论受益人自为诈欺,明知或可得而知他人为诈欺,其信赖均无保护的必要。①

丙保险公司与甲订立之人寿保险契约,系属利益第三人契约,乙系受益人,对丙保险公司有直接请求给付的权利,丙保险公司对乙负有给付义务(第269条第1项),乙直接取得权利。戊非甲的代理人或使用人,系属为诈欺的第三人。乙明知戊不实记载健康检查之事,丙保险公司得对乙撤销人寿保险契约(第114条)。丙保险公司起诉请求乙返还保险金,系以意思表示撤销受诈欺而为的意思表示(第116条),其于发现诈欺后一年内为撤销(第93条),未逾越法定除斥期间。

甲与丙保险公司间的人寿保险契约经丙保险公司撤销,视为自始无效。乙受领给付保险费,其法律上原因其后不存在,欠缺给付目的。

2. 丙保险公司得向乙依"民法"第179条规定请求返还其受领的保险金1000万元。

案例〔20〕胁迫:建商胁迫地主让售土地

甲有A地与乙的B地相邻,乙提供B地与丙建商合作兴建商场,预期可获巨利。乙与甲商购A地,甲拒不出售,丙因投入大量资金,迫不及待,请征信社搜集甲的资料,获知甲有贩毒走私等情事。丙向甲表示若不将A地出售于乙,将向警察机构检举。甲迫于情事,乃将A地出售于乙,并即办理让与所有权登记,交付A地。半年后,甲贩毒走私被查获,已无顾忌,即向乙请求返还A地,涂销所有权登记。乙以不知甲受丙恐吓之事,加以拒绝,有无理由?

---

① 参照《德国民法典》第123条第2句,Larenz/Wolf, Allgemeiner Teil des bürgerlichen Rechts (9. Aufl., 2004), S. 687.

一、解题构造

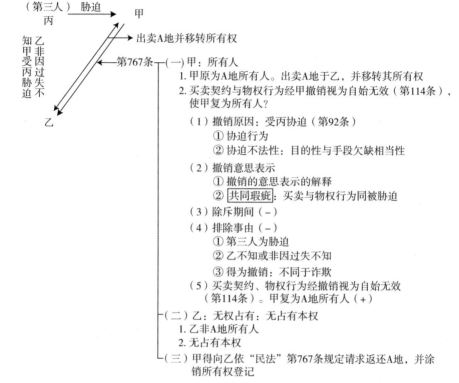

二、解答

1. 甲得向乙依"民法"第767条规定请求返还A地,涂销所有权登记,须甲系所有人,乙为无权占有。

(1) 甲原为A地所有人。甲让售A地于乙,并移转其所有权(第758条)。问题在于甲得否撤销其与乙的买卖契约及物权行为,使其视为自始无效(第114条)。

① 首先应检讨的是撤销原因。丙告知甲若不将A地让售于乙,将检举其贩毒走私的不利后果,使甲心生恐惧,受心理强制而对乙为让售A地的意思表示,其意思表示与胁迫行为具有因果关系。问题在于丙的胁

迫是否具有不法性。

胁迫有不具违法性者,例如若不还钱,将提起告诉。其具不法性者,有为目的不法(如不参加走私,将断绝资金供应)。有为手段不法(如不出资购买股票,将公开其隐私)。应提出的是,手段本身与目的本身均不具违法性,但以此手段达成目的欠缺内在正当性时,亦得构成不法,此应基于"宪法"与法律以及交易观念与伦理观念而为判断。丙以检举犯罪,胁迫甲让售 A 地于乙,检举犯罪与让售土地本身虽非不法,但因二者欠缺内在关系及正当性而具有不法性。因此甲得撤销其受丙胁迫让售 A 地于乙的意思表示。

②甲向乙请求返还 A 地,系撤销其受胁迫而为法律行为的意思表示(第 116 条)。解释上得认甲系同时撤销买卖契约(第 345 条)及移转 A 地所有权的物权行为(第 758 条)。二者同受胁迫,具共同瑕疵,均得撤销。

③甲于意思表示后半年为撤销,未逾越撤销权行使的法定除斥期间(第 93 条)。

④须特别指出的是,依"民法"第 92 条第 1 项但书规定,诈欺系由第三人所为者,以相对人明知其事实或可得而知者为限,始得撤销意思表示。胁迫系由第三人所为者,不问其胁迫者为何人,亦不问相对人是否明知其事实或可得而知,均得撤销。乙不知或非因过失不知甲系受胁迫,甲仍得为撤销。盖其意思表示的自由受侵害较诈欺为严重,应更受保护。

(2)甲出卖 A 地并移转其所有权于乙的意思表示经甲撤销,视为自始无效(第 114 条)。甲仍为 A 地所有人,乙系无权占有。乙因甲撤销其受胁迫而为的物权行为,自始未取得 A 地所有权。买卖契约撤销后,视为自始无效。乙对 A 地无物权或债权的占有本权。

2. 甲得向乙依"民法"第 767 条规定请求返还 A 地,涂销所有权登记。

第四项　契约请求权的实现性?

契约请求权发生后,并未消灭时,尚需检查其实现性。请求权的实现性,系指得否依诉实现其请求权。此涉及两个抗辩权:①时效抗辩权(第 125 条以下)。②同时履行抗辩权(第 264 条)。时效抗辩权又称为永久抗辩权,即时效消灭后,债务人得拒绝给付。同时履行抗辩权称为一时抗辩权,即仅得于他方未为对待给付前,得拒绝为自己的给付。二者的功能、要件不同,但均属抗辩权,是否行使,由当事人决定,乃债务人的权利,法院不得依职权加以审究,体现权利自由处分原则。

案例〔21〕请求权竞合与消灭时效

甲有 A 屋出租给乙,乙不付租金,甲依法终止租赁。租赁契约终止后,乙仍继续占用,致甲不能出租该屋。试问甲对乙得主张何种请求权,其消灭时效期间如何计算?

一、解题思考

"民法"第 125 条规定:"请求权,因十五年间不行使而消灭。但法律所定期间较短者,依其规定。"由此可知消灭时效,系指请求权因一定期间不行使而消灭。一般消灭期间为 15 年。法律设有短期时效(第 126 条以下、第 197 条等)。在处理具体案例时要认定请求权的时效期间起算点、时效中断及重新起算、时效不完成、时效完成的效力等,此为一种动态发展过程,图示如下(请阅读条文):

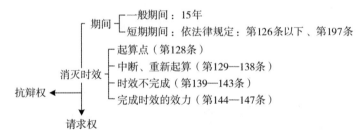

"民法"第 144 条规定:"时效完成后,债务人得拒绝给付。请求权已经时效消灭,债务人仍为履行之给付者,不得以不知时效为理由,请求返还;其以契约承认该债务或提出担保者亦同。"由此可知请求权消灭时效完成之效力不过发生拒绝给付的抗辩权,并非使请求权当然消灭,债务人若不行使其抗辩权,法院自不得认定消灭时效业已完成,即请求权已归消灭。

二、解答

甲得向乙主张的请求权,各请求权的消灭时效期间,应就请求权基础加以检查,为期简明,整理如下(请阅读条文):

请求权基础	法律规定("民法")	时效期间
租赁物返还请求权	第455条	15年(第125条)
所有物返还请求权	第767条	已登记不动产所有人之回复请求权,无"民法"第125条消灭时效规定之适用("司法院"释字第107号解释)
不当得利返还请求权	第179条	1. 15年 2. 在无权使用他人之物:实务见解:第126条,5年
侵权行为损害赔偿请求权	第184条第1项前段	自请求人知有损害及赔偿义务人时起2年 自有侵权行为时10年(第197条)

在具体案例,应明确认定当事人得主张的请求权,及各该请求权的消灭时效期间,因其涉及请求权竞合,请求权竞合实乃消灭时效期间的问题。

实务上具有争议的是使用他人之物不当得利请求权的消灭时效期间。"最高法院"1960年台上字第1730号判例:"租金之请求权因五年间不行使而消灭,既为'民法'第126条所明定,至于终止租约后之赔偿与其他无租赁契约关系之赔偿,名称虽与租金异,然实质上仍为使用土地之代价,债权人应同样按时收取,不因其契约终止或未成立而谓其时效之计算应有不同。""最高法院"数十年一直坚持采此见解,并适用于所有无权使用他人之物的情形。

无权使用他人之物系无法律上原因,受有利益,致他人受损害,应成立不当得利(第179条)。须强调的是,其受有利益,系物之使用本身,此项利益依其性质不能返还,应偿还其价额,而以相当之租金加以计算,故不能认为其无法律上之原因而获得者,系相当于租金之利益。①

"最高法院"在租赁关系消灭的不当得利请求权,认为应适用"民法"第126条关于租金5年短期时效期间的规定,旨在尽速了结法律关系,尚有所据。"最高法院"将"民法"第126条5年短期时效期间,适用于租赁

---

① 拙著:《不当得利》(第二版),北京大学出版社2015年版,第246页。

终止、未成立、出租共有物及逾越应有部分而使用之共有物(参阅 2005 年台上字第 1198 号、2013 年台上字第 2209 号),更适用于无任何法律关系而无权占用他人之物的情形。问题在于无任何法律关系而无权占有使用他人之物,能否认为土地所有人应按时收其相当于租金的利益(此为短期时效的立法意旨),而有"民法"第 126 条短期时效的适用,非无研究余地。"最高法院"采此见解长达数十年,难期有所变更。

案例〔22〕同时履行抗辩:买卖契约上的价金请求权与不完全给付、瑕疵担保责任

甲向乙购买汽车,于乙约定交付汽车时,甲检查后证实该车系严重泡水车,甲得否以乙应负不完全给付、瑕疵担保责任,在乙补正瑕疵前拒绝付款?乙得否主张甲应负迟延责任?

一、解题思考

(一)同时履行抗辩的要件及效果

"民法"第 264 条规定:"因契约互负债务者,于他方当事人未为对待给付前,得拒绝自己之给付。但自己有先为给付之义务者,不在此限。他方当事人已为部分之给付时,依其情形,如拒绝自己之给付有违背诚实及信用方法者,不得拒绝自己之给付。"此为双务契约的同时履行抗辩权。债务人享有同时履行抗辩权者,在未行使抗辩权以前,仍可发生迟延责任之问题,必须行使之后始能免责(1961 年台上字第 1550 号)。

同时履行之抗辩,须系本于同一的双务契约而发生。其不具对待关系者,无"民法"第 264 条之适用,例如:

1. 承揽契约:将剩余材料返还于定作人之义务,与定作人之支付报酬之义务(1974 年台上字第 2327 号判例)。承揽人将完成工作交付于定作人,与定作人给付报酬之义务(1961 年台上字第 2705 号判例)。

2. 租赁契约:费用偿还请求权(第 431 条第 1 项)与租赁关系终止后返还租赁物的义务(最高法院 1944 年台上字第 2326 号判例)。

值得提出的是"民法"第 264 条规定的类推适用。"最高法院"2002 年台上字第 1991 号判决谓:"双务契约被撤销,当事人就其所受领之给付,系无法律上原因而受利益,致他人受损害,应依不当得利之规定负返还义务,即令另一方又主张回复原状,惟双方因而互负返还之债务,办系基于同一经撤销之契约而发生,互有对待给付之关系,自应类推适用'民法'第264条规定,认双方就此得为同时履行之抗辩。"

(二)解题构造

> Ⅰ "民法"第264条的解释适用
> 　1. 须有双务契约:买卖
> 　2. 甲无先为给付价金的义务
> 　3. 乙的对待给付
> 　　(1)交付其物并移转其所有权(第348条)
> 　　(2)不完全给付与瑕疵担保责任(第227、354条)
> 　4. 行使同时履行抗辩权
> 　5. 迟延责任
> Ⅱ 甲得对乙行使同时履行抗辩,不负迟延责任

二、解答

1. 甲得对乙主张在乙补正 A 车的瑕疵前,拒绝给付,须因契约互负债务。买卖系属双务契约,出卖人负有交付其物并移转其所有权的义务(第348条),买受人负有支付价金及受领标的物的义务(第367条)。甲无先为给付之义务。

物之出卖人依"民法"第348条规定,除负交付其物并移转其所有权的义务外,并应就其交付之买卖标的物,负瑕疵担保责任或不完全给付之债务不履行责任,买受人得请求出卖人补正或损害赔偿(第227条、第354条)(特定物买卖)。在此情形,买受人亦得依"民法"第264条规定行使同时履行抗辩权(参照"最高法院"1988年4月19日1988年度第7次民事庭会议决议)。惟行使同时履行抗辩权拒绝给付部分,应与出卖人应负的瑕疵补正或损害赔偿责任相当,若买受人应为之给付与出卖人之瑕疵补正或损害赔偿责任,显不相当,且其给付可分,则其同时履行抗辩权的范围应受相当之限制,不得遽以拒绝全部之给付(2013年台上字第19号、2016年台上字第973号)。购买严重泡水车,请求补正瑕疵,与拒绝支付价金,二者非显不相当,甲拒绝自己之给付未违诚实信用原则,甲得行使同时履行抗辩权。

债务人享有同时履行抗辩权者,在未行使此抗辩权以前仍可发生迟延责任之问题,必须行使之后,始能免责(1961年台上字第1550号判例)。甲已对乙表示补正A车泡水问题前,拒绝自己的给付,既已行使同时履行抗辩权,不发生迟延责任。

2. 甲得对乙行使同时履行抗辩,不负迟延责任。

第三款　次契约请求权

第一项　债务不履行

次契约请求权,指在给付履行过程中因债务人违反给付义务(或附随义务)而发生的请求权。所谓违反契约上的义务,指给付不能、给付迟延、不完全给付,构成债务不履行,包括:

1. 契约债务不履行的损害赔偿请求权。
2. 买卖、承揽等契约上的瑕疵担保请求权。
3. 因契约解除而发生的回复原状请求权。

兹将债务不履行的体系图示如下(请阅读条文):

```
                    ┌─ 契约效力 ─┬─ 自始不能 ─┬─ 客观不能：无效 (第246、247条)
                    │            │            └─ 主观不能：有效 ─┬─ 第246条的限制解释
         ┌─ 给付不能─┤            │                              ├─ 反面推论
         │          │            └─ 嗣后不能(第225、226条)        └─ 类推适用嗣后不能的规定
债        │          ├─ 损害赔偿(第226条)
务        │          └─ 解除契约(第256条)
不    ────┤
履        │          ┌─ 损害赔偿(第231、232条等)
行        ├─ 给付迟延─┤
         │          └─ 解除契约(第254、255条)
         │
         │          ┌─ 不完全给付 ─┬─ 瑕疵给付(第227条)：准用给付不能、给付迟延
         └─ 不完全给付─┤             └─ 加害给付(第227条之1)：侵害人格权,准用第192—195、197条
                     │
                     └─ 瑕疵担保 ─┬─ 买卖(第354条以下)
                                  └─ 承揽(第492条以下)
```

关于债务不履行,"最高法院"2004年台上字第42号判决作有简要说明:"惟按债务不履行包括给付不能、给付迟延及不完全给付三种,其形态及法律效果均有不同。所谓给付不能,系指依社会观念,其给付已属不能者而言;若债务人仅无资力,按诸社会观念,不能谓为给付不能。给付

迟延,则指债务人于应给付之期限,能给付而不为给付;倘给付可能,则债务人纵在期限前,预先表示拒绝给付,亦须至期限届满,始负迟延责任。至于不完全给付,则指债务人提出之给付,不合债之本旨而言。"在具体案件中应明辨三种债务不履行的构成要件及法律效果。

先应提出的是在一件涉及新药临床试验计划报告的判决("最高法院"2011年台上字第2091号判决),原审法院认为:"查系争试验委托合约签订之目的,在于透过上诉人执行系争新药之临床试验,使被上诉人能通过系争新药之查验登记,而系争新药计划报告因上诉人于执行过程违反'GCP规范',致系争合约之目的无法达成,上诉人已构成给付不能,则被上诉人依'民法'第256条规定解除系争合约,即属有据。"

"最高法院"谓:"本件两造签订系争合约,由被上诉人委托上诉人从事系争新药之临床试验,上诉人已交付系争新药计划报告,惟因该项计划报告具有缺失,遭'卫生署'不准备查,既为原审认定之事实,则上诉人已依系争合约提出给付,虽其给付不符合债务本旨,究与应有所为而不能为,而以消极的不给付侵害被上诉人债权之情形不同,自非依社会观念已属不能之给付不能可比。原审见未及此,迳以系争新药计划报告因'卫生署'驳回确定,致系争合约之契约目的无法达成,即谓构成给付不能云云,已有适用法规不当之违误。"

诚如"最高法院"所言,新药计划报告缺失,非系给付不能,乃"民法"第227条第1项所规定典型的不完全给付。

案例〔23〕自始主观给付不能:一个著名法学方法论上的问题

甲医生在其父前高等法院法官的遗物中发现一本1931年出版的初版《六法全书》,旧书商知其事,于3月3日以5万元向甲购买,约定3月10日交书付款。乙于3月10日到甲处时,甲告知该《六法全书》系丙教授所有,丙于3月8日取回,表示不愿让售。乙书商已于3月6日以10万元将该初版《六法全书》出卖于丁律师,乙得否向甲请求5万元的损害赔偿?

一、解题思考

(一)给付不能的规范体系

民法债务不履行系以给付不能为规范的核心,设有详细规定。给付不能,指债务人不能依债之本旨而为给付。给付不能分为客观不能(任何人皆不能为给付,包括事实不能,如物之灭失;或法律不能,如买卖鸦片等违禁物)、主观不能(仅债务人自己不能,如出卖之物被盗)。给付不能有于订约时即为不能(自始不能);亦有于订约后成为不能(嗣后不能)。兹以下图显明"民法"关于给付不能的规范体系(阅读条文!彻底理解!):

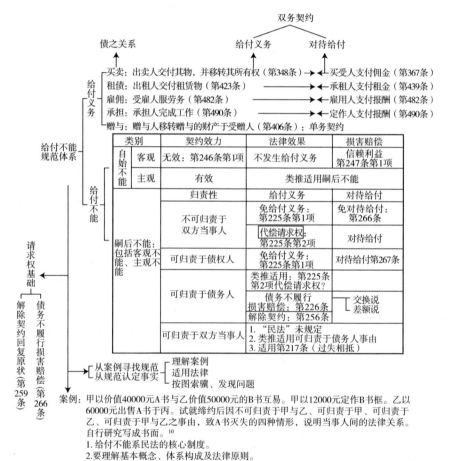

① 拙著:《给付不能》,载《民法学说与判例研究》(第一册),北京大学出版社2009年版,第223页。

(二)解题构造

案例[23]涉及"民法"第 246 条的解释适用,类推适用第 226 条等规定,是法学方法论上的重要问题,值得注意。

> I 乙得向甲请求 5 万元的损害赔偿,须买卖契约有效,并得类推适用"民法"第 226 条规定
> (一)买卖契约
>   1. 成立
>   2. 有效?
>   (1)自始主观不能
>   (2)"民法"第 246 条的适用?
>   ①限于客观不能
>   ②不适用于主观不能
>   A. 文义解释
>   B. 体系解释(比较法)
>   C. 历史解释
>   D. 目的解释
>   (3)买卖契约有效(+)
> (二)类推适用"民法"第 226 条
>   1. 适用:"最高法院"见解(?)
>   2. 类推适用
>   (1)法律漏洞
>   (2)嗣后不能规定的类推适用
>   3. 第 226 条的类推适用?
>   (1)给付不能:主观不能
>   (2)归责事由
>   ①故意过失(第 220 条)
>   ②不可归责于甲
>   4. 无"民法"第 226 条的类推适用(-)
> II 乙不得向甲类推适用"民法"第 226 条第 1 项规定请求赔偿 5 万元

二、解答

1. 乙得向甲依类推适用"民法"第 226 条第 1 项规定请求损害赔偿,须因可归责于甲之事由,致甲出卖于乙的初版《六法全书》给付不

能,而使乙受有5万元的损害。

甲与乙间成立初版《六法全书》的买卖契约。问题在于该初版《六法全书》系丙所有,丙不愿让售,甲对乙构成给付自始主观不能,其买卖契约是否有效？问题系有无"民法"第246条第1项规定的适用。

"民法"第246条第1项规定,以不能之给付为契约标的者,其契约为无效。首先应认定的是,其所谓不能之给付应作限制解释,指自始客观不能而言。例如出卖之物于订约时既已灭失,应不包括自始主观不能。本项规定源自旧《德国民法典》第306条所称不能之给付,乃Unmöglichkeit的移译,指客观不能而言。立法理由书谓："谨按'民律草案'第513条及第517条谓当事人,得自由以契约订定债务关系之内容,而其标的,则以可能给付为必要。故以客观之不能给付(不问其为相对的不能或绝对不能)为标的之契约,法律上认为无效,所以防无益之争议也。但系主观之不能给付,其契约仍应认为有效,使债务人负损害赔偿之责,此无待明文规定也。"立法目的在维护契约自由。买卖契约以主观不能之给付为标的者,有效。

问题在于自始主观不能,债务人应如何负其债务不履行责任。"最高法院"2009年台上字第921号判决谓："按'民法'第226条第1项之给付不能,债权人得请求损害赔偿者,与同法第232条因给付迟延,而生之损害赔偿,两者不同。前者指因可归责于债务人之事由,致给付不能者言;其给付不能,包括自始主观不能、嗣后客观或嗣后主观不能;后者系指因债务人之给付拒绝或给付迟延,迟延后之给付,于债权人已无利益者,债权人得拒绝其给付,并得请求赔偿因不履行而生之损害赔偿言。"此项见解,尚有探究余地。"民法"第226条第1项规定所称给付不能系指嗣后不能,依其文义、体系及规范目的,应不包括自始主观不能。

"民法"第246条第1项所称给付不能,系指自始客观不能,不包括自始主观不能,其契约有效,已如前述。关于其债务不履行责任,"民法"未设明文,衡诸"民法"关于债务不履行的规范计划,"民法"未设规定系属法律漏洞,应类推适用嗣后不能的规定,尤其是"民法"第226条第1项规定："因可归责于债务人之事由,致给付不能者,债权人得请求赔偿损害。"甲基于买卖契约对乙有交付其物并移转其所有权之义务(第348条)。物之出卖人就其故意或过失之行为,应负责任(第220条)。甲在其父前高等法院法官的遗物中发现初版《六法全书》而为出卖,通常难认其有过失而有可归责事由。甲对乙不负 5 万元履行利益的损害赔偿责任。

2. 乙不得向甲依类推适用"民法"第 226 条第 1 项规定请求 5 万元的损害赔偿。

案例〔24〕种类之债与给付不能：往取之债、赴偿之偿、代送之债

甲酷好古典音乐，在乙经营的音乐行所寄来的目录中，发现乙进口经销其早想购买的德国某类型新开发的高级音响，即向乙订购一套，价金 20 万元。试就下列情形说明乙得否向甲请求支付价金，甲得否向乙请求交付音响：

1. 甲与乙约定，甲于 6 月 2 日到乙的音乐行取货，乙于 6 月 1 日包装 A 音响，存放仓库。

(1)甲于 6 月 2 日前来取货时，获知 A 音响于 6 月 1 日晚间因仓库意外失火灭失。

(2)甲于 6 月 4 日始前来取货，而 A 音响于 6 月 3 日因乙的过失发生火灾灭失。两种情形下的法律关系有何不同？

2. 甲与乙约定于 6 月 2 日于甲的住处交付音响，乙包装 A 音响交由其店员丙送至甲宅途中，非因丙的过失发生车祸，致 A 音响全毁。

3. 乙应甲的请求，同意将音响送到清偿地以外甲的别墅。乙包装 A 音响交付于住在甲别墅附近的友人丁代送，因丁过失发生车祸，致 A 音响全毁。

一、解题思考

(一)种类之债的特定与给付不能

给付不能，须其给付系特定之债，例如出卖的 A 屋遭火烧毁(客观不能)；出租的 B 车交付前被盗(主观不能)；画师约定为人作画，因病眼睛失明而无法作画(主观不能)。关于种类之债(如购买某农场苹果 200 斤、承租某品牌电视机)，"民法"第 200 条规定："给付物仅以种类指示者，依法律行为之性质或当事人之意思不能定其品质时，债务人应给以中等品质之物。前项情形，债务人交付其物之必要行为完结后，或经债权人之同意指定其应交付之物时,其物即为特定给付物。"债务人是否完结交付其物之必要行为而使种类之债特定,与清偿地具有密切关系。"民法"第314条规定:"清偿地,除法律另有规定或契约另有订定,或另有习惯,或得依债之性质或其他情形决定者外,应依左列各款之规定:一、以给付特定物为标的者,于订约时,其物所在地为之。二、其他之债,于债权人之住所地为之。"关于清偿地,当事人通常会有约定。兹就物之买卖分往取之债、赴偿之债、代送之债加以说明①:

1. 往取之债:此系以债务人的住所或营业地为清偿地(同为给付行为地与给付效果地)。物之买卖的种类之债,在出卖人于清偿地选定、包装其物时,完结交付其物之必要行为而为特定。

2. 赴偿之债:此系以债权人的住所或营业地为清偿地(同为给付地与给付效果地),债务人在清偿地事实上提出给付时,其物即成为特定物。

3. 代送之债:债权人请求将标的物送交清偿地以外处所的债务,于债务人交付其物于为运送之人或承揽运送人时(给付行为),即完结交付其物的必要行为而为特定。在此情形,给付行为地与给付效果地不同,应予注意。

(二) 解题构造

兹就种类之债的特定与给付不能的解题构造,简示如下:

---

① 实务上有一个离婚后购买房屋作为扶养费,如何特定的争议问题,参照"最高法院"两个判决:

1. 2013年台上字第1646号:"按法律行为之标的于法律行为当时未确定者,得依法律或习惯确定,或约定由当事人双方或由当事人一方或由第三人确定,或约定依其他情事确定,均无不可。系争离婚协议书第五条约定上诉人愿于离婚后一年内购买价值3500万元之房屋予被上诉人,作为赡养费之给付,为原审认定之事实。则两造仅就房屋价值为约定,其他如所在地号、门牌、面积、材质、用途等未为特定,且无从依法律或习惯确定,似得推定由当事人双方,或由当事人一方,或由第三人确定。纵有确定权者,不为确定,亦仅有确定权转换之问题,仍不能命债务人径行给付。"

2. 2012年台上字第1719号:"惟查两造原为夫妻,于2007年3月15日签立离婚协议书,翌日办妥离婚登记,系争离婚协议书第五条约定被上诉人愿于离婚后一年内购买价值3500万元之房屋予上诉人,作为赡养费之给付,为原审合法认定之事实。则此项契约,系被上诉人承诺于2008年3月15日以前购买价值3500万元之房屋予上诉人,就房屋之所在地号、门牌、面积等未为特定,亦即其给付之范围虽已限定,但给付之房屋尚未具体指定,以后如经双方以合意指定给付之房屋,或依'民法'第200条第2项后段之规定,被上诉人经上诉人之同意指定交付之房屋等时,该房屋即为特定给付物。是上诉人前揭声明所请求之给付系可得特定,裁判书主文似亦得依'强制执行法'第127条关于行为请求权之执行方法执行。"

Ⅰ 出卖人得否向买受人请求价金？（请读者自己建构买受人得否向出卖人请求交付买卖标的物及移转其所有权的解题构造。）
(一) 请求权发生：第367条
(二) 请求权消灭：第226条？
　　1. 买卖契约：债之关系
　　2. 给付不能？
　　　(1) 约定之给付：交付音响、移转其所有权
　　　(2) 主观不能，客观不能？
　　　　① 特定物之债(-)
　　　　② 种类之债的特定
　　　　　A. 往取之债？
　　　　　B. 赴偿之债？
　　　　　C. 代送之债？
　　　(3) 客观不能
　　　(4) 因不可归责于双方当事人之事由
　　　　① 一方债务人免给付义务（第225条第1项）
　　　　② 他方免给付义务（第266条）
　　　(5) 请求权消灭(+)
(三) 出卖人不得对买受人依"民法"第367条规定请求支付价金
Ⅱ 例外规定
(一) 债权人受领迟延（第234条以下）
(二) 代送买卖（第374条）

二、解答

(一) 往取之债

1. 乙得向甲请求支付20万元价金？

乙得向甲依"民法"第367条规定请求支付20万元价金，须乙买卖契约的价金请求权，未因音响不可归责于当事人事由致给付不能，而使甲免对待给付。"民法"第266条第1项前段规定：因不可归责于双方当事人之事由，致一方之给付全部不能者，他方免为对待给付之义务。问题在于乙对甲的价金请求权是否因"民法"第266条规定而消灭。

乙基于买卖契约对甲有交付其物并移转其所有权的义务（第348

条)。甲向乙购买某类型的德国音响,系种类指示给付物,须甲完结交付其物的必要行为,其物(音响)始成为特定给付物。甲与乙约定到乙的营业所取货,系属往取之债,即以出卖人乙的音乐行为清偿地。乙于6月1日早上包装A音响放在仓库,待甲领取,使该A音响成为特定给付物。在甲前往领取前,仓库意外失火,致A音响客观给付不能,甲免给付价金义务。乙的价金请求权消灭。

乙不得向甲依"民法"第367条规定请求支付价金20万元。

2. 甲得向乙请求交付音响,并移转其所有权?

(1)不可归责债务人事由的给付不能

甲基于买卖契约得请求乙交付音响并移转其所有权(第348条)。"民法"第225条第1项规定:"因不可归责于债务人之事由,致给付不能者,债务人免给付义务。"乙于6月1日完结交付其物的必要行为,使其物成为特定给付物,在甲于6月2日受领前因仓库意外失火灭失,成为客观不能,系不可归责于出卖人乙,乙免给付义务。

(2)债权人受领迟延中给付不能

甲未能于约定时间6月2日前往乙处领取业经特定随时可提出给付的A音响,成立债权人受领迟延。"民法"第237条规定:"在债权人迟延中,债务人仅就故意或重大过失,负其责任。"A音响于6月4日因乙的过失发生火灾而灭失,乙不负其责任,免给付音响的义务。

甲不得向乙依"民法"第348条规定请求交付音响,并移转其所有权。

(二)赴偿之债

1. 乙向甲请求支付20万元价金?

甲与乙约定于甲的住处交付音响,乃赴偿之债。在赴偿之债,须债务人于债权人住处提出给付,始完结必要行为使其物成为特定给付物。乙包装A音响交由其店员丙,送到甲的住处,途中因意外事故,致A音响灭失,未成立给付不能(客观不能)。乙未因"民法"第225条第1项规定免给付义务,其对甲的价金请求权亦不因此而消灭。

乙得对甲依"民法"第367条规定请求支付价金20万元。

2. 甲对乙请求交付音响并移转其所有权

甲基于买卖契约得向乙请求交付约定类型的德国音响(第348条)。乙选定A音响,交其店员送到甲的住处,未完结交付其物之必要行为而使A音响成为特定给付物。A音响在运送途中灭失,不发生给付不能。

甲得向乙依"民法"第348条规定请求交付约定类型的音响并移转其所有权。

3. 同时履行抗辩

甲与乙因买卖契约互负支付价金20万元及交付约定类型音响并移转其所有权的债务,于他方未得对待给付前,得依"民法"第264条第1项规定,拒绝自己的给付,发生同时履行抗辩。

(三)代送之债

1. 乙向甲请求支付20万元价金？

甲应乙的请求,将音响交送至清偿地以外之某处别墅,系属所谓的代送之债。关于此种债务,"民法"第374条设有特别规定:"买受人请求将标的物送交清偿地以外之处所者,自出卖人交付其标的物于为运送之人或承揽运送人时起,标的物之危险,由买受人负担。"本条所称危险,系指价金危险。问题在于乙得否依此规定向甲请求支付价金20万元。

乙基于买卖契约得向甲依"民法"第367条规定请求支付价金20万元。乙请其友人丁运送A音响到甲的别墅,丁系为运送之人,"民法"第374条所称运送人指任何由出卖人审慎选定为运送之人。乙将A音响交付于丁时,既已完成交付其物之必要行为,使该A音响成为特定给付物,途中因丁的过失发生车祸致音响灭失,系不可归责于双方当事人之事由致给付不能。依"民法"第225条第1项规定,乙免给付音响义务。"民法"第374条所称标的物的危险由买受人承担,系指价金危险(对待给付危险),乃"民法"第266条的特别规定。甲仍有给付价金的义务。

乙得向甲请求支付20万元价金。

2. 甲对乙的请求权:债法上的危险免责与第三人损害求偿

甲应乙的请求将音响送到清偿地以外甲的别墅,系属代送之债,前已叙明。A音响因乙交付于为运送之人丁而特定。依"民法"第374条规定,自标的物交付于为运送之人或承揽运送人时,标的物的危险(价金危险)由买受人承担。买受人甲虽未取得标的物所有权,仍有支付价金义务。在该A音响交付于买受人前,乙仍为其所有人,就A音响因丁的过失而灭失,对丁亦有侵权行为请求权(第184条第1项前段),但因对甲仍有价金请求权,依差额说(现实状态与无侵害事由的假设财产状态的比较),乙未受有损害。在此情形,产生了一种现象,即因损害移转而对丁有请求权之人(乙)未受有损害,而受有损害者(甲)无请求权。为使加害人不能因此免负责任,第三人得获赔偿,德国判例学说突破被害人仅得请求自己的损害,而不能请求第三人损害的理论(Dogma der Gläubigerinteresse),创设了第三人损害求偿(Drittschadensliquidation)的制度,具习惯法的效力,使有请求权之人得将第三人损害纳入其请求权之内,而向加害人请求赔偿。

在"第三人损害求偿"的案例类型,债权人得向加害人请求第三人损害的赔偿。请求权人应将此请求权让与受有损害的第三人,或将其自加害人受领的赔偿物交付于第三人(类推适用第218条之1)。第三人损害的请求不能违反被害人(第三人)的意思,加害人对此应负举证责任。第三人损害请求权的数额原则上以第三人所受损害为准。第三人应承担请求权人的与有过失,法院得减轻损害金额,或免除之(第217条)。

据前所述,乙对甲得依"民法"第367条规定请求支付20万元价金,甲对乙得类推适用"民法"第218条之1请求让与其对丁的损害赔偿请求权或交付其受领的赔偿物,基于买卖双务契约互负债务,于他方未为对待给付前,得拒绝自己的给付,发生同时履行抗辩权(第264条)。

案例〔25〕凋谢的玫瑰花

甲于3月1日于某舞会认识乙女,深为仰慕,即以电话向丙鲜花店订购一束名贵玫瑰花,价金2000元,约定于3月2日上午10时送至乙处。丙之店员丁如期送花至乙宅时,适乙外出未归,丁乃托乙的邻居戊于乙回来时转交。戊上街购物,遭遇车祸住院,五日后回家,发现该束玫瑰花全部凋谢,仅存枯枝,戊交付于乙时,乙拒不受领。问丙得否向甲请求支付2000元价金。

一、解题思考

本案例是债务不履行的典型案例,涉及给付不能、种类之债及债权人受领迟延等重要问题。其解题构造如下:

> Ⅰ 丙得向甲请求价金之规范基础:第 367 条
>   1. 买卖契约成立:发生价金请求权
>   (1)成立
>   (2)不真正第三人利益契约
>   2. 价金请求权因不可归责于双方当事人事由致给付不能而消灭(第 266 条)?
>   (1)给付不能
>   (2)种类之债(第 200 条第 1 项)
>   (3)种类之债之特定(第 200 条第 2 项)
>   (4)债权人受领迟延(第 234 条)
>   (5)可归责于债权人甲之事由致给付不能(第 267 条)
> Ⅱ 丙得向甲请求支付价金

二、解答

Ⅰ 丙得向甲依"民法"第 367 条规定请求支付 2000 元价金,此须以买卖契约成立,而其请求权仍继续存在为前提。

1. 甲与丙间成立买卖契约。甲在丙处订购玫瑰花,约定送到乙的住处,向乙给付,并未使第三人乙得直接向债务人丙请求给付,非属第三人利益契约,乃所谓不真正第三人利益契约,乙对丙并无请求给付的权利,丙对乙亦无给付的义务。

2. "民法"第 266 条第 1 项规定,因不可归责于双方当事人之事由,致一方之给付全部不能者,他方免为对待给付之义务。因不可归责于丙与甲之事由,致丙不能交付玫瑰花并移转其所有权时,甲给付价金的义务归于消灭。应检讨者有二:丙之给付是否不能;此项给付不能是否因不可归责于双方当事人之事由所致。

(1)甲以电话向丙订购名贵玫瑰花,乃以种类中一定数量指示给付物,系属种类之债(种类买卖)。依"民法"第 200 条第 2 项规定,债务人完结交付其物之必要行为后,其物即为特定物,发生给付不能的问题。所谓完结交付其物之必要行为,应分别债务清偿地加以认定:①于赴偿之债,即在债权人住所地清偿的债务,于债务人将给付物送至债权人的住所,使债权人处于可得受领的地位时,即为完结交付其物之必要行为。②于往取之债,即在债务人住所地清偿的债务,于债务人具体的指定给付物,并将准备给付的情事,通知债权人时,即为完结交付其物之必要行为。③在代送之债,即债权人请求将标的物送交清偿地以外处所的债务,于债务人交付其物于为运送之人或承揽运送人时,即为完结交付其物之必要行为。

甲向丙订购玫瑰花,约定送往乙处,丙负有送往乙之住所的义务,此非代送之债,而系赴偿之债。对丙而言,乙虽非债权人,但甲与丙约定将玫瑰花送往乙处,乙亦有受领的权利。因此丙之店员丁于约定期日(3月2日上午10时),将玫瑰花送至乙的住所,使乙处于可得受领的地位时,即完结交付其物之必要行为,其给付物即为特定。

丙的店员丁送玫瑰花至乙的住所时,适乙外出未归,丁乃托乙之邻居戊转交,戊非乙的代理人或受领使者,因此丙并未履行其交付玫瑰花及移转所有权的义务。戊于5日后始将凋谢已成枯枝的玫瑰花送交于乙,应认丙之给付不能。

(2)丙之店员丁送玫瑰花至乙处时,乙适外出,不能受领,应类推适用"民法"第224条规定,将乙之不能受领归甲负责,使债权人甲,自丙提出给付时起,应负迟延责任("民法"第234条)。依"民法"第237条规定,在债权人受领迟延中,债务人仅就故意或重大过失,负其责任。依"民法"第224条之规定,债务人之代理人或使用人,关于债之履行有故意或过失时,债务人应与自己之故意或过失负同一之责任。因此应检讨的是,丁或戊是否为丙之履行债务使用人,其关于债之履行是否有故意或重大过失。

丁是丙的店员,送玫瑰花至乙之住所,系为丙履行债务的使用人。丁因乙外出未归,托其邻居戊转交,衡诸一般情形,尚不构成故意或重大过失。丁托乙的邻居戊转交玫瑰花,使戊介入给付履行的过程,成为丙的履行使用人。戊因遭车祸住院,未能适时转交玫瑰花,关于债之履行,并无故意或重大过失。

据上所述,丙的使用人丁、戊关于债务之履行,并无故意或重大过失,其给付不能无可归责于债务人之事由。又甲对玫瑰花之凋谢枯萎,亦无故意或过失可言。惟应注意的是,此项因不可归责于双方当事人之事由致给付不能,系发生于债权人受领迟延之后。于此情形,旧《德国民法典》第324条第2项明定,债务人仍得请求对待给付,可资参照。"民法"虽未设明文,但对"民法"第267条所谓可归责于债权人之事由,得采广义解释,认为债权人迟延受领后虽因不可归责于双方当事人之事由致给付不能者,仍属可归责于债权人的给付不能,其主要理由系债权人的受领迟延为发生给付不能的原因。准此以言,甲于受领迟延后,因不可归责于甲与丙之事由致玫瑰花给付不能,应为负责,仍有支付约定价金的义务(第367条)。

Ⅱ 丙得向甲依"民法"第 367 条规定请求支付价金 2000 元。

案例〔26〕给付不能与损害赔偿:法式米其林餐厅不能如期开业

甲经营高级法式海鲜餐厅,获评为一星级米其林餐厅,重新装潢更新设备。甲向乙专业进口商,购买某公司最新设计的餐具,每套价金 1 万元。甲亲自到乙处,指定 100 套餐具,约定于 10 月 8 日前于甲餐厅交货,乙的店员丙于 10 月 7 日送货途中,因过失发生车祸,致餐具全毁,甲筹备多时不能如期开业,损失 40 万元营业收入,精神严重痛苦。甲得向乙主张何种权利?

一、解题思考

(一)损害赔偿请求权:要件与效果

案例〔26〕可供建立给付不能损害赔偿请求权基础的构造。为便于查阅,摘录其重要规定:

"民法"第 226 条第 1 项规定:"因可归责于债务人之事由,致给付不能者,债权人得请求赔偿损害。"此为请求权基础。关于归责事由,"民法"第 220 条至第 224 条设有规定(定义性规定)。第 220 条规定:"债务人就其故意或过失之行为,应负责任。过失之责任,依事件之特性而有轻重,如其事件非予债务人以利益者,应从轻酌定。"第 221 条规定:"债务人为无行为能力人或限制行为能力人,其责任依第一百八十七条之规定定之。"第 222 条规定:"故意或重大过失之责任,不得预先免除。"第 223 条规定:"应与处理自己事务为同一注意者,如有重大过失,仍应负责。"第 224 条规定:"债务人之代理人或使用人,关于债之履行有故意或过失时,债务人应与自己之故意或过失负同一责任。但当事人另有订定者,不在此限。"关于损害赔偿的范围,应适用第 213 条至第 218 条规定(补充性规定,阅读条文!)。

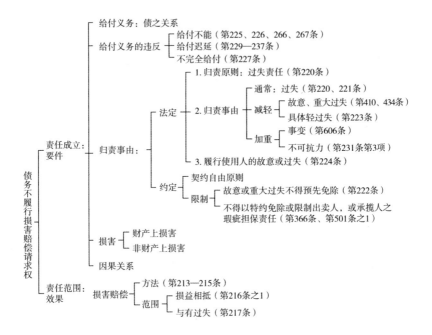

1. 损害赔偿的责任成立

(1) 给付不能

给付不能,系指清偿期届至,债务人未能依债之本质而为给付。给付不能,应依社会观念加以认定,包括法律不能(买卖法律禁止输入的商品)、事实不能(出卖的钻石掉落大海)、客观不能与主观不能。实务上认定其为给付不能的情形:①在二重买卖,出卖人将标的物所有权移转于后买受人(主观不能)。②借名登记契约终止后,借名人将房屋让与他人致不能返还(2013年台上字第195号)(主观不能)。③出卖房屋因预告登记,并案假扣押,声请本案执行或禁止处分登记,致无法办理所有权移转登记(2005年台上字第164号)(客观不能)。给付不能包括从给付义务(独立性的附随义务,例如交付名犬血统证明书;2004年台上字第1185号:不得为围标行为)。须注意的是金钱债务不生给付不能的问题,债务人不得以无资力而主张给付不能。

(2) 归责事由

关于债务不履行,"民法"系采过失责任原则(第220条),但依不同契约设有特别规定。"民法"第224条规定债务人就代理人或使用人的故意或过失负同一责任,具担保的性质,旨在保护交易安全。所称代理人包括意定代理人及法定代理人。使用人指受债务人指示而为债之履行之人,独立营业人亦得为使用人,例如委任宅急便公司运送买卖标的物时,宅急便公司为使用人,银行亦属客户汇款支付价金的债务履行使用人。应严予区别的是"民法"第224条规定的使用人,与"民法"第188条规定的受雇人,涉及契约责任与侵权责任的区别与竞合,将于相关部分再为论述(本书第486页)。

关于债务不履行归责事由,应由债务人负举证责任,因造成给付障碍的情事多存在于债务人方面,应由其负担不能举证的风险。①

(3)损害

因契约债务不履行而生损害赔偿,指履行利益而言,此系以买卖契约有效成立为前提,履行契约债务时,可获得转售标的物的差价。应予区别的是信赖利益,此指因信赖契约为有效而受的损害,若不订定契约,即可免受的损害,如订约的费用等(第247条)。

债权人因债务人不履行债务,而受有精神痛苦非财产上损害的,亦属有之,例如承揽人未能如期完成婚纱;借用珍本书因灭失不能返还。关于违约所生的精神痛苦,应以损害赔偿回复原状(通常是减少其精神痛苦),除法律设有规定者,不得请求相当金额的赔偿(慰抚金)。其特别规定,例如:①"民法"第227条之1规定:债务人因债务不履行,致债权人之人格权受侵害者,准用第192条至第195条及第197条之规定,负损害赔偿责任。②旅客时间之浪费:"民法"第514条之8规定,因可归责于旅游营业人之事由,致旅游未依约定之旅程进行者,旅客就其时间之浪费,得按日请求赔偿相当之金额。但其每日赔偿金额,不得超过旅游营业人所收旅游费用总额每日平均之数额。

(4)因果关系

债权人所受损害须与债务不履行具有因果关系,依相当因果关系加以

---

① 参照"最高法院"1993年台上字第267号判决:"'民法'第184条第1项前段规定侵权行为以故意或过失不法侵害他人之权利为成立要件,故主张对造应负侵权行为责任者,应就对造之故意或过失负举证责任(参照本院1967年台上字第1421号判例)。又在债务不履行,债务人所以应负损害赔偿责任,系以有可归责之事由存在为要件。故债权人苟证明债之关系存在,债权人因债务人不履行债务(给付不能,给付迟延或不完全给付)而受损害,即得请求债务人负债务不履行责任,如债务人抗辩损害之发生为不可归责于债务人之事由所致,及应由其负举证责任,如未能举证证明,自不能免责(参照1940年上字第1139号判例意旨)。"

认定。例如在租车案例,因出租人给付不能,承租人以高价租用他车所受损害,具有相当关系。在加害给付(侵害他人权利),应分别责任成立及责任范围因果关系,例如甲以购自乙的有毒饲料喂养看家的狼犬,致狼犬生病(责任成立因果关系),甲就其支出的医药费(责任范围因果关系),得依不完全给付债务不履行规定向乙请求损害赔偿(第227条第2项)。甲因狼犬生病,家中遭偷所受损失,则不得向乙请求损害,盖就因果关系言,不具相当性,就法规目的言,此项损害非在买卖饲料契约所要保护的范围。

2. 责任范围:损害赔偿

因债务不履行而应负损害赔偿责任,其赔偿方法及范围,"民法"第213条至第218条设有规定,敬请参照,在此不予详论(阅读条文)。①

(二)解题构造

```
I 第226条:请求权基础?
一、责任成立
    (一)给付不能
        1. 债之关系:买卖契约(第345条)
        2. 给付义务(第348条)
        3. 给付不能
            (1)特定物
            (2)种类之债特定(第200条)
            (3)主观不能
    (二)归责事由
        1. 故意过失(第224条)
        2. 使用人故意过失(第224条)
        3. 负同一责任(第224条)
    (三)损害
        1. 财产损害:履行利益:不能营业损失40万元
        2. 非财产损害:精神痛苦
    (四)因果关系
二、效果:损害赔偿
    (一)财产损害
        1. 履行利益损害40万元
        2. 餐具价值100万元,价金100万元。
        3. 赔偿数额(差额说):40万元
    (二)非财产上损害
        1. 回复原状
        2. 无请求慰抚金的特别规定
II 甲得向乙依"民法"第226条规定请求40万元的损害赔偿
```

① 拙著:《损害赔偿》,北京大学出版社2017年版,第187页以下。

二、解答

1. 甲得向乙依"民法"第226条规定请求40万元的损害赔偿,须因可归责于乙的事由给付不能,致甲受损害。

甲与乙间成立买卖契约,乙有交付餐具,并移转其所有权于甲的义务(第348条)。甲向乙购买某公司最新设计的餐具,系以种类指示之给付物,乙经甲之同意指定100套餐具,该100套餐具即成为特定给付物。乙的店员丙于约定日期将该批餐具送至甲处(赴偿之债)途中,因丙过失,致餐具灭失,成为客观不能。在买卖契约,出卖人应就其故意或过失负责(第200条)。丙系乙的店员,为乙对甲履行债务的使用人,关于丙因车祸致该批餐具灭失的过失,乙应与自己的过失,负同一责任(第224条)。乙对餐具的给付不能,有可归责之事由。

甲因乙不能交付餐具,致不能如期营业受有40万元的损失,与乙的给付不能具有相当因果关系。甲得向乙依"民法"第226条请求损害赔偿,乙对甲有价金的对待给付请求权。关于债权人的债务不履行损害赔偿请求权与债务人的对待给付请求权间的关系,有交换说及差额说两种见解。前说认为债务人的损害赔偿债务乃原债务的延长,与债权人的对待给付义务处于对立的关系,故应彼此交换。后说认为债权人仅得请求自己对待给付与损害赔偿的差额。差额说较为简便,符合双务契约当事人的利益,可资赞同。甲受有营业损失40万元,餐具价值100万元同于价金,计算其差额,甲得向乙请求40万元的损害赔偿。

关于甲因乙给付不能,餐厅不能如期开业所受精神痛苦,"民法"就此种违约所生的非财产损害,未设得请求赔偿相当金额的特别规定。甲对乙无慰抚金请求权。

2. 甲得向乙依"民法"第226条规定请求40万元的损害赔偿。

案例〔27〕二重买卖:基本法律关系、请求权基础

甲有A屋,以1000万元出卖于乙,乙先付款200万元,甲交屋于乙,约定于一个月内移转该屋所有权。二周后,丙认A屋交通便利,可供其退休后居住并经营牛肉面馆,乃以1200万元向甲购买该屋,并即办理所有权移转登记。试说明当事人间的法律关系。

一、解题思考

案例〔27〕系所谓的二重买卖，实务上甚为常见，乃民法上著名问题，可供理解民法重要制度。兹将解题构造，图示如下：

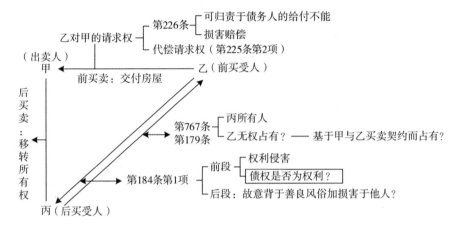

二、解答

（一）丙与乙间的法律关系

1. 丙对乙的请求权

（1）"民法"第767条的所有物返还请求权

①丙得向乙依"民法"第767条规定请求返还A屋，须丙为A屋所有人，乙为无权占有。

甲与丙间成立有效的A屋买卖契约。丙因与甲的法律行为（物权行为、物权契约）并办理登记，而取得A屋所有权（第758条）。丙虽明知甲与乙间关于A屋买卖，其买卖契约与物权行为并未违背社会一般利益及道德观念，有背于公共秩序或良俗风俗而无效（第71条）。

乙占有由甲交付的A屋。此项占有系基于乙与甲间的买卖契约，依债之关系的相对性，不得对抗丙作为占有本权。乙占有A屋，对丙而言，系属无权占有。

②丙得向乙依"民法"第767条规定请求返还A屋。

（2）"民法"第179条规定的不当得利请求权

①丙得向乙依"民法"第179条规定请求返还A屋的占有，须系乙受

有利益,致丙受损害,无法律上原因。

乙占有由甲交付的 A 屋,受有利益。丙取得 A 屋所有权,前已叙明,乙占有 A 屋系违反权益归属而取得其利益,致丙受损害。乙无权占有 A 屋,欠缺法律上的依据而无法律上原因。

②丙得向乙依"民法"第 179 条规定,请求返还 A 屋的占有。①

2. 乙对丙的请求权

乙得否向丙依"民法"第 184 条第 1 项规定,请求损害赔偿,应检讨的请求权基础有"民法"第 184 条第 1 项前段,"民法"第 184 条第 1 项后段规定。

(1)"民法"第 184 条第 1 项前段

①"民法"第 184 条第 1 项前段规定:"因故意或过失,不法侵害他人之权利者,负损害赔偿责任。"乙得否向丙依此规定请求损害赔偿,问题在于乙对出卖人甲得请求交付其物,并移转其所有权的债权,是否为"民法"第 184 条第 1 项前段所称权利。

"民法"第 184 条第 1 项前段所称权利,系指人格权、物权等具有排他性的绝对权,并不包括仅具相对性的债权,因其不具公开性,并为维护市场交易的竞争秩序。丙向甲购买 A 屋并受让其所有权,虽属侵害乙的债权,并未构成对"民法"第 184 条第 1 项前段所称权利的侵害。

②乙不得向丙依"民法"第 184 条第 1 项前段请求损害赔偿。

(2)"民法"第 184 条第 1 项后段

①"民法"第 184 条第 1 项后段规定:"故意以背于善良风俗之方法,加损害于他人者亦同。"其所保护的客体,包括权利以外的利益,亦及于侵害他人债权的情形。衡诸契约自由原则及市场经济的竞争秩序,丙向甲购买 A 屋系为自己居住,并开设餐厅以谋生计,尚难认系故意以背于善良风俗方法加损害于乙。

②乙不得向丙依"民法"第 184 条第 1 项后段规定请求损害赔偿。

---

① 拙著:《不当得利》(第二版),北京大学出版社 2015 年版,第 155 页以下。参照"最高法院"2017 年台上字第 461 号判决:"按不当得利制度不在于填补损害,而系返还其依权益归属内容不应取得之利益,亦即倘欠缺法律上原因而违反权益归属对象取得其利益者,即应对该对象成立不当得利。次按无权占有他人之物为使用收益,可能获得相当于租金之利益为社会通常之观念,因其所受利益为物之使用收益本身,应以相当之租金计算应偿还之价额。"采同于拙著前揭书的见解。

(二) 乙对甲的请求权

1. 债务不履行损害赔偿请求权

(1) 甲先出卖 A 屋于乙,仅交付 A 屋,并未移转其所有权。甲将 A 屋再出卖于丙,并由丙取得该屋所有权,系因可归责于债务人甲的事由,致给付不能,使乙受有损害,具有因果关系。

(2) 乙得向甲依"民法"第 226 条规定请求损害赔偿。

2. 代偿请求权

值得特别提出的是,乙得否向甲请求交付其再出售 A 屋给丙的价金 1200 万元,问题在于其请求权基础?此涉及"民法"第 225 条第 2 项关于代偿请求权规定的适用及类推适用,于案例〔28〕再作较详细的论述。

案例〔28〕二重买卖与代偿请求权:债务不履行法的重大变迁

甲以 1000 万元向乙购买 A 屋,约定一年后办理所有权移转登记,其间屋价高涨,乙以 1200 万元将该 A 屋让售于丙,丙即办理所有权移转登记。试问甲得否向乙请求交付其自丙受领的价金 1200 万元?

一、解题思考

(一) "民法"第 225 条第 2 项规定代偿请求权的类推适用:法的续造

案例〔28〕是一个社会生活上常见的二重买卖案例。请先思考甲(前买受人)在现行法上有无向乙(出卖人)请求交付自丙(后买受人)受领的 1200 万元价金的请求权基础?

"民法"第 225 条规定:"因不可归责于债务人之事由,致给付不能者,债务人免给付义务。债务人因前项给付不能之事由,对第三人有损害赔偿请求权者,债权人得向债务人请求让与其损害赔偿请求权,或交付其所受领之赔偿物。"本条规定债权人代偿请求权,系理论与实务上重要问题。

"最高法院"1991 年台上字第 2504 号判例谓:"政府征收土地给与上诉人(即出卖人)之补偿地价,虽非侵权行为之赔偿金,惟系上诉人于其所负债务陷于给付不能发生之一种代替利益,此项补偿地价给付请求权,被上诉人(即买受人)非不得类推适用'民法'第 225 条第 2 项之规定,请求让与。"[1]此为

---

[1] 拙著:《出卖之土地于移转登记前被征收时,买受人向出卖人主张交付受领补偿费之请求权基础》,载《民法学说与判例研究》(第五册),北京大学出版社 2009 年版,第 169 页。

"民法"第225条第2项规定第一个类推适用的重要判决。

值得特别提出的是"最高法院"2016年台上字第2111号判决，在一件借名登记案件，借名人在借名登记终止后，将不动产让售他人获取价金的情形，原审认为："本件系因可归责于被上诉人之事由致给付不能，与'民法'第225条第2项规定，系以不可归责于债务人之事由致给付不能之情形不同，出售系争不动产之所得，亦非因被上诉人对买受人有何损害赔偿请求权所得或受领之赔偿物，无从类推适用'民法'第225条第2项代偿请求权规定。从而，上诉人依上开规定，请求被上诉人给付出售系争不动产价金余额本息，即不应准许。"

"最高法院"谓："按'民法'第225条第2项所定之代偿请求权之立法目的，系基于衡平思想，旨在调整失当之财产价值分配，保护债权人之利益，使债权人有主张以债务人对于第三人之损害赔偿请求权或受领自第三人之赔偿物代替原给付标的之权利，其因不可归责于债务人之事由直接转换之利益（如交易之对价）与损害赔偿，发生之原因虽有不同，但性质上同为给付不能之代替利益，应类推适用上开规定，得为代偿请求权之标的。又依'民法'第225条第1项、第2项规定之文义，固须不可归责于债务人之事由致给付不能者，债权人始得主张代偿请求权。惟因可归责于债务人之事由致给付不能者，参酌'民法'第225条第2项规定之立法理由谓其不能给付，不问其债务人应否负责，须以债务人所受之损害赔偿或其所有之损害赔偿请求权，代债务之标的，以保护债权人之利益，应认债权人得选择行使损害赔偿请求权（'民法'第226条第1项）或代偿请求权以保护其利益。"此为"最高法院"关于"民法"第225条第2项规定第二个类推适用的创设性判决。

（二）代偿请求权：法律漏洞、类推适用、法之续造

前揭"最高法院"两个判决肯定"民法"第225条关于代偿请求权，具有依法律规范计划应予规定而未规定的法律漏洞，应以类推适用的方法加以填补，从事法之续造：

1. 第一个法律漏洞，系代偿请求权仅限于不可归责于债务人的事由的给付不能，应类推适用于可归责于债务人的事由，致给付不能的情形。

2. 第二个法律漏洞，系其代偿物仅限于损害赔偿，应类推适用于征收补偿费，尤其是交易代偿物（买卖价金）。

"最高法院"判决攸关债务不履行法的重大发展，具有法学方法论的

重要意义,图示如下,以利参照:①

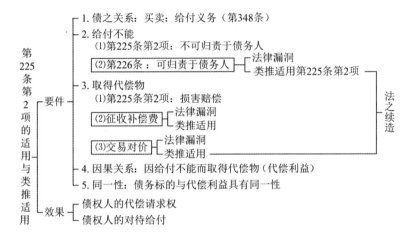

(三)解题构造

> I 甲得否向乙依类推适用"民法"第 225 条第 2 项规定,请求交付其自丙受领的价金 1200 万元?
> 1. "民法"第 225 条规定的类推适用
>   (1) "民法"第 225 条第 2 项规定:不可归责于债务人的给付不能
>   (2) 可归责于债务人的给付不能:
>   ①法律漏洞
>   ②"民法"第 225 条第 2 项的类推适用
> 2. 因可归责于乙的事由,致给付不能
>   (1) 乙的给付义务(第 348 条)
>   (2) 给付不能:主观不能
> 3. 乙取得代偿物
>   (1) "民法"第 225 条第 2 项规定的损害赔偿
>   (2) 类推适用于交易的代偿物(买卖价金)
> 4. 因果关系:因给付不能而取得代偿物
> 5. 同一性:房屋所有权与买卖价金具同一性
> II 甲得向乙请求交付其自丙受领的价金 1200 万元。甲应对乙为对待给付 1000 万元。采差额说,甲得向乙请求 200 万元。
> III 甲得向乙依"民法"第 225 条第 2 项的类推适用,请求交付其自丙受领的价金 200 万元。

---

① 较深入详细论述,参见拙著:《出售之土地被征收时之危险负担、不当得利及代偿请求权》,载《民法学说与判例研究》(第六册),北京大学出版社 2009 年版,第 76 页。

二、解答

1. 甲得向乙请求交付其自丙受领的价金1200万元,须以得类推"民法"第225条第2项规定作为请求权基础。

(1)"民法"第225条第1项规定:"因不可归责于债务人之事由,致给付不能者,债务人免给付义务。"第225条第2项规定代偿请求权的发生须以因可归责于债务人之事由,致给付不能,债务人免给付义务为要件。在因可归责于债务人事由致给付不能之情形(第226条),债权人得否请求代偿利益,问题在于"民法"对此种情形未设规定,是否构成应予填补的法律漏洞。

法律漏洞,系指对某法律问题,法律未设规定而违反法律规范计划,此应就法律规范目的加以认定:

①"民法"第225条第2项所定之代偿请求权之立法目的,系基于衡平思想,旨在调整失当之财产价值分配,保护债权人之利益,使债权人得主张债务人对于第三人之损害赔偿请求权或受领自第三人之赔偿物代替原给付标的之权利。又依"民法"第225条第1项、第2项规定之文义,固须不可归责于债务人者,债权人始得主张代偿请求权。惟因可归责于债务人之事由致给付不能者,参酌"民法"第225条第2项规定之立法理由谓:"其不能给付,'不问其债务人应否负责',须以债务人所受之损害赔偿或其所有之损害赔偿请求权,代债务之标的,以保护债权人之利益,应认债权人得选择行使损害赔偿请求权('民法'第226条第1项)或代偿请求权以保护其利益。"衡诸"民法"第225条规定之规范目的,"民法"就因可归责于债务人之事由致给付不能,未设债权人的代偿请求权,系属违反法律规范计划的法律漏洞,应类推适用"民法"第225条第2项规定,使债权人得行使损害赔偿请求权(第226条第1项)或代偿请求权以保护其利益(参照"最高法院"2016年台上字第2111号判决)。

②按其因不可归责于债务人之事由直接转换之利益(如交易之对价)与损害赔偿,发生之原因虽有不同,但经济上同为给付不能之代替利益,"民法"未设规定,亦属法律漏洞,应类推适用"民法"第225条第2项规定,得为代偿请求权之标的。

(2)基于买卖契约,乙负有交付A屋于甲并移转其所有权的义务(第

348条),乙将该A屋让售于丙,并移转其所有权,系因可归责于债务人的给付不能(主观不能)。

"民法"第225条规定债务人须因给付不能对第三人有损害赔偿请求权(代偿物、替代利益)。依"民法"第225条第2项代偿请求权的规范意旨,此项代偿物,应类推适用于土地征收的补偿地价(参照"最高法院"1991年台上字第2504号判例),其因不可归责于债务人之事由直接转换之利益(如交易的对价)与损害赔偿,发生之原因虽有不同,但性质上同为给付不能之代替利益,亦应类推适用上开规定,得为代偿请求权之标的(参照"最高法院"2016年台上字第2111号判决)。乙因出卖A屋于丙,并让与其所有权,取得了给付不能的1200万元替代利益。

乙应为给付的债务的客体(移转A屋所有权于甲)与其因给付不能而生替代客体(替代利益,价金1200万元)具有同一性。

2. 甲得向乙依"民法"第225条第2项规定的类推适用,请求支付其自丙受领的价金1200万元。甲选择行使代偿请求权时,仍有为对待给付(价金1000万元)的义务。依差额说,甲得向乙请求交付200万元价金。

案例〔29〕借名登记:本土案例法的特色

甲长年认真工作,颇有积蓄,购买A屋(时值2000万元)。其独子不事生产,经常索求金钱。甲为保障老年生活,乃借其挚友乙的名义,办理所有权登记,半年后乙遭车祸意外死亡,其子丙明知借名登记之事,于办理继承后,擅将A屋以2200万元出卖于知情之丁,并办理所有权移转登记及交付房屋,致甲不能出租该屋,受有20万元的损失。试问甲得对丙、丁主张何种权利?

一、解题思考

(一)本土特色案例法的形成

借名登记,"民法"未设明文,产生诸多争议问题,包括借名登记是否为信托行为、通谋虚伪、要物契约等。经过长年的发展,逐渐获得若干基本共识,形成了本土案例法。

(二) 解题构造

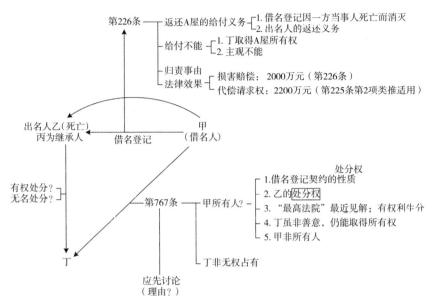

二、解答

(一) 甲对丁的请求权

1. 甲得向丁依"民法"第767条规定请求返还A屋,须甲系所有人,丁为无权占有。问题在于丙对A屋是否有处分权。关于丙对该屋有无处分权,先应认定甲与乙间借名登记契约的基本法律关系。

(1) 借名登记契约的性质

借名登记契约,乃当事人约定,一方(借名人)经他方(出名人)同意,而就属于一方现在或将来之财产,以他方之名义,登记为所有人或其他权利人,该出名人仅为名义上之所有权人,实际上仍由借名人享有该财产之使用、收益及处分权,并负担因此所生之义务。借名登记契约系一种无名契约,性质上类似委任契约。不动产登记当事人登记的原因多端,主张借名登记者,应就该借名登记之事负举证责任("最高法院"2015年度台上字第64号判决)。

借名登记契约成立,侧重于借名人与出名人间之信任关系,性质与委任关系类似,应类推适用"民法"第550条规定,除契约另有订定或因契约事务之性质不能消灭者,因当事人一方死亡而消灭。此际借名人或其继承人自可依借名契约消灭后之借名标的物返还请求权,请求出名人或其继承人返还该标的物(2015年台上字第1319号)。借名契约的终止或消灭,借名人非即当然取得标的物所有权,而得行使所有人之所有权返还请求权(2015年台上字第645号)。不动产借名登记契约为借名人与出名人间之债权契约,就内部关系言,出名人通常固无管理、收益、处分借名不动产之权利,惟既系依适法之债权契约而受登记为不动产权利人,在外部关系上,自受推定其适法有此不动产之物权。倘该不动产物权之登记,并无无效或得撤销之原因,复无登记错误或漏未登记等情形,自难认有何"原登记物权之不实"可言(2016年台上字第473号)。

(2)出名人的处分权

实务上最具争论的是出名人的处分权。在2017年2月14日"最高法院"2017年度第3次民事庭会议,院长提议:借名人甲与出名人乙就特定不动产成立借名登记关系,乙未经甲同意,将该不动产所有权移转登记予第三人丙,其处分行为效力如何?

甲说(有权处分说):不动产借名登记契约为借名人与出名人间之债权契约,出名人依其与借名人间借名登记契约之约定,通常固无管理、使用、收益、处分借名财产之权利,然此仅为出名人与借名人间之内部约定,其效力不及于第三人。出名人既登记为该不动产之所有权人,其将该不动产处分移转登记予第三人,自属有权处分。

乙说(原则上有权处分,例外于第三人恶意时无权处分):借名登记契约乃当事人约定,一方(借名人)经他方(出名人)同意,而就属于一方现在或将来之财产,以他方之名义,登记为所有人或其他权利人。出名人在名义上为财产之所有人或其他权利人,且法律行为之相对人系依该名义从形式上认定权利之归属,故出名人就该登记为自己名义之财产为处分,纵其处分违反借名契约之约定,除相对人系恶意外,尚难认系无权处分,而成立不当得利。

丙说(无权处分说):出名人违反借名登记契约之约定,将登记之财产为物权处分者,对借名人而言,即属无权处分,除相对人为善意之第三人,应受善意受让或信赖登记之保护外,如受让之相对人系恶意时,自当依"民法"第118条无权处分之规定而定其效力,以兼顾借名人之利益。

以上三说,应以何说为当？请决议。

决议:采甲说(有权处分说)。

"最高法院"采有权处分说,使恶意相对人亦能取得标的物所有权,其意义有三:

①出名人既登记为该不动产的所有人,得认其将该不动产处分登记于第三人,系属有权处分。

②法律解释应考虑其适用的社会作用。借名登记原因多端,产生许多问题,例如手足争产、逃避卡债强制执行、公司逃漏税捐,并影响物权登记制度等。使恶意相对人亦能取得标的物所有权,由借名人承担风险,具有匡正借契约自由创设所谓借名登记契约而产生的弊端。

③关于出名人处分行为的效力,长年以来,实务见解分歧,使当事人心存侥幸、滥为起诉,形同诉讼上的赌博,浪费司法资源。本件决议采统一见解,具有促进法律适用平等原则及法之安定性的重要功能。

(3)甲得否对丁依"民法"第767条规定请求返还A屋所有权？

甲(借名人)得否对丁依"民法"第767条请求返还A屋,须在于甲是否所有人,丁为无权占有。

借名登记契约虽因出名人死亡而终止,但借名人甲非即当然取得所有权,出名人乙的继承人丙仍属登记名义人。丙将A屋所有权登记予第三人丁系属有权处分,丁虽非善意,仍能取得该不动产所有权。丁系A屋的所有人,非属无权占有。

2. 甲不得向丁依"民法"第767条规定请求返还A屋。

(二)甲对丙的请求权

1. 债务不履行损害赔偿请求权

(1)甲得依"民法"第226条规定向丙请求损害赔偿,须因可归责于丙的事由给付不能致甲受有损害。

甲与乙间成立借名登记契约,其性质类似委任关系。出名人乙死亡,类推适用"民法"第550条规定,借名登记契约消灭,出名人(乙)及其继承人(丙)负有返还借名登记标的物A屋的义务。

丙未经甲同意,将该A屋所有权移转登记予丁。出名人乙既登记为该屋所有人,丙为其继承人,其将该不动产移转登记于第三人,系属有权处分(参照"最高法院"2017年第3次民事庭会议决议),丁虽为恶意,仍能取得所有权。丙因可归责于事由,致不能返还A屋(主观不能),甲除得请求该屋时值 2000 万元的损害赔偿外,尚得请求出租 A 屋的 20 万元的损失。

(2)甲得向丙依"民法"第 226 条第 1 项规定请求房屋给付不能的 2000 万元的损害赔偿。"民法"第 226 条第 1 项规定的债务不履行损害赔偿请求权,系原债权请求权的继续,而非新的请求权,应适用原债权请求权的消灭时效期间(第 125 条),自给付陷于不能时起算(2011 年台上字第 1833 号)。

2. 代偿请求权

(1)甲得否向丙依"民法"第 225 条规定请求交付其将 A 屋出卖于丁所获价金 2200 万元,问题在于"民法"第 225 条第 2 项系适用于不可归责于债务人的事由,致给付不能。惟"民法"第 225 条第 2 项规定代偿请求权的目的系基于衡平思想,调整失当的财产损失,保护债权人利益。衡诸此项立法意旨,"民法"对因可归责于债务人事由,致给付不能,未设规定,系违反规范计划的法律漏洞,应类推适用"民法"第 225 条第 2 项规定,使债权人得向债务人请求因给付不能所获利益,尤其是交易的对价("最高法院"2016 年台上字第 1111 号判决)。

(2)甲得对丙依类推适用"民法"第 225 条第 2 项规定请求出卖 A 屋所获价金 2000 万元。"民法"第 225 条第 2 项规定的代偿请求权,乃请求债务人让与其对第三人的请求权,或交付其所受领之赔偿物,通说系认新发生的债权,其消灭时效为 15 年(第 125 条),并应重新起算(参照"最高法院"2008 年台上字第 623 号)。

3. 请求权的选择

据上所述,甲对丙得依"民法"第 226 条第 1 项请求丙债务不履行的损害赔偿 2000 万元及租金 20 万元的损害赔偿。甲亦得类推适用"民法"第 225 条第 2 项规定,向丙请求交付 2200 万元。二者的举证责任不同,各异其消灭时效期间。甲得选择行使。

案例〔30〕债务不履行与无益支出费用的损害赔偿——请求权基础的创设

试就下列情形说明甲得否向乙请求其支出费用的损害赔偿?

1. 甲向乙购买 A 画,价金 100 万元,甲为参展,于乙交付 A 画前预先定作画框,支出费用 5 万元。其后因可归责于乙的事由,致该画灭失。

2. 甲向乙承租 A 屋,筹备经营台湾创意小吃美食餐厅。甲于乙交屋前支出广告等费用 20 万元。乙将该屋让售于丙。

3. 甲向乙酒店承租会场,准备于某日举行选举造势活动,制作文宣资料支出费用 10 万元。乙酒店受到压力,为保持中立将该会场出租他人使用。

一、问题提出

前揭三个案例均涉及一个债务不履行法上的基本问题:债权人(甲)信赖债务人(乙)的给付,支出一定费用,其后因可归责于债务人(乙)的事由,致给付不能时,甲得否向乙请求定作画框、开店广告、制作文宣资料等无益支出的费用?"民法"对此种无益支出费用的请求权,未设规定,亦未见相关案例或论著。值得研究的是,债权人提出此项请求权时,应如何处理?

二、德国民法上的发展

首先应说明的是,此类信赖将取得保有债务人的给付,因债务不履行而无益支出的费用(vergebliche Aufwendung),非属债务不履行的损害赔偿,因为债务人依其本旨而为履行时,债权人仍须承担此等费用支出。德国判例创设了所谓"收益获利推定理论"(Rentabilitätsvermutung),认为债权人通常信赖期待契约履行,以所获利涵盖其费用支出,而创设了债务不履行的无益支出费用请求权。

须注意的是,此项"收益获利推定"系针对营利性契约,不适用于非营利性契约,例如租赁某场所从事公开演讲活动,不得因屋主给付不能而请求其无益支出的费用(广告费用等)。2002 年《德国债法现代化法》特别增订第 284 条一般性规定:"请求损害赔偿代替原给付时,债权人亦得请求信赖其可受领给付所为的支出,而依公平方式原得支出的费用,作为替代赔偿。但其支出目的纵无债务人的义务违反亦无法达成时,不在此限。"[1]本条的适用要件为:

---

[1] Looschelders, Schuldrecht AT, S. 269; MüKoBGB/Ernst §284; 拙著:《损害赔偿》,北京大学出版社 2017 年版,第 205—206 页。

1. 因可归责于债务人的给付不能,发生替代给付的损害赔偿请求权。其适用对象包括非营利性契约。
2. 须因信赖可以受领给付而为费用支出。
3. 因债务人义务违反,致支出费用之目的不达。其支出费用之目的,纵无债务人义务的违反亦无法达成时,例如租赁某屋经营餐厅,因该屋系属危屋依法不能营业时,承租人无支出费用请求权。
4. 支出费用与给付本身须具合理的比例性。例如购买1000元的画而定作12000元的画框(所谓的奢侈费用),不具比例性,不得请求。

承租人得请求无益费用支出的情形:
1. 在画框之例,买受人得请求支付定作画框的合理费用。
2. 在租屋之例,甲得请求乙赔偿广告宣传等费用。
3. 某社团租借场所举办选举餐会,出租人为保持中立立场而拒绝时,虽不具营利性,承租人仍得请求出租人赔偿其无益支出的筹备费用。

三、台湾地区法上请求权基础的创造

关于债务不履行无益费用的损害赔偿,"民法"未设规定,衡诸信赖保护原则,此项损害,应有赔偿的必要,在法之适用上,得依"民法"第1条之法理,斟酌事物本质及公平原则,本于制定法外法之续造(参照2012年台上字第2037号判决),参照《德国民法典》第284条的规定,创设债权人得请求因可归责于债务人债务不履行而致支出无益费用的规范基础。期待学说能作更深入的研究,达成共识,结合实务,共同协力,促进法律的发展。

案例〔31〕 给付迟延与替补赔偿

甲于6月1日向乙以10万元购买丙教授初版限量精装发行的《民法学全集》10册(时价10万元),甲以12万元转售于丁。甲与乙约定,由甲告知交书付款期间。甲于6月2日告知乙于6月6日上午10时在甲的住处交书。乙于6月6日下午始送书至甲的住处,甲因事外出,乙未能提出给付。乙带回家中的《民法学全集》10册于6月7日因台风屋顶漏水,污损5册,不能修复。乙未能证明纵不迟延给付,而仍不免发生损害。乙提出5册向甲请求支付5万元,甲以该全集不齐全,无收藏价值,拒不受领,并请求丧失转售利益2万元的损害赔偿,有无理由?

一、解题思考

(一) 给付迟延的要件及效果

给付迟延,指给付可能债务已届清偿期,因可归责于债务人事由而未为给付。此种债务不履行形态在交易上甚为常见,"民法"第229条至第233条设有明文(阅读条文)。为便于理解,图示其构成要件及法律效果如下:

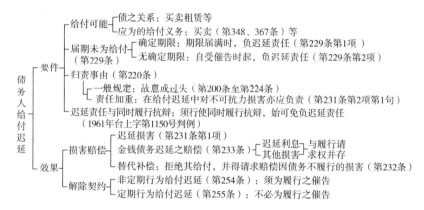

(二) 解题构造

I 甲得否对乙依"民法"第232条规定拒绝给付,并请求损害赔偿?
一、给付迟延
  (一) 给付义务
    1. 债之关系:买卖
    2. 应为之给付:第348条
    3. 清偿期届至
  (二) 届期未为给付
    1. 确定期限
    2. 未确定期限
    3. 可得确定期限
    4. 给付迟延
  (三) 归责事由
    1. 须有可归责事由(第230条)
    2. 归责事由
      (1) 故意或过失(第220条)
      (2) 加重:给付迟延中,不可抗力(第231条第2项)

（续表）

> 二、迟延后，无利益的给付
>   1. 无利益给付
>   2. 拒绝给付，债务不履行损害赔偿（第232条）
>   3. 给付迟延中的给付不能（第226条第2项）
>   (1) 拒绝给付
>   (2) 不履行而生损害：转售利益2万元
> II 甲得依"民法"第232条规定拒绝乙的给付，并请求赔偿2万元的转售利益。

二、解答

1. 甲得依"民法"第232条规定，拒绝乙的给付，并请求因债务不履行转售利益2万元的损害赔偿，须乙迟延给付后的部分给付对于甲并无利益。

"民法"第232条规定，迟延后的给付，于债权人无利益者，债权人得拒绝其给付，并得请求权因债务不履行而生之损害赔偿。

乙基于买卖契约，对甲有交付丙教授《民法学全集》10册并移转其所有权的义务（第348条）。甲告知乙于6月6日上午10时在甲处交书付款，同时履行。问题在于乙应否负迟延责任。

甲与乙约定由甲告知给付期日，此非给付有确定期限，或其给付期限系可能确定。甲告知乙于6月6日上午10时，在其住处交书付款同时履行，即以此时点为给付期限。乙未于6月6日上午10时提出给付，应自此时点起负迟延责任（第229条）。

依"民法"第230条规定，因不可归责于债务人之事由，致未为给付者，债务人不负迟延责任，旨在保护债务人，债务人原则上应就其故意或过失负迟延责任（第220条）。凡不为给付，若系本于天灾及其他不可抗力者，债务人不负迟延之责，其不可归责于债务人之事由，应由债务人负举证之责（1932年上字第1956号判例）。"民法"第231条第2项规定："前项债务人，在迟延中，对于因不可抗力而生之损害，亦应负责……"乙应自6月6日上午10时负迟延责任，已如前述，6月7日，《民法学全集》中的5册因台风屋顶浸水，不能修复，致成为客观不能，乙未能证明纵不迟延给付，而仍不免发生损害，对不可抗力所致损害，亦应负责。

甲得证明该全集中的5册给付不能,其他5册的给付,失其全集收藏或使用价值,得拒绝该部分之给付,而请求全部不履行的损害赔偿,即其转售于丙的利益2万元。

2. 甲得向乙依"民法"第232条规定拒绝乙的给付,并请求2万元的损害赔偿。

案例〔32〕受领迟延中的给付不能

甲有A壶(价值9万元),乙有B壶(价值10万元),均属名家作品,造型奇特,约定互易,于某时、某地同时履行。甲于约定时日、地点提出A壶给付。乙因故未能于约定时间到达受领A壶及交付B壶。甲于回程途中,因其过失发生车祸,致A壶灭失。乙于回程途中,因强烈地震发生车祸,致B壶灭失。试说明甲与乙间的法律关系。

一、解题思考

(一)债权人受领迟延的要件及效果

案例〔32〕涉及给付迟延与债权人受领迟延。关于给付迟延,请参照案例〔31〕的说明。关于债权人受领迟延,"民法"于第234条至第240条设有规定(阅读条文),简述其要件及效果如下:

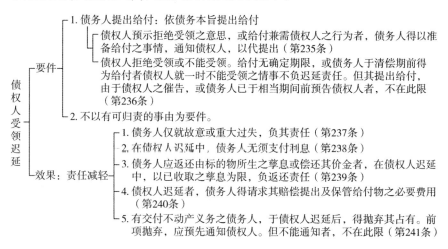

（二）解题构造

在债务人给付迟延、债权人受领迟延中，常发生给付不能，此涉及两个重要规定的适用："民法"第231条第2项规定："前项债务人，在迟延中，对于因不可抗力而生之损害，亦应负责……"第237条规定："在债权人迟延中，债务人仅就故意或重大过失，负其责任。"请比较研究其立法理由及在具体案例的解释适用。

Ⅰ 甲对乙的请求权
 （一）第226条？
  1. 乙的给付义务
   （1）债之关系：互易
   （2）应为之给付：准用第348条
  2. 给付不能
   （1）特定物
   （2）客观不能
  3. 归责事由
   （1）故意、过失（第220条）
   （2）<u>乙给付迟延：不可抗力亦应负责任（第231条第2项）</u>
  4. 受有损害：债务不履行的损害
  5. 因果关系
 （二）甲得向乙依"民法"第226条请求1万元损害赔偿
Ⅱ 乙对甲的请求权
 （一）第226条？
  1. 甲的给付义务
  2. 甲给付不能
  3. 归责事由？
   （1）故意、过失（第220条）
   （2）<u>乙受领迟延：甲仅就故意或重大过失负责（第237条）</u>
 （二）乙不得向甲依"民法"第226条规定请求损害赔偿

二、解答

（一）甲对乙的请求权

1. 甲得向乙依"民法"第226条第1项规定请求损害赔偿，须因可归于乙的事由，致B壶给付不能，而受损害。

基于互易契约,乙对甲负有交付 B 壶及移转其所有权的义务(第 398 条准用第 348 条)。乙未于约定确定期限,提出 B 壶的给付,应负迟延责任(第 229 条)。乙应就其故意或过失负责(第 220 条)。"民法"第 231 条第 2 项规定,债务人在迟延中,对于因不可抗力而生的损害,亦应负责。但债务人证明纵不迟延给付,而仍不免发生损害者,不在此限。乙未于约定期限提出 B 壶的给付,应负迟延责任,在迟延中,回家途中因强烈地震发生车祸,致 B 壶灭失,成立客观不能,虽非因乙的过失,乙对此不可抗力而生的损害,亦应负责。甲受有 A 壶(9 万元)与 B 壶(10 万元)差额的损害 1 万元。

2. 甲得向乙依"民法"第 226 条第 1 项规定请求 1 万元的损害赔偿。

(二)乙对甲的请求权

1. 乙得向甲依"民法"第 226 条第 1 项规定请求损害赔偿,须因可归责于甲的事由,致 A 壶给付不能,而受有损害。

甲与乙互易 A 壶、B 壶,甲有给付交付 A 壶并移转其所有权的义务(第 398 条准用第 348 条),A 壶因甲的过失而灭失致给付不能,问题在于甲有无可归责的事由。

甲应就其故意或过失负责(第 220 条)。互易一方当事人对他方所提出的给付有受领的义务(第 398 条准用第 367 条)。甲于确定期限提出 A 壶的给付,乙未能受领,构成受领迟延。"民法"第 237 条规定,在债权人受领迟延中,债务人仅就故意或重大过失负其责任。甲在乙受领迟延中,因过失致 A 壶灭失,就其客观给付不能,无可归责,对乙不负损害赔偿责任(第 266 条)。

2. 乙不得向甲依"民法"第 266 条规定请求损害赔偿。

案例〔33〕不完全给付与医疗责任

甲因心血管病变到乙医院由丙医生主治。甲因手术并发副作用致身体健康受侵害,支出医疗费用 20 万元,丧失工作收入 30 万元及精神痛苦,乃以丙医生未尽告知该手术风险及其他可供选择的方案,向乙医院及丙医生请求损害赔偿。乙医院提出甲签名的同意书。甲指称丙医生未尽必要的说明,使其知悉手术风险,双方提出病历、证人等资料,以实其说。乙医院及丙医生主张,纵善尽告知义务,甲亦必会同意施行手术。试问甲得否对乙医院及丙医生请求损害赔偿?

一、解题思考

(一)民事责任体系

1. 契约责任(第 227 条)与侵权责任(第 188 条)

案例[33]系关于医疗的民事责任。民事责任由契约责任及侵权责任所构成。契约责任除给付不能,给付迟延外,包括不完全给付,即"民法"第 227 条规定:"因可归责于债务人之事由,致为不完全给付者,债权人得依关于给付迟延或给付不能之规定行使其权利。因不完全给付而生前项以外之损害者,债权人并得请求赔偿。"侵权责任,除"民法"第 184 条规定的一般侵权行为外,最常适用的是"民法"第 188 条规定的雇用人侵权责任:"受雇人因执行职务,不法侵害他人之权利者,由雇用人与行为人连带负损害赔偿责任。但选任受雇人及监督其职务之执行,已尽相当之注意或纵加以相当之注意而仍不免发生损害者,雇用人不负赔偿责任。如被害人依前项但书之规定,不能受损害赔偿时,法院因其声请,得斟酌雇用人与被害人之经济状况,令雇用人为全部或一部之损害赔偿。雇用人赔偿损害时,对于为侵权行为之受雇人,有求偿权。""民法"第 227 条及第 188 条系民事责任的两个核心规定,为明辨二者之异同,图示如下页(请用心研读,解答案例)。

关于前揭民事责任体系,应说明的有四:

(1)不完全给付债务不履行责任与雇用人侵权责任得发生请求权竞合。

(2)在构成要件,其应区别的是,不完全给付的履行债务使用人(第 224 条)及第 188 条的受雇人。前者系受债务人指示从事债务的履行。后者须有选任监督关系。例如出卖人委由宅急便公司交付商品于买受人,宅急便系出卖人的履行使用人,但非属其受雇人。

(3)在法律效果,"民法"第 227 条之 1 规定:"债务人因债务不履行,致债权人之人格权受侵害者,准用第一百九十二条至第一百九十五条及第一百九十七条之规定,负损害赔偿责任。"此项规定强化对人格权的保护(尤其是非财产上损害抚慰金请求权),具有一般原则性,得适用于所有债务不履行的情形(例如无因管理等)。

(4)应特别注意的是举证责任,在雇用人侵权责任,雇用人须证明选任受雇人及监督其职务之执行已尽相当之注意,或纵加以相当之注意而仍不免损害,始不负赔偿责任(推定选任及监督具有过失)。在不完全给付,关于债务人是否无可归责事由(故意、过失,第 220 条),应由债务人负举证责任。

第五章 民法请求权基础体系

类别	请求权基础	要件	效果	消灭时效
契约责任	第227条	1. 不完全给付 ─ 给付义务 ─(1)给付义务 　　　　　　　　　└(2)不完全给付 ─ 附随义务 　　　　　　　　　　　　　　　　　└ 瑕疵给付 　　　　　　　　　　　　　　　　　└ 加害给付 2. 归责事由 ─ 故意、过失（第220条） 　　　　　　└ 使用人故意、过失：负同一责任（第224条） 3. 损害	1. 准用关于给付不能、给付迟延规定 2. 债务不履行侵害人格权（第192—195条，准用侵权行为规定，第197条、第227条之1）负损害赔偿责任	损害赔偿请求权：15年（第125条） ↓ 第197条
侵权责任	第188条	1. 受雇人的侵权行为 　(1) 受雇人 　(2) 侵害他人权利（第184条） 　(3) 执行职务 2. 雇用人选任监督过失（推定）	1. 损害赔偿（第192—196条） 2. 连带责任 3. 雇用人的求偿权	第197条：因侵权行为所生之损害赔偿，自请求权人知有损害及赔偿义务人时，二年间不行使而消灭；自有侵权行为时起，逾十年者亦同。

案例
1. 游览车公司的司机驾驶过失，发生车祸，致乘客受伤，撞伤路人。
2. 餐厅厨师制作不洁便当，致消费者中毒。
3. 咖啡馆服务生与客人因服务态度发生争执，辱骂客人，以咖啡泼洒客人衣服。
4. 医院的医生因医疗瑕疵行为，伤害病患身体健康。

(二) 不完全给付的规范

民事责任体系的发展,最值得重视是 1999 年"民法"债编修正时,增设了"民法"第 227 条及第 227 条之 1,明确肯定债务不履行除给付不能及给付迟延外,尚有第三种类型:不完全给付(请再阅读条文!)。① 随着"民法"第 227 条不完全给付的创造,实务与学说更进一步检讨不完全给付与物的瑕疵担保责任的适用关系,重构了民事责任体系。兹先说明不完全给付的规范构造,俟于案例〔34〕再论述说明不完全给付与物之瑕疵担保责任。为便于有体系化地理解,将不完全给付的请求权基础构造图示如下:

---

① 修正理由具有重要参考价值:旧"民法"第 227 条规定:"债务人不为给付或不为完全之给付者,债权人得声请法院强制执行,并得请求损害赔偿。"修正理由谓:"一、现行条文中所谓'不为给付'之涵义为何? 学者间争论纷纭,有主张属于给付迟延范围者;有主张系'给付拒绝'者,为免滋生争议,爰并予删除。次按债务不履行之种类,除给付迟延及因可归责于债务人之事由致给付不能两种消极的债务违反外,更有另一种不完全给付之积极的债务违反,即因可归责于债务人之事由,提出不符合债务本旨之给付。此在学者间已成通说,实务上亦承认此种债务违反之态样,惟法条上尚欠明白之规定,学者虽有主张现行条文中所谓'不为完全之给付'即属关于不完全给付之规定者,但其规定之效果,仍欠周详。按不完全给付,有瑕疵给付及加害给付两种,瑕疵给付,仅发生原来债务不履行之损害,可分别情形,如其不完全给付之情形可能补正者,债权人可依迟延之法则行使其权利;如其给付不完全之情形不能补正者,则依给付不能之法则行使权利。为期明确,爰修正本条为不完全给付之规定。二、不完全给付如为加害给付,除发生原来债务不履行之损害外,更发生超过履行利益之损害,例如出卖人交付病鸡致买受人之鸡群亦感染而死亡,或出卖人未告知机器之特殊使用方法,致买受人因使用方法不当引起机器爆破,伤害买受人之人身或其他财产等是。遇此情形,固可依侵权行为之规定请求损害赔偿,但被害人应就加害人之过失行为负举证责任,保护尚嫌不周,且学者间亦有持不同之见解者,为使被害人之权益受更周全之保障,并杜疑义,爰于本条增订第 2 项,明定被害人就履行利益以外之损害,得依不完全给付之理论请求损害赔偿。"

第五章 民法请求权基础体系

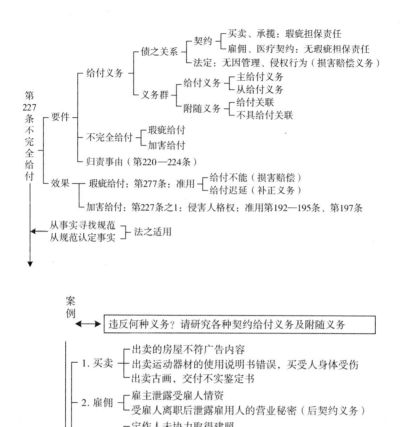

关于前揭案例,应说明的是不完全给付适用于所有债之关系。困难的问题在于"民法"关于若干契约(尤其是买卖、承揽)设有瑕疵担保责任,如何界定其与不完全给付的适用关系。案例〔33〕说明医疗契约不完全给付的基本问题。关于雇用人侵权责任参阅案例〔60〕。

(三)解题构造

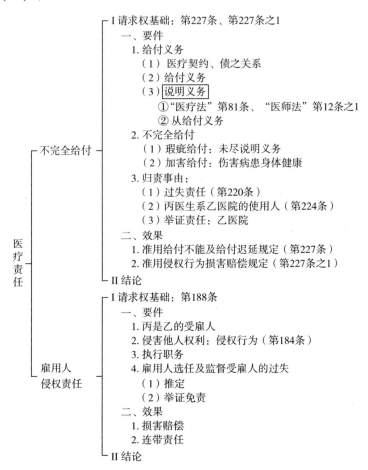

二、解答

(一)甲对乙医院不完全给付的损害赔偿请求权

1. 甲得依"民法"第227条及第227条之1规定向乙医院请求损害赔偿,须乙医院因可归责之事由,为不完全给付,侵害甲的人格权。

(1)甲因心血管病变到乙医院诊治,成立医疗契约,属劳务性契约,其受有报酬者,性质上类似有偿的委任契约,依"民法"第529条类推适用第535条规定。医疗机构应尽善良管理人的注意义务("医疗法"第

82条),依当时医疗水平对病患履行诊察、诊断或治疗等义务。此项义务包括主给付义务(医疗行为)、从给付义务(出具诊断书)及附随义务(如消毒、避免感染病毒、完善安全设施)。①

乙医院为甲的人体施行手术,依"医疗法"第81条规定:"医疗机构诊治病人时,应向病人或其法定代理人、配偶、亲属或关系人告知其病情、治疗方针、处置、用药、预后情形及可能之不良反应。"及第63条第1项规定:"医疗机构实施手术,应向病人或其法定代理人、配偶、亲属或关系人说明手术原因、手术成功率或可能发生之并发症及危险,并经其同意,签具手术同意书及麻醉同意书,始得为之。但情况紧急者,不在此限。"此项有关告知后同意的规定,旨在经由危险的说明,使病人得以知悉侵入性医疗行为的危险性而自由决定是否接受手术治疗。

问题在于医生告知义务,究属何种医疗契约上义务。在实务上有认为医生有将检查报告之结果忠实告知病人的附属义务(参照2015年台上字第2081号判决)。手术的说明义务系基于病人的自主权,系医院由其使用人依医疗契约提供医疗服务,为准备、确定、支持及完全履行医疗本身的主给付义务,而对病患所负的从给付义务(又称独立的附随义务,参照2010年台上字第2428号、2014年台上字第774号判决)。

若肯定丙医生未尽说明义务,甲因手术致身体健康受损时,乙医院应就丙医生的故意或过失负同一责任(第224条),对因不完全给付侵害甲的人格权,负损害赔偿责任(加害给付,第227条第2项、第227条之1)。

(2)甲得依"民法"第227条及第227条之1规定向乙医院请求损害赔偿,其问题在于丙医生是否未尽其告知义务,为不完全给付(违反从给付义务),致侵害甲的人格权。其主要争点在于举证责任的分配。按当事人主张有利于自己的事实,就其事实有举证责任。若一方就其主张之事实已提出相当的证明,他方欲否认其主张时,即须提出相当之证明,以尽其证明之责,此为举证责任分配的原则,体现"民事诉讼法"第277条基于公平原则及诚信原则,适当分配举证责任的规范意旨。在本件案例应就手术同意书的内容及其他相关事实,判断丙医生是否就手术风险替代方案及其利弊等分析讲解,使病患或其他家属因丙医生的告诉理解,知悉明白手术的风险有

---

① 关于契约上的义务群(主给付义务、从给付义务、附随义务),参见拙著:《债法原理》,北京大学出版社2022年重排版,第27页以下。

无替代方案及各该方案利弊等事实而为判断(参照2013年台上字第192号判决)。医疗提供者对于及时、适当而且充分的说明而取得同意,负有举证责任,盖医生最能保存其已为告知、说明及获得同意的证据。

乙医院主张丙医生纵尽说明义务,甲病患亦会同意接受手术,此系所谓的合法性替代行为,亦应就相关事实而为认定,并应由乙医院负举证责任。①

(3)乙医院基于医疗契约,应对病患负善良管理人的注意义务。丙医师系乙医院对甲履行医疗契约上给付义务的使用人,关于其对甲未尽告知说明的过失,乙医院应与自己的过失负同一责任(第224条)。丙医师是否尽其善良管理人的注意,乃债务不履行的归责事由,应由债务人乙医院负举证责任。

2. 甲因乙医院的丙医生未尽善良管理人注意为告知说明义务,有归责事由(第224条),侵害其身体健康人格法益时,甲得依"民法"第227条之1准用"民法"第192条至第195条规定,向乙医院请求其所受财产损害(20万元医疗费用,30万元收入减少)、非财产上损害相当金额的损害赔偿。

(二)甲对乙医院、丙医生的侵权行为损害赔偿请求权

甲对乙医院、丙医生的损害赔偿请求权涉及雇用人的侵权责任("民法"第188条),将于相关部分(本书第486页)再为论述,以下仅作纲要式说明:

1. 甲得依"民法"第188条规定向乙医院、丙医生请求连带损害赔偿,须乙医师系丙医院的受雇人,执行职务不法侵害甲的权利,致生损害,乙医院未能举证证明其对丙医生的选任监督并无过失。

(1)丙医生系乙医院的受雇人

(2)丙医生诊治病患甲系执行职务

(3)丙医生于对甲病患为医疗业务之施行,应善尽医疗上之注意义务("医疗法"第82条),于从事手术前,为保护甲的人格自主权,应善尽告知说明义务以取得甲的同意。此项告知义务系违法阻却事由,应由丙医生负举证责任。丙医生亦得举证证明纵未尽说明义务,甲亦必会同意手术,而不负侵权责任(合法性替代行为)。丙医生未尽其举证责任时,应就其过失侵害甲的身体健康,造成损害,负侵权行为赔偿责任。

---

① 关于合法性替代行为,参见拙著:《损害赔偿》,北京大学出版社2017年版,第107页以下。

(4) 乙医院对于丙医生的选任监督具有过失,系由法律推定,乙医院对于丙医生的选任及监督已尽相当的注意,负有举证责任。

(5) 乙医院就丙医生执行职务未善尽告知义务,就手术并发症侵害身体健康的损害,应负连带损害赔偿责任。

2. 甲得否依"民法"第 188 条规定向乙医院及丙医生请求连带损害赔偿责任,其关键在于乙医院、丙医生能否证明其已善尽对甲说明并经其同意而为手术;乙医院能否证明其对丙医生的选任监督并无过失。

案例〔34〕不完全给付与物之瑕疵担保责任:"民法"上最具创造性的发展①

1. 甲向乙建商购买 A 屋,A 屋具有瑕疵,甲得否不解除契约,减少价金而向乙建商请求修缮补正?②

2. 丙向丁购买汽车,汽车于订约时即具有安全上的缺陷,丁疏未检查,丙就车祸所受身体健康损害,得否向丁请求损害赔偿?

3. 戊出卖某鸡于庚,该鸡有病,致庚的鸡群感染死亡过半,戊得否主张鸡之病于订约时既已存在,不必就庚鸡群的死亡负损害赔偿责任?

一、"民法"上最具争论的问题

前揭三个问题,初视之下,似甚简明,即依通常的事理(所谓的常识,common sense),甲得向乙请求修缮 A 屋(修补请求权),丙得向丁请求赔偿因车祸致身体健康所受损害的赔偿,庚得向戊请求鸡群遭传染所受损害的赔偿,不因鸡之有病,系在买卖契约订立之时,或在买卖契约成立之后,而有不同。

实则,此乃现行"民法"上最具争论的问题。③ 之所以产生争论,因其

---

① 综合简要说明,参见拙著:《损害赔偿》,北京大学出版社 2017 年版,第 220 页以下。
② 参见曾品杰:《论成屋买卖之自始瑕疵与不完全给付之适用》,载《月旦法学杂志》第 209 期,第 22 页。
③ 参见史尚宽:《债法各论》,第 45 页以下。此为德国判例学说一致的见解,参见 Larenz, Schuldrecht, Bd. II, 1. Halbband, Besonderer Teil, 13. Aufl., 1986, S. 51: „Dagegen gibt das Gesetz dem Käufer nicht das Recht, die Beseitigung des Mangels zu verlangen, und ebensowenig das Recht, die verkaufte mangelhafte Sache in eine andere, gleichartige, aber mangelfreie umzutauschen."(法律不给与买受人排除瑕疵的权利,亦不使买受人得以所出卖瑕疵之物替换其他种类相同,但无瑕疵之物。)

涉及不完全给付与物之瑕疵担保责任的适用关系,尤其是如何加以重新调整,使民事责任体系能够现代化,符合契约法的国际发展。

二、不完全给付与物之瑕疵担保的法律构造

《德国民法典》及台湾地区"民法"就物的瑕疵担保责任,设有详细完整的特别规定,而未就不完全给付(德国法上称为积极侵害债权)明文加以规定。不完全给付系后来新创设的债务不履行的一种样态,从而发生如何适用的争议。为便于了解,先将台湾地区"民法"上不完全给付与物之瑕疵的规定(此相当于德国旧民法典上的规范体系),列表如下:

事项比较	物之瑕疵担保责任与不完全给付	
	不完全给付(第227条)	物之瑕疵担保责任(第354条以下)
性质	债务不履行	法定担保责任(通说)
成立要件	1. 债务人须可归责 2. 不完全给付:物有瑕疵	1. 无过失责任 2. 物有瑕疵 3. 责任排除:第366条
法律效果	1. 瑕疵给付:有补正请求权,债权人不欲补正、债务人拒不补正或不能补正者,债权人得请求损害赔偿(瑕疵损害),并解除契约 2. 加害给付:瑕疵结果损害赔偿	1. 减价或解除契约(第359条) 2. 无补正(修补)请求权 3. 不履行损害赔偿(第360条)
权利行使期间	消灭时效15年(第125条)	1. 解除权或减少价金请求权:除斥期间:依"民法"第365条,通知后6个月,自物交付时起5年 2. 第360条损害赔偿请求权:实务:消灭时效,15年(第125条)

物之瑕疵亦属不完全给付,民法之所以特设物之瑕疵担保责任制度,系为顾及买卖契约当事人的利益:①对出卖人言,尽速了结物之瑕疵的争议。②对买受人言,在于维护价金与物之价值的对等价值。相较于物的瑕疵担保责任,不完全给付债务不履行规定具有两个有利于买受人的规定:

1. 瑕疵补正请求权。
2. 瑕疵给付及加害给付的损害赔偿请求权。

不完全给付与物之瑕疵担保责任的适用问题在于如何解释适用法律规定,使买受人在一定情形得主张前述不完全给付两个有利的请求权。

三、德国民法的发展

(一)积极侵害债权与物之瑕疵担保

德国民法原仅规定给付不能及给付迟延,1904年判例学说创设积极侵害债权理论后,其主要问题在于如何认定其与物之瑕疵担保责任的适用关系,经过数十年的争论,获致两点基本共识:

1. 关于物之瑕疵,买受人仅得请求价金减少、解除契约或交付无瑕疵之物(种类买卖),不得请求修缮或补正。

2. 关于因物之瑕疵而肇致的损害,买受人得依积极侵害债权向出卖人请求赔偿者,限于瑕疵结果损害(人身或所有权所受损害),不包括所谓瑕疵损害(买卖标的物之价值的减损),二者如何区别,发生争议。买受人得依侵权行为请求损害赔偿(《德国民法典》第823条)不受影响。值得特别提出的是,德国判例学说致力于维护债务不履行(积极侵害债权)与物之瑕疵担保的体系,仅就债务不履行的损害赔偿的范围加以修正。

(二)2002年《德国债法现代化法》

2002年《德国债法现代化法》,重新检讨债务不履行积极侵害债权与物之瑕疵担保责任的适用关系,参照欧洲法的发展,采取债务不履行与物之瑕疵担任责任的一体化原则,将物之瑕疵担保责任纳入债务不履行之内,不复存在独立的物之瑕疵担保责任制度。关于物之瑕疵,应适用债务不履行的一般规定及买卖法的特别规定。①

---

① 参照《德国民法典》第280条(违约责任)、第434条(物之瑕疵)以下。

四、台湾地区"民法"突破性的法之创造

台湾地区"民法"关于不完全给付与物之瑕疵担保责任的适用关系,有不同于德国判例学说的演变,是一个值得记述的"民法"发展史,在一定程度体现台湾地区"民法"的创造力,经历以下几个阶段:

1. 20世纪80年代关于旧"民法"第227条解释适用的学说争论,及不完全给付的基本理论的建构。①

2. 1988年4月19日"最高法院"1988年度第7次民事庭会议决议(一):"出卖人就其交付之买卖标的物有应负担保责任之瑕疵,而其瑕疵系于契约成立后始发生,且因可归责于出卖人之事由所致者,则出卖人除负物之瑕疵担保责任外,同时构成不完全给付之债务不履行责任。买受人如主张:一、出卖人应负物之瑕疵担保责任,依'民法'第360条规定请求不履行之损害赔偿;或依同法第364条规定请求另行交付无瑕疵之物,则在出卖人为各该给付以前,买受人非不得行使同时履行抗辩权。二、出卖人应负不完全给付之债务不履行责任者,买受人得类推适用'民法'第226条第2项规定请求损害赔偿;或类推适用给付迟延之法则,请求补正或赔偿损害,并有'民法'第264条规定之适用。又种类之债在特定时,即存有瑕疵者,出卖人除应负物之瑕疵担保责任外,并应负不完全给付之债务不履行责任。并此说明。"②

3. 1999年修正"民法"第227条:"因可归责于债务人之事由,致为不完全给付者,债权人得依关于给付迟延或给付不能之规定行使其权利。因不完全给付而生前项以外之损害者,债权人并得请求赔偿。"

4. "最高法院"2011年台上字第1468号判决:"按不完全给付,系指债务人所为之给付,因可归责于其之事由,致给付内容不符债务本旨,而应负债务不履行损害赔偿之责;至物的瑕疵担保责任,系指存在于物之缺点,乃物欠缺依通常交易观念或当事人之决定,应具备之价值、效用或

---

① 参见钱国成:《不完全给付与物之瑕疵担保责任》,载《法令月刊》1978年第29卷第6期;郑玉波:《论不为给付与不为完全之给付》,载《法令月刊》1979年第30卷第2期;拙著:《不完全给付之基本理论》,载《民法学说与判例研究》(第三册),北京大学出版社2009年版,第48页以下。

② 参见拙著:《物之瑕疵担保责任、不完全给付与同时履行抗辩》,载《民法学说判例研究》(第六册),北京大学出版社2009年版,第87页以下;詹森林:《物之瑕疵担保、不完全给付与买卖价金之同时履行抗辩》,载《万国法律》1988年第42期。

质量,所应负之法定无过失责任。二者之法律性质、规范功能及构成要件均非一致,在实体法上为不同之请求权基础,在诉讼法上亦为相异之诉讼标的,法院于审理中自应视当事人所主张之诉讼标的之法律关系定其成立要件。又出卖人就其交付之买卖标的物有应负担保责任之瑕疵,而其瑕疵系于契约成立后始发生,且因可归责于出卖人之事由所致者,出卖人除负物的瑕疵担保责任外,同时构成不完全给付之债务不履行责任,亦即此际物的瑕疵担保责任与不完全给付之债务不履行责任,形成请求权竞合之关系,当事人得择一行使之。"

本件判决的意义有二:认定不完全给付与物的瑕疵担保责任系不同的请求权基础。不完全给付得适用于契约成立后发生的瑕疵(简称嗣后瑕疵),买受人有瑕疵修补请求权、瑕疵给付及加害给付的损害赔偿请求权。瑕疵于契约成立前既已存在的(简称自始瑕疵),买受人不得主张不完全给付,仅得主张物之瑕疵担保请求权,仅得依"民法"第360规定请求不履行损害赔偿。①

5. 学说上积极推动应全面肯定不完全给付与物之瑕疵担保责任的竞合关系。

五、迈向不完全给付与物之瑕疵担保的全面竞合

为便于讨论,将"最高法院"2011年台上字第1468号判决见解,图示如下:

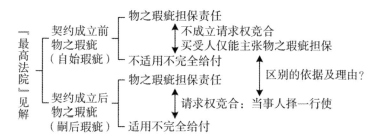

兹举例加以说明:甲于3月1日出卖某鸡给乙,鸡有病,于3月3日交付(危险移转),乙的鸡群遭受感染生病或死亡。

---

① 参见陈自强:《不完全给付与物之瑕疵——契约法之现代化Ⅱ》,2013年版,第173页。

1. 该特定之某鸡于3月1日既已患病时(自始瑕疵),仅适用物之瑕疵担保责任,不适用不完全给付,乙不得向甲主张瑕疵补正请求权(医治病鸡,或支付医治病鸡的费用)。甲虽疏未发现鸡有病,乙不得依"民法"第227条第2项规定向甲请求鸡群伤亡(加害给付)的损害赔偿,仅能行使物之瑕疵担保权利。

2. 该特定之鸡于3月2日遭受感染生病(嗣后瑕疵),乙得依"民法"第227条规定向甲请求医治病鸡并请求鸡群死亡的损害赔偿,或行使物之瑕疵担保权利。

依瑕疵时点界定不完全给付与物之瑕疵担保责任的适用关系,欠缺法律依据、内在逻辑关联,造成法律适用分歧,违反平等保护原则。"最高法院"之所以采此种瑕疵发生的时点区别说,或系基于两个目的:①维护物之瑕疵担保的体系;②保护买受人。然此将造成法律适用割裂。根本解决之道,在于应更进一步采取全面竞合说:

1. 适用不完全给付责任,有利于保护买受人,使其得请求补正瑕疵,及请求瑕疵损害与加害给付的损害赔偿。

2. 使不完全给付得与物的瑕疵担保责任全部竞合,是一种法之续造,是对现行传统民事责任体系的修正。在德国,判例学说重视民事责任体系,仅区别瑕疵结果损害与瑕疵损害而作局部性的调整。在台湾地区,判例学说则致力于变更既有体系,促进法律发展。此项法之创设有益于保护买受人及交易活动,具有更新传统制度的功能,符合债法现代化的趋势,惟造成法律适用的不安定。

六、买卖物之瑕疵担保与不完全给付债务不履行一体化

买卖物之瑕疵担保责任源自罗马法,系民法最古老传统的制度。德国判例学说所创设的积极侵害债权,及"民法"增设第227条规定不完全给付,其主要目的在于保护被害人的人身健康及财产权(维持利益),如何一方面维护物的瑕疵担保制度,另一方面有所调整补充,是法学上一项艰巨的工作,无论采取法条竞合、自由竞合、以物的瑕疵发生时点或区别瑕疵损害及瑕疵结果损害,重构其适用关系,均有难以契合之处而发生争议。根本解决之道在于立法修正,将物之瑕疵担保纳入债务不履行体系。兹分小的修正及大的修正两种方法,简述如下:

(一)小的修正:买卖物之瑕疵担保制度的再造

小的修正是仅就买卖法上的物之瑕疵担保制度加以改造,其重点有三:

1. 修正"民法"第 349 条规定为:出卖人应使买受人取得无瑕疵之物,并应担保第三人就买卖之标的物,对于买受人不得主张任何权利。易言之,出卖人负有使买受人取得之物无物之瑕疵及权利瑕疵的给付义务,即以物之无瑕疵为出卖人的主给付义务。

2. 修正"民法"第 359 条规定为:买卖物有瑕疵时,买受人得请求出卖人修补瑕疵或另行交付无瑕疵之物。修补瑕疵或另行交付无瑕疵之物,合称后补给付(Nacherfüllung),不以出卖人有归责事由为要件。

3. 删除"民法"第 360 条规定,另增订:于有归责于债务人之事由时,买受人得依"民法"第 227 条规定请求不履行的损害赔偿。

以上三点修正之目的在于将物之瑕疵担保融入债务不履行,解决不完全给付与物之瑕疵担保责任适用关系的难题。

(二)大的修正

大的修正系参照《德国债法现代化法》、国际公约及比较法的发展,全盘检讨债务不履行的体系构造,包括债之义务违反的统一化,给付不能的整合、解除契约制度的完善、缔约过失责任的检讨。此项大的修正将有助于更新民法的体系,与国际发展接轨,促进台湾地区法学的进步与发展。①

七、案例解说

关于前揭三个案例,若采"最高法院"2011 年台上字第 1468 号判决的见解,以瑕疵发生时点,认定不完全给付与物之瑕疵担保的适用关系,甲就自始发生房屋的瑕疵,仅能向乙请求物的瑕疵担保,减少价金或解除契约,不能依"民法"第 227 条规定请求补正或损害赔偿。丙就汽车瑕疵发生车祸所受损害,不能依"民法"第 227 条规定请求损害赔偿。在出卖病鸡之例,买受人得主张的请求权,因鸡之生病在契约成立时或契约

---

① 参见黄立:《德国新债法之研究》,2009 年版,第 107 页以下;陈自强:《不完全给付与物之瑕疵——契约法之现代化Ⅱ》,2013 年版;v. Bar/Zimmermann(Hrsg.), Grundregeln des Europäischen Vertragsrecht, Teil I und Ⅱ, 2002; Canaris(Hrsg.), Schuldrechtsmodernisierung, 2002; Riesenhuber, System und Prinzipien des Europäischen Vertragsrecht, 2003.

成立后而异。

若采取不完全给付与物之瑕疵担保全面竞合说，不论物之瑕疵发生于契约成立之时或契约成立之后，买受人均得依"民法"第227条规定请求出卖人补正瑕疵或损害赔偿。

最后，要再强调的是关于不完全给付与物的瑕疵担保责任的适用关系，始自20世纪80年代的理论建构，历经将近40年的判例学说的变迁，正迈向不完全给付与物之瑕疵担保责任的全面竞合及一体化，体现学说、判例与立法共同协力，完善民事责任体系，促进"民法"的进步发展。

第二项 解除契约

案例〔35〕解除契约与不当得利：解除契约性质再检讨

甲以A车与乙的B车互易，双方履行后，因B车具有可归责于乙的瑕疵，致甲驾车发生车祸，车半毁，甲受伤住院支出医疗费10万元及减少收入20万元，精神痛苦。甲起诉请求乙返还价金，赔偿其所受损害。在甲作此请求以前，乙已将A车让售于丙。试说明当事人间的法律关系。

一、解题思考

(一)解除权的基本法律关系

1. 解除权的意义及种类

通说认为解除契约系指当事人一方行使解除权，使契约的效力溯及地消灭，发生回复原状请求权。契约解除权发生的原因有二：

(1)约定解除权：即由契约当事人于订约的同时或其后，约定保留当事人一方或双方有解除契约的权利。

(2)法定解除权：此系因债务不履行而发生，包括给付不能(第256条)、给付迟延(第254条、第255条)、不完全给付(第227条)、物之瑕疵担保责任(第359条)。

2. 解除权的行使

解除权的行使，未定有期间者，当事人得定相当期间，催告解除权人于期限内确答是否解除，如逾期未受解除之通知，解除权即消灭(第257条)。解除权之行使，应向他方当事人以意思表示为之(第258条第1

项),此为单独行为,具形成权的性质。此项意思表示亦得于诉状为之,于诉状送达他方时发生效力(1943年上字第2108号判例)。契约当事人之一方有数人时,解除契约的意思表示应由其全体或向其全体为之(第258条第2项)。如甲、乙共同向丙购买某屋,丙解除契约的意思表示应向甲、乙为之,甲、乙解除契约时,亦应全体向丙为之。

3. 解除权消灭

"民法"第262条规定:"有解除权人,因可归责于自己之事由,致其所受领之给付物有毁损、灭失或其他情形不能返还者,解除权消灭;因加工或改造,将所受领之给付物变其种类者亦同。"所谓毁损,系指给付物价值减少,不独指物之形状等之变更,给付物设定有第三人之权利者,亦包括在内。

4. 回复原状请求权的内容

契约的解除具双面性,一方面使迄未履行给付义务归于消灭,他方面使已履行的给付发生回复原状请求权。"民法"第259条规定:"契约解除时,当事人双方回复原状之义务,除法律另有规定或契约另有订定外,依左列之规定:一、由他方所受领之给付物,应返还之。二、受领之给付为金钱者,应附加自受领时起之利息偿还之。三、受领之给付为劳务或为物之使用者,应照受领时之价额,以金钱偿还之。四、受领之给付物生有孳息者,应返还之。五、就返还之物,已支出必要或有益之费用,得于他方受返还时所得利益之限度内,请求其返还。六、应返还之物有毁损、灭失或因其他事由,致不能返还者,应偿还其价额。"

5. 解除权仅生债之效力

由"民法"第259条规定内容,可知契约的解除仅具债权效力。如甲出卖某车给乙,并让与其所有权,共作成两个法律行为(契约),一为买卖契约(债权契约),二为物权契约(第761条)。甲因乙迟不支付价金而依法解除契约时,其所解除的仅是债权契约,而不及于物权契约。最高法院1940年上字第2113号判例谓:"'民法'第254条所谓解除契约,固指解除债权契约而言,但本于债权契约而成立物权移转契约后,如有解除契约之原因,仍得将该债权契约解除。债权契约解除时,物权契约之效力虽仍存在,而依'民法'第259条之规定,受物权移转之一方,负有将该物权移转于他方以回复原状之义务,不得谓物权契约一经成立,债权契约即不得解除。"又"最高法院"1973年台上字第1045号判例谓:"出卖人解除已经履行之买卖契约,该买卖标的物(机器),倘现在由第三人占有,买受人不过负向第三人取回该物返还于出卖人之义务('民法'第259条第1款),非谓买卖契约一经解除,该物即当然复归于出卖人所有,出卖人自不得本于所有权,向第三人主张权利。"契约的解除既仅发生债权效力,物权变动不因此而受影响。在不动产买卖的情形,出卖人仅能请求买受人办理所有权移转,而不能请求涂销买受人所有权登记。

(二)解除契约的法律性质

1. "最高法院"的见解:直接效果说与不当得利的适用关系

关于解除契约的效力,台湾地区判例及学说系采所谓的直接效果说,认为契约之效力因解除而溯及地消灭,未履行之债务当然免除,已履行者,应负回复原状的义务,从而发生"民法"第259条规定与不当得利的适用关系,"最高法院"有不同的见解:

(1)"民法"第259条系不当得利的特别规定(特别规定说):当事人行使解除权后,依"民法"第259条及第260条规定,除请求回复原状外,并得请求损害赔偿,亦即"民法"第259条乃不当得利之特别规定,仅适用于解除契约后之回复原状义务,其范围与一般不当得利不同(2005年台上字第1874号)。

(2)"民法"第259条与不当得利的竞合(请求权竞合说):解除契约发生后,双方即负有回复原状之义务。契约既因解除而溯及地消灭,则因契约之履行而受益之一方,即欠缺法律上之原因,其所受利益虽原有法律上之原因,而其后原因已不存在者,依"民法"第179条后段之规定,即属不当得利。因履行契约而为给付之一方,得依"民法"第259条之规定,行使回复原状请求权,亦得行使不当得利返还请求权,此即请求权之竞合,有请求权之债权人,得就二者选择其一行使,请求权之行使已达目的者,其他请求权即行消灭,如未达目的者,仍得行使其他请求权(2004年台上字第957号)。

(3)"最高法院"最近见解:契约一经解除,契约即溯及归于消灭,与自始未订立契约同。因此契约解除后,当事人在契约存续期间所受领之给付,即成为无法律上之原因,自亦构成不当得利,该受损害者倘舍解除契约后回复原状请求权而行使不当得利请求权,应非法所不许,此观"民法"第179条后段立法理由揭橥"其先虽有法律上之原因,而其后法律上之原因已不存在(如撤销契约、解除契约之类),亦应返还其利益"自明

(2011年台上字第2号)。本件判决系采"民法"第259条规定解除契约后回复原状请求权与不当得利请求权的竞合说。

2. 解除契约效力的再理解:回复原状清算了结关系

台湾地区判例学说所采解除契约的直接效果说,见诸立法理由书,但在德国已被扬弃,改采一种新的理论,认为解除权的行使,并不使契约溯及地消灭,而是发生一种回复原状的清算关系(Abwicklungsverhältnis),原契约的基础仍然存在,债之同一性不因此而受影响。此乃解除权性质的再理解,民法理论的进步,可资赞同,分四点说明如下:

(1)回复原状清算关系理论较符合"民法"第259条解除契约回复原状的规范目的及内容。

(2)排除不当得利的适用,避免"民法"第259条究系不当得利的特别规定,或与不当得利发生竞合的争论。

(3)"最高法院"2014年台上字第2429号判决谓:"按自契约之解除效果言,于契约有效时,基于债务所为之给付,均应返还,始能回复契约订立前之状态;则契约有效时,基于债务不履行所生损害亦应一并赔偿,方可达回复原状之趣旨。'民法'第260条规定即系在立法政策上,对于契约解除之溯及效力,酌加限制,允许当事人得就债务不履行所生损害,请求赔偿,亦即在此范围内,契约之效力仍然存续。是其损害赔偿请求权,自不分行使解除权之当事人抑相对人,均不因解除权之行使而受妨碍。"此项见解在于说明"民法"第260条的立法趣旨。采回复原状清算关系说,更能为"民法"第260条"解除权的行使,不妨碍损害赔偿之请求"的规定提供理论基础。

(4)使保证人的责任在解除契约后仍能继续存在(详后)。

3. 解除契约与损害赔偿

解除权的行使,不妨碍损害赔偿之请求(第260条)。此项规定并非积极的认有新赔偿请求权发生,乃原因已发生的赔偿请求权,不因解除权的行使而受妨碍,系专指因债务不履行的损害赔偿而言,不包括因契约消灭所生的损害(1966年台上字第2727号判例)。"民法"第249条第3款所定的加倍返还定金系损害赔偿的性质,主契约纵已解除,仍非不得请求加倍返还定金。① 在契约前已发生之违约罚性质的违约金请求权,亦不

---

① "最高法院"1978年8月29日1978年度第9次民事庭庭推总会议决议(三)。

因解除契约而失其存在。①

4. 解除契约与保证人责任

(1) 损害赔偿与保证人责任

损害赔偿之请求不因解除权的行使而受妨碍(第260条)。此项债务不履行的损害赔偿,乃原债务的延长或变更,应为保证契约的效力之所及。如甲出卖某车给乙,丙保证其质量安全时,乙因该车具有瑕疵于车祸受伤,而解除契约时,保证人仍应负损害赔偿的保证责任。

(2) 回复原状义务与保证人责任

甲出卖某车给乙,由丙负履行的保证责任,因甲给付迟延,而乙解除契约时,关于甲受领价金的偿还,丙应否负保证责任?保证人责任是否及于回复原状义务,应就保证契约当事人的意思作合理客观的解释,就上举之例言,应采肯定说,盖其符合通常当事人的意思,及债权人与保证人间的利益衡量。

(三) 解除契约规定准用于终止契约

"民法"第263条规定:"第二百五十八条及第二百六十条之规定,于当事人依法律之规定终止契约者准用之。"关于本条规定的适用,应分两个层次加以认定:①终止契约。②准用范围。兹举数则"最高法院"判决,以供参照:

1. 继续性供给契约的终止

"民法"就不定期之继续性契约,如租赁、消费借贷、雇佣、委任等,均以得随时终止为原则,此由"民法"第450条第2项、第478条、第488条第2项、第549条第1项规定即知。无名之不定期继续性供给契约,应可类推适用"民法"相关规定,允许契约当事人有任意终止契约之权。……按递延性商品(服务)之预付型不定期继续性契约,消费者已将费用一次缴清,嗣后始分次、分期或持续取得商品或服务,递次或持续发生对价给付之效果。当事人间须具有相当之信赖,而因其具有长期性、继续性之拘束力,应使消费者有任意终止之机制,以求衡平,且消费者无从为同时履行之抗辩,尤应赋予任意终止之权利,以资调和,准此,消费者自得类推适用"民法"继续性有名契约如租赁之任意终止规定,予以终止。(2011年台上字第1619号)

---

① "最高法院"1973年10月30日1973年度第3次民事庭庭推总会议决议(四)。

2. "民法"第258条规定的准用

按契约除当事人为合致之意思表示外,须经债务人继续之履行始能实现者,属继续性供给契约,而该契约倘于中途发生当事人给付迟延或给付不能时,"民法"虽无明文得为终止契约之规定,但为使过去之给付保持效力,避免法律关系趋于复杂,应类推适用"民法"第254条至第256条之规定,许其终止将来之契约关系,依同法第263条准用第258条规定,向他方当事人以意思表示为之。(2014年台上字第2499号)

3. "民法"第260条规定的准用

按"民法"第260条规定,解除权之行使,不妨碍损害赔偿之请求;此为当事人依法律规定终止契约时所准用,复为同法第263条所明定。基于同一法理,于依契约约定终止契约时,应可类推适用。惟所指之损害赔偿,并非积极的认有新赔偿请求权发生,不过规定已发生之赔偿请求权,不因终止权之行使而受妨碍。是于承揽契约终止前,原承揽契约既仍属有效,定作人因契约终止所负之损害赔偿责任,应为承揽人已完成工作部分而未得之报酬(已包括利润)及所失其就未完成部分应可取得之利益。又依通常情形,或依已定之计划、设备或其他特别情事,可得预期之利益,视为所失利益,"民法"第216条第2项规定甚明。承揽人主张预期利益之损失倘系基于契约约定之终止权,则计算所失利益之范围应以终止时状态为准,除在终止前原契约工程已因变更或减作程序确定而致承揽人无施作义务者外,凡终止时依原约定尚未完成部分之工程其依原契约应可取得之利益均属之。(2013年台上字第182号)

4. "民法"第259条规定的不准用

"民法"第263条规定,第258条及第260条之规定,于当事人依法律之规定终止契约者,准用之。是同法第259条契约解除后回复原状之规定,于契约终止之情形,并不在准用之列。原审系认俞瞿○新与俞○祥间就系争房屋之使用借贷契约,业已终止,乃竟谓被上诉人得依"民法"第259条第1款规定,请求俞○华、俞○慧迁让返还系争房屋,已有未合。(2013年台上字第2051号)

(四)体系构成

解除契约所生回复原状义务("民法"第259条),系原契约请求权债务不履行而发生的次契约请求权,为便于理解,图示如下(请查阅相关条文):

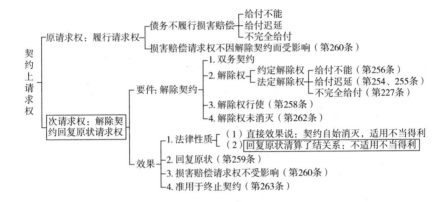

(五) 解题构造

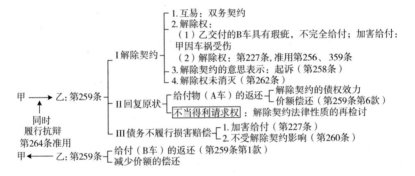

二、解答

(一) 甲对乙的请求权

1. 甲对乙请求偿还 A 车的价额。

甲得向乙依"民法"第 259 条第 6 款规定请求偿还 A 车的价额,须甲解除与乙的互易契约,乙不能返还甲给付的 A 车。

甲与乙成立 A 车与 B 车的互易契约,互易系双务契约。乙交付于甲的 B 车具有可归责于乙的瑕疵,致甲驾车发生车祸受伤,系因不完全给付致甲受有人格权的侵害,甲得解除互易契约(第 227 条,准用第 256 条、第 359 条)。甲自乙受领的 B 车,因该车的瑕疵发生车祸而毁损,乃非可归责于甲的事由,甲的解除权不消灭(第 262 条)。甲起诉请求乙返还其所受领的 A 车及损害赔偿,系向乙表示其解除契约的意思(第 258 条)。甲与乙间的互易契约因甲行使解除权而发生解除的效力。乙于甲解除前,将其自甲受领的 A 车让售于丙。解除契约仅发生债权效力,非谓互易契约一经解除,该 A 车即当然复归于所有人甲,甲不得本于所有权向第三人丙主张权利(参照"最高法院"1973 年台上字第 1045 号判例),丙仍能取得 A 车所有权。乙不能向丙请求取回 A 车返还于甲时,应偿还其价额(第 259 条第 6 款)。

有争论的是,甲除依"民法"第 259 条第 6 款规定向乙请求返还 A 车的价额外,是否尚有不当得利请求权。此涉及解除契约效力的问题。

"最高法院"判决有认为"民法"第 259 条系不当得利的特别规定(2005 年台上字第 1874 号);亦有认为"民法"第 259 条与不当得利成立请求权竞合(2004 年台上字第 92 号),最近见解采竞合说(2011 年台上字第 2 号)。不当得利请求权的范围不同于"民法"第 259 条规定回复原状的内容,任由当事人选择行使,欠缺原则性思考,造成法律适用不安定。

解除契约直接效果说系 19 世纪的理论,应有检讨的必要。最近见解认为解除契约并不使契约溯及地消灭,而是发生一种回复原状的清算关系,原契约的基础仍然存在,债之同一性不因此而受影响,体现于"民法"第 259 条规定,根本不发生不当得利请求权。此项新的见解符合解除契约回复原状的目的及内容,并为"民法"第 260 条解除契约之行使不妨碍损害赔偿之规定,提供了理论依据,较值赞同。

2. 甲得向乙依"民法"第 259 条第 6 款规定请求返还 A 车的价值。

(二)甲对乙的损害赔偿请求权

乙与甲基于互易而交付的 B 车,因有可归责于乙的瑕疵,发生车祸,致甲身体健康遭受侵害,精神痛苦,甲得向乙依"民法"第 227 条第 2 项及第 227 条之 1 规定,请求支出的医疗费 10 万元、减少的收入 20 万元及非财产上相当金额的损害赔偿。解除权之行使,不妨碍损害赔偿之请求。(第 260 条)

(三)乙对甲的汽车请求权

"民法"第 259 条第 6 款规定:"应返还之物有毁损、灭失或因其他事由,致不能返还者,应偿还其价额。"甲自乙受领的 B 车,因该车的瑕疵发生车祸而毁损,其毁损乃因物之瑕疵而发生,不可归责于甲,应由乙承担汽车减损的价额,甲应返还该毁损的 B 车,不必偿还其减损的价额。

(四)同时履行抗辩

甲解除其与乙的互易契约,甲得向乙请求返还 A 车的价额,及因乙债务不履行致其身体健康受侵害的财产上损害赔偿(医疗费 10 万元,减少收入 20 万元),及精神痛苦非财产损害相当金额的赔偿。乙得向甲请求返还 B 车。甲与乙双方当事人因解除契约而生的相互义务,准用"民法"第 264 条同时履行抗辩权的规定。

第三节 类似契约请求权

关于请求权基础的检查,首先是契约请求权,包括原契约请求权及次契约请求权。其次要检查的是所谓的"类似契约请求权"(vertragsähnliche Ansprüche 或 vertragsnähe Ansprüche),此系依法律规定而发生的法定债之关系,因与缔约有关,故称为类似契约请求权。其主要特色,系关于第三人的行为应适用"民法"第 224 条规定。其主要情形有四:

1. 表意人撤销错误意思表示。
2. 无权代理。
3. 自始客观不能。
4. 缔约上过失。

第一款 表意人撤销错误意思表示的损害赔偿责任

> 甲致函向乙购买 A 狗,误书为 B 狗,乙交付 B 狗。甲撤销其错误意思表示后,发现 B 狗非因甲的过失而死亡。乙得否向甲请求损害赔偿?

第 91 条规定:"依第八十八条及第八十九条之规定撤销意思表示时,表意人对于信其意思表示为有效而受损害之相对人或第三人,应负赔偿责任。但其撤销之原因,受害人明知或可得而知者,不在此限。"如甲致函于乙表示购买狗,于受领后,发现其原欲购 A 狗,误书为 B 狗,而向乙请求返还其所支付价金。在此情形,甲系以表示行为错误为理由,依第 88 条第 1 项规定撤销其意思表示(买卖契约),乙因信其意思表示为有效而受损害,得向甲请求损害赔偿,但须以乙不知或不得而知其撤销之原因为要件。此种因信赖意思表示为有效而受损害,乃所谓的信赖利益,其范围包括所受损害及所失利益(第 216 条),如为缔约或履行契约所支出的费用等。

于甲撤销买卖契约后,乙得向甲依不当得利规定请求返还 B 狗。B 狗灭失时,所受利益不存在,甲免负返还义务(第 179 条、第 182 条)。为保护相对人,应认为乙将交付 B 狗所有权于甲,亦属所谓"信赖利益"的损害。B 狗死亡,甲不能返还,应赔偿其份额。

第二款　无权代理人损害赔偿责任

甲 17 岁,在机车行工作,知其同学乙有意购买机车,乃以乙的代理人名义,向经营机车行之丙购买 A 机车,乙父拒不承认该买卖契约。丙得否向甲请求损害赔偿?

第 110 条规定:"无代理权人,以他人之代理人名义所为之法律行为,对于善意之相对人,负损害赔偿之责。"所谓损害赔偿,指信赖利益而言。无权代理人之责任,系直接基于"民法"规定而发生之特别责任,并不以无权代理人有故意或过失为其要件,系属于所谓原因责任、结果责任或无过失责任之一种,而非基于侵权行为之损害赔偿(1967 年台上字第 305 号判例)。故无权代理人纵使证明其无故意或过失,亦无从免责。关于请求权之消灭时效,"民法"既无特别规定,则以第 125 条所定 15 年期间内应得行使,无第 197 条第 1 项短期时效之适用。

第 104 条规定:"代理人所为或所受意思表示之效力,不因其为限制行为能力人而受影响。"问题在于甲系限制行为能力人而为无权代理时,应否依"民法"第 110 条规定,负无权代理人责任?《德国民法典》第 179 条第 2 项规定:"代理人之行为能力受限制时,不负无权代理人责任。""民法"未设明文。衡诸保护未成年人系"民法"的基本原则,亦得采此见解,认为未成年的甲不负无权代理人责任。

第三款　自始客观给付不能的损害赔偿责任

一、"民法"第 246 条、第 247 条的解释适用

甲非自耕农,向乙购买私有农地,并办理所有权移转。试说明其法律行为的效力及甲与乙间的请求权。

第 246 条规定:"以不能之给付为契约标的者,其契约为无效。但其

不能情形可以除去,而当事人订约时并预期于不能之情形除去后为给付者,其契约仍为有效。附停止条件或始期之契约,于条件成就或期限届至前,不能之情形已除去者,其契约为有效。"所谓给付不能,指自始客观不能而言①,即于订约之际,对任何人言,给付均属不能,如订约时出卖的机车已遭焚毁。

第247条规定:"契约因以不能之给付为标的而无效者,当事人于订约时知其不能或可得而知者,对于非因过失而信契约为有效致受损害之他方当事人,负赔偿责任。给付一部不能,而契约就其他部分仍为有效者,或依选择而定之数宗给付中有一宗给付不能者,准用前项之规定。前二项损害赔偿请求权,因二年间不行使而消灭。"所谓赔偿责任系指"信赖利益",如订约费用、准备履行所需费用或另失订约机会之损害等是。至于积极的契约利益,即因契约履行所得之利益,不得为请求赔偿(1962年台上字第2101号判例)。

二、农地买卖

第246条及第247条的适用,实务上最重要案例为农地买卖。旧"土地法"(1975年修正)第30条规定:"私有农地所有权之移转,其承受人以能自耕者为限,并不得移转为共有。但因继承而移转者,得为共有。违反前项规定者,其所有权之移转无效。""最高法院"2000年台上字第1836号判决认为:"'土地法'第30条系就私有农地所有权移转之物权行为所作之强制规定,关于约定负担移转该项土地所有权之债务之债权行为(如买卖、互易、赠与等契约),并不在限制之列,故约定出售私有农地于无自耕能力之人者,其所定之农地买卖契约(债权契约),尚不能认系违反强制规定,依第71条前段应属无效。惟此项买卖契约所定之给付,既为移转私有农地之所有权于无自耕能力之人,属于违反强制规定之行为,即属法律上之给付不能,亦即客观的给付不能(自始不能),依第246条第1项规定以不能给付为契约标的者,其契约为无效。因之,此项约定出售私有农地于无自耕能力之人之买卖契约,除有第246条第1项但书及第2项之情形外,其契约应属无效。"

---

① 参见拙著:《自始主观给付不能》,载《民法学说与判例研究》(第三册),北京大学出版社2009年版,第33页。

上开判例涉及债权契约及物权行为,深具启示性。如甲出卖私有农地于乙,办理登记,付清价金后,发现乙无自耕能力时,甲得依第767条规定请求涂销土地登记,乙得依不当得利规定请求返还其所支付的价金。其基本法律关系可以下图表示之:

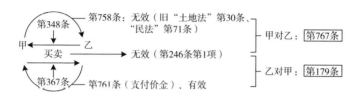

前述债权契约与物权行为同属无效,而发生的法律效果及请求权基础,具有模式作用,有一般的适用性,应请注意,例如:

1. 甲受乙胁迫出卖某件古董并移转其所有权,甲得撤销其买卖契约及移转古董所有权的让与合意(第92条)。

2. 甲违反法律禁止规定,出卖烟酒于未成年人,其买卖契约及物权行为均属无效(第71条)。

三、债权双重让与

甲向乙购买A屋,将其对乙得请求交付A屋并移转所有权的债权于2月5日让与丙,并于2月12日通知乙。甲于同年2月16日复将该债权让与丁,并于2月18日通知乙。试问丁是否取得该债权。

(一)问题说明

前揭问题采自"最高法院"关于债权双重让与效力的争议,涉及民法的基本概念及核心问题,具有启示性,先图示如下,再作较详细的阐述:

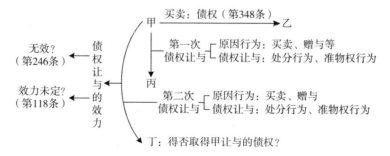

（二）"最高法院"见解

1. "最高法院"2013年台上字第1825号判决："按债权让与系准物权行为，于债权让与契约发生效力时，债权即行移转于受让人，让与人因而丧失其收取权与处分权，对该债权已不具处分之权限，故债权人为双重让与时，第二受让人系受让不存在之债权，原属标的不能，依'民法'第246条第1项规定之类推适用，第二次债权让与契约应为无效，换言之，第二次债权让与契约之受让人并未因让与而取得该债权。"

2. "最高法院"2016年台上字第1834号判决："在债权双重让与之场合，先订立让与契约之第一受让人依'债权让与优先性'原则虽取得让与之债权，但第二受让人之让与契约，并非受让不存在之债权，而系经债权人处分现存在之他人（第一受让人）债权，性质上乃无权处分，依'民法'第118条规定，应属效力未定，此为本院最新之见解。而无权利人就权利标的物为处分后，取得其权利者，其处分自始有效，同条第2项定有明文。"（参照"最高法院"2016年度第15次民事庭会议决议）

（三）分析说明

1. 债权让与及物权让与的法律构造

债权让与之所以较难理解，在于其系以债权为客体，而非以物权（尤其是所有权）为客体，客体不同，但具有相同的法律基本构造：

（1）二者均属直接引起权利变动的处分行为。物权让与系物权行为，债权让与系准物权行为。

（2）二者均有其原因行为（买卖、赠与等），二者均具无因性。债权让与系属准物权行为，亦具独立性，同于物权行为，于债权让与（准物权契约）发生效力时，债权即移转于受让人，不受原因关系之存否的影响。

处分行为 ─┬─ 物权让与：物权行为 ─┬─ 不动产物权（第758条）：物权行为（物权契约）及登记
         │   └─ 动产物权（第761条）：让与合意（物权契约）及交付
         └─ 债权让与：准物权行为：准物权契约（于让与契约成立时发生效力）

2. 双重买卖、物权双重让与

要理解债权双重让与，要与物权双重让与加以比较。要理解物权的双重让与，先要认识双重买卖。甲先出卖A书给乙，甲再出卖该书给丙。在此情形，甲与乙间的买卖契约及甲与丙间的买卖契约系属债之关系，不具排他性，得同时并存，具同等地位。甲将A书依让与合意交付于丙时，丙取得

A书所有权(第761条),乙不得以其债权发生在先,而向丙主张任何权利,仅能依债务不履行规定向甲请求损害赔偿(第226条)。

在前揭案例,设甲得以占有改定方式以代交付,让与A书所有权于丙(即甲与丙订立租赁契约仍继续占有A书,使丙取得间接占有,以代交付,第761条第2项)。在此情形,若甲将A书再出卖于丁,并为交付,以让与其所有权时,其买卖契约系属出卖他人(乙)之物,契约有效,但其让与A书所有权的物权行为,则属无权处分,须经有权利人(乙)的承认始生效力。无权利人就权利为处分后取得其权利者,其处分自始有效(第118条)。又丁亦得因"民法"关于物权善意取得规定(第801条、第948条以下),取得A书所有权。在双重买卖、物权双重让与,不发生后买卖契约或第二次物权让与系属"民法"第246条规定自始客观不能,契约无效的问题。

3. 债权双重让与

债权双重让与的法律构造同于物权让与。"最高法院"2013年台上字第1825号判决认为:"按债权让与系准物权行为,于债权让与契约发生效力时,债权即行移转于受让人,让与人因而丧失其收取权与处分权,对该债权已不具处分之权限。"此段见解,诚属正确。"最高法院"进而推论:"故债权人为双重让与时,第二受让人系受让不存在之债权,原属标的不能,依'民法'第246条第1项规定之类推适用,第二次债权让与契约应为无效,换言之,第二次债权让与契约之受让人并未因让与而取得该债权。"应说明的有四:

(1)"最高法院"的推论,应有误会,债权人第二次让与的债权系属存在,受让人并非受让不存在的债权,不构成标的不能,无类推适用"民法"第246条规定的余地的问题。

(2)值得肯定的是"最高法院"2016年台上字第1834号判决见解:"在债权双重让与之场合,先订立让与契约之第一受让人依'债权让与优先性'原则虽取得让与之债权,但第二受让人之让与契约,并非受让不存在之债权,而系经债权人处分现存在之他人(第一受让人)债权,性质上乃无权处分,依'民法'第118条规定,应属效力未定,此为本院最新之见解。而无权利人就权利标的物为处分后,取得其权利者,其处分自始有效,同条第2项定有明文。"

(3)关于对他人物权的无权处分,"民法"设有善意取得制度(第801

条、第948条),前已说明。关于对他人债权的无权处分,"民法"未设善意取得规定,第二受让人纵为善意,亦不能取得无权让与债权。

(4)无权利人就债权所为的处分,得因有权利人的承认而生效力(第118条第1项)。例如,甲将其对乙的债权让与丙,其后甲又将该债权出卖于丁,并为让与。在此情形,丙得承认甲对其债权的无权处分,使生效力,而向甲主张不当得利(第179条),其情形犹如甲出卖他人(乙)之书于丙,并为无权处分,乙得承认甲对其书的无权处分,使生效力,由丙取得该书所有权,而向甲主张甲侵害其权利,致其受损害,无法律上原因受有利益,应依不当得利规定负返还的义务。

第四款 缔约上过失

案例〔36〕缔约上过失责任:德国民法与中国台湾地区"民法"的比较研究

试就下列情形说明甲得否向乙请求损害赔偿:

1. 甲到乙百货公司购物,乙公司的店员丙于展示商品时,因过失致甲受伤,乙公司证明其对丙的选任监督并无过失。

2. 甲与乙商议购买某屋,甲询问该屋是否为海砂屋、出租收益等重要事项,乙恶意隐匿事实,为不实的说明:(1)甲查知其事,未与乙订立买卖契约。(2)甲明知其事,仍与乙订立买卖契约。(3)甲不知其事,未与乙订立买卖契约。(4)甲不知其事,与乙订立买卖契约。

3. 甲与乙商议出卖某屋,乙获知甲财务上的秘密,经甲告知应予守密,乙故意或重大过失泄露该项秘密:(1)甲知其事,未与乙订立买卖契约。(2)甲知其事,仍与乙订立买卖契约。(3)甲不知其事,未与乙订立买卖契约。(4)甲不知其事,与乙订立契约买卖。

一、耶林的法学上发现

德国伟大的法学家耶林(Jhering)基于对罗马法的研究,发现了缔约上过失(culpa in contrahendo,此为拉丁文;德文的用语为 Verschulden bei Vertragsverhandlungen,契约商议上的过失),认为当事人为缔结契约而从事谈判,产生了一种特别信赖关系及注意义务,一方当事人因过失致契约不成立或不发生效力时,应对他方当事人信赖契约成立或有效所受损害负赔偿责任。《德国民法典》未采此理论而设一般规定,仅就若干情形加以规定,例如错误意思表示的撤销(《德国民法典》第122条,相当于台湾地区"民法"第91条),契约因标的自始客观不能而无效(《德国民法典》第307条、第306条;台湾地区"民法"第246条、第247条)。在《德国民法典》施行后(1900年),判例学说类推适用此等规定,创设了缔约过失制度,累积丰富的案例,具有习惯法上的效力,对德国民法的理论及实务发展产生了重大影响。

台湾地区"民法"继受自《德国民法典》,自20世纪70年代后开始重视缔约上过失责任的研究①,实务上未见相关案例。直至1999年修正"民法"债编时,始增订"民法"第245条之1,明定缔约上过失责任。对《德国民法典》及台湾地区"民法"缔约上过失责任从事比较研究,有助于理解民法理论、实务的发展及法律思维方法。

二、德国民法的缔约上过失责任②

德国判例学说强调缔约上过失责任,在使当事人为订立契约进行准备或商议时,即应尽其说明义务、保护义务,将保护他方当事人的权益不受侵害,提前到缔约阶段,适用契约上原则,使被害人受到较侵权行为更为有利的保护。

德国侵权行为法具有两个特色:

1. 受雇人因执行职务侵害他人权利时,雇用人得证明其对受雇人的选任监督已尽相当注意而免责(《德国民法典》第831条,相当于台湾地区"民法"第188条)。

2. 对权利以外的利益(财产损害,Vermögensschaden,纯粹经济上损失)的保护,限于故意以背于善良风俗的方法致加损害,或违背保护他人的法律,其因故意或过失不法侵害他人财产利益(纯粹经济上损失),原则上不负侵权责任(参阅《德国民法典》第823条、第826条,相当于台湾地区"民法"第823条)。

---

① 参见拙著:《缔约上之过失》,载《民法学说与判例研究》(第一册),北京大学出版社2009年版,第70页以下;《债法原理》,北京大学出版社2022年重排版,第218页以下。
② Hirsch, Allgemeines Schuldrecht, 4. Aufl., 2002, S. 245; Looschelders, Schuldrecht AT, 13. Aufl., 2016, S. 57 f.; Medicus, Schuldrecht I, 15. Aufl., 2004, S. 59.

创设缔约上过失的主要目的,在于适用较侵权行为法有利的契约上原则:①债务人就其使用人履行债务的故意、过失,应负同一责任,不得证明其已尽选任或监督责任而免责(《德国民法典》第278条,台湾地区"民法"第224条)。②保护的客体,包括财产损害(纯粹经济上损失)。

德国判例学说所形成创设的缔约上过失责任具有习惯法的效力。2002年《德国债法现代化法》,将缔约上过失责任加以法典化,而在《德国民法典》增设了三个规定:

1. 第241条:"债权人基于债之关系,得向债务人请求给付。不作为亦得为给付。债之关系按其内容,得使一方当事人对他方负有考量顾虑他方权利、法益及利益之义务。"

2. 第311条:"以法律行为成立债之关系,及变更债之关系内容者,除法律另有规定外,应以当事人间之契约为之。含有第241条第2项所定之义务之债之关系,亦发生于下列情形:①契约磋商之开始。②契约之准备,而当事人之一方有鉴于将发生之交易关系使他方得有影响其权利、法益或利益之机会,或将该权益托付于他方。③类似之交易接触。第241条第2项所定义务之债之关系,亦得对非成为契约当事人之人发生效力。该债之关系,特别发生于第三人享有特别之信赖,且其因而重大影响契约磋商或契约订定者。"本条第1项规定契约原则,第2项及第3项系将具习惯法效力的缔约上过失制度加以成文化。第3项规定结合缔约上过失责任及具保护第三人利益契约,将第三人纳入契约过失保护范围,例如母带其7岁之子到百货公司购物,其子因电扶梯上的香蕉皮跌倒受伤时,亦得依缔约上过失向百货公司请求身体受侵害的损害赔偿(著名的香蕉皮案件)。

3. 第280条第1项:"债务人违反债之关系所生的义务时,债权人得请求损害赔偿。债务人就义务违反不可归责者,不适用之。"

兹参照前揭《德国民法典》的规定,建构德国民法上的缔约上过失的请求权基础(所附条文为《德国民法典》规定):

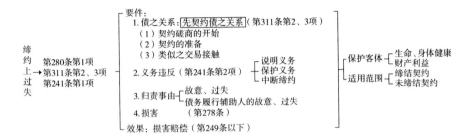

兹参照前揭请求权基础及判例学说,简要说明德国民法上的缔约上过失责任:

1. 缔约上过失责任是建立在当事人为订立契约而进行准备或商议而产生相互信赖的特殊关系。此种先契约债之关系(或类似契约关系),系以保护义务为内容,无给付义务的债之关系。

2. 德国民法上的缔约上过失责任具有两个特色:①其保护客体包括生命、身体健康法益,以及财产利益(纯粹经济上损失)。②无论契约缔结与否,均得成立缔约上过失责任。在契约缔结后适用契约上原则,缔约上过失责任原则上不因此受影响。

3. 缔约上过失责任的发生,须有先契约债之关系,《德国民法典》第311条第2项明定三种情形:①契约磋商的开始(Aufname von Vertragsverhandlung)。②契约的准备(Anbahnung eines Vertrags)。③类似的交易接触(Ähnliche geschäftliche Kontakte)。

契约磋商的开始与契约的准备,不易区别,二者的区别在法律适用上不具意义,例如进入商店准备购物,不以有确定购物的意思为必要,但不包括进入商店避雨的情形。所谓类似的交易接触具有补充性的功能,包括前两者以外的情形,例如寄送投资说明书等。

4. 缔约上过失的内容在于违反先契约债之关系的义务,即《德国民法典》第241条第2项规定,应考量顾及他方权利、法益及利益不受侵害的义务。此项义务可归为三个类型:①保护义务:例如百货公司电扶梯故障或具有瑕疵,致客人跌倒受伤。②说明义务:例如因不实的说明,致他方当事人订立不利的契约,或未订立有利的契约。③契约商议行为的中断。

5. 须有可归责于债务人的事由,即须有故意、过失,此系由法律推定(《德国民法典》第280条),债务人就债务履行辅助人的故意、过失应负同一责任(《德国民法典》第278条)。

6. 相对人受有损害得包括履行利益。损害与缔约上过失须具有相当因果关系。

三、台湾地区"民法"上的缔约上过失责任

台湾地区"民法"自20世纪70年代就开始引进研究德国法上的缔约上过失制度,但实务上未见相关案例,直至1999年始增订"民法"第245条之1,明定缔约上过失责任:"契约未成立时,当事人为准备或商议订立契约而有左列情形之一者,对于非因过失而信契约能成立致受损害之他方当事人,负赔偿责任:一、就订约有重要关系之事项,对他方之询问,恶意隐匿或为不实之说明者。二、知悉或持有他方之秘密,经他方明示应予保密,而因故意或重大过失泄露之者。三、其他显然违反诚实及信用方法者。前项损害赔偿请求权,因二年间不行使而消灭。"

为便于理解"民法"第245条之1规定的规范内容及解释适用问题,以下图显现其请求权基础构造:

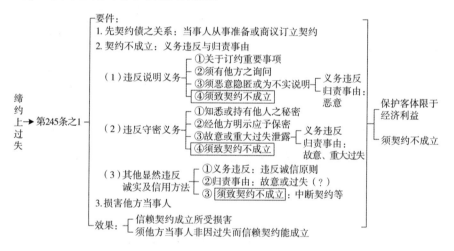

兹参照德国民法上缔约上过失制度,分五点说明"民法"第245条之1的规范模式及解释适用的基本问题。

1. 请求权基础:缔约上过失系因准备商议订立契约,而发生保护他方当事人权益的先契约债之关系,从而应依先契约债之关系的发生、保护义务、归责事由及损害,建构其请求权基础,而为解释适用。

2. 保护权益：德国法上的缔约上过失所保护的权益，包括生命、身体健康等法益及财产利益。"民法"第 245 条之 1 所保护的权益，仅限于财产利益（纯粹经济上损失）。

3. 适用范围：德国法上的缔约上过失适用于契约缔结或不成立的情形，即不因契约缔结与否而受影响。"民法"第 245 条之 1 将缔约上过失责任限缩于因违反说明义务、守密义务，致契约不成立的类型，其思考方法相当于"民法"第 246 条及第 247 条关于因给付标的自始客观不能，致契约无效的规定。在契约商议中，一方当事人违反说明义务或守密义务，契约成立时，对他方因其违反义务所受损害，例如甲与乙商议房屋买卖，乙刻意隐匿缔约重要事实或不实说明，或故意泄露甲的秘密时，甲于契约成立后始发现其事，不得依"民法"第 245 条之 1 规定请求损害赔偿，不符缔约上过失制度的规范功能，权益保护显失平衡。

4. 契约不成立："民法"第 245 条之 1 规定，缔约上过失责任的发生，须以违反说明义务或守密义务，致契约不成立为要件，问题在于如何认定其契约不成立，立法者所设想的究为何种典型案件，立法理由未作说明，实务上殆无相关案例。

5. 义务违反及归责事由："民法"就缔约上过失的违反，明定违反说明义务及守密义务两种情形，及显然违反诚实信用原则的一般规定，分别规定其归责事由。在违反说明义务，须为恶意；在违反守密义务，须为故意或重大过失；在违反诚实信用原则，未设明文区别不同的归责事由。

四、案例解说

案例〔36〕说明德国民法及台湾地区"民法"上缔约上过失责任在立法模式上的不同及解释适用的问题，此可作为立法政策上的检讨及法律修正的参考。设计案例〔36〕的目的，在于强调比较法的研究，应超越条文而从事案例分析，始能发挥比较法的功能。

（一）缔约上过失与侵权行为

甲到乙百货公司购物，因丙店员展示商品不慎，致甲身体健康遭受侵害。若乙公司证明其对丙店员选任监督已尽相当注意时，在台湾地区"民法"及《德国民法典》中，乙百货公司均不负雇用人侵权责任（台湾地区"民法"第 188 条，《德国民法典》第 831 条），甲仅能向丙依侵权行为法规定请求赔偿。

值得提出的是，《德国民法典》中的缔约上过失责任的保护权益包括生命、身体健康，在缔约上过失债之关系，债务人应就其使用人的故意、过失负同一责任（《德国民法典》第278条，相当于台湾地区"民法"第224条），故甲得依《德国民法典》第280条、第311条第2项及第241条第2项规定，以乙百货公司违反保护义务，请求其身体健康遭受侵害的损害赔偿。

(二)违反说明义务与缔约上过失责任

缔约上过失最常见的是违反说明义务。"民法"第245条之1规定关于订约事项，经他方询问，恶意隐匿或为不实之说，致契约不成立，应负信赖利益损害赔偿。其构成要件甚为严格，适用范围过于狭小，依此规定，契约成立时，不论一方当事人是否知悉他方违反说明义务，概不得请求损害赔偿。甲知悉乙隐匿事实或不实说明而未与乙订立买卖契约，因其明知该事实，不能请求损害赔偿。甲不知其事，因其他事由未与乙订立买卖契约，亦不能请求损害赔偿，因为乙的违反说明义务与订立买卖契约不具因果关系，甲并未因信赖契约能够成立而受损害。"民法"第245条之1的规定在何种情形得予适用，尚待研究。

值得注意的是，德国法上的缔约上过失责任上说明义务的违反，不必须经他方之询问，其归责事由不限于恶意，不论缔结契约与否，凡因一方当事人因故意、过失违反说明义务，致缔结不利的契约，或未缔结有利的契约，均得成立缔约上过失责任，并发生与契约责任（诈欺、物之瑕疵担保等）的竞合关系（依BGH见解，涉及物之瑕疵者，排除缔约上过失的适用）。

(三)违反守密义务与缔约过失责任

"民法"第245条之1规定，一方当事人知悉或持有他方之秘密，经他方明示应予保密，因故意或重大过失泄露，致契约不成立时，他方当事人得请求信契约能成立致受损害的赔偿。其要件亦属严格，适用范围狭隘。契约成立时不发生缔约上过失责任。当事人一方明知他方当事人泄露秘密，而未订立契约时，不得请求信其契约能够成立的损害赔偿。在不知他方当事人泄露秘密而未缔结契约者，亦不发生缔约上过失责任，因泄露秘密与不成立契约不具因果关系。又依"民法"第184条第1项规定，被害人原则上亦不得就此种泄露秘密所致纯粹经济上损失请求损害赔偿。因此一方当事人就他方泄露缔约商议所知悉秘密，得否请求损害赔偿，尚有研究余地。

值得注意的是,依德国法上的缔约上过失责任,不论契约缔约与否,一方当事人就他方当事人因可归责(故意、过失)违反守密义务,致受损害者,均得请求损害赔偿。

(四)中断缔约与缔约上过失责任

"民法"第245条之1规定,其他显然违反诚实及信用方法,致契约未成立者,他方当事人得请求因信契约能成立致受损害的赔偿,通说认为中断契约为其典型案例。依缔约自由原则,当事人原则上得随时中断契约。惟一方当事人的行为就契约成立创造了一种特殊的信赖事实,而使他方当事人从事使其财产遭受侵害的行为时,应就其中断缔约,致契约不成立,负损害赔偿责任。例如甲出租某屋给乙经营餐厅,租期届期前,甲先表示愿意继续出租,其后另出租他人,而未通知乙,甲应就乙相信能成立续租契约而支出费用的损害负赔偿责任。

值得指出的是,在德国法上,中断契约商议(Abbruch von Vertragsverhandlung)亦得成立缔约上过失责任。在前租屋案例,甲亦应就其未能提供不续租房屋的信息,致乙支出费用,修缮餐厅所受损害,负赔偿责任。

(五)比较法、案例比较与民法发展

"民法"第245条之1的增订理由谓:"近日工商发达,交通进步,当事人在缔约前接触或磋商之机会大增。当事人为订立契约而进行准备或商议,即处于相互信赖之特殊关系中,如一方未诚实提供信息、严重违反保密义务或违反进行缔约时应遵守之诚信原则,致他方受损害,既非侵权行为,亦非债务不履行之范畴,现行法对此未设有赔偿责任之规定,有失周延。……为保障缔约前双方当事人间因准备或商议订立契约已建立之特殊信赖关系,并维护交易安全,实有规定之必要。"此项增订理由,实值赞同。但"民法"第245条之1将缔约上过失责任,局限于因违反说明义务、守密义务及显然违背诚信原则致契约不成立的类型,其适用范围过狭,要件严格,欠缺原则性思考,实务上鲜见案例,殆成为具文,未能实践增订理由宣示的立法目的,实有重新检讨修正的必要。德国法的发展具有参考价值。比较法上的案例比较有助于更深刻认识法律的规范内容、解释适用的问题及法的实践功能。

第四节　无因管理①

第一款　规范目的、利益衡量、体系构成

无因管理指未受委任,并无义务而为他人管理事务。无因管理在日常生活颇为常见,例如代收邮件,照顾父母迟归的孩童或不能回家的失忆老人,救助车祸受伤或自杀之人,修缮外出邻居的漏水屋顶,帮助救火等。惟实务案例鲜少,盖无因管理多出于善意互助,不致因支出费用,受有损害而生争议,诉诸法院。须强调的是,无因管理系罗马法以来一个重要的民事制度,"民法"设有七个条文(第172条至第178条),详为规定,不易理解,应先说明的有三(请先研读条文,了解内容,建构体系,构思案例)②:

1. 无因管理系在"禁止干预他人事务"和"人群互助"两个原则之上,调和法律与道德,促进和谐社会生活。

2. 无因管理旨在权衡当事人(本人和管理人)的利益,形成债之关系上的权利义务,合理分配为他人管理事务的风险。

3. 须深刻理解立法目的、规范内容,建构规范体系。

兹将无因管理的体系构造及规范内容,简示如下(阅读条文!)③:

---

① 参见拙著:《债法原理》,北京大学出版社2022年重排版,第394页以下。

② 为便于查阅,列出其相关条文:第172条:"未受委任,并无义务,而为他人管理事务者,其管理应依本人明示或可得推知之意思,以有利于本人之方法为之。"第173条:"管理人开始管理时,以能通知为限,应即通知本人。如无急迫之情事,应俟本人之指示。第五百四十条至第五百四十二条关于委任之规定,于无因管理准用之。"第174条:"管理人违反本人明示或可得推知之意思,而为事务之管理者,对于因其管理所生之损害,虽无过失,亦应负赔偿之责。前项之规定,如其管理系为本人尽公益上之义务,或为其履行法定扶养义务,或本人之意思违反公共秩序善良风俗者,不适用之。"第175条:"管理人为免除本人之生命、身体或财产上之急迫危险,而为事务之管理者,对于因其管理所生之损害,除有恶意或重大过失者外,不负赔偿之责。"第176条:"管理事务,利于本人,并不违反本人明示或可得推知之意思者,管理人为本人支出必要或有益之费用,或负担债务,或受损害时,得请求本人偿还其费用及自支出时起之利息,或清偿其所负担之债务,或赔偿其损害。第一百七十四条第二项规定之情形,管理人管理事务,虽违反本人之意思,仍有前项之请求权。"第177条:"管理事务不合于前条之规定时,本人仍得享有因管理所得之利益,而本人所负前条第一项对于管理人之义务,以其所得之利益为限。前项规定,于管理人明知为他人之事务,而为自己之利益管理之者,准用之。"第178条:"管理事务经本人承认者,除当事人有特别意思表示外,溯及管理事务开始时,适用关于委任之规定。"

③ 参见拙著:《债法原理》,北京大学出版社2022年重排版,第394页以下。

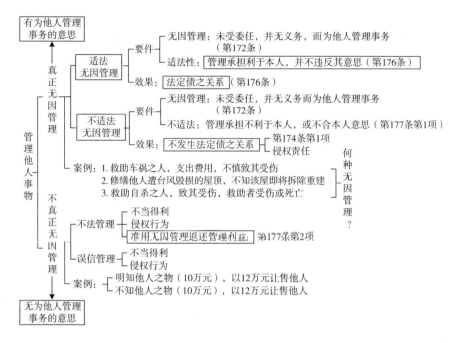

1. 管理他人事务,可分为真正无因管理与不真正无因管理,区别在于前者有为他人管理事务的意思,后者无为他人管理事务的意思。"民法"所称无因管理,系指真正无因管理。不真正无因管理,非属无因管理,是个容易引起误会的概念,易被误认无因管理包括真正无因管理和不真正无因管理。

2. 真正无因管理分为适法(适当、正当)的无因管理和不适法(不适当、不正当)的无因管理。

二者均须具备无因管理的要件:未受委任,并无义务,而为他人管理事务(第172条)。二者之不同体现为无因管理的基本构造,应予注意。其不同在于:

(1)在适法无因管理,其管理行为的承担,须利于本人,并合于本人明知或可得推知的意思(例如救助车祸受伤之人),成立法定债之关系(第176条)。

(2)在不适法无因管理,其管理行为的承担,不利于本人或不合于其意思(例如认为邻居老屋系危屋而为修缮),不成立法定债之关系(第177条第1项),应负侵权责任(第174条第1项)。

3. 在不真正无因管理,其特征为无为他人管理事务之意思。分为:(1)误信管理(如误认遗物中的小提琴为其父所有而出售)。(2)不法管理(明知父亲遗物中的小提琴非其父所有而出售)。二者均得构成不当得利或侵权行为。其不同系在不法管理,本人得准用无因管理的规定向管理人请求交付其管理所得利益(第177条第2项)。

第二款 适法的无因管理

案例〔37〕适法管理与法定债之关系

17岁之甲与乙相邻而居,隔一小巷,素不睦,乙宅失火,甲始则以事不关己,坐视不救。其后见火势迫近,乃速购灭火器,支出1000元,参与救火,甲的衣服被火烧毁。甲搬运乙的花瓶时,不慎掉落灭失。试说明当事人间的法律关系如何。

一、解题思考

(一)适法的无因管理

无因管理分为适法(适当、正当)无因管理与不适法(不适当、不正当)无因管理,此为无因管理的基本架构。先说明适法的无因管理。

适法的无因管理,指"民法"第176条第1项规定:"管理事务,利于本人,并不违反本人明示或可得推知之意思者,管理人为本人支出必要或有益之费用,或负担债务,或受损害时,得请求本人偿还其费用及自支出时起之利息,或清偿其所负担之债务,或赔偿其损害。"需说明的有二:

1. 之所以称为适法行为,因其阻却无因管理的违法性。
2. 适法无因管理发生法定债之关系,系债之发生原因,除法律特别规定外(如第174条、第175条),适用债务不履行的一般规定(尤其是第227条规定的不完全给付)。

兹将适法无因管理的构造简示如下:

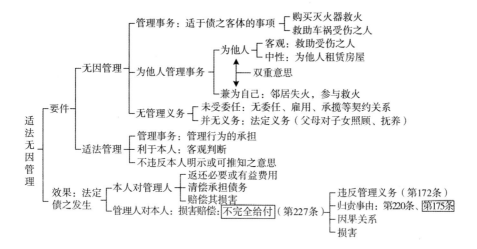

(二) 解题构造

请参照前揭适法无因管理的体系，自行写成解题构造。

二、解答

(一) 甲对乙的请求权

1. 甲得向乙依"民法"第 176 条第 1 项规定请求支出费用及损害赔偿，须甲未受委任并无义务而为乙管理事务 (第 172 条)，其管理事务利于本人，并不违反乙的意思。

甲购买灭火器为乙宅救火，系未受委任，并无义务而管理他人事务。问题在于甲是否有为乙管理事务的意思。此应采肯定说，盖甲参与救火固为自己免去危险，但亦有为乙扑灭火势的意思，为他人的意思与为自己的意思不妨并存，故甲对乙仍可成立无因管理。无因管理系事实行为，甲系 17 岁之限制行为能力人，无因管理不因此而受影响 (第 172 条)。

甲购买灭火器参与救火，有利于乙，并不违反乙可推知的意思 (第 176 条)。

2. 甲得向乙依"民法"第 176 条之规定请求返还其购买灭火器所支出的 1000 元，及自支出时起的利息，并赔偿其衣服遭火烧毁的损害。

(二) 乙对甲的请求权

1. 乙得向甲依无因管理规定请求花瓶灭失的损害赔偿，须具备"民法"第 172 条、第 227 条、第 173 条、第 175 条的要件。

(1) 甲救助失火乙宅，系未受委任，并无义务，而管理乙的事务，其管理事务，利于本人，并不违背其明示或可得推知的意思，在乙与甲成立法定债之关系，其管理应依本人明示或可得推知的意思，以有利于本人的方法为之(第 172 条)。

甲救火之际，不慎毁损的花瓶，系违反无因管理债之关系上的附随义务，侵害乙的所有权，成立不完全给付(第 227 条)。问题在于甲有无可归责事由。"民法"第 175 条规定，管理人为免除本人之生命、身体或财产上之急迫危险而为事务之管理者，对于因其管理所生之损害，须有恶意或重大过失，始负赔偿责任。甲搬运花瓶，系为保全乙的财产的急迫危险，利于乙，并合于其可推知的意思，甲因过失毁损花瓶，无可归责事由，不负赔偿责任。

(2) 乙不得向甲依"民法"第 227 条、第 175 条之规定，请求花瓶灭失损害赔偿。

2. 乙得否向甲依"民法"第 184 条第 1 项前段规定请求花瓶灭失的损害赔偿？

(1) "民法"第 184 条第 1 项规定："因故意或过失，不法侵害他人之权利者，负损害赔偿责任。故意以背于善良风俗之方法，加损害于他人者亦同。"甲救火之际，搬运乙的花瓶，因其过失致花瓶灭失，侵害乙的所有权，"民法"第 175 条规定，管理人为免除本人之生命、身体或财产上之急迫危险而为事务之管理者，对于其管理所生之损害，除有恶意或重大过失外，不负赔偿责任，于适法或不适法无因管理均有适用余地。此项责任减轻的规定，含有一般法律原则，于竞合的侵权行为损害赔偿请求权，亦得适用。甲因过失毁损乙的花瓶，不成立侵权责任。

(2) 乙不得依"民法"第 184 条第 1 项前段规定向甲请求花瓶灭失的损害赔偿。

案例〔38〕救助车祸受伤未成年人的无因管理：无因管理当事人的认定

5 岁之甲于去幼儿园上学途中，被乙驾车不慎撞伤，乙逃逸，路人丙送甲赴医院救治，支出车资 1000 元。甲之父丁支出住院及其他费用 10000 元。试问：

1. 丙得对何人主张无因管理？

2. 丁得否对乙主张无因管理？

一、解题思考

无因管理系指未受委任并无义务而为他人管理事务，其核心问题在于谁为本人及谁为管理人，案例〔38〕旨在于说明多数人的情形，如何认定无因管理的当事人。

二、解答

（一）丙得对何人主张无因管理？

丙救助于车祸受伤的未成年人甲，系为甲管理事务，未受委任，并无义务，应成立无因管理（第172条）。此项事务管理利于甲，并不违反本人可推知之意思，成立适法无因管理，丙得依"民法"第176条第1项规定请求为甲支出的送医求治必要费用车资1000元。

丁系甲的法定代理人，应负抚养义务，丙救助甲，亦属为丁管理事务，得同时成立无因管理，亦有"民法"第176条规定之适用。

丙对乙则不成立无因管理，盖于此情形，救助之人通常并无为车祸肇事者管理事务的意思。

（二）丁得向何人主张无因管理？

丁系甲的法定抚养义务人，车祸伤害的医治亦包括在抚养义务范围，丁医治甲，乃尽其法定义务，对甲不成立无因管理。丁医治甲，既系尽其法定抚养义务，自无为乙管理事务的意思，对乙而言，亦不成立无因管理。

第三款　不适法的无因管理

案例〔39〕不适法无因管理的要件与效果

甲外出观光，委乙处理信件，有某丙来函表示出售某稀有邮票，价金10万元（时价11万元）。乙知甲雅好集邮，机不可失，乃以自己名义向丙购买。甲回来后，乙告知甲购买邮票之事，请甲付款。甲表示不喜欢该邮票，曾数度拒绝丙的要约。试说明甲与乙间的法律关系。

一、解题思考

关于无因管理,首先要认定其是否成立无因管理(第172条),即是否未受委任,并无义务而为他人管理之事务。其次要明辨其究为适法的无因管理(第176条),抑或不适法的无因管理(第177条),其区别在于管理事务的承担是否利于本人,或是否合于本人明示或可得推知的意思。在适法的无因管理(管理事务利于本人,并不违反其明示或可得推知的意思),得成立法定债之关系。不适法的无因管理,指管理事务不利于本人,或违反本人明示或可得推知的意思者,不成立法定债之关系,例如:

1. 明知他人不愿出售某画,认为画价将下降,机不可失,擅为出售,结果画价大涨。

2. 见他人之房屋漏水,擅为施工支出费用整修,不知该屋即将拆除重建。

3. 认友人将调职台北,为其在台北租赁房屋,其实友人将调职花莲。

诸此管理行为显出于好意,然过度干预他人事务(多管闲事),"民法"权衡当事人利益,特设第177条第1项规定:"管理事务不合于前条之规定时,本人仍得享有因管理所得之利益,而本人所负前条第一项对于管理人之义务,以其所得之利益为限。"对照"民法"第176条的适法管理,应说明的有四:

1. 在不适法的无因管理,不成立法定债之关系。

2. 本人得主张享有无因管理所得利益,其所负第176条规定的义务限于其所得利益。

3. 本人得不主张享有无因管理所得之利益,而不负担"民法"第176条所定对于管理人之义务。

4. 此种所谓不适法管理,不阻却管理行为的违法性,管理人应就其管理事务,负"民法"第184条第1项前段规定的侵权责任。

值得注意的是,"民法"第174条规定:"管理人违反本人明示或可得推知之意思,而为事务之管理者,对于因其管理所生之损害,虽无过失,亦应负赔偿之责。前项之规定,如其管理系为本人尽公益上之义务,或为其履行法定扶养义务,或本人之意思违反公共秩序善良风俗者,不适用之。"又第175条规定:"管理人为免除本人之生命、身体或财产上之急迫危险,而为事务之管理者,对于因其管理所生之损害,除有恶意或重大过失者外,不负赔偿之责。"本条规定于适法的无因管理、不适法的无因管理及侵权责任均有适用余地。

二、解答

(一)乙对甲的请求权

乙为甲购买邮票,系非属受委任处理信件的事项,乙系未受委任,并无义务而为甲管理事务,应成立无因管理(第172条)。问题在于乙得否依"民法"第176条规定向甲请求其购买邮票所支出的费用,此须乙为甲购买邮票,利于本人,并不违反其明示或可得推知之意思。管理事务是否利于本人,应依客观情事加以认定。甲不喜丙所欲出售的邮票,曾数度加以拒绝,故乙为甲购买邮票,系不利于本人,违反本人明示或可得推知的意思,而为甲管理事务。乙不得向甲请求偿还其所支出的费用及自支出时起的利息。

(二)甲对乙的请求权

乙为甲购买邮票,不合于"民法"第176条规定,已如上述。依"民法"第177条第1项规定,甲仍得主张享有无因管理所得利益,请求乙移转该邮票的所有权(第173条第2项、准用第541条第1项),以其所得利益(邮票价值11万)为限,返还乙为购买该邮票所支出之费用(10万元),及支出时起之利息(第177条第1项、准用第176条第1项)。甲不主张享有无因管理所得之利益时,甲无偿还乙所支出费用的义务。

案例〔40〕修缮他人遭台风毁损预定拆除的房屋:助人为快乐之本的风险

> 甲与乙相邻而居,素睦,危难之际,时相济助。某夏,乙外出探亲,适逢台风来临,乙居住房屋颇有毁损,甲鸠工修缮支出8万元。其后发现乙于外出前,已将其屋让售于丙,并为交付,丙预定于台风之后,拆屋修建大厦,甲不知其事,误认该屋仍为乙所有。问甲得否对乙或丙主张其所支出的修缮费用?

一、解题思考

案例〔40〕涉及无因管理经常发生的两个问题:①如何判断谁为无因管理的本人。②如何认定管理事务是否不利于本人或违反其意思及其管理所生的法律效果。请自行研究,写成解题构造。

二、解答

(一) 甲对乙的请求权

甲得向乙依"民法"第 176 条第 1 项规定请求修缮房屋所支出的费用,须甲对乙成立适法无因管理。

甲修缮乙遭台风毁损的房屋,系未受委任,并无义务而为他人管理事务。问题在于谁为"他人"。依甲的主观意思,系为乙管理事务,但客观上该屋属丙所有,管理人虽有误认,仍应以真实的本人为准,故甲对乙不能成立无因管理,对于丙则得成立无因管理。

(二) 甲对丙的请求权

甲对丙得成立无因管理,已如前述。丙预定于台风过后拆屋重建,甲不知其事而为修缮,其管理事务不利于本人丙,并违反其可推知之意思(第 177 条)。丙不主张享有因管理事务所得的利益时,甲得依不当得利之规定,向丙请求返还其因修缮所受的利益(第 179 条)。惟丙已预定拆屋重建,甲的修缮失其意义,从而丙得主张所受利益已不存在,免负返还的义务(第 182 条第 1 项)。

第四款　不真正无因管理:误信管理与不法管理

案例 [41] 不法管理: 无因管理法律效果的准用

> 甲外出,将其传家古琴(时值 100 万元)寄托于乙处。乙获知甲中风,丧失记忆,乃擅将该琴以 120 万元让售善意之丙,并为交付。其后甲经医治回复健康返回家中。甲得向乙主张何种权利?

一、解题思考

管理他人事务而不具"为他人之意思"的,亦多有之,学说上称为不真正无因管理(或准无因管理),除误信管理外,尚有所谓的"不法管理"。不法管理系指明知为他人之事务,仍作为自己之事务而为管理,例如擅将他人寄托的古玉作为己物,以高价让售;将他人的别墅,作为己有,出租于第三人,收取高额的租金;擅自使用他人的专利权,获取利益。此等情形,本属侵权行为与不当得利的问题。然本人基于侵权行为向管理人请求损害赔偿时,只能请求赔偿所受损害及所失利益,其损害赔偿请求权又受短期消灭时效的限制(第197条第1项)。若基于不当得利而请求返还时,亦受限于通常价额,对于本人的保护,均欠周延。因而《德国民法典》第687条第2项规定,在不法管理的情形,使该管理人与无因管理人负同一义务,俾本人得对其请求返还全部利益,以资保护。学说认为旧"民法"第177条规定(现同条第1项)亦寓有同样意义,应为类推适用。"民法"债编修正第177条,特增订第2项:"前项规定,于管理人明知为他人之事务,而为自己之利益管理之者,准用之。"例如甲寄托某件古琴(时值100万元)于乙处,乙擅以之作为己有,以120万元出售于丙,甲知其事,两年后始向乙行使其权利。就不当得利请求权言,甲仅得请求返还100万元。就侵权行为损害赔偿请求权言,已罹于消灭时效(第197条),乙得拒绝给付。因此肯定"民法"第177条第1项规定的准用(第177条第2项),使甲得向乙请求交付管理事务所得利益120万元,具有实益(参照第177条第2项的立法理由)。

二、解题构造及解答

兹将不法管理的请求权整理如下,请读者自行研拟解题构造,并自行作答写成书面。请特别注意各请求权成立要件,法律效果的不同及竞合关系。

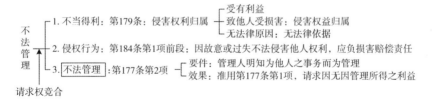

第五节 物上请求权

第一款 绪说

一、物上请求权检查的次序

物上请求权之所以列在不当得利及侵权行为之前加以检讨,系因物权变动常为其前提问题。例如甲偷乙的轮胎装配其车,擅以丙的油漆涂其车时,当事人间的法律关系,视轮胎及油漆的所有权归属而定。就乙的轮胎而言,其被装配于甲车时,并未因附合而成为甲车的重要成分,其所有权仍属于乙,故乙得行使"民法"第 767 条、第 962 条或第 184 条第 1 项规定的权利。反之,丙的油漆于其被漆于甲车时,即因附合成为该车的重要成分,而由甲取得其所有权,故丙仅得依不当得利规定向甲请求偿还价额(第 816 条),或依"民法"第 184 条第 1 项前段规定请求损害赔偿。

二、所有人的物上请求权及占有人的物上请求权

物上请求权分为所有人的物上请求权和占有人的物上请求权。"民法"第 767 条第 1 项规定:"所有人对于无权占有或侵夺其所有物者,得请求返还之。对于妨害其所有权者,得请求除去之。有妨害其所有权之虞者,得请求防止之。"(所有人的物上请求权)第 2 项规定:"前项规定,于所有权以外之物权,准用之。"关于占有人的物上请求权,"民法"第 962 条规定:"占有人,其占有被侵夺者,得请求返还其占有物;占有被妨害者,得请求除去其妨害;占有有被妨害之虞者,得请求防止其妨害。"例如甲有某车出租于乙,丙窃取乙占有之车时,甲对丙有所有人的物上请求权,乙对丙有占有人的物上请求权。兹将二者法律构造,先图示如下,再作较详细的阐述:

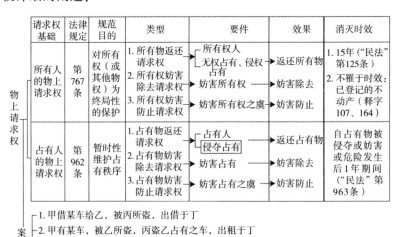

三、物权变动

物上请求权涉及物权及占有关系,因此要先认识物权的变动关系。现行民法上的物权,除所有权外,尚有地上权、不动产役权、典权(用益物权)及抵押权、质权、留置权(担保物权)。至于物权变动的原因,有基于当事人的法律行为(物权行为),有基于法律行为以外的事件,为便于了解,整理如下:

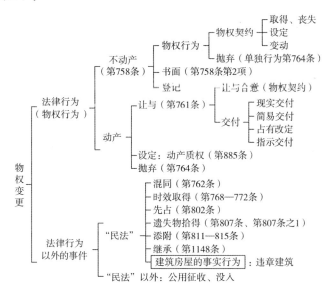

关于物权变动,应区别基于物权行为与物权行为以外事件的物权得丧变更,此对认定物上请求权的适用至为重要。例如甲擅在乙的土地上建造 A 屋,甲将该屋出售于丙,并依让与合意交付该屋于丙,丁侵夺占有该屋时,丙得否向丁请求返还该屋?

1. 甲擅在乙的土地上建造 A 屋,因事实行为取得该屋所有权,对乙而言,甲系无权占有。

2. A 屋系违章建筑,不能办理所有权登记。乙得请求甲拆屋还地。

3. 甲将 A 屋出卖给丙并为交付,其买卖契约有效,对甲而言,丙系有权占有。实务上认定丙对 A 屋有事实上处分权。

4. 丁侵夺丙对 A 屋的占有时,丙得对丁主张"民法"第 962 条的占有物返还请求权。问题在于得否类推适用"民法"第 767 条之规定请求返还

A屋？此为实务上具有争议的问题。

第二款　所有人的物上请求权

第一项　所有物返还请求权

一、请求权基础的构造

"民法"第767条第1项前段规定，"所有人对于无权占有或侵夺其所有物者，得请求返还之"。此项规定准用于所有人以外的物权人（例如地上权人、典权人、质权人、留置权人等）（第767条第2项）。实务上以所有人的物上请求权最为常见，最具重要性，有各种不同类型的案例，体现多样性的社会生活关系，兹先建构其请求权基础，再说明其要件及法律效果。

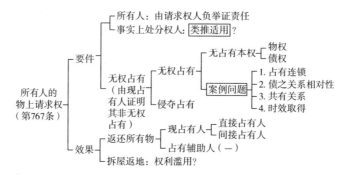

二、要件

（一）所有人

1. 所有人

所有人指物之所有权人。在适用"民法"第767条时，首先要肯定请求权人系所有人，其次再认定占有人是否为无权占有。就举证责任言，请求权人须证明其系所有人，相对人须证明其非无权占有。此常须依历史方法加以认定。

2. 事实上处分权人

甲在某地违章兴建A屋，未能办理所有权登记，出售该屋于乙，乙未能取得所有权，某丙无权占有该屋。乙得否类推适用"民法"第767条规定，向丙请求返还A屋？

(1)"最高法院"2011年台上字第1275号判决谓："对未登记之不动产肯认有事实上处分权，乃系实务上之便宜措施，然事实上处分权究非所有权，能否类推适用所有权之物上请求权之规定？或应以代位之法律关系行使其权利？乃待进一步推求。原审未详予研求，即为上诉人败诉之判决，亦嫌速断。"此涉及有争议的法律问题，"最高法院"为何自己未详予研求，给出法律见解？

(2)"最高法院"2014年台上字第2241号判决谓："按不动产物权，依法律行为而取得、设定、丧失及变更者，非经登记，不生效力，'民法'第758条第1项定有明文。又未办理保存登记房屋之受让人，固取得该违章建筑之事实上处分权，惟依前开规定，该事实上处分权究与物权性质不同，自无同法第767条第1项物上请求权规定适用，亦无类推适用余地。原审以被上诉人为系争未办理保存登记房屋之买受人，有取得该建物之事实上处分权，得类推适用前揭物上请求权规定，请求上诉人返还系争建物一楼部分，于法自有违误。"

违章建筑，亦属财产权益，常为交易客体，对未登记之不动产肯认有事实上处分权，不能认系实务上的便宜措施。事实上处分权性质上虽非所有权，异于物权，但实质上同于所有权，得为使用、收益、处分，须同受保护，似应有类推适用"民法"第767条规定的余地。

(二)无权占有、侵夺他人所有物

无权占有，指没有本权的占有，例如租赁关系终止后，承租人拒不返还租赁物。侵夺他人所有物，系指违反所有人之意思，以积极的行为将他人所有物之全部或一部移入自己的管理，例如强行占用他人的房屋。占有本权，指得为占有依据的权利，包括物权(如所有权、用益物权等)及债权(债之关系:买卖、租赁等)。若有占有本权，即不发生无权占有。

(三)实务案例

兹整理实务上重要案例类型(请用心研读)，以利参照:

1. 买受人占有标的物，但移转其物所有权的请求权罹于时效

消灭时效完成，债务人取得拒绝履行之抗辩权，得执以拒绝给付而已，其原有之法律关系并不因而消灭。在土地买卖之情形，倘出卖人已交

付土地于买受人,虽买受人之所有权移转登记请求权之消灭时效已完成,惟其占有土地既系出卖人本于买卖之法律关系所交付,即具有正当权源,原出卖人自不得认系无权占有而请求返还(1996年台上字第389号判例)。

2. 占有连锁

1. 甲出租A屋于乙,乙未经甲同意将A屋借丙居住。甲得否向丙请求返还A屋?

2. 甲借乙使用A屋,乙将该屋出租于丙,甲得否向丙请求返还A屋?

"民法"第767条第1项前段所规定之所有物返还请求权,须以占有所有物之人系无占有之合法权源者,始足当之;倘占有之人有占有之正当权源,即不得对之行使所有物返还请求权。又基于债之关系而占有他方所有物之一方当事人,本得向他方当事人(所有人)主张有占有之合法权源;如该有权占有人将其直接占有移转于第三人时,除该移转占有性质上应经所有人同意者外(如第467条第2项规定),第三人亦得本于其所受让之占有,对所有人主张其有占有之权利,此乃基于"占有连锁"(Besitzkette)之原理所产生之效果,与债之相对性(该第三人不得径以其前手对所有人债之关系,作为自己占有之正当权源)系属二事(2012年台上字第224号)。

3. 债之关系相对性①

债之关系相对性,指买卖等债之关系仅有债之效力,不得对抗契约以外的第三人,系民法的基本理论,而为实务上重要问题,兹举若干判决,以供参照:

(1)二重买卖:买卖契约仅有债之效力,不得以之对抗契约以外之第三人。因此在二重买卖之场合,出卖人如已将不动产之所有权移转登记于后买受人,前买受人纵已占有不动产,后买受人仍得基于所有权请求前买受人返还所有物,前买受人即不得以其与出卖人间之买卖关系,对抗后买受人(1994年台上字第3243号)。

(2)标买取得出卖他人的不动产:买卖契约仅有债之效力,不得以之对抗契约以外之第三人。本件上诉人虽向诉外人林某买受系争土地,惟

---

① 参见拙著:《债法原理》,北京大学出版社2022年重排版,第8页。

在林某将系争土地之所有权移转登记于上诉人以前,既经执行法院查封拍卖,由被上诉人标买而取得所有权,则被上诉人基于所有权请求上诉人返还所有物,上诉人不得以其与林某间之买卖关系,对抗被上诉人(1983年台上字第938号判例)。

(3)使用借贷:使用借贷契约为债之关系,仅于契约当事人间有效,第三人并不当然受拘束。地主出具供建商申请建造执照之土地使用同意书,为债之一种,其对出具土地使用同意书者固有效力,但嗣后买受系争土地之第三人并不当然受拘束(2010年台上字第1759号)。

(4)债之关系相对性与占有连锁的区别:"最高法院"2010年台上字第2483号判决谓:不动产之买受人在取得所有权前,将其占有之不动产出卖于第三人,并移转其占有,虽不违反买卖契约之内容,次买受人系基于一定之法律关系自买受人处取得占有,次买受人之占有为连锁占有,买受人对于次买受人不得主张无权占有。惟不动产所有权为物权,而物权为对于物之排他支配权,不动产所有人于所有权存在期间,不发生所有物之物上请求权,次买受人向买受人买受不动产,属债之关系,次买受人仅得本于买卖对买受人主张权利,不动产之所有人则不受该买卖关系之拘束,买受人于交付出卖之不动产于次买受人之后,固不得对次买受人主张无权占有,惟不动产之所有人得本于所有物之物上请求权请求次买受人返还该不动产。

4. 共有关系

(1)大楼顶楼之屋顶平台依"民法"第799条规定,应推定为该大楼各层所有人之共有。各共有人按其应有部分,对于共有物之全部有使用收益之权。惟未经共有人协议分管之共有物,共有人对共有物之特定部分占用收益,仍须征得其他共有人全体之同意。其未经其他共有人同意而就共有物之全部或一部任意占用收益,即属侵害他共有人之权利,他共有人得本于所有权依"民法"第767条规定请求除去其妨害,或请求向全体共有人返还占用部分(1974年台上字第1803号判例)。

(2)物之分割,经分割形成判决确定者,即生共有关系终止及各自取得分得部分所有权之效力。共有人对于他共有人分得之部分,既丧失共有权利,则其占有,除另有约定外,即难谓有何法律上之原因。甲、乙共有之土地,经协议分割并办理分割登记完毕后,甲分得之土地原由乙占有,乙不愿交付甲时,甲得依"民法"第767条规定请求乙交还土地(1962

年台上字第 2641 号判例)。

5. 时效取得

"最高法院"1980 年第 5 次民事庭会议决议:因地上权取得时效完成而主张时效利益之人,依"民法"第 772 条、第 769 条、第 770 条规定,仅"得请求登记为地上权人",并非取得地上权,在其未依法登记为地上权人之前,要无地上权之取得,自不能本于地上权之法律关系,向土地所有人主张其非无权占有。

三、法律效果

(一)返还所有物

1. 须为现占有人:直接占有人、间接占有人

请求返还所有物之诉,应以现占有人为被告,如非现占有人,纵令所有人之占有系因他人之行为而丧失,所有人亦仅于此项行为具备侵权行为之要件时,得向他人请求损害赔偿,不得本于物上请求权,对之请求返还所有物(1940 年上字第 1061 号判例)。所谓现占有人包括直接占有人与间接占有人,不包括占有辅助人。

2. 请求权竞合

(1)租约终止后,出租人除得本于租赁物返还请求权,请求返还租赁物外,倘出租人为租赁物之所有人时,并得本于所有权之作用,依无权占有之法律关系,请求返还租赁物(1986 年台上字第 801 号)。

(2)物之所有人本于所有权之效用,对于无权占有其所有物者请求返还所有物,与物之贷与人基于使用借贷关系,对于借用其物者请求返还借用物之诉,两者之法律关系亦即诉讼标的并非同一,不得谓为同一之诉(1958 年台上字第 101 号判例)。

(3)所有物被他人不法干涉时,所有人除依"民法"第 767 条规定有所有物返还请求权及所有物保全请求权外,依侵权行为之法则并有损害赔偿请求权。而请求返还所有物之诉,固应以现占有人为被告;惟如所有人之占有系因他人之行为而丧失,所有人于此项行为具备侵权行为之要件时,亦得向该他人请求损害赔偿,二者并不互相排斥。

(二)拆屋还地与权利滥用

1. 拆屋还地

无权占有土地建筑房屋时,所有人得请求拆屋还地。建物的拆除为

事实之处分行为。土地所有权人可命对该房屋有事实上处分权之人(已办理所有权登记之房屋所有人或违章建筑之买受人,即有拆除房屋权限者,非必为房屋之所有权人)拆屋还地及请求该房屋现占有人(非必为房屋之所有权人)迁出。该建物如为共有者,其拆除,依"民法"第819条第2项规定,应得共有人全体之同意。土地所有权人请求拆除占用其地之建物,该建物如为共有者,须以建物全体共有人为被告,其被告当事人始为适格(2016年台上字第1836号)。

2. 权利滥用

"民法"第148条规定:"权利之行使,不得违反公共利益,或以损害他人为主要目的。行使权利,履行义务,应依诚实及信用方法。"土地所有人得请求无权占有或使用人拆除建物、交还土地或迁出建物、交还土地。权利人是否行使其权利,是否以损害他人为主要目的,应就权利人因权利行使所能取得之利益,与他人及社会因其权利行使所受之损失,比较衡量以定之。又权利人得为权利之行使为常态,仅于其权利行使将造成自己所得利益极少,而他人及社会所受损失甚大之变态结果时,始受限制。而何谓"利益极少""损失甚大",应就具体事实为客观之认定,且应由主张变态情事者,负举证之责(2009年台上字第2483号、2008年台上字第2398号、2010年台上字第1759号)。

案例〔42〕无权占有、占有连锁与债之关系相对性

甲出卖A屋给乙,并为交付,乙先付半数价金,约定3个月内办理所有权登记。因屋价暴涨,甲为避免乙的强制执行,乃与丙为A屋的通谋虚伪买卖,并移转所有权。丙擅将该屋以1200万元让售于不知情的丁,并即办理所有权移转登记。其后发现,乙已将A屋出售于戊,并为交付。试问:丁得否向戊请求返还A屋?

一、解题思考及解题构造

本题在于建构"民法"第767条所有人物上请求权基础,说明占有连锁与债之关系相对性两个重要概念,尤其是解题的体裁上如何兼用请求权基础方法及历史方法(本书第55页)。兹先提出解题构造,以凸显其基本法律关系及主要争点:

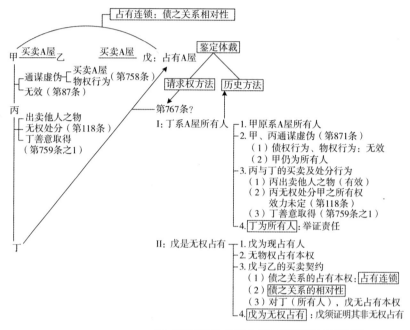

二、解答

1. 丁得向戊依"民法"第 767 条规定请求返还 A 屋，须丁系所有人，戊系无权占有。

（1）甲原系 A 屋所有人，先出卖于乙，交付 A 屋，但未办理所有权登记。甲为避免乙的强制执行，与丙通谋虚伪，并作出登记为 A 屋的买卖（债权行为）及移转所有权（物权行为）的意思表示，其意思表示无效（第 87 条）。丙未取得 A 屋所有权，该屋仍为甲所有。丙擅将 A 屋出卖于丁系出卖他人之物，其买卖契约有效。丙以法律行为（物权契约）将 A 屋所有权移转于丁，系属无权处分，乃属效力未定（第 118 条）。"民法"第 759 条之 1 规定："不动产物权经登记者，推定登记权利人适法有此权利。因信赖不动产登记之善意第三人，已依法律行为为物权变动之登记者，其变动之效力，不因原登记物权之不实而受影响。"丙是 A 屋登记权利人，丁因信赖 A 屋登记，而依法律行为（物权行为）为 A 屋所有权变动，其变动之效力，不因原登记所有权之不实而受影响，丁取得 A 屋所有权，丁为 A

屋所有人。

（2）戊为A屋现占有人。戊系基于与乙的买卖契约而占有A屋,乙系基于与甲的买卖契约而占有A屋,并将A屋的占有移转于戊,构成所谓占有连锁。对于乙或甲而言,戊系基于债之关系而占有,不成立无权占有。

问题在于戊对丁是否构成无权占有,债之关系具有相对性,不得以之对抗契约以外之第三人。买卖契约仅有债之效力,在二重买卖的情形,出卖人如已将不动产之所有权移转登记于后买受人,前买受人纵已占有不动产,后买受人仍得基于所有权请求前买受人返还所有物,前买受人即不得以其与出卖人间之买卖契约对抗后买受人（1994年台上字第3243号）。此项原则亦适用于善意取得不动产的情形。戊不得以其与乙间的买卖契约对抗丁,对丁而言,戊系无权占有其所有物（A屋）。戊对A屋系无权占有的现占有人。

2. 丁得向戊依"民法"第767条规定请求返还A屋。

第二项　所有权妨害除去请求权、妨害防止请求权

一、所有权妨害除去请求权

所有人对于妨害其所有权者,得请求除去之（第767条后段）。应注意者有三:①妨害事由的发生,相对人是否有故意或过失,在所不问。如甲之围墙因地震倒塌,落入乙地,虽基于自然力,甲仍有除去的义务。②对所有权的侵害,须具有不法性,从而所有权的内容因法令受有限制,或因当事人的约定负有容忍义务时,不发生此种请求权。如土地所有人,因邻地所有人在其疆界或近旁营造或修缮建筑物,因必要而使用其土地时,土地所有人无妨害除去请求权,但因而受有损害者,得请求偿金,以资救济（第792条）。③不动产被误登记于他人时,所有人为除去其所受侵害,得请求涂销其登记。

二、所有权妨害防止请求权

所有人对于有妨害其所有权之虞者,得请求防止之（第767条中段）。此项请求权旨在防患于未然,亦不以被请求人有故意或过失为要件。如土地所有人发现其邻居动工修建大厦,依其建筑图样,逾越疆界时,得即

请求中止建筑,不必等到其已为动工逾界,再行请求除去其侵害。

"民法"第767条规定三种基于所有权而生的物上请求权,为三种个别的请求权,得竞合并存,以发挥其保护所有权的功能。例如某甲于近郊风景区有一间别墅,乙、丙等人擅自占住,并于其草坪上搭建烤肉设施。甲得请求乙、丙等人返还其房屋,除去其烤肉设施。倘乙、丙等人徘徊附近,意图伺机再行侵占其屋时,甲更得请求乙、丙离去,以防止其妨害。

第三款　占有人的物上请求权

第一项　占有的保护

占有系对物事实上的管领,为维护物之平和秩序,民法设有三种保护机制:

一、物权上的保护

占有在物权上的保护,可分为两类:

(1)占有人的自力救济:"民法"第960条规定:"占有人,对于侵夺或妨害其占有之行为,得以己力防御之。占有物被侵夺者,如系不动产,占有人得于侵夺后,即时排除加害人而取回之;如系动产,占有人得就地或追踪向加害人取回之。"第961条规定:"依第九百四十二条所定对于物有管领力之人,亦得行使前条所定占有人之权利。"所谓依第942条所定对于物有管领力之人,指占有辅助人(如受雇人等),以完备对占有人之保护。

(2)占有人之物上请求权:"民法"第962条规定:"占有人,其占有被侵夺者,得请求返还其占有物;占有被妨害者,得请求除去其妨害;占有有被妨害之虞者,得请求防止其妨害。"

关于占有的保护,应认识及区别三种占有人:

(1)直接占有人:对于物有事实上管领力之人(第940条)。包括有权占有(如所有人、承租人)、无权占有(如小偷、遗失物拾得)。

(2)间接占有人:"民法"第941条规定:"地上权人、农育权人、典权人、质权人、承租人、受寄人,或基于其他类似之法律关系,对于他人之物为占有者,该他人为间接占有人。"例如甲出租某屋给乙,乙为直接占有人,甲为间接占有人。

（3）占有辅助人："民法"第942条规定："受雇人、学徒、家属或基于其他类似之关系，受他人之指示，而对于物有管领之力者，仅该他人为占有人。"例如甲雇用乙担任司机，保管该车，甲为占有人，乙为占有辅助人。

兹举一例综合加以说明：甲（不论其为有权占有或无权占有）出租A犬给乙，乙雇丙看管该犬。丙为该犬的占有辅助人，乙为直接占有人，甲为间接占有人。

二、不当得利

"民法"第179条规定："无法律上之原因而受利益，致他人受损害者，应返还其利益。虽有法律上之原因，而其后已不存在者，亦同。"本条所称受利益，包括占有在内，分就给付不当得利及非给付不当得利加以说明：

1. 占有之给付不当得利：指因一方之给付，无法律上原因（债之关系）而受利益。例如出租人甲不知租赁契约无效，交付租赁物于乙时，甲得向乙依"民法"第179条规定请求返还租赁物。

2. 侵夺占有（权益归属）之非给付不当得利：例如甲无权占有乙所有的土地作为停车场，乙得向甲依"民法"第179条规定请求返还土地及占用土地相当于租金的价额（第181条）。

三、侵权行为

"民法"第184条第1项前段规定，"因故意或过失，不法侵害他人之权利者，负损害赔偿责任"。占有本身非属权利，但基于本权而为占有，应认系权利而受保护。例如甲向乙租用货车，丙侵夺甲占有的货车，致甲不能营业而受损失时，甲得以权利受侵害而向丙请求损害赔偿。在甲盗用乙的货车的情形，甲得向丙主张占有物返还请求权，但不得以占有受侵害为理由，向丙依"民法"第184条第1项规定请求损害赔偿。

综据前述，整理如下：

```
           ┌─ 物权上保护 ─┬─ 占有人自力救济权（第960、961条）
           │              └─ 占有物返还请求权（第962条）
占有的保护 ─┼─ 不当得利（第179条）─┬─ 给付不当得利
           │                        └─ 侵害权益不当得利
           └─ 侵权行为（第184条第1项前段）─┬─ 有本权的占有（＋）
                                           └─ 无本权的占有（－）
```

案例：甲出租某地给乙作为停车场。丙霸占该地，出租给丁经营路边摊。甲、乙得向丙、丁主张何种权利？（请参照前揭说明，自行研究，写成书面）

第二项　占有人的物上请求权

案例〔43〕占有人的物上请求权

甲将A车出借于乙，被丙所盗，丙出租于知情之丁，丁雇用戊驾驶看管该车。试说明甲、乙得向谁请求返还该车。

一、解题思考

（一）占有物返还请求权的要件及效果

案例〔43〕涉及所有人的所有物返还请求权（第767条）及占有人的占有物返还请求权（第962条）。关于所有人的所有物返还请求权，前已说明，关于占有人的占有物返还请求权的解释适用，应说明的有三：

1. 侵夺占有物：立法目的在于暂时维护秩序及社会和平，故须以其占有系被侵夺为要件。占有被侵夺，系指违反占有人之意思，以积极之不法行为将占有物之全部或一部移入自己之管领而言，若其占有系由占有人交付，纵系由被诈欺或恐吓所致，亦无"民法"第962条的适用。

2. 请求权人：请求权人得为有权占有或无权占有，包括直接占有人及间接占有人。间接占有并非对于物为事实上的管理，而系观念化的占有，故间接占有人的占有是否被侵夺或妨害，应以直接占有人之占有是否被侵害加以认定（2016年台上字第773号、2013年台上字第1369号）。

3. 相对人：现在占有该物之人。请求回复占有物之诉，应以现在占有该物之人为被告，如非现在占有该物之人，纵使占有人之占有系因其人之行为而丧失，占有人亦仅就此项行为具备侵权行为之要件时，得向其人请求赔偿损害，不得本于回复占有物请求权，对之请求回复其物（1955年台上字第165号判例)。须注意的是,侵夺占有之人将占有物出租,由直接占有人变为间接占有人时,其系侵夺人的地位尚属存在,请求权人仍得向其请求返还占有物。侵夺他人占有的瑕疵,应由概括承继人(如继承人)或特定承继人(如明知出租人为无权占有的承租人、窃盗者)承担。无论其为直接占有人或间接占有人,均得为请求占有物返还的对象。

(二)解题构造

兹将解题构造图示如下:

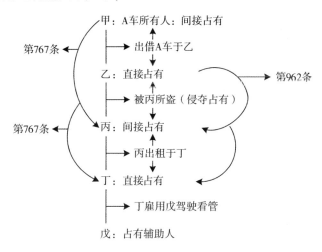

二、解答

(一)甲得向谁请求返还A车?

1. 甲得向丙、丁或戊依"民法"第767条规定请求返还A车,须丙、丁或戊系无权占有或侵夺甲所有的A车,并系现占有人。

甲系A车所有人,对汽车有事实上的管理力,为汽车的占有人。甲出借A车于乙,乙系基于使用借贷之法律关系,对于甲所有的汽车为占有,乙系直接占有人,甲系间接占有人。丙窃取乙直接占有的A车,乃违反占有人之意思以积极不法之行为,将占有物移入自己的管理,系侵夺甲所有A车的占有。所有物返还请求权的相对人系现在占有其物之人,不以实际占有人为限,间接占有人亦包括在内,但不包括占有辅助人。丙窃取A车,出租于丁,丁交由戊保管,丁是直接占有人(第940条),丙系间接占有人(第941条),均属所有物返还请求权的相对人,甲得依"民法"

第767条规定向丙、丁请求返还A车。

2. 甲得向丙、丁依"民法"第767条规定请求返还A车。

(二)乙得向谁请求返还A车？

1. 乙得向丙、丁或戊依"民法"第962条规定请求返还A车，须丙、丁或戊系侵夺乙对A车的占有，并系现占有人。

甲出借A车给乙，乙系该车直接占有人，丙盗A车系侵害乙对A车的占有，丙将该车出租于丁，系该车的间接占有人，丁应承继丙对乙侵夺该车的占有。请求回复占有物之相对人，须为现占有该车之人，包括直接占有及间接占有，丙与丁系A车的现占有人，乙得依"民法"第962条规定请求返还A车。戊系受雇于丁管理A车，乃占有辅助人(第941条)，乙不得向戊请求回复其物。

2. 乙得向丙、丁依"民法"第962条规定请求返还A车。

案例〔44〕所有物返还请求权与从请求权：无权占有：善意占有与恶意占有

甲出售其在武陵农场附近的果园及农舍给乙，在交付后，甲认为买卖契约并未成立，拒不办理所有权移转登记，并向乙请求返还其所有物。乙坚信买卖契约成立，而发生诉讼。在诉讼期间，乙占有果园及农舍，收取果实出售。乙因过失误用农药致若干果树死亡，乙重大修缮遭台风毁损的农舍。数年后诉讼确定乙败诉，乙于诉状送达后仍继续占有果园及农舍，收取果实，乙雇用的看管果园的使用人丙疏于水土保持，致果园受损。乙修缮遭台风毁损的农舍。试说明甲与乙间的法律关系。

一、解题思考

(一)所有物返还请求权与占有回复关系

所有人依"民法"第767条规定向无权占有人请求返还占有物时，常发生以下情事：占有人对占有物为使用收益，因占有人故意或过失致占有物受有损害，或占有人对占有物支出费用等。为规范此等问题，"民法"设有占有回复请求权的特别规定，先整理如下，再行说明：

所有人的占有物返还请求权（第767条）	善意占有人	1. 使用收益（第952条）：	善意占有人于推定其为适法所有之权利范围内，得为占有物之使用、收益。
		2. 损害赔偿（第953条）：	善意占有人就占有物之灭失或毁损，如系因可归责于自己之事由所致者，对于回复请求人仅以灭失或毁损所受之利益为限，负赔偿之责。
		3. 费用偿还 ┬（第954条）：	善意占有人因保存占有物所支出之必要费用，得向回复请求人请求偿还。但已就占有物取得孳息者，不得请求偿还通常必要费用。
		└（第955条）：	善意占有人，因改良占有物所支出之有益费用，于其占有物现存之增加价值限度内，得向回复请求人，请求偿还。
	恶意占有人： 1. 占有时为恶意 2. 善意占有人自确知其无占有本权时起，为恶意占有人（第959条第1项） 3. 善意占有人于本权诉讼败诉时，自诉状送达之日，视为恶意占有人（第959条第2项）	1. 价金返还（第958条）：	恶意占有人，负返还孳息之义务。其孳息如已消费，或因其过失而毁损，或怠于收取者，负偿还其孳息价金之义务。
		2. 损害赔偿（第956条）：	恶意占有人或无所有意思之占有人，就占有物之灭失或毁损，如系因可归责于自己之事由所致者，对于回复请求人，负赔偿之责。
		3. 费用偿还（第957条）：	恶意占有人，因保存占有物所支出之必要费用，对于回复请求人，得依关于无因管理之规定，请求偿还。

"民法"关于占有回复关系请求权的规定，系所有物返还请求权（第767条）的从请求权，性质上属于法定债之关系。"民法"之所以设此特别规定，在于权衡物上请求权人与占有人的利益，尤其是保护善意占有人，而排除关于不当得利及侵权行为的一般规定。在适用上应明确区别善意占有人与恶意占有人：

1. 善意占有人，指不知或非因重大过失而不知其无占有本权之人。

2. 恶意占有人，指明知或因重大过失不知其无占有本权之人。善意占有人自确知其无占有本权时起，为恶意占有人（第959条第1项）。[①] 善意占有人于本权诉讼败诉（实体法上判决确定）时，自诉状送达之日起，视为恶意占有人（第959条第2项）。所谓恶意占有人，系指自主占有人（以所有的意思而占有之人）。值得注意的是，"民法"第956条规定："恶意占有人或无所有意思之占有人，就占有物之灭失或毁损，如系因可归责于自己之事由所致者，对于回复请求人，负赔偿之责。"本条所称无所有意

[①] 参照"最高法院"2015年台上字第2252号判决："按租赁契约为债权契约，出租人不以租赁物所有人为限，出租人未经所有人同意，擅以自己名义出租租赁物，其租约并非无效，仅不得以之对抗所有人。至所有人得否依不当得利之法律关系，向承租人请求返还占有使用租赁物之利益，应视承租人是否善意而定，倘承租人为善意，依'民法'第952条规定，得为租赁物之使用及收益，其因此项占有使用所获利益，对于所有人不负返还之义务，自无不当得利可言。"

思之人,指他主占有人(例如承租人),盖其亦明知占有物属于他人所有,应与恶意占有人负同一责任。

二、解答

(一)甲对乙的所有物返还请求权

甲出卖其所有的果园及农舍给乙,并为交付,其后法院判决买卖契约不成立,乙无占有的本权,甲得向乙依"民法"第767条规定请求返还其所有的果园及农舍。

(二)甲与乙间占有回复关系请求权

甲与乙间因所有物返还请求权而发生回复占有关系的从请求权,应区别乙系善意占有人或恶意占有人而认定其法律关系。

1. 乙系善意占有人

乙原系基于买卖契约而占有甲交付的果园及农舍,在本权诉讼败诉,诉状送达之日前的占有,因其确信买卖契约成立,并非明知或因重大过失而不知其无占有本权,系属善意占有,而发生如下请求权:

(1)乙善意基于契约占有甲交付的果园及农舍,对于果园及农舍有收益权(第952条),乙在此权利范围内收取果实,无论自己消费或出售,均免归还义务(第952条)。盖历年收取之孳息若令其悉数返还,善意之占有人,必蒙不测之损害,非保护善意占有之道(第952条立法理由)。此属关于占有回复关系的特别规定,排除不当得利请求权的适用。

(2)依"民法"第953条之规定,善意占有人就占有物之灭失或毁损,如系因可归责于自己之事由所致者,对于回复请求人仅以灭失或毁损所受之利益为限,负赔偿之责。乙因过失误用农药致若干果树死亡,系可归责之事由,乙对甲应依"民法"第953条规定负赔偿责任。

(3)乙对遭台风毁损的农舍为重大修缮,系保存占有物所支出的重大修缮的必要费用,而非通常必要费用,纵已就占有物取得孳息,仍得向甲请求返还(第954条)。

2. 乙系恶意占有人

乙基于买卖契约占有甲交付的果园及农舍,自本权诉讼败诉、诉状送达之日起,乙占有甲所有的果园及农舍,视为恶意占有,而发生如下请求权:

(1)乙负返还果实(孳息)于甲的义务,如已消费,或因过失而毁损,或怠于收取,或将果实出售于他人时,负偿还其果实价金之义务(第958条)。

(2)乙雇用的看管果园的使用人丙疏于水土保持,致果园受损。占有回复关系系属法定债之关系,债务人之使用人关于债之履行有故意或过失时,债务人应与自己的故意或过失负同一责任(第224条),因此乙应就其使用人丙疏于水土保持的过失,负同一之责任,具有可归责之事由,应对回复请求人甲负损害赔偿责任(第956条)。

(3)乙重大修缮遭台风毁损的农舍,系保存占有物之必要费用,对甲得依关于无因管理之规定请求偿还(第957条)。

第六节　不当得利

第一款　不当得利法的体系构成

第一项　不当得利的类型化

案例〔45〕"最高法院"与不当得利法的发展

　　甲为避免其所有的A屋被债权人强制执行,与乙作成通谋虚伪买卖,并办理移转所有权登记及交付A屋于乙。乙因投资股市失利,擅将A屋设定抵押于丙,取得1000万元贷款,试问甲得向丙、乙主张何种权利?

一、不当得利法的功能及不当得利类型化

"民法"第179条规定:"无法律上之原因而受利益,致他人受损害者,应返还其利益。虽有法律上之原因,而其后已不存在者,亦同。"不当得利是个重要的制度,旨在调整私法秩序无法律上原因的财产变动,一方面在处理失败的法律交易(契约不成立、无效、被撤销)的财产变动,另一方面在补侵权行为法的不足(因为侵权行为的成立,须加害人具有故意、过失,而不当得利不以此为要件)。不当得利也是个困难的法律领域,涉及整个私法,如何认定其构成要件,产生统一说与非统一说的争论。

在某种意义上,不当得利法的解释适用体现一个法律人对民法的理解及法律思维论证能力。

统一说认为一切不当得利具有统一的基础,提出公平、正义等抽象概念,对任何情形的不当得利作统一的说明。非统一说认为各种不当得利各有其基础,不能求其统一,从而对于不当得利的成立要件亦难为统一的说明,应区别因给付而受利益及因给付外事由而受利益两种情形,分别探求财产变动是否有法律上之原因。①

台湾地区通说系采非统一说,建构不当得利的类型,体现于"最高法院"2012年台上字第1722号判决:"不当得利依其类型可区分为'给付型之不当得利'与'非给付型不当得利',前者系基于受损人有目的及有意识之给付而发生之不当得利,后者乃由于给付以外之行为(受损人、受益人、第三人之行为)或法律规定所成立之不当得利。又于'非给付型之不当得利'中之'权益侵害之不当得利',凡因侵害归属于他人权益内容而受利益,致他人受损害,即可认为基于同一原因事实致他人受损害,并欠缺正当性;亦即以侵害行为取得应归属他人权益内容的利益,而不具保有该利益之正当性,即应构成无法律上之原因,成立不当得利。本件原审认定两造就系争房地之买卖契约及物权移转行为系出于通谋虚伪意思表示而无效,则张〇强似非基于其有意识、有目的增益张〇瑛财产。张〇瑛以系争房地为担保,设定抵押权,侵害应归属于张〇强之权益,张〇瑛因而受有借款利益,似可认系基于同一原因事实致张〇强受有系争房地附有抵押权之损害,并因张〇瑛所受之借款利益实系应归属于房地所有人张〇强,而欠缺正当性,构成无法律上之原因,属于非给付型不当得利。"

"最高法院"采取学说见解,将不当得利区分为给付型不当得利及非给付型不当得利,并加以类型化,使不当得利易于理解,易于学习,建立了在法律适用上可供涵摄的规范架构,对不当得利法的发展作出了重大贡献。兹将不当得利的基本类型图示如下:

---

① 详细说明,参见拙著:《不当得利》(第二版),北京大学出版社2015年版,第30页以下。

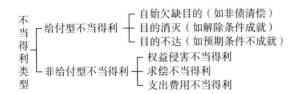

本书将对给付不当得利(尤其三人关系不当得利)及非给付不当得利中的权益侵害不当得利作详细的说明,先提出以下四个实务案例:

1. 给付目的消灭(解除条件成就):"聘金乃一种赠与,除附有解除条件之赠与,于条件成就时失其效力,赠与人得依'民法'第179条之规定,请求受赠人返还其所受之利益外,要不得以此为因判决离婚所受之损害,而依'民法'第1056条第1项请求赔偿。"(1961年台上字第351号判例)

2. 给付目的不达:"倘其给付目的所欲达成之结果不发生,该履行给付之人自得本于给付目的不当得利请求权请求返还给付。查上诉人给付系争一千万元之目的,系为增加被上诉人公司资本额,被上诉人公司嗣后并未增资至二亿元资本额,上诉人给付目的所欲达成之结果似已确定不发生。果尔,上诉人是否不能请求被上诉人公司返还增资款?非无研求之余地。"(2015年台上字第1174号)

3. 求偿不当得利:"被上诉人为上诉人清偿债务,纵非基于上诉人之委任,上诉人既因被上诉人之为清偿,受有债务消灭之利益,上诉人又非有受此利益之法律上原因,自不得谓被上诉人无不当得利之返还请求权。"(1937年上字第1872号判例)

4. 支出费用不当得利:"擅自对于他人所有或管有土地上之树木施以养护,致使他人受有利益(包含积极得利,如增加树木之价值,或消极得利,如本应支出之养护费用而未支出),如他人欠缺受益之权利者,支出费用者系以给付以外之行为,使他人受有财产上之利益,自亦可成立不当得利(支出费用型或耗费型之不当得利)。"(2013年台上字第930号)

二、解答

案例[45]系参照前揭"最高法院"2012年台上字第1722号判决而设计,其目的在于联结实务判决与案例研究,兹将其基本法律关系图示如下:

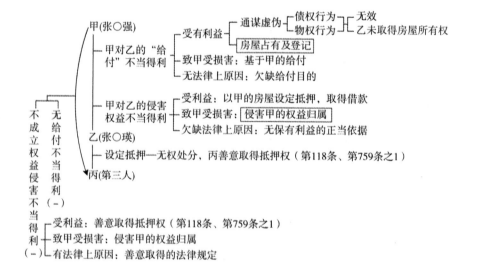

(一) 甲对丙的不当得利请求权

甲与丙无给付关系,不发生给付不当得利。关于"非给付不当得利"中的"权益侵害不当得利",①丙因乙的无权处分善意取得对甲的房屋的抵押权(第759条之1),受有利益。②侵害甲所有权的归属内容。③丙善意取得抵押权,受有利益,系基于法律规定,具法律上原因。甲对丙无不当得利请求权,不得请求丙涂销抵押权。

(二) 甲对乙的请求权

1. 给付不当得利

甲与乙就系争房屋的买卖(第345条)及物权行为(第758条)系出于通谋虚伪表示而无效(第87条第1项),乙未取得房屋所有权,其受利益系房屋所有权的登记、占有。"最高法院"认为在此情形,甲(张○强)似非基于其有意识、有目的地增益乙(张○瑛)的财产。惟应采肯定说,通谋虚伪意思表示虽为无效,但不影响其系有意识、有目的地办理房屋所有权移转登记或交付占有。故在本件甲得对乙主张给付不当得利:①乙受有房屋所有权登记、占有的利益。②乙受利益系基于甲的给付。③甲与乙间买卖契约无效,甲的给付欠缺目的,乙受利益无法律上原因。甲得向乙依"民法"第179条规定,请求涂销房屋所有权的登记,返还对房屋的占有。

2. 侵害权益不当得利

关于乙无权处分甲的房屋所有权,设定抵押权,由丙善意取得该抵押权的部分,"最高法院"认为:①乙侵害应归属于甲之权益,受有借款的利益(担保借款)。②因同一原因事实致甲受有其所有房地设有抵押权的损害。③乙所受借款利益应归属于房地所有人,乙无取得此项利益的法律依据,欠缺正当性,构成无法律上原因。甲得向乙依"民法"第179条规定请求返还担保借款利益。"最高法院"提出了侵害权益不当得利请求权的要件,以权益应归属内容作为判断基准,实值肯定。①

第二项 物权行为无因性与不当得利

案例〔46〕民法上的"任督二脉"

何谓物权行为无因性?请分别根据是否采物权行为无因性理论,就下列两种情形,说明当事人间的法律关系:

1. 甲出卖A车给乙,并为交付,移转其所有权,乙支付价金503元,其后发现买卖契约不成立(无效或被撤销)。

2. 在前揭甲与乙买卖A车之例,乙将A车让售于善意或恶意之丙。

一、物权行为无因性

(一)债权行为、物权行为与物权行为无因性

台湾地区"民法"将法律行为分为债权行为(负担行为)与物权行为(处分行为)。债权行为指发生债权债务的行为,例如买卖、互易、赠与等。物权行为指直接引起物权变动的行为,"民法"第758条第1项规定:"不动产物权,依法律行为而取得、设定、丧失及变更者,非经登记,不生效力。"所称法律行为,系指物权契约(如移转不动产所有权)及单独行为(如抛弃所有权)。"民法"第761条第1项规定:"动产物权之让与,非将动产交付,不生效力。但受让人已占有动产者,于让与合意时,即生效力。"所称让与合意系指物权行为、物权契约。

---

① 关于侵害权利不当得利的权益归属理论,参见拙著:《不当得利》(第二版),北京大学出版社2015年版,第141页以下。

在案例〔46〕，甲将 A 车出卖于乙，价金 503 元，甲依让与合意，交付 A 车于乙，乙依让与合意，将 503 元交付于甲，在甲与乙间作成了三个法律行为，一为买卖 A 车的债权行为，二为让与 A 车所有权的物权行为，三为移转 503 元货币(金钱)的物权行为。债权行为系物权行为(物权变动)的原因行为。

物权行为无因性系指物权行为的效力，应就物权行为本身而为判断，不受债权行为(原因行为)存在与否的影响，债权行为(如买卖契约)不成立(无效或被撤销)时，物权行为不因此而受影响，仍能发生物权变动，即买受人仍能依物权行为取得买卖标的物的所有权，图示如下：

```
        ┌ 债权行为：买卖、互易、赠与（原因行为）
法律    │         ↑
        │       无因性
行为    │                ┌ 不动产：第758条：┌法律行为┐ +登记 ┐
        └ 物权行为 ──────┤                  │让与合意│       ├ 物权变动
                         └ 动产：第761条：  └        ┘ +交付 ┘
```

须特别提出的是，若不采物权行为，或虽采物权行为而不采物权行为无因性，于债权行为(买卖契约)不成立(无效、使撤销)时，纵经登记(不动产)或交付(动产)，亦不发生物权变动，买受人不能取得买卖标的物所有权。

(二)物权行为无因性与不当得利

台湾地区"民法"系采物权行为无因性，债权行为不成立(无效或撤销)时，物权行为不因此而受影响，仍发生物权变动。例如买卖契约不成立时，买受人仍能取得标的物所有权。在此情形，出卖人得向买受人主张何种权利？出卖人得主张的是给付不当得利请求权(Kondiktion)，而不是所有物返还请求权(Vindikation)。给付不当得利请求权具有调整因物权行为无因性理论而发生财产变动的规范功能。德国法学家 Dernburg 强调不当得利制度乃立法者用来治疗自创的伤痕，其所谓自创的伤痕，系就物权行为的无因性而言。物权行为无因性与不当得利系民法上基本制度。若不采物权行为无因性①，债权行为不成立(无效或被撤销)时，不发生物权变动的效力。在买卖契约不成立的情形，买受人虽受让标的物的

---

① 大陆民法不采物权行为。《民法典》第 209 条第 1 款规定："不动产物权的设定、变更、转让和消灭，经依法登记，发生效力；未经登记，不发生效力，但是法律另有规定的除外。"(比较参照台湾地区"民法"第 758 条)《民法典》第 224 条规定："动产物权的设立和转让，自交付时发生效力，但是法律另有规定的除外。"(比较参照台湾地区"民法"第 761 条)

占有,仍不能取得其所有权。物的出卖人得主张所有物返还请求权,或物之占有的不当得利请求权。

二、当事人间的法律关系

(一)采物权行为无因性

1. 甲与乙间的法律关系

甲将 A 车出卖于乙,依让与合意(物权行为、物权契约)交付其物,若买卖契约不成立、无效或被撤销时,乙仍能依物权行为取得 A 车所有权。在此情形,乙因甲之给付受有利益,欠缺给付目的而无法律上原因(给付不当得利),甲得向乙依"民法"第 179 条规定请求返还 A 车所有权。乙亦因物权行为取得价金(金钱)所有权,亦得向甲依"民法"第 767 条规定请求返还支付的价金(金钱);其金钱若与其他金钱混合不能辨认(如已存入银行)时,乙得向甲依"民法"第 179 条、第 181 条规定请求返还价额。

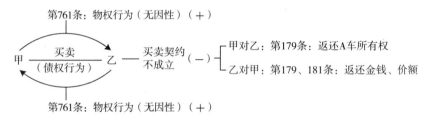

2. 甲、乙、丙间的法律关系

甲出卖 A 车于乙,乙转售于丙,均依让与合意交付其物,于甲与乙间的买卖契约不成立(无效、被撤销)时,乙依物权行为无因性理论,仍能取得 A 车所有权。乙将 A 车让售于丙,系有权处分,丙无论善意与否,均能取得该车所有权。在此情形,如前所述,乙系 A 车所有权不当得利的受领人,因乙将 A 车让售于丙,不能返还其所受利益,应偿还其价额(第 181 条)。

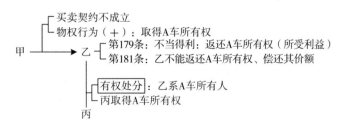

(二)不采物权行为无因性

1.甲与乙间的法律关系

在不采物权行为无因性的情形,买卖契约不成立(无效、被撤销)时,买受人不能取得 A 车所有权,出卖人得向占有其物的买受人主张所有物返还请求权。

2.甲、丙间的法律关系

甲出卖 A 车于乙,乙转售给丙,交付其物以移转其所有权,而甲与乙间的买卖契约不成立时,乙不能取得该车所有权。乙将 A 车出卖于丙,系出卖他人(甲)之物,其买卖有效,乙系无权处分(让与)甲的 A 车所有权,丙得因关于善意取得的规定,取得该车所有权(第 801 条、第 948 条)。在此情形,甲得向乙主张"侵害权益不当请求权":①乙因让与甲的所有权于丙而受有利益(价金)。②致甲丧失所有权(侵害权益归属)。③无法律上原因,欠缺法律依据。有争论的是乙应予返还的究为所获价金利益,抑为 A 车的价额。

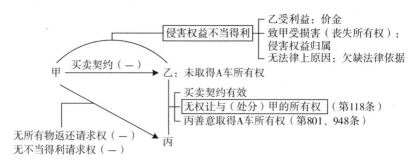

三、分析说明

"民法"应否采物权行为无因性,系立法政策问题,前揭案例有助于更深刻了解其所涉及的当事人法律关系(请再阅读!)。在 A 车的买卖契约不成立(无效、被撤销)的情形,采物权行为无因性时,买受人取得 A 车所有权,出卖人仅得主张返还 A 车所有权的不当得利请求权(债权请求权)。在不采物权行为无因性的情形,买受人不能取得 A 车所有权,出卖人得向买受人主张 A 车所有物返还请求权(物上请求权)。在买受人乙将 A 车让与丙时,若采物权行为无因性,乙系有权处分,丙无论善意与否均能取得 A 车所有权。若不采物权行为无因性,乙将 A 车让售于丙,系无权处分(让与)甲的所有权,丙不得善意取得 A 车所有权。物权行为无因性系德国民法的特色,体现其严谨的概念体系构造及思维方法,易于判断物权变动的法律关系,此亦为台湾地区"民法"继受此项制度的主要理由,实务上已能正确适用物权行为无因性理论,实践其规范功能。①

案例〔47〕不当得利法的规范结构及适用

甲售 A、B 画于乙,并依让与合意而交付。其后甲以意思表示错误撤销买卖契约。在此之前乙已将 A 画(时值 10 万元)让与丙(价金 11 万元),乙将 B 画赠与丁,均经交付移转其所有权。试说明甲得对乙、丙、丁主张何种权利。

一、解题思考

案例〔47〕旨在说明不当得利法的构造及案例适用的思考方法。"民法"关于不当得利设有五个综合条文,为便于查阅,节录如下(请先参照案例,阅读条文,自行解答):

第 179 条:"无法律上之原因而受利益,致他人受损害者,应返还其利益。虽有法律上之原因,而其后已不存在者,亦同。"

第 180 条:"给付,有左列情形之一者,不得请求返还:一、给付系履行道德上之义务者。二、债务人于未到期之债务因清偿而为给付者。三、因清偿债务而为给付,于给付时明知无给付之义务者。四、因不法之原因而为给付者。但不法之原因仅于受领人一方存在时,不在此限。"

第 181 条:"不当得利之受领人,除返还其所受之利益外,如本于该利益更有所取得者,并应返还。但依其利益之性质或其他情形不能返还者,应偿还其价额。"

第 182 条:"不当得利之受领人,不知无法律上之原因,而其所受之利益已不存在者,免负返还或偿还价额之责任。受领人于受领时,知无法律上之原因或其后知之者,应将受领时所得之利益,或知无法律上之原因时所现存之利益,附加利息,一并偿还;如有损害,并应赔偿。"

---

① 参见拙著:《民法总则》,北京大学出版社 2022 年重排版,第 263 页以下;《民法物权》(第二版),北京大学出版社 2010 年版,第 66 页以下。

第183条:"不当得利之受领人,以其所受者,无偿让与第三人,而受领人因此免返还义务者,第三人于其所免返还义务之限度内,负返还责任。"

二、解答

1. 甲出卖 A 画及 B 画于乙(第 345 条),依让与合意交付其物(第 761 条),其后甲以意思错误撤销买卖契约(第 88 条第 1 项、第 91 条)。乙受有 A 画及 B 画的所有权及占有的利益,乙因甲的给付而受利益,买卖契约因被撤销视为自始无效(第 114 条第 1 项),其法律上原因(给付目的)其后不存在。甲得向乙依"民法"第 179 条后段规定请求返还 A 画及 B 画的所有权及占有。

2. 无"民法"第 180 条规定不当得利排除事由。

3. 不当得利受领人应返还 A 画及 B 画的所有权及占有的利益(第 181 条)。乙将 A 画让售于丙并移转其所有权(第 761 条),不能返还 A 画,应偿还 A 画的价额(10 万元)(第 181 条但书),而非其买卖的价金(11 万元)。

4. 乙将 B 画赠与丁,并移转其所有权,致不能返还,应偿还其价额。乙不知无法律上之原因,而其所受之利益已不存在,免负返还或偿还价额的责任(第 182 条第 1 项)。

5. 不当得利受领人乙以其所受者,无偿让与第三人丁,乙因此免返还义务,已如上述,第三人丁于乙所免返还义务之限度内,负返还责任(第 183 条)。甲得向丁请求返还 B 画所有权及占有。

第二款　给付不当得利[①]

第一项　给付不当得利的法律构造

一、给付不当得利的意义及功能

给付不当得利,指一方因他方的给付而受利益,因欠缺目的而无法律上原因,应负返还义务。最高法院 1934 年上字第 1528 号判例即已肯定

---

① 参见拙著:《不当得利》(第二版),北京大学出版社 2015 年版,第 40 页以下。

此种类型的不当得利:"因履行契约而为给付后,该契约经撤销者,给付之目的既归消灭,给付受领人受此利益之法律上原因即已失其存在,依民法第179条之规定,自应返还其利益。"

给付不当得利亦可称为非债清偿不当得利请求权。之所以欠缺目的,是因为当事人间并无债之关系,例如不知债务已消灭,再为给付。其主要功能在于处理契约不成立(无效、被撤销)的善后问题,即以给付不当得利调整法律交易失败的财产变动,而与市场经济及私法自治有密切关系。

二、给付不当得利请求权基础及举证责任

(一)请求权基础

给付不当得利的请求权基础:

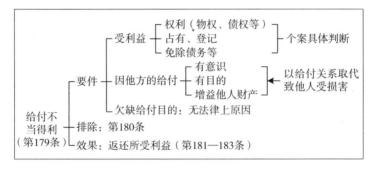

1. 受利益:首先要明确认定其所受的利益(权利、占有、登记、免除债务等)①,此应采具体的计算方法,而非以总财产有无增加加以计算。例如甲支付乙10万元,该10万元即为所受利益,而非将该10万元纳入乙的整体财产加以计算。

2. 给付关系:给付不当得利的特色,在于以给付关系取代致他人受损害。给付系指有意识有目的地增益他人财产,例如:偿还欠款、支付价金、移转买卖标的物所有权、提供一定劳务、损害赔偿等。甲未购票搭乘

---

① "最高法院"2010年台上字第1422号判决:"借名登记契约乃当事人约定一方经他方同意,而就属于一方现在或将来之财产以他方名义为所有人或权利人登记而成立之契约。故陈彩臣等五人购买系争土地未先登记为其所有,而径登记为陈先进名义,仍不妨成立借名登记。且上开借名契约终止后,借名人给付之目的即归于消灭,上诉人仍保有系争土地之所有权登记,自属不当得利,应将所有权移转登记予被上诉人(借名人之继承人),以返还其无法律上原因所受之利益,俾矫正欠缺法律关系之财货损益变动之状态。其消灭时效应自借名契约终止时起算。"

乙的游览车,乙并未对甲为给付,不成立给付不当得利,而为侵害权益不当得利。给付关系,系给付不当得利的核心要件,具有三个重要功能:

(1)维护当事人间的信赖关系:就受益人而言,应向为给付者返还其无法律上原因而受领的给付,而且亦仅须向给付者返还,无须向与其无给付关系的第三人负返还义务。就为给付者而言,其系向特定人为给付,亦仅能向受领者请求返还。

(2)风险的合理分配,保持当事人间的抗辩及仅承担给付相对人破产的风险。

(3)为"谁得向谁主张不当得利请求权"提供一个较为明确的判断标准,尤其是在三人间的给付关系。当然此项判断标准并非毫无争议。任何法律上的概念均含有价值判断的因素,在若干特殊情形,难免产生疑问,尚需衡量当事人间的利益加以认定。

给付概念是给付不当得利的核心,不是概念法学的演绎,而是一个具有目的性及价值判断的实践性概念,兹举一个实务案例加以说明。"最高法院"2000年台上字第288号判决谓:"'民法'第179条规定不当得利之成立要件,必须无法律上之原因而受利益,致他人受损害,且该受利益与受损害之间有因果关系存在。从而因给付而受利益者,倘该给付系依有效成立之债权契约而为之,其受利益即具有法律上之原因,尚不生不当得利问题。"在本件,其所谓受利益与损害之间有"因果关系存在",得以"给付关系"加以取代。"最高法院"在肯定给付型不当得利之后,常以给付关系取代"致他人受损害"的因果关系,系不当得利法一个重要发展。

3. 给付目的:在给付不当得利,系以给付目的的判断有无法律上原因。给付目的欠缺,构成无法律上原因。给付目的之所以欠缺,通常系当事人间无债之关系,得以债之关系之有无作为判断法律上原因的基准。

(二)举证责任

最高法院1937年上字第1739号判例谓:"非债清偿之不当得利返还请求权,以债务不存在为其成立要件之一,主张此项请求权成立之原告,应就债务不存在之事实负举证责任。"又"最高法院"2009年台上字第1219号判决谓:"非债清偿之不当得利返还请求权,以对于不存在之债务而为清偿之事实,为其发生之特别要件,自应由主张此项请求权存在之原告就该事实之存在负举证之责任,而该事实存在,系以所清偿之债务不存在为前提,故该原告就其所清偿之债务不存在之事实有举证责任,业经

"司法院"及本院分别以院字第 2269 号及 1937 年上字第 1739 号作成解释及判例。是以主张不当得利请求权之原告,既因自己行为致原由其掌控之财产发生主体变动,则本于无法律上之原因而生财产变动消极事实举证困难之危险,当归诸原告,方得谓平。该原告即应就不当得利请求权之成立要件负举证责任,亦即原告必须证明其与被告间有给付之关系存在,及被告因其给付而受利益致其受损害,并就被告之受益为无法律上之原因,举证证明该给付欠缺给付之目的,始能获得胜诉之判决。"

在给付不当得利,原告必须证明:

1. 被告受有利益。
2. 因原告给付而受有利益,即原告与被告间有给付关系。
3. 无法律上的原因,即债务不存在,欠缺给付目的。此虽具消极事实的性质,仍应由原告负举证责任。①

第二项　给付不当得利的案例研究

第一目　二人关系不当得利

案例〔48〕给付连锁与不当得利②

甲售某件宋官窑青瓷给乙,并依让与合意而交付。一周后,甲以意思表示错误撤销买卖契约,向乙请求返还该件瓷器时,发现乙已将该件瓷器转售于丙,并移转其所有权。乙、丙间的买卖契约不成立(无效或被撤销)。试说明甲对乙、丙各得主张何种权利。

给付不当得利的核心问题在于给付关系,即谁向谁为给付。此在通常二人关系的情形容易认定,但涉及多数给付关系时,难免有争议。常被

---

① 参照"最高法院"2010 年台上字第 2019 号判决:"当事人就其提出之事实,应为真实及完全之陈述。且当事人对于其请求及抗辩所依据之原因事实,应为具体之陈述,以保护当事人之真正权利,此观'民事诉讼法'第 195 条第 1 项之规定及其修正理由自明。惟当事人违反应为真实陈述义务者,并非因此而生举证责任倒置或举证责任转换效果。本件被上诉人既主张上诉人受领系争款项,系无法律上之原因,而依不当得利法律关系以为请求,即应就上诉人欠缺受领给付之目的负举证之责,虽消极事实不存在举证困难,不负举证责任之他方即上诉人应就其抗辩之积极事实存在,负真实陈述义务,使负举证责任之被上诉人有反驳机会,以平衡其证据负担。但非得因此即将举证责任分配予上诉人。"

② 参见拙著:《不当得利》(第二版),北京大学出版社 2015 年版,第 207 页。

提出讨论的是给付连锁与缩短给付。此两个案例类型有助于更深刻理解给付不当得利的基本问题,训练较精细的抽象法律思维能力。

先就给付连锁加以说明,甲售某件宋瓷给乙,乙转售于丙,系属两个给付关系,但因连续以同一标的物为给付客体,学说上称为给付连锁(Leistungskette),先图示其法律关系如下:

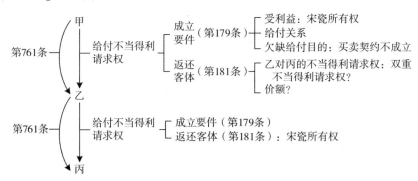

在前揭给付连锁不当得利,应区别各个给付关系,认定其不当得利请求权:

1. 甲与乙间的买卖契约不成立(无效、被撤销)时,甲得对乙主张返还宋瓷所有权的给付不当得利请求权(第179条),乙将宋瓷让售于丙,不能返还其所受利益,应偿还其价额(第181条)。

2. 乙与丙间的买卖契约不成立(无效、被撤销)时,乙得向丙主张返还宋瓷所有权的不当得利请求权。

3. 在甲、乙间及乙、丙间的买卖契约均不存在(不成立、无效或被撤销)时,构成所谓的双重瑕疵(Doppelmangel)。在此情形,甲不得向丙主张不当得利请求权,因为甲与丙间并无给付关系。问题在于甲向乙主张不当得利请求权时,如何认定不当得利请求权的客体(研读前揭图示)?

传统见解认为甲得依不当得利规定向乙请求返还的,乃乙对丙的不当得利请求权(双重不当得利请求权,Doppelkondiktion, Kondiktion der Kondiktion)。此说的推理过程为:甲基于买卖契约移转宋瓷的所有权给乙(第761条),买卖契约不成立(无效或被撤销)时,甲得对乙请求返还该宋瓷所有权,乙已将该宋瓷所有权移转于丙,不能返还原物,应偿还价额。不当得利之受领人不知无法律上之原因,仅就现存利益负返还义务(第181条第1项),利益是否存在,应就受领人的财产总额加以认定。乙现尚存在而应返还于甲的利益,系对丙的不当得利请求权。乙应依债权让与的方法,将其对丙的不当得利请求权移转于甲(第294条)。依"民法"第299条规定,债务人于受通知时,所得对抗让与人之事由,皆得以之对抗受让人,故受让人甲向债务人丙请求返还宋瓷所有权时,丙得对甲主张基于其与乙间买卖契约所生的一切抗辩(尤其是同时履行抗辩权)。

双重不当得利请求权说是否合理,学者质疑,其主要问题在于不当得利请求权人(甲)除须承受相对人(乙)的抗辩外,尚需承受第三人(丙)的抗辩,尤其是必须承担乙或丙破产的风险。为克服此种抗辩及破产风险的聚合(Kumulierung der Einwendungs-und Konkursrisiken)的不利益,学说上有主张应扬弃"双重不当得利请求权"的传统理论,而改采"价额说",即甲对乙请求返还的客体,不是乙对丙的"不当得利请求权",而是给付标的物之价额。

上揭二说,价额说确值重视。传统的双重不当得利请求权说,仍值赞同,理由为:①在法律上较有依据。②就当事人利益而言,采价额说,虽可避免请求权人承受第三人的抗辩或破产的不利益,但请求权人亦因此不能向第三人请求返还其所为给付(如名贵的宋官窑青瓷),亦属不利。

案例〔49〕缩短给付与不当得利

甲向乙购买某西藏唐卡,甲转售给丙,甲图方便,嘱乙将该唐卡径交付于丙。试就下列情形,说明当事人间之不当得利请求权:
1. 甲与乙间的买卖契约不成立、无效或被撤销。
2. 甲与丙间的买卖契约不成立、无效或被撤销。
3. 甲与乙间、甲与丙间的买卖契约均不成立、无效或被撤销。

一、缩短给付关系的物权变动

案例〔49〕之情形,学说上称为缩短给付(abgekürzte Lieferung),即在通常情形,系由乙对甲为给付,再由甲对丙为给付,但当事人为图简便,甲指示乙径将标的物交付于丙,以缩短给付(交付)过程,具有模式作用,应予注意。

要处理此类案例,首先必须认定物权变动关系。"民法"第761条第1项规定:"动产物权之让与,非将动产交付,不生效力,但受让人已占有动产者,于让与合意时,即生效力。"依此规定,动产所有权的变动须具备让与合意及交付两个要件。在缩短给付类型,通常不能认为物权变动系发生于乙与丙之间。甲嘱乙交付唐卡给丙,乙不能由此而得知甲要使丙取得的,究为物的所有权或仅其占有而已(乙不知甲、丙间的法律关系,或虽知其为买卖,甲亦可能保留所有权),故难以认定乙与丙间有移转标的物所有权的让与合意。在解释上应认为乙依让与合意将标的物所有权移转于甲,并依甲之指示将标的物交付于丙(第761条)。甲复将唐卡所有权让与丙,并指示乙对丙为交付(第761条),在一个所谓法律上的瞬间(juristische Sekunde),该买卖标的物(唐卡)的所有权因乙对丙的交付,由乙移转给甲,再由甲移转给丙。

二、不当得利请求权

乙将唐卡交付于丙时,发生两个物权变动,并因此完成两个个别给付关系:①乙对甲履行基于买卖契约所生的债务(第348条)。②甲经由乙对丙履行基于买卖契约所生的债务,学说上称为跨角给付(Leistung übers Eck)。乙本身对丙并无给付目的。就利益状态而言,缩短给付与给付连锁基本上并无不同,其不当得利关系亦应为相同的处理:

1. 乙与甲间的买卖契约不成立时,乙对甲有不当得利请求权。
2. 甲与丙间的买卖契约不成立时,甲对丙有不当得利请求权。
3. 乙与甲间、甲与丙间之买卖契约均不成立时(双重瑕疵),乙对丙无不当得利请求权,其不当得利请求权分别存在于乙与甲、甲与丙之间。乙对丙并无给付不当得利请求权,因乙并未对丙为给付。乙对丙亦无侵害权益不当得利请求权,因丙系因甲的给付而受利益,给付不当得利请求权应优先于非给付不当得利请求权(非给付不当得利的补充性)。兹综合前述说明,图示如下(请阅读本文,彻底理解!):

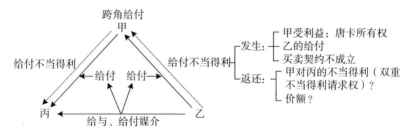

如上图所示,在缩短给付的双重瑕疵,发生乙对甲主张不当得利请求

权时,应返还的究为甲对丙的不当得利请求权,还是该唐卡的价额,尚有争论,请参阅前揭关于连锁给付的说明。

第二目 三人关系不当得利

案例〔50〕误偿他人之债与不当得利

A、B系小学生,在路旁嬉戏。A掷石击落甲窗口上名贵的捷克水晶花瓶,因其父乙家教严苛,不敢承认,B与A友爱,承担其责。B父丙不知真相,即购同一类型的花瓶对甲赔偿。次日发生地震,该花瓶掉落灭失。试问:

1. 丙得向何人主张不当得利请求权?
2. 丙得否变更清偿为他人(乙)清偿的意思,而选择向甲或乙主张不当得利?

一、解题思考

案例〔50〕系不当得利法上三人关系不当得利的典型案例(误偿他人之债),其他相类似案例,例如:丙误以为自己的狗咬伤甲,对甲赔偿后始发现甲系被乙的狗所咬伤;遗产占有人丙对甲清偿遗产债务后,始发现乙为真正继承人;甲超级市场误寄乙的账单给丙,丙未查而为清偿。此类案例,误偿他人(乙)债务之第三人丙,究得向谁(乙或甲)主张不当得利请求权?先图示如下,再作说明:

```
      ┌ 乙(债权人):第179条(一)乙未受利益 ─┬ 丙非第三人清偿
      │                                      └ 乙对甲的债务并未消灭
  丙 ─┤           ┌ 第179条:┌ 甲受利益:花瓶所有权
      │           │         ├ 丙之给付
      │ 甲(第三人)┤         └ 欠缺给付目的:丙对甲并无债务:非债清偿
      │           ├ 第181条:┌ 返还花瓶所有权
      │           │         └ 花瓶意外灭失
      │           └ 第182条:所受利益不存在,甲免负偿还价额义务
```

二、解答

(一)丙对乙的不当得利请求权

丙得向乙依"民法"第179条规定请求不当得利,须乙返还因丙对甲

为给付受有免除乙对甲损害赔偿债务的利益。

乙的未成年子女 A 因过失不法毁损甲的花瓶侵害甲的所有权,乙应对甲负损害赔偿责任(第 187 条)。丙系误认其子 B 毁损甲的花瓶而对甲为损害赔偿,并无为乙清偿对甲债务的意思,不成立第三人清偿,乙并未免除其对甲的损害赔偿债务而受有利益。

丙对乙无不当得利请求权。

(二)丙对甲的不当得利请求权

1. 丙对甲的不当得利请求权

丙得依"民法"第 179 条规定向甲请求返还花瓶所有权,须甲受利益,系因丙的给付,而无法律上之原因。

甲受有丙移转花瓶所有权的利益。丙误认其子毁损甲的花瓶而为损害赔偿的给付。丙对甲并无损害赔偿的债务、欠缺给付目的,其给付无法律上原因。丙得依"民法"第 179 条规定向甲请求花瓶的所有权。

甲应返还的所受利益(花瓶的所有权),因地震灭失。甲不知无法律上原因,而其所受利益(花瓶所有权)已不存在,免负返还或偿还价额的责任(第 181 条、第 182 条)。

2. 清偿意思的事后变更:非债清偿者的选择权?

误偿他人之债的第三人,得向受领给付的债权人主张给付不当得利请求权,已如上述。值得研究的是,第三人于清偿后,发现债权人所受利益已不存在,免负返还责任(第 182 条)的情事时,得否将其原为清偿自己债务的意思变更为为他人(真正债务人)清偿债务的意思,溯及发生第三人清偿之效力,从而得转向债务人主张不当得利请求权?

或有认为得肯定误偿他人之债的第三人得于清偿后,于不违反诚实信用原则,无损于债务人利益时,为清偿意思的变更。较值赞同的是认为不应使误为清偿的第三人得变更其清偿意思,而得选择向债务人或债权人主张不当得利,其理由有三:

1. 第三人得单方嗣后变更其原为给付的意思,在法律上尚无依据。

2. 不当得利请求权人本应承担所受利益不存在或其他风险,不因其系误偿他人之债,而有不同。

3. 赋予选择权过分偏惠误为清偿者,影响他人权益,造成法律关系的不安定。

案例〔51〕指示给付与不当得利

1. 购琴案例：甲向乙购买某琴，价金50万元。甲指示其债务人丙对乙付款。丙对乙为给付后，试就下列情形，说明谁得向谁主张不当得利：(1)丙欠甲的债务业已清偿。(2)甲以受乙诈欺为理由撤销买卖契约。(3)甲撤销与乙的买卖契约，丙对甲的债务业已清偿。

2. 购车案例：甲向乙购车，价金50万元，指示丙银行转账汇款到乙的账户，其后甲因认为该车具有瑕疵，尚待处理，即向丙银行撤销付款委任，丙银行的职员未予注意，而将50万元汇入乙的账户。甲得否向乙请求返还50万元？

一、解题思考

(一)指示给付的法律构造

案例〔51〕涉及指示给付的三人关系不当得利，在现代经济活动中颇为常见，系不当得利法上最具争议的重要问题，请耐心、细心研读。为区别案例〔51〕两个案例类型(购琴案例、购车案例)，须认识指示给付的法律构造。不当得利法上的指示给付，应作广义解释，除"民法"第716条规定的指示证券外，尚包括言词指示、银行与客户间的汇款指示或转账指示，其客体亦兼及不动产、劳务等。在指示给付有三个当事人：①指示给付之人，称为指示人。②被指示之他人，称为被指示人。③受给付的第三人，称为领取人。指示给付所由发生的法律关系，称为原因关系(基础关系)，分别为对价关系及资金关系，此外尚有所谓的给与关系：

1. 对价关系：指示人之所以使领取人领受给付的关系，或为清偿债务，或对领取人为赠与等。

2. 资金关系(或称为填补关系)：被指示人对指示人之所以为给付的关系，或为清偿债务，或贷与信用等。

3. 给与关系，此指被指示人对领取人的给与(Zuwendung)，此为履行行为或给与行为(出捐行为)。

在前揭购琴案例，甲指示丙对乙付款，甲为指示人，丙为被指示人，乙为领取人。甲与乙间的关系为对价关系，其目的在于清偿对乙的价金债务，丙与甲间的关系为资金关系，其目的在于清偿对甲的债务。丙对乙支付50万元，其目的在使对价关系及资金关系上的债务得获清偿，是为履

行行为,丙的给与行为同时完成甲对乙、丙对甲的两个给付。图示如下:

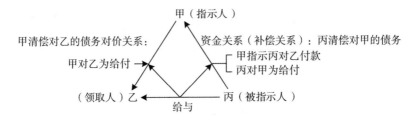

(二)指示给付关系上的两种瑕疵①

指示给付之所以发生不当得利,因具有两类须严予区别的瑕疵:

1. 原因关系的瑕疵:包括对价关系与资金关系不存在的瑕疵,案例〔51〕之1(购琴案例)涉及原因关系瑕疵。

2. 指示瑕疵:欠缺清偿指示瑕疵,包括指示不存在、指示不生效力。在此情形,被指示人对领取人的给与,因欠缺清偿指示,被指示人不能将清偿指示以使者的地位传达于受领人,从而不发生指示人的给付,领取人系以非给付方式取得财产利益,给与者(被指示人)得向受领人主张非给付不当得利,领取人对欠缺指示善意与否,在所不问。指示欠缺的主要情形有:①无行为能力人或限制行为能力人的指示(指示无效)。②无权代理人所为的指示(指示不生效力)。③伪造、变造指示。④对被指示人以外之人为给与(甲指示丙汇款于乙,丙误汇于丁)。⑤被指示人重复支付。例如甲指示丙对乙给付1万元,丙付款后,再向乙付1万元时,第二次付款非基于甲的指示,应由丙对乙主张不当得利请求权。案例〔51〕之2(购车案例)涉及指示瑕疵。

请再阅读前面说明,确实理解所谓对价关系、资金关系及给与关系;所谓指示瑕疵及指示欠缺。

二、解答

(一)案例〔51〕之1:购琴案例:原因关系的瑕疵

1. 资金关系(补偿关系)瑕疵

案例〔51〕之1(购琴案例)涉及指示给付原因关系的瑕疵。在此情

---

① 参见拙著:《不当得利》(第二版),北京大学出版社2015年版,第215页以下。

形,应分就对价关系及资金关系,认定谁向谁为给付,而得依"民法"第179条规定请求其所为给付的不当得利请求权。

首先要提出的是,"最高法院"2016年台上字第633号判决谓:"按于指示给付关系中,被指示人系为履行其与指示人间之约定,始向领取人(第三人)给付,被指示人对于领取人,原无给付之目的存在。苟被指示人与指示人间之关系不存在(或不成立、无效或被撤销、解除),被指示人应仅得向指示人请求返还其无法律上原因所受之利益。至领取人所受之利益,原系本于指示人而非被指示人之给付,即被指示人与第三人间尚无给付关系存在,自无从成立不当得利之法律关系。"[1] "最高法院"在本件判决提出一个值得肯定的法律见解,认为在资金关系(补偿关系)具有瑕疵的情形,系由被指示人对指示人为给付,从而应认定被指示人对指示人有给付不当得利请求权。

在该案例中,丙不知对甲的债务业已清偿,依甲指示汇款给乙时,丙得依"民法"第179条规定向甲请求返还50万元:

(1)甲受有利益:50万元清偿债务。
(2)丙对甲为给付:丙付款于乙系为清偿对甲的债务而为给付。
(3)欠缺给付目的:丙对甲并无债务,无法律上原因。

2. 对价关系瑕疵

对价关系(指示人与领取人间的关系)具有瑕疵时,指示人对受领给付之人有给付不当得利请求权。甲与乙间的买卖契约不存在时,丙依甲的指示付款于乙时,甲得依"民法"第179条规定向乙请求返还50万元:

(1)乙受有50万元的利益。
(2)甲对乙为给付:甲指示丙付款于乙,系为清偿对乙买卖契约的价金债务而为给付。
(3)欠缺给付目的:甲以受诈欺为由撤销与乙的买卖契约,买卖视为自始无效(第114条),给付目的其后不存在而无法律上原因。

3. 资金关系与对价关系双重瑕疵

在资金关系与对价关系双重瑕疵情形,应就个别给付关系认定其不当得利请求权,分别由指示人对领取人、被指示人对指示人主张不当得利请求权,学说上称为跨角行使不当得利请求权(Abwicklung übers Eck)。

---

[1] 拙著:《不当得利》(第二版),北京大学出版社2015年版,第215页以下。

关于双重瑕疵所涉及不当得利请求权的客体(双重请求权说、价额说),请参阅关于缩短给付的说明(案例〔49〕)。至于被指示人(丙)与领取人(乙)之间并无给付关系,不成立给付不当得利。

(二)案例〔50〕之2(购车案例):指示瑕疵、撤销付款委托

1. 解题思考

案例〔51〕之2(购车案例)涉及指示瑕疵,尤其是具有争议的撤销委托类型,为便于认识其问题争点,图解如下:

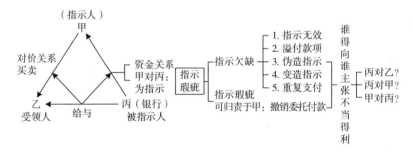

在指示欠缺的类型,原则上应由被指示人向受领人主张不当得利,例如被指示人不知已付款,再为付款时,得向受领人主张非给付(侵害权益)不当得利请求权。在撤销委托的情形,丙银行(被指示人)得否对乙(受领人)主张不当得利请求权,问题在于甲(指示人)对乙有无给付,此涉及给付概念。

2. 解答

(1)丙对乙的给付不当得利请求权

①丙得依"民法"第179条规定向乙请求返还50万元,须乙受有利益,乙因丙的给付而受利益,丙之给付欠缺给付目的:

A. 乙受有利益：乙受有丙汇入其账户50万元的利益。

B. 丙的给付：给付系指有意识、有一定目的地增益他人财产，在三人关系不当得利，应权衡当事人利益关系认定谁对谁为给付。在撤销委托付款情形，从受领人丙的观点言，系指示人甲为清偿价金而为之给付。甲原有给付的指示，其后再予撤销，造成指示欠缺，有可归责性，应承担因此所产生的风险，以保护受领人的信赖。故在撤销委托付款的情形，应认丙银行将50万元汇入乙的账户系甲对乙的给付，旨在清偿价金债务。丙银行系给付媒介，并未对乙为给付。

②丙银行对乙无给付不当得利请求权。

（2）甲对乙的不当得利请求权

甲撤销委托付款后，丙仍汇款于乙。依信赖保护及风险分配，应认系甲对乙为给付，已如前述。甲与乙间关于买卖契约的争议（对价关系），应依契约关系加以处理。若买卖契约不成立（无效或撤销）时，甲得向乙依"民法"第179条规定主张给付不当得利请求权。

第三款　权益侵害不当得利

一、意义及功能

非给付不当得利请求权，指受利益非系本于受损者的给付而发生的不当得利请求权，可分为以下三种基本类型：①权益侵害不当得利请求权：如无权占用他人土地。②支出费用不当得利请求权：如误他人之物为己有而为修缮。③求偿不当得利请求权：如清偿他人债务。在非给付不当得利请求权中，以权益侵害不当得利请求权最属重要，特作较详细的说明。

侵害权益型的不当得利在台湾地区实务上早已有之，自20世纪80年代学界倡导不当得利非统一说，区别给付不当得利及非给付不当得利，尤其是引进权益侵害不当得利及权益归属理论，终于为实务所接受而成为通说。"最高法院"2010年台再字第51号判决明确认为："在'非给付型不当得利'中之'权益侵害之不当得利'，凡因侵害取得归属于他人权益内容而受利益，致他人受损害，欠缺正当性；亦即以侵害行为取得应归属他人权益内容的利益，而不具保有利益之正当性，即构成无法律上之原因，而成立不当得利。"此为台湾地区不当得利法的重大发展。如何整理案例,建构理论体系,系法释义学的重要任务。

给付不当得利在于调整失败法律交易(契约不成立、无效、被撤销)的财产变动,与私法自治具有密切关系,前已说明。权益侵害不当得利旨在保护权益,与侵权行为具有相同的功能,其主要不同在于权益侵权不当得利不以加害人具有故意、过失或违法性为要件,其目的不在于填补被害人所受损害,而在于返还应归属于被害人的权益内容。权益侵害不当得利得与侵权责任发生竞合关系。

二、请求权基础、要件与效果、举证责任

(一)请求权基础的再构成

1. 构成要件

关于权益侵害不当得利的构成要件,"最高法院"1997年台上字第1102号判决谓:"长期占有使用系争土地而受有利益,致使被上诉人受有无法使用之损害,与公平正义法则有违。"其构成要件为:

> (1)受利益。
> (2)受损人须受有无法使用的损害。
> (3)无法律上原因,以违反公平正义为判断基准。

占有他人土地所受利益系占有使用本身,而非相当的租金。相当之租金系不能返还所受利益(占有使用),而应偿还的价额。"最高法院"以受损人受有无法使用的损害,误认此种不当得利法的功能。尤其是以"公平、正义"认定损益变动的正当性,失诸概括笼统,不足作为判断受益人得否保有其所受利益的基准。

权益侵害不当得利请求权的构成要件为:

> (1)受利益。
> (2)因侵害他人权益而受利益,致他人受损害。
> (3)无法律上原因:无法律上依据。

(1)受利益

受利益应就具体计算方式而为认定,同于给付不当得利。例如消费

他人之物(饮用他人之酒),无权处分他人之物而取得对价;占用他人土地;因添附取得他人之物的所有权(第811条、第816条)等。

(2)因侵害他人权益归属而受利益,致他人受损害

权益归属,指权益有一定的内容,专属于权利人,归其享有,并具排他性,例如所有权的内容为物之使用、收益、处分,并排除他人的干涉(第765条),归属于所有人。违反法秩序所定权益归属而取得其利益者,例如无权处分他人之物致受让人善意取得,其取得价金,乃违反财产法上权益归属秩序,欠缺法律上原因,应成立不当得利。此系不以得利过程的违法性,而是以保有给付的正当性(契约关系或法律规定),作为判断标准。

出租人与承租人有租赁契约关系存在,承租人支付对价而为使用收益,出租人对租赁物已无使用收益的权能,故承租人因违法转租而受利益,并未致出租人受损害。若肯定出租人的不当得利请求权,将使其获得双重利益。违法转租所涉及的,不是权益归属,而是租赁契约的问题。承租人未得出租人承诺而转租,违反不得转租的约定而为转租时,应在租赁契约上求其解决,出租人得终止契约(第443条第2项),或请求债务不履行之损害赔偿,以资救济。

致他人受损害此项要件具有三种功能:①特定不当得利的客体;②特定不当得利债之关系的当事人;③避免借不当得利请求所谓的反射利益(如渔夫利用灯塔夜航)。

实务上有一个法律问题:某甲误取某乙之肥料施于某丙之土地,问某乙是否得依不当得利之规定向某丙请求偿金?研究意见认为:"所谓直接损益变动关系应系指其受利益直接自受损人之财产而非经由第三人之财产,某甲误取某乙之肥料时,该肥料之所有权仍属于某乙,某丙因肥料附合成为土地之重要成分而取得肥料所有权('民法'第811条参照)直接自某乙受利益,某乙得依不当得利规定,向某丙请求偿金('民法'第816条参照)。"兹依此案例图示权益侵害不当得利请求权的构造:

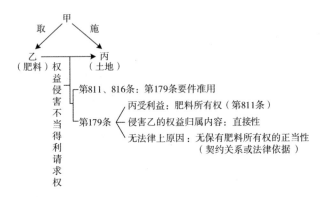

(3) 无法律上原因

侵害应归属于他人的权益内容而受利益,致他人受损害(直接性),欠缺保有该项利益的正当性(契约关系或法律依据),应构成无法律上的原因。所有权具有一定的权益内容,权益归属范畴较易判断。其他权利,尤其是人格权,如何认定其应归属于权利人享有的内容,例如甲擅自以乙女的照片作为杂志的封面女郎,得否成立不当得利,系理论与实务发展的重要问题。

2. 举证责任

在给付型不当得利,主张不当得利请求权人(受损人、债权人)应就不当得利的要件,尤其是"无法律上原因"负举证责任,前已说明。关于权益侵害型不当得利的举证责任,"最高法院"2011年台上字第899号判决强调:"'非给付型之不当得利'中之'权益侵害之不当得利',由于受益人之受益非由于受损人之给付行为而来,而系因受益人之侵害事实而受有利益,因此只要受益人有侵害事实存在,该侵害行为即为'无法律上之原因',受损人自不必再就不当得利之'无法律上之原因'负举证责任,如受益人主张其有受益之'法律上之原因',即应由其就此有利之事实负举证责任。又'非给付型之不当得利'中之'权益侵害之不当得利',凡因侵害取得本应归属于他人权益内容而受利益,致他人受损害欠缺正当性,亦即以侵害行为取得应归属他人权益内容之利益,而从法秩序权益归属之价值判断上不具有保有利益之正当性者,即应构成'无法律上之原因'而成立不当得利。本件上诉人利用保管郭○敏之存折、印章之便,擅自由郭○敏账户中提领如附表上开编号所示之款项,既为原审合法确定之事实,乃系以侵害行为取得在权益内容本应归属于郭○敏之利益,致郭○敏受损害,核属于'非给付型之不当得利'中之'权益侵害之不当得利',而上诉人复未能举证证明其具有保有该利益之正当性,自应成立不当得利。"

三、实务案例

关于权益侵害不当得利,以无权处分最为典型(案例〔52〕)与无权占有他人之物最为常见(案例〔53〕)。兹先举若干实务案例以供参照:

1. 对未为所有权登记之不动产无权占有:"未为所有权登记之建物之占有利益,应归属于享有事实上处分权之人,第三人未经事实上处分权人同意而占有该建物,受有占有之利益,致事实上处分权人受有损害,且无法律上原因时,该事实上处分权人自得依'民法'第179条规定,请求返还其占有。"(2017年台上字第187号)

2. 无权占有公用地役关系土地:"公用地役关系为公法关系,私有土地具有供公众通行使用之公用地役关系者,土地所有权人权利之行使,固不得违反供公众通行使用之目的,惟其并未丧失所有权及收益权,倘其将之出租他人设摊,仅生是否违反行政法规应予取缔之问题,该租约并非无效。则第三人因无权占用上开土地所获不当得利,与土地所有权人受有租金之损害间有相当因果关系,土地所有权人非不得请求该第三人返还不当得利。"(2013年台上字第2503号、2013年台上字第1669号)

3. 政府未经征收占用私人土地:因公共事业之需要,固得依法征收私有土地,惟如未经合法征收而无偿径予占用私人土地,自属无权占有,且因之受有利益。而无权占有他人土地可能获得相当于租金之利益,为社会通常之观念。上诉人主张系争土地非既成道路,无公用地役权存在,业据其提出照片为佐。被上诉人未经征收程序即擅将系争土地辟为道路,为两造所不争执,上诉人主张被上诉人为无权占有,侵害伊等权利,并受有不当得利,似非无据。原审未详加审究,徒以道路系供公众通行,即谓被上诉人未受有利益,自有可议。(2013年台上字第485号)

4. 共有人逾越其应有部分之范围对共有物为使用收益:"'民法'第818条所定各共有人按其应有部分,对于共有物之全部有使用收益之权。系指各共有人得就共有物全部,于无害他共有人之权利限度内,可按其应有部分行使用益权而言。故共有人如逾越其应有部分之范围使用收益时,即系超越其权利范围而为使用收益,其所受超过利益,要难谓非不当得利。"(1966年台上字第1949号)

5. 添附与不当得利:"按'民法'第816条系一阐释性之条文,旨在揭橥依同法第811条至第815条规定因添附丧失权利而受损害者,仍得依不当得利之法则向受利益者请求偿金,故该条所谓'依不当得利之规定,请求偿金',系指法律构成要件之准用,非仅指法律效果而言。易言之,此项偿金请求权之成立,除因添附而受利益致他人受损害外,尚须具备不当得利之一般构成要件始有其适用,即须当事人一方受有利益,致他方受有损害,且受益与受损间系无法律上之原因,始足当之。本件港务公司系依其与展运公司所订之系争拓宽工程契约,而受系争沥青之铺设,非无法律上原因受利益;航港局已将八地号土地提供予港务公司使用收益,亦未受有利益,乃原审所合法确定之事实。原审因以上揭理由而为上诉人败诉之判决,经核于法洵无违背。"(2015年台上字第1356号)

6. 抵押权人受领拍卖无效的价金,成立侵害权益不当得利?:"执行法院拍卖查封之不动产,以其价金分配于各债权人者,纵该不动产嗣后经确定判决,认为不属于债务人所有,不能移转与买受人,而买受人因此所受价金之损害,亦只能向直接受其利益之债务人请求偿还,各债权人所受清偿之利益,系另一原因事实,除有恶意外,不能认与买受人所受之损害有直接因果关系,自不负返还其利益之责任。"(1964年台上字第2661号判例)

案例〔52〕无权处分与不当得利①

某乙在其父遗物中发现一把小提琴,不知其系甲所寄存,以之作为己有出卖于善意之丙,价金若干,双方同时履行。试问:

1. 甲得向乙、丙主张何种权利?
2. 设乙系将该小提琴赠与丙,其法律关系如何?
3. 设丙系恶意,不知去处,甲得否向乙请求返还让售该小提琴所获利益?

一、解题思考

案例〔52〕系民法的典型案例,涉及民法基本概念、负担行为(债权行为)及处分行为(物权行为)、物权变动不当得利等法律关系,常被提出讨

---

① 较详细深入的论述,参见拙著:《不当得利》(第二版),北京大学出版社2015年版,第151页以下。

论。要处理此类案例,首先要认识到在乙、丙间共有三个法律行为:①买卖契约(债权行为)。②乙让与小提琴所有权于丙的行为(物权行为、处分行为,第761条)。③丙支付价金的行为(物权行为、处分行为,第761条)。乙、丙间的买卖契约,虽系以他人之物为标的,仍属有效。丙支付价金的处分行为,亦属有效。惟乙擅自让与甲小提琴所有权于丙,则属无权处分。无权处分行为,系指无权利人,以自己名义,就标的物而为处分行为。无权处分,除经有权利人的承认外,不生法律行为上的效力,但为维护交易安全,民法设有善意取得制度,即以动产物权之移转或设定为目的,而善意受让动产之交付者,除法律另有规定外,纵为移转或设定之人,无移转或设定之权利,受移转或设定之人,仍取得其权利(第801条、第948条)。

在上举乙无权处分甲的小提琴案例,丙得因善意而取得该琴所有权。关于不当得利关系,兹分就有偿无权处分、无偿无权处分、无权处分的承认三种情形加以说明。请先彻底研读案例事实,理解其法律关系及请求权基础,并考虑宜先检查谁对谁得主张何种请求权。

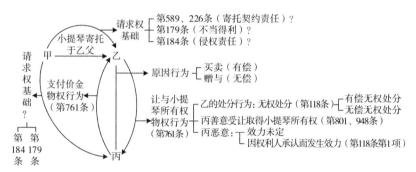

二、有偿的无权处分

(一)甲对丙的请求权

有偿的无权处分,指无权处分系基于有偿的原因行为,如乙擅将甲寄托的小提琴出卖于丙,并让与其所有权(第761条),丙因善意受让而取得该琴的所有权(第801条、第948条)。在此情形,丙受有利益,致甲受损害,系基于法律规定,具有法律上原因,不成立不当得利,亦不构成因故意或过失不法侵害甲所有权的侵权责任(第184条第1项前段)。

(二)甲对乙的请求权

1. 债务不履行及侵权行为损害赔偿请求权

应检查的是,甲得否对乙依"民法"第226条主张债务不履行或依"民法"第184条第1项前段规定主张侵权行为损害赔偿请求权。

乙因无权处分甲的小提琴,丙善意取得该琴所有权,致不能返还该琴于寄托人(甲)(主观不能)。乙系于其父遗物中发现该琴,而为无权处分,通常不具故意或过失,而无可归责之事由,对甲不负"民法"第226条规定给付不能债务不履行责任。乙无权处分甲小提琴,致丙善意取得该琴,侵害甲的所有权,非出于故意或过失,亦不发生"民法"第184条第1项前段规定的侵权责任。

2. 权益侵害不当得利

甲得向乙依"民法"第179条规定请求返还甲让售乙所有的小提琴的价金,须乙受有价金对价,侵害甲的权益归属,欠缺法律上依据。

乙将甲的小提琴让售于丙,取得价金对价,受有利益。甲系小提琴所有人,对该琴有使用、收益、处分的权能,乙将该琴让售于丙,取得对价,侵害应归属于甲的权益内容。此项权益侵害系基于无权处分及买卖契约,具有直接因果关系,致甲受损害。乙受利益无法律上的依据,而无法律上原因。甲对乙有不当得利请求权。

不当得利之受领人,应返还其所受利益,但依其性质不能返还者,应偿其价额(第181条)。最高法院1941年上字第40号判例谓:"不当得利之受领人,依其利益之性质或其他情形,不能返还者,依'民法'第181条但书之规定,因应偿还其价额,惟出卖人因将原物出卖而不能返还者,其所受之利益既仅为卖得之价金,即应以卖得之价金作为其应还之价额。"依"民法"第181条的规范意旨,其应偿还者,系原物的价额,而以通常的价金作为计算,不应以出卖的价金作为所受利益,认系应偿还的价额。不论出卖原物价金的高低,均应以通常的价金计算其价额。

在有偿的无权处分情形,其应返还的不是让售的对价(价金),而是以原物价值计算的价额,较符合不当得利调整财产变动的功能及保护当事人利益的目的。买卖的价金有高于标的物的价额(市价),亦有低于市价,不论何者,其应返还的均为以通常市价计算的价额,较具客观性。所获价金高于市价者,得适用不法管理,准用无因管理的规定请求返还(第177条第2项)。

三、无偿的无权处分

无偿的无权处分,指其无权处分系基于无偿的原因行为,例如乙将甲的小提琴赠与丙,而移转其所有权。在此情形,丙善意取得小提琴所有权,虽具有法律上的原因,但为保护所有权人,并鉴于丙系无偿取得,应类推适用"民法"第 183 条规定使无偿善意受让人负返还责任。之所以类推适用"民法"第 183 条规定,乃基于相同的利益状态,对法律未设规定的漏洞予以填补:

1. 法律漏洞:原权利人应受保护。"民法"第 183 条规定,甲对乙虽有不当得利请求权,但善意的乙免负返还义务。在无偿的无权处分情形,若乙无过失,不知无处分权时,甲对乙既无不当得利返还请求权,亦无侵权行为损害赔偿请求权,无救济之道,民法未设规定,违反其规范计划,构成法律漏洞。

2. 类推适用:受让人同属无偿而取得利益。二者的利益状态相同,应类推适用"民法"第 183 条规定,以贯彻等者等之,相同者应为相同处理的平等原则。

四、权利人对无权处分的承认

"民法"第 118 条第 1 项规定:"无权利人就权利标的物所为之处分,经有权利人之承认始生效力。"由是可知,无权处分行为系须得第三人同意的行为,权利人未予承认时,其效力尚未确定,受让人不能取得权利。权利人承认时,则溯及既往发生效力(第 115 条)。乙无权处分甲的小提琴,恶意的丙不能善意取得其所有权时,甲得承认乙的无权处分,使丙取得小提琴所有权,并使甲的所有权归于消灭。乙取得出卖小提琴的价金,乃甲所有权消灭的对价,致甲受损害,无法律上原因,从而甲得向乙依不当得利规定请求返还其所受利益,同于丙善意取得小提琴的情形。采此解决方法,一方面使受让人依其所欲取得小提琴所有权,另一方面使权利人得维护其权益,符合当事人的利益。

案例〔53〕无权占用他人之物与权益侵害不当得利

甲继承市区某屋及空地,任其空置,未予使用。某乙知甲患病长期住院,擅自占用该屋及空地,经营杂货摊贩市场,5 年后甲恢复健康,准备整修出租,乃向乙请求返还房屋及空地。经查租用该房屋及空地,通常每月需要 5 万元租金。乙经营杂货摊贩市场,每月收入 15 万元。试说明甲对乙的不当得利请求权。

一、解题思考

无权占用他人土地,实属常见,系实务上的重要问题,涉及民法的重要请求权:

1. 契约上请求权:租赁关系终止,返还租赁物(第 455 条)。
2. 物上请求权:所有物返还请求权(第 767 条)、占有物返还请求权(第 962 条)。
3. 侵权行为请求权:返还侵占的土地(第 184 条第 1 项前段)。
4. 不当得利请求权:权益侵害不当得利请求权(第 179 条)。

案例〔53〕旨在讨论无权占用他人土地侵害他人权益不当得利的基本问题,示其解题构造如下:

```
Ⅰ 甲对乙的不当得利请求权
  (一)不当得利请求权的发生(第 179 条):权益侵害不当得利
      1. 要件及举证责任
         (1)受利益
            ①可能获得相当租金的利益(实务见解)
            ②物之占有使用
         (2)权益归属侵害
            ①使用计划(实务见解)
            ②权益归属内容
         (3)无法律上原因:欠缺法律依据
      2. 不当得利请求权客体(第 181 条)
         (1)所受利益:获得相当租金(实务见解)
         (2)所受利益:系物之占有使用,不能原物返还,价额偿还(相当于租金)
         (3)更有所取得:经营摊贩收入?
  (二)不当得利请求权的排除(第 180 条)
      1. 排除(第 180 条)
      2. 消灭:抵销?
  (三)不当得利请求权的实现性:时效消灭的抗辩
      1. 甲的不当得利请求权
      2. "民法"第 125 条短期消灭时效的适用(实务见解)
      3. 分析讨论
Ⅱ 甲对乙的不当得利请求权与乙的时效抗辩
```

二、解答

Ⅰ 甲得依"民法"第 179 条规定向乙请求返还其所受利益,须成立权益侵害不当得利,即乙受有利益,侵害应归属于甲的权益内容,欠缺法律上依据。

(一)不当得利请求权的发生

1. 要件及举证责任

"民法"第 179 条规定的不当得利,依其类型可分为"给付型不当得利"及"非给付型不当得利",系通说。本件案例系属"非给付型不当得利"中的权益侵害不当得利。

(1)乙受有利益

"最高法院"长期认为占有他人土地,可能获得相当于租金之利益为社会观念,而以相当之租金为占有他人土地之所受利益(参照 2017 年台上字第 461 号)。"民法"第 179 条所称受有利益,系指侵害他人权益而取得的具体利益(具体利益基准),而非就受益人整个财产状态抽象地加以计算(抽象财产基准)。在无权占用他人土地,其受利益,不是相当于租金的利益,而是占有使用本身。

(2)权益归属的侵害

"最高法院"早期判决曾认为所谓无权占用他人土地,受利益致他人损害,须受损人有使用土地计划。此系对"致他人受损害"的误解。① 权益侵害不当得利,其致他人受损害,系指侵害应归属于他人的权益内容,非指以他人受有相当于侵权行为的损害为必要。无权占用他人土地侵害应归属于所有人使用收益的权能,有无使用的计划在所不问。诚如"最高法院"2013 年台上字第 837 号判决所强调:"因侵害行为受利益,致被害人受损害者,亦可构成不当得利,至于是否同时成立侵权行为,尚非所问。此项侵害型不当得利之机能,旨在弥补侵权行为法规范功能之不足,以维护财货应有之归属状态,俾矫正因违反法秩序预定之财货分配法则所形成之财货不当移动之现象。因此,凡因侵害取得本应归属于他人权益内容而受利益,致他人受损害,而欠缺正当性者,亦即以不当手段取得应归属他人权益内容之利益,从法秩序权益归

---

① 拙著:《不当得利》(第二版),北京大学出版社 2015 年版,第 171 页。

属之价值判断上不具保有利益之正当性者,即可构成'无法律上之原因'而成立不当得利。"

(3)无法律上原因

乙占用甲的房屋及土地,无法律上依据。乙无权占用甲的房屋及土地,因其侵害事实而受有利益。因此只要有侵害事实存在,该侵害行为即为"无法律上之原因",受损人甲不必再就不当得利之"无法律上之原因"负举证责任,如乙主张其有受益之法律上之原因,即应由其就此有利之事实负举证责任。(2011年台上字第899号)

乙无权占用甲的房屋及土地,欠缺法律上依据而无法律上原因。甲对乙有侵害权益不当得利请求权。

2. 不当得利请求权的范围

不当得利受领人,除返还所受利益,如本于该利益更有所取得,并应返还。但依其利益之性质或其他情形不能返还者,应偿其价额(第181条)。乙无权占用他人之物,其所受利益系物之占有使用本身,依其性质不能返还,应偿还其价额,此项价额应依通常租金加以计算,每月5万元。

"民法"第181条所谓更有所取得,系指物之孳息,或彩券之中奖等,乙占有他人房屋及土地经营杂货摊贩市场每月收入15万元,非属本于其所受利益更有所取得,不在返还范围。

(二)不当得利请求权的排除

"民法"第180条规定的不当得利请求权的排除,系指给付不当得利,不适用于非给付不当得利。

(三)不当得利请求权的实现

请求权,因15年间不行使而消灭,但法律所定期间较短者依其规定(第125条)。关于不当得利请求权,"民法"未设特别规定,应适用"民法"第125条规定的15年时效期间。"最高法院"2013年台上字第2209号判决谓:"按共有人逾越其应有部分之范围对共有物为使用收益,可能获得相当于租金之利益为社会通常之观念,因其所受利益为物之使用收益本身,应以相当之租金计算应偿还之价额。又租金之请求权因五年间不行使而消灭,既为'民法'第126条所明定,则凡无法律上之原因而获得相当于租金之利益,致他人受损害时,如该他人之返还利益请求权已逾租金短期消灭时效之期间,对于相当于已罹消灭时效之租金之利益,即不得依不当得利之法则,请求返还。此为本院所持之见解,并经本院前次发回意旨予以指明,依'民事诉讼法'第478条第4项规定,原审应以之为判决基础。乃原审仍以本件相当于租金之返还利益请求权时效系十五年为由,而为上诉人不利之论断,其所持法律上之见解,自有可议。"应说明的有二:

1. 无权占用他人土地,其所受利益系为物之使用本身。此项所受利益,不能原物返还,以相当之租金计算应赔偿的价额,不能认为无权占用他人之物系受有相当于租金的利益。相当之租金,乃使用他人土地本身所受利益的计算方法,而非所受利益本身。

2. "民法"第126条规定租金、利息等其他一年或不及一年之定期给付债权,其各期给付请求权,因5年间不行使而消灭,立法意旨系认此种债权,债权人本可按时请求债务人履行(参照第126条的立法理由)。在无权占用他人土地,被害人并无按时收取相当于租金之利益的情形,应无"民法"第126条规定的适用,或类推适用的余地。

Ⅱ 甲得依"民法"第179条及第181条规定向乙请求返还无权占用其房屋及土地所受利益,因不能原物返还应以通常租金计算的价额每月5万元,其消灭时效期间为15年(第125条),甲于乙无权占用房屋及土地5年后行使不当得利请求权,并未罹于时效。惟依"最高法院"见解,乙得主张甲的不当得利请求权依"民法"第126条规定因5年间不行使而消灭。

案例 〔54〕 债权双重让与及不当得利:难懂的债权让与

甲对乙有200万元债权,于7月5日到期。甲于5月1日对丙表示愿先赠与此项债权,其后再为让与,丙欣然允受。丙因融通资金,分别于6月1日及6月5日将该项债权以180万元先后出卖于丁、戊,并为让与。甲于7月1日将该债权让与丙。乙于7月10日对提示丙所立债权让与字据之戊为清偿。试说明当事人间的法律关系。

一、解题思考

(一)债权让与的法律结构

债权在现代法上居于优越的地位,债权让与具有融通资金、活跃经济的机能,在市场经济中甚属重要。债权较诸物权更具抽象性,并涉及原因行为及处分行为,不易理解,但有助于法律思考,特设案例〔54〕加以说明。兹采案例比较法,阐明物权让与(物权变动)与债权让与的异同。

1. 甲有 A 屋出卖于乙,并依法律行为(物权行为)让与(移转)其所有权于乙,并经登记。

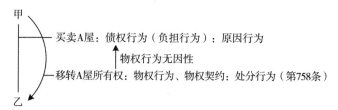

2. 甲对丙有债权,出售于乙,并为让与。

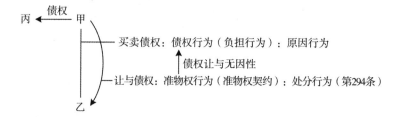

比较前揭两个案例,可知物权让与(移转)与债权让与有相同的法律结构,同为处分行为,同具无因性。其主要不同在于债权让与系不要式契约,因双方当事人让与合意而发生效力。债权让与得与债权买卖同时为之或分别为之。值得提出的是"最高法院"关于债权让与的三个重要法律见解:

1. 债权让与的法律性质:"债权让与系属准物权行为具独立性,于让与契约发生效力时,债权即移转于受让人,其原因关系之存否,于既已成立生效之债权让与契约并无影响。是以债权让与为清偿债务之方法,纵其债务不存在,亦仅生让与人得否请求受让人返还不当得利之问题,要难谓其不生债权移转之效力。"(2003 年台上字第 624 号、2010 年台上字第 1867 号)

2. 债权让与对债务人的效力:"债权之让与,依'民法'第297条第1项之规定,虽须经让与人或受让人通知债务人始生效力,但不以债务人之承诺为必要,而让与之通知,为通知债权让与事实之行为,原得以言词或文书为之,不需何等之方式,故让与人与受让人间成立债权让与契约时,债权即移转于受让人,除法律另有规定外,如经让与人或受让人通知债务人,即生债权移转之效力。至同法条第二项所谓受让人将让与人所立之让与字据提示于债务人,盖使债务人阅览让与字据,可知让与之事实与通知有同一之效力,并非以提示让与字据为发生债权让与效力之要件。"(1953年台上字第626号判例)

3. 债权双重让与的效力:"在债权双重让与之场合,先订立让与契约之第一受让人依'债权让与优先性'原则虽取得让与之债权,但第二受让人之让与契约,并非受让不存在之债权,而系经债权人处分现存在之他人(第一受让人)债权,性质上乃无权处分,依'民法'第118条规定,应属效力未定,此为本院最新之见解。而无权利人就权利标的物为处分后,取得其权利者,其处分自始有效,同条第2项定有明文。"(2016年台上字第1834号判决)

(二)解题构造

案例[54]有多数当事人及不同时间的法律行为,图示其基本关系及解题构造如下:

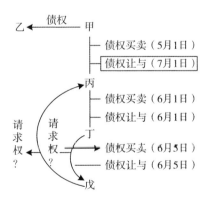

一、债权的变动及归属
1. 甲与丙间的债权赠与及让与
   (1) 债权赠与(第 406 条):5 月 1 日
   (2) 债权让与(第 294 条):7 月 1 日
2. 丙与丁间的债权买卖及债权让与
   (1) 债权买卖(第 345 条):6 月 1 日
      ①出卖他人债权
      ②负担行为:有效
   (2) 债权让与(第 294 条):6 月 1 日
      ①无权处分:效力未定(第 118 条第 1 项)
      ②因丙于 7 月 1 日取得对乙的债权而生效(第 118 条第 2、3 项),丁取得对乙的债权
3. 丙与戊间的债权买卖及让与
   (1) 债权买卖:6 月 5 日
      ①出卖他人债权
      ②负担行为:有效
   (2) 债权让与(第 294 条):6 月 5 日
      ①无权处分:效力未定(第 118 条第 1 项)
      ②丙取得债权,但对丁的让与先于戊,戊不能取得债权(第 118 条第 3 项)
二、丁对戊的请求权:第 179 条
1. 戊受利益
2. 致丁受损害
3. 无法律上原因
丁得依第 179 条规定向戊请求返还 200 万元
三、戊对丙的请求权
1. 第 226 条的类推适用
2. 自始主观不能:债权买卖契约有效
3. 履行利益的损害赔偿

二、解答

(一)债权的变动及归属

首先应认定的是,甲对乙的债权的变动及归属,此为当事人间法律关系的基础。甲将其对乙的 200 万元债权赠与丙,系债权行为(负担行

为),发生甲应移转该债权于丙的义务。丙前后于6月1日及6月5日将该债权出卖于丁、戊,系出卖他人(甲对乙)的债权,其买卖契约有效。其让与债权系所谓的准物权行为,属无权处分,效力未定。

甲于7月1日将其对乙的债权让与丙。丙系无权利人就其标的物(甲对乙的债权)为处分后,取得其权利,其处分自始有效(第118条第2项)。① 丙先后于6月1日、6月5日将该债权让与丁、戊,此两个处分互相抵触,不能并存,应以其最初对丁的处分为有效(第118条第3项)。由丁取得对乙的债权。

(二)丁对戊的请求权

丁得向戊依"民法"第179条规定请求返还200万元,须戊受有200万元利益,致丁受损害,无法律上原因。

戊因乙对其清偿,受有200万元利益。如前所述,丁先取得对乙的债权。受让人戊将债权让与人丙所立之字据提示于债务人乙,与通知有同一效力,债权之让与对乙发生效力(第297条)。乙对戊为清偿,使丁的债权归于消灭,受有损害。戊取得应归属于丁的利益,欠缺法律上原因。

丁得向戊依"民法"第179条规定请求返还200万元。

(三)戊对丙的请求权

戊得向丙依"民法"第226条规定请求损害赔偿,须因可归责于丙的事由,致给付不能,受有损害。

丙将甲对乙的债权出卖于戊,负有使戊取得该债权的义务(第348条第2项),并应担保其权利确系存在(第350条)。丙因双重债权让与,致受让债权在后的戊不能取得债权,已如前述。此项给付不能仍属自始主观不能,"民法"第246条规定,以不能之给付为契约标的者,其契约为无效,系指自始客观不能而言,戊与丙的债权买卖契约系属有效。在此情形,应类推适用"民法"第226条规定,戊得向丙请求因可归责于丙的事

---

① 参照"最高法院"2014年台上字第2405号判决:"按债权债务之主体,应以缔结契约之当事人为准。又债权契约为负担行为,不以负担义务者对标的物具有处分权为必要,无处分权人所订立之债权契约,并不因其欠缺对标的物之处分权而影响该契约之效力。而'民法'第118条所谓无权利人就权利标的物所为之处分,经有权利人之承认始生效力者,仅指处分行为而言,并不包括负担行为在内。易言之,有权利人之承认,不过使无权处分人处分标的物之行为因而发生物权得丧变更之法律效果,尚不生有权利人因承认而取代该无权利人契约当事人之地位而成为债权债务主体之情事,此与无代理权人以本人名义所为之法律行为,因本人之承认,而使该法律行为之效果归属于本人之情形迥异。"

由,致给付不能,受有不能取得200万元债权的损害赔偿。

戊得向丙类推适用"民法"第226条规定请求200万元的损害赔偿。

第七节 侵权行为

第一款 侵权行为法的体系构成

案例〔55〕规范体系的建构

请阅读"民法"第184条至第197条规定,说明:

1. 侵权行为法的功能及基本原则。

2. "民法"第184条规定一般侵权行为,为何不规定:"因故意或过失不法侵害他人(或他人权益),应负损害赔偿。"而分别规定第1项、第2项,并于第1项设前段、后段规定?

3. "民法"第185条以下规定若干特殊侵权行为,试说明其特殊性。

4. 侵权行为的构造:(1)甲驾驶小客车,因违规超速擦撞前车,引起连环追撞,并起火燃烧,相继波及某大客车,该客车旅客乙等下车后,又见火势猛烈,惟恐车身爆炸,将桥缝误为安全岛纷纷跳下落河而受重伤,送医救治,支出费用若干,减少工资收入若干,精神痛苦。住院期间家中财物被盗,兰花枯死,在医院遭受感染病情加重。乙等向甲请求损害赔偿。(2)甲患心血管疾病,乙医生手术前未善尽说明义务,手术后发生严重副作用,致健康受损,支出费用,精神痛苦。甲向乙医生请求损害赔偿。

一、法律政策与法律规范

侵权行为法旨在合理分配危害事故所生的各种损害,如何填补被害人所受的损害,并具预防危害发生的功能。"民法"第184条第1项规定:"因故意或过失,不法侵害他人之权利者,负损害赔偿责任。故意以背于善良风俗之方法,加损害于他人者亦同。"第2项规定:"违反保护他人之法律,致生损害于他人者,负赔偿责任。但能证明其行为无过失者,不在此限。"立法原则系采过失责任。立法技术系折中于列举主义及概括主义，创设了三个类型的侵权行为，除一般侵权行为外，"民法"尚设有若干特殊侵权行为(第185条至第191条之3)。图示侵权行为法的基本体系如下：

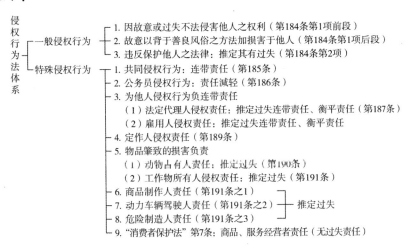

二、一般侵权行为的三个独立类型

(一)以违法性为基础的区别性权益保护

"民法"第184条是侵权行为法的一般规定，一方面宣示过失责任原则，另一方面规定三个独立的侵权行为类型：①故意或过失不法侵害他人之权利(第184条第1项前段)。②故意以背于善良风俗之方法加损害于他人(第184条第1项后段)。③违反保护他人之法律(第184条第2项)。兹将其规范构造，图示如下：

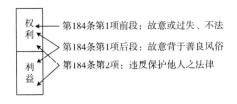

此种规范机制旨在调和"行为自由"和"权益保护"，区别不同的权益，异其要件，而构成侵权行为责任体系。侵害他人"权利"时，只要加害人具有故意或过失，即应依"民法"第184条第1项前段负损害赔偿责任。其被侵害的，非属"权利"，而为"利益"时，须加害行为系出于故意以背于善良风俗之方法(第 184 条第 1 项后段),或违反保护他人之法律(第 184 条第 2 项)时,被害人始得请求损害赔偿。"民法"第 184 条第 1 项前段所保护的,限于权利,不及于一般财产上损害(纯粹财产上损害、纯粹经济上损失)的利益。一般财产上利益仅能依"民法"第 184 条第 1 项后段规定或第 2 项规定受到保护。

例如甲挖断乙的电缆,致丙餐厅不能营业受到损害。乙的电缆被挖断,所有权受到侵害,得依"民法"第 184 条第 1 项前段向甲请求损害赔偿。丙不能营业所受的是纯粹财产上不利益,丙须证明甲系故意以背于善良风俗之方法致加损害,始得向甲依"民法"第 184 条第 1 项后段规定请求损害赔偿。立法者之所以作此种以违法性为基础的"区别性权益保护",系鉴于一般财产损害范围广泛,具不确定性,难以预见,为避免责任泛滥,特严格其构成要件,期能兼顾个人的行为自由及权益保护。

(二)三个请求权基础

"民法"第 184 条规定三个独立侵权行为,作为被害人得据以向加害人请求损害赔偿的规范基础(请求权基础),得发生竞合关系。三者的构成要件不同,因此在处理具体案例时,应分别检查各个请求权基础而加以认定。

"最高法院"判决早期处理侵权行为案件多采"侵权行为法则"的思考方法,近年来采同于本书的观点,是"侵权行为法"的重要发展,"最高法院"2013 年台上字第 342 号判决可供参照:"'民法'第 184 条第 1 项前后两段及第 2 项,系规定三个独立之侵权行为类型(学说上称为三个小概括条款),各有不同之适用范围、保护法益、规范功能及任务分配,在实体法上为相异之请求权基础,在诉讼法上亦为不同之诉讼标的。且该条第 1 项前段规定之侵权行为所保护之法益,原则上仅限于既存法律体系所明认之权利,而不及于权利以外之利益特别是学说上所称之'纯粹经济上损失'。另同条第 1 项后段及第 2 项所规定之侵权行为,亦皆有其各别之成立要件(如故意以背于善良风俗之方法或违反保护他人之法律等)。法院如依侵权行为之法律关系为原告胜诉之判决,应于判决理由中说明原告之请求,如何符合或满足于该法律关系之构成要件,倘未记明,即属'民事诉讼法'第 469 条第 6 款所称之判决不备理由。……查以诈术骗取他人财产,乃因故意不法侵害他人之权利,亦系故意以背于善良风俗之方法加损害于他人,亦属违反保护他人之法律(即

'刑法'第339条第1项),致生损害于他人,同时符合'民法'第184条各种侵权行为类型之要件,被害人得择一或依竞合之法律关系请求加害人负损害赔偿责任。"

三、特别侵权行为的特色

台湾地区侵权行为法系由一般侵权行为(第184条)及若干特别侵权行为构成(第185条以下)。"民法"第184条规定的一般侵权行为的基本内容为:

1. 采过失责任原则(第184条第1项),例外采推定过失(第184条第2项)。
2. 区别权利及利益的保护。
3. 行为人的自己行为责任。

特别侵权行为系在调整一般侵权行为的内容,扩大对被害人的保护,分四点加以说明(请阅读相关条文,理解其立法理由):

1. 调整归责原则:增设推定过失责任:"民法"第187条、第188条、第190条、第191条、第191条之1、第191条之2、第191条之3。"消费者保护法"第7条对制造商品及提供服务之企业经营者采无过失责任。

2. 扩大纯粹经济上损失的保护(?):"民法"第191条之1、第191条之2、第191条之3及"消费者保护法"第7条,并未明定侵害他人权利,而系规定侵害他人或他人财产,其保护客体是否包括纯粹经济上损失,尚有争论,将于案例〔56〕再为论述。

3. 交易往来安全义务:明定对他人侵权行为(第187条、第188条)以及物品肇致的损害赔偿责任(第190条、第191条),均涉及往来交易安全义务(案例〔58〕)。

4. 连带责任:"民法"第185条、第187条、第188条规定连带债务责任,以保护被害人,并处理内部求偿关系。

四、侵权行为的构造

"民法"第184条第1项前段规定:"因故意或过失,不法侵害他人之权利者,负损害赔偿责任。"此为民法上重要的请求权基础,学说通常将其构成要件分为六项:①须有加害行为。②行为须不法。③须侵害他人之权利。④须致生损害。⑤须有责任能力。⑥须有故意或过失。前四者为该行为的状态及其所造成结果,属客观要件;后二者乃行为人本身主观方面的问题,属主观要件。此等要件在结构上可归纳为构成要件(Tatbestand,狭义)、违法性(Rechtswidrigkeit)及故意或过失(Verschulden),是为侵权行为的三层结构:

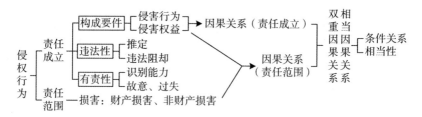

侵权行为构造有助于处理侵权行为问题的思考,兹就案例[55]之4(车祸案件、医疗案件)作简要说明(请读者先自行研究,写成书面):

(一)车祸案件

> Ⅰ 乙得向甲依"民法"第184条第1项前段规定请求损害赔偿,须甲系因驾车侵害乙的身体、健康,具不法性,具有过失,致乙受损害
> 　1. 构成要件
> 　　(1)甲驾驶小客车肇致车祸,系加害"行为"
> 　　(2)甲侵害乙的身体健康(权利)
> 　　(3)甲的"行为"与乙因落河致身体健康受损之间,具有"条件"及"相当性"的因果关系
> 　2. 违法性
> 　　甲侵害乙的身体健康,推定其为不法,无违法阻却事由。
> 　3. 有责性
> 　　(1)甲有识别能力(责任能力)(第187条)
> 　　(2)甲有过失:未尽善良管理人注意
> 　4. 损害及因果关系
> 　　乙支出医疗费用及减少的收入,及精神痛苦,均系因其身体健康被侵害通常所生的损害,具有相当因果关系(责任范围因果关系)。乙在医院遭受感染病情加重,与车祸具有相当因果关系。乙住院期间,家中遭盗,兰花枯死,按诸一般情形,车祸通常不至于发生此种结果,无相当因果关系
> Ⅱ 结论:乙得向甲依"民法"第184条第1项前段规定请求因车祸及在医院遭受感染所受财产上及非财产上的损害赔偿

(二) 医疗案件

> I 甲得依"民法"第184条第1项前段规定向乙医生请求损害赔偿,须乙医生因手术侵害甲的身体健康,未尽说明后告知义务①,有违法性及过失
> 1. 构成要件
>   (1) 乙的医疗行为(诊断、治疗)
>   (2) 乙侵害甲的身体健康
>   (3) 因果关系(责任成立)
> 2. 违法性
>   (1) 医疗行为的违法性
>   (2) 病人允诺,阻却违法
>   (3) 医生说明义务(病人自主权)
>   (4) 医生违反说明义务
> 3. 有责性
>   乙医生未尽善良管理人注意义务。
> 4. 甲所受有财产及非财产损害,与身体健康受侵害具有因果关系(责任范围)
>
> II 甲得向乙医生依"民法"第184条第1项前段规定请求损害赔偿

第二款 权利与利益

案例 [56] 区别性的权益保护

甲开车违规进入单行巷道,发生车祸,致乙受伤,支出医疗费。乙系歌星,因伤不能出席演唱会,减少收入。该演唱会的主办单位丙因取消演唱会受有损失。车祸阻塞道路2个小时,致丁的早餐店生意锐减,戊的出租车不能外出营业,庚的货车不能进入搬运货物。试

---

① 参照"最高法院"2017年台上字第505号判决:"按医师对病人进行诊断或治疗之前,应向病人或其家属告知其病情、治疗方法、处置、用药、预后情形及可能之不良反应等资讯,由病人或其家属在获得充分医疗资讯情形下,表示同意(包括明示同意、默示同意、推定同意)后,医师始得实施医疗计划,此乃所谓'告知后同意法则(doctrine of informed consent)',其目的在于保障病人之自主决定权(人格权),兼作为医疗行为违法性之阻却违法事由。修正前'医疗法'第58条(现行'医疗法'第81条)为上开法则之明文化。惟'告知后同意法则'之适用,并非毫无例外,倘依病人病情,对其生命、身体或健康具有立即严重威胁者,仍应免除医师所负'告知后同意'之义务,俾医师于紧急情况,得运用其专业判断,以维护病人之生命、身体利益。"

问乙、丙、丁、戊得否向甲请求损害赔偿？

一、侵权行为法的核心问题

(一)权利与利益的区别

侵权行为法的目的在于保护权益不受侵害。权益种类不同,应如何加以保护？《法国民法典》规定因过错侵害他人者,应负赔偿责任(《法国民法典》第1382条),不区别权利与利益。《日本民法典》第709条规定："因故意或过失侵害他人权利或法律上利益,应负赔偿责任。"台湾地区"民法"于第184条设三个小的概括条款,以违法性为基础,区别权利及利益,作差别性的保护,图示如下：

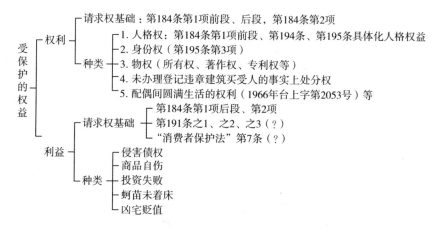

(二)权利的扩大

"民法"第184条第1项前段规定："因故意或过失,不法侵害他人之权利者,负损害赔偿责任。"所称权利指绝对权,包括人格权、身份权、著作权、专利权、商标权等。实务上扩大权利的范围,兹举最近两个重要判决加以说明：

1. 人格权

人格权在适用上应予具体化为生命、身体、健康、名誉、自由、隐私、信用或其他人格权(第195条)。值得注意的是,"最高法院"2016年台上字第89号判决创设了所谓"病人自主决定的一般人格权",认为："因故意或过失不法侵害他人之权利者,负损害赔偿责任。'民法'第184条第1

项前段定有明文。而基于'尊重人格''尊重自主'及'维护病人健康''调和医病关系'等伦理原则所发展出之病患'自主决定权',虽非既存法律体系所明认之权利,但为保障病患权益并促进医病关系和谐,应将之纳入上开规定所保护之客体,使之成为病人之一般人格权,以符合追求……提升医疗服务质量之时代潮流。……病患在就医过程中,对于自己身体之完整性既具有自主决定之权利,医师尚不得全然置病患明示或可得推知之意思于不顾,擅专独断实施医疗行为,否则即属侵害对于病患之自主决定权。"

"最高法院"创设了所谓"病人一般人格权",作为"民法"第184条第1项的权利。病人自主权通常系用于病人对于医疗行为的允诺及医生说明义务,属违法性问题。将病人自主权或病人一般人格权认系"民法"第184条第1项前段规定的权利,作为侵权行为法保护的对象,发生是否不以侵害身体健康为必要的疑义?在实务上未见到相关案件,尚有研究余地。

2. 违章建筑受让人的事实上处分权

"最高法院"2017年台上字第187号判决谓:"'民法'第184条第1项前段所称之权利,系指既存法律体系所明认之权利。所谓既存法律体系,应兼指法典(包括委任立法之规章)、习惯法、习惯、法理及判例。受让未办理所有权第一次登记之建物,受让人虽因该建物不能为所有权移转登记,而仅能取得事实上处分权,但该事实上处分权,具占有、使用、收益、事实上处分及交易等支配权能,长久以来为司法实务所肯认,亦为社会交易之通念,自属'民法'第184条第1项前段所称之权利。"

"最高法院"肯定违章建筑受让人的事实上处分权系属一种权利,使受让人亦得主张侵权行为损害赔偿请求权(第184条第1项前段),并使事实上处分权人就他人无权占有违章建筑时,得主张"侵害权益"不当得利请求权。值得注意的是,实务认为不得类推适用"民法"第767条规定行使占有物返还请求权(2014年台上字第2241号),此项见解是否妥当,非无研究余地(本书第400页)。

(三)利益:纯粹经济上损失①

权利以外的利益,又称为财产利益,台湾地区学说及实务上称之为纯粹经济上损失(pure economic loss)。纯粹经济上损失系指非因人身或所有权等权利受侵害而产生的经济或财产损失。例如购买的电视机或房屋因具有瑕疵而减少其财产价值;在雪山隧道发生车祸,阻断交通,致他人受困不能上班、开店、交货、签约,受有财产上不利益。须注意的是,因人身或所有权等权利被侵害所生的财产损失(例如医药费、修缮费等),称为结果经济上损失(consequential economic loss),应与纯粹经济上损失加以区别。

纯粹经济上损失具有多样性,可分为两类:

1. 直接侵害:例如经营竞争降价促销、车祸阻塞巷口致出租车不能外出营业、引诱债务人违约、制造销售有瑕疵的商品、专门职业者提供不实的信息或不良服务(如律师订立无效的遗嘱)等所造成的财产损失。

2. 间接侵害:①侵害某人(死亡或伤害),致其他与该被害人有亲属或契约关系之人受有财产上不利益,例如不能受到抚养、雇主因受雇人受伤停业;②侵害某人之物,致其与他人(尤其是债权人)遭受财产上损失,例如甲有某屋出租于乙,丙毁损该屋,致甲不能如期交付于乙,乙因不能如期开店营业,减少收入。

兹将纯粹经济上损失的意义及态样,图示如下:

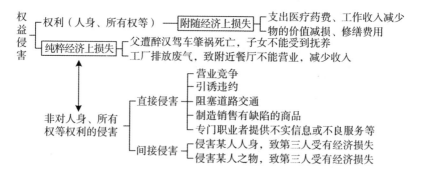

---

① "最高法院"2014年台上字第845号判决:"因财产权被侵害所造成之营业利益之减少或丧失,乃权利(财产权或所有权)受侵害而附随(伴随)衍生之经济损失,属于'民法'第216条第1项规定'所失利益'(消极的损害)之范畴,被害人得依同法第184条第1项前段之规定,对加害人请求损害赔偿;与学说上所谓'纯粹经济上损失'或'纯粹财产上损害',系指其经济上之损失为'纯粹'的,而未与其他有体损害如人身损害或财产损害相结合,原则上并非上开规定所保护之客体,固有不同。"采同于本书的见解。

二、实务案例

由前面关于纯粹经济上损失的意义及类型的说明,可知纯粹经济上损失的特色在于"不确定性",包括被害人的不确定性及责任范围的不确定性。当事人间有契约时,其不确定性得因其系特定人间的关系及约定而受控制,因此契约法乃成为保护纯粹经济上损失的重要机制。在侵权行为,加害人有侵害他人的故意,例如甲绑架乙歌星迫使丙取消其主办的演唱会时,甲应对丙的纯粹经济上损失负赔偿责任(第184条第1项后段),理由系加害行为出于故意,其侵害的对象及范围,得为预见。过失侵害他人经济利益的情形具不确定性,应严格其要件,加以限制。兹举实务上若干案例,以供参照,特别提出的是,请读者分析检验"最高法院"判决的论证理由。

(一)"民法"第184条第1项后段:故意以背于善良风俗之方法加损害于他人:债权是否为权利?

"民法"第184条第1项后段规定:"故意以背于善良风俗之方法,加损害于他人者亦同。"所谓加损害于他人,除权利外,包括利益(纯粹经济上损失)。须特别提出的是,债权不是"民法"第184条第1项所称权利,而是一种经济利益。"最高法院"2013年台上字第312号判决谓:"'民法'第184条第1项前段与后段,为相异之侵权行为类型,前段保护之法益为私法上权利,包括人格权、身份权、物权及智慧财产权等,至于债权或纯粹经济财产上之损失,则不包括在内。盖因债权仅具相对性而不具典型公开性,仅得对特定债务人行使,如第三人侵害债权,尚不致使债权消灭,所侵害者,仅为债权不能受清偿之利益,即纯粹经济上之损失,须第三人故意以背于善良风俗之方法为之,始成立侵权行为。是债权等纯粹经济财产之利益受侵害者,仅得依保护一般法益之该项后段规定,请求赔偿。"

关于侵害债权,最属常见的是引诱违约,例如明知甲向乙购买A屋,准备开店,故意以高价引诱乙违约,意图使甲遭受损害。最高法院1944年上字第891号判例谓:"上诉人如果明知被上诉人乙已受所有权之移转,乘其未经登记,唆使被上诉人甲更行移转于自己而为登记,致被上诉人乙受其损害,诚系故意以背于善良风俗之方法加损害于他人,依民法第184条第1项后段之规定,应负赔偿责任。"

(二)"民法"第184条第2项违反保护他人之法律:"公平交易法"第24条是保护他人的法律,如何认定?

"民法"第184条第2项规定:"违反保护他人之法律,致生损害于他人者,负赔偿责任。但能证明其行为无过失者,不在此限。"所谓致生损害于他人,包括权利与利益,具有保护纯粹经济上损失的功能,实务案例甚多,兹不赘述。

值得特别提出的是,在一件肯定"公平交易法"第24条"事业不得为竞争之目的,而陈述或散布足以损害他人营业信誉之不实情事"系属保护他人之法律的案件,"最高法院"2014年台上字第1242号判决强调:"所谓'保护他人之法律',亦属抽象之概念,应就法规之立法目的、态样、整体结构、体系价值、所欲产生之规范效果及社会发展等因素综合研判之;凡以禁止侵害行为,避免个人权益遭受危害,不问系直接或间接以保护个人权益为目的者,均属之。依此规定,苟违反以保护他人权益为目的之法律,致生损害于他人,即推定为有过失,而损害与违反保护他人法律之行为间复具有因果关系者,即应负损害赔偿责任。至于加害人如主张其无过失,依举证责任倒置(转换)之原则,则应由加害人举证证明,以减轻被害人之举证责任,同时扩大保护客体之范围兼及于权利以外之利益。"

(三)"消费者保护法"第7条、"民法"第191条之1:商品责任包括商品瑕疵损害:商品自伤?

"民法"第191条之1第1项规定,"商品制造人因其商品之通常使用或消费所致他人之损害,负赔偿责任"。所谓致他人之损害,除权利(人身侵害)外,是否包括利益(纯粹经济上损失),例如商品本身因瑕疵减少其价值?

"消费者保护法"第7条第2项、第3项规定:"商品或服务具有危害消费者生命、身体、健康、财产之可能者,应于明显处为警告标示及紧急处理危险之方法。企业经营者违反前二项规定,致生损害于消费者或第三人时,应负连带赔偿责任。但企业经营者能证明其无过失者,法院得减轻其赔偿责任。"所谓"财产"或"致生损害",是否包括商品瑕疵损害?

在"最高法院"2017年台上字第1号判决中,原审法院认为:"按'消保法'第7条第1项或第2项所规定之商品制造者侵权行为责任,系该法第2章第1节'健康与安全保障'之规定,复参照立法理由谓系参考欧体指令第6条规定,并将2013年7月8日修正前该法施行细则第5条第1

项、第 2 项规定纳入,可见该规定之'商品责任'规范之目的在消费者之健康与安全保障,其请求之赔偿范围并不包括商品本身的损害。""最高法院"加以肯定,并强调:"该条规定之'商品责任'规范之目的在保障消费者之健康与安全,请求之赔偿范围为消费者因健康与安全受侵害而生之损害,并不包括商品本身瑕疵的损害。是商品本身之瑕疵损害,应依'民法'瑕疵担保或债务不履行规定保护,而不在上开规定保护范围之列。"

关于"民法"第 191 条之 1 规定"致他人之损害",亦应参照前揭"最高法院"关于"消费者保护法"第 7 条的见解,认为不包括商品本身瑕疵的损害。

(四)"民法"第 191 条之 2、第 191 条之 3

"民法"第 191 条之 2(动力车辆驾驶人责任)及第 191 条之 3(危险制造人责任),均规定加"损害于他人",亦应解释为仅限于权利而不及于利益(纯粹经济上损失)。

在著名的蚵条着苗案例(2011 年台上字第 250 号)中,甲工程公司在海域进行抽沙工作,造成海水混浊,加上海流及海象推波影响,浊泥有漂至邻近系争海域之可能;由于被上诉人在邻近海域定置放养,采集海中蚵苗之蚵条,因海沙浊度突然提高,不利于蚵苗之成长及附着,遭受损害。问题在于其所受损害,究为权利或利益。

原审认为甲工程公司既系经营营造事业,其所从事上揭工作之性质,对于系争海域从事养殖蚵苗之被上诉人,有生损害之危险,应堪肯认。上诉人即应负"民法"第 191 条之 3 规定之一般危险责任。"最高法院"谓:"本件上诉人于原审辩称,被上诉人所称之蚵苗无法着床于蚵条上,所受损害性质为纯粹经济上损失,非属'民法'第 191 条之 3 所得请求赔偿之范围等语,原审就该抗辩方法,未于判决理由项下说明其采否之理由,遽依该条规定,判命上诉人负赔偿责任,已有判决不备理由之违失。且被上诉人于原审经法院阐明后,更正其法律上及事实上之陈述,主张系争损失为'蚵条未能顺利着苗'造成之利益损失,此主张与上诉人上开抗辩明显出现差异,则该损失之性质为何?是否属纯粹经济上损失或属所失利益,此与蚵苗之培育养成过程有何关联?原审均未予认定说明,亦有未洽。"由此判决理由可知,"最高法院"似倾向于采取以下两点见解:

(1)"民法"第191条之3规定"生损害于他人",不包括财产利益(纯粹经济上损失)。

(2)因蚵条未能顺利着苗所受损害,系纯粹经济上损失。

三、案例[56]解说

在案例[56],乙、丙、丁、戊得否向甲依"民法"第184条第1项、第191条之1,"消费者保护法"第7条规定请求损害赔偿,须究明诸此条文所保护的究系权利或利益。"民法"第184条第1项前段所保护的限于权利。"消费者保护法"第7条所称财产不包括商品本身瑕疵减少其价值(商品自伤)的财产利益(纯粹经济上损失)。"民法"第191条之1规定关于汽车驾驶人责任,亦不包括财产利益,因交通车祸一时阻塞道路者,对不能准时通勤、贩卖货店、经营商店、转道而受经济上损失,若皆须负赔偿责任,其责任范围将漫无边际,显非立法意旨(请读者参照本书说明自行研究,写成书面)。

甲 ⎰ 乙:身体健康受侵害,权利受侵害。不能参加演唱会,受有经济损失,得依第184条第1项前段规定请求损害赔偿
　　丙:取消演唱会:纯粹经济上损失 — 不适用第184条第1项前段 ⎫
　　丁:早餐店不能营业:纯粹经济上损失 — 不适用第184条第1项后段 ⎬ 不得损害请求赔偿
　　戊:计程车不能营业:纯粹经济上损失 — 不适用第184条第2项 ⎪
　　庚:货车不能运货:纯粹经济上损失 — 不适用第191条之1 ⎭

案例[57] 所有权侵害与纯粹经济上损失①

在下列三种情形,甲应否对乙(或丙)所受损害,负损害赔偿责任:

1. 甲挖断电缆,中断电力供应3小时,致乙海鲜餐厅不能营业,活蟹死亡。

2. 甲严重污染毁损渔港码头,修复期间乙的渔船不能外出捕鱼,丙的货船不能入港运货。

3. 甲因久病不愈,在其向乙承租的套房自杀,该套房价值减损。

---

① 参见拙著:《侵权行为》(第三版),北京大学出版社2016年版,第202页以下。

一、电缆案件①

案例[57]之1系比较法上的经典案例,多认为因挖断电缆,供电中断,致他人不能营业或从事其他活动所受损失,系纯粹经济上损失,不能请求赔偿。活蟹死亡、冰箱食物腐烂等,则系所有权遭受侵害,得请求损害赔偿,在台湾地区法上亦应作此解释(第184条第1项前段)。

英国侵权行为法上的 Spartan Steel & Alloys Ltd. v. Martin & Co. (Contractors) Ltd. [1973] QB 27,系比较法著名的案例,广被引用,其论证足供参考。在该案中,原告 Spartan Steel & Alloys Ltd. 在伯明翰经营一家不锈钢工厂,由 Midland Electricity Board 供应电力。1960年被告 Martin & Co. Ltd. 在原告工厂附近挖掘道路,虽事先取得埋设电缆地图,工人仍疏于注意,损坏电缆,电力公司于修复期间切断供电长达14个小时。原告工厂系24小时作业,因停电受有如下损害,请求被告赔偿:①锅炉中的铁块受损,减少价值368英镑。②此等铁块若顺利炼成,可以获利400英镑。③工厂因停电不能营业,损失收入1767英镑。

须先说明的是原告的请求权基础。英国侵权行为法是由多个不同的侵权行为(Torts)所构成,迄未建立一般原则。每一个侵权行为(Tort)各有其构成要件和抗辩,通常分为直接侵害(Trespass)和非直接侵害('Trespass on the case)两个类型。前者如对人身的暴行(Assault and Battery),后者如名誉毁损(Defamation)。值得注意的是在18、19世纪发展出一种称为过失(Negligence)的侵权行为,其构成要件有三:①注意义务(duty of care);②义务的违反(breach of duty);③损害(damage)。"过失"此项侵权行为所保护的客体并无限制,人身、所有权或财富(经济上损失)均包括在内。就电缆案件而言,其主要的争点在于用户得否请求经济上的损失。英国法院向来皆以加害人有无注意义务,或损害是否具有因果关系作为判决理由。

英国20世纪的伟人法官丹宁勋爵在该案判决理由部分开宗明义表示,被害人得否请求经济上损失的损害赔偿,根本言之,是政策的问题。以注意义务的有无、损害是否具有因果关系来决定被告的责任,系基于政

---

① 参见拙著:《挖断电缆的民事责任:经济上损失的赔偿》,载《民法学说与判例研究》(第一册),北京大学出版社2009年版,第57页。本文引进纯粹经济上损失的概念,被判例学说所采用。

策的考量,旨在适当限制被告的责任。丹宁勋爵强调经济上损失应否赔偿,在政策上应考虑的有五点:

1. 电力、瓦斯、自来水的企业是法定的供应者,因过失致不能提供电力、瓦斯或自来水时,英国立法上一向皆认为无须对消费者所受的经济上损失负赔偿责任。此项立法政策在普通法上亦应援用。营造承揽者就其过失行为肇致电力供应中断,对因此所生的经济上损失,原则上亦无须负责。

2. 电力中断,事所常有,或由于线路意外故障,或由于电击,或由于树木压倒电线,甚或由于人为过失。此等事故发生时,受影响之人不少,人身或物品通常并未遭受损害,有时造成不便,有时产生经济上损失。电力供应短期即告恢复,纵有经济上损失,亦属轻微。一般人多认为此属必须忍受之事。有人自备供电设备以防意外,有人投保避免损失。不是遇到断电就跑去找律师,看谁有过失要其负责。今日遭受损失,明日加班努力,即可弥补。此为健康的态度,法律应予鼓励。

3. 被害人对于此等意外事故,若皆得请求经济上损失的赔偿,则其请求权将漫无边际。真实者固属有之,但难免伪造、灌水等,不易查证。与其让主张损害者受此引诱,被告遭此劳累,不如认为非因人身或所有权受侵害而发生的经济上损失,不得请求赔偿,较为妥适。

4. 电力中断等意外事故所发生的经济上损失,其风险应由大家共同承担。此种损失通常不大,众人负担,轻而易举,加诸肇事者个人身上,不堪负荷。

5. 经济上损失的赔偿宜限于人身或所有权遭受侵害的情形。此等情形不多,较易查证,应予准许。

丹宁勋爵基于上开五点政策上的考量,认为原告得请求损害赔偿的,系锅炉中铁块受损减少的价值368英镑和丧失的利益400英镑。至于工厂停工不能营业所失的利益,系独立发生,非基于铁块所有权受侵害,不得请求赔偿。此项判决的理由和结论显然受到有名的"水闸"(Floodgate)理论的影响,深恐不加限制,责任泛滥,增加法院负担。

二、码头毁损案件

案例〔57〕之2,甲污染毁损渔港码头,致渔船不能出入,遭受损失,德国联邦最高法院有一个类似案例,可供参考。

在著名的水道阻塞案（Fleetfall，BGHZ 55, 153）中，被告因过失致发生河堤崩溃，水道阻塞长达一年不能通航。原告所有的 A 船受困于水道之内，不能履行其与水道旁磨粉厂所订的运送契约。另三条船（简称 B 船）则在水道之外，不能运货至磨粉厂。原告请求被告赔偿不能使用 A 船及 B 船所受损害。德国联邦最高法院区别"受困于水道之内的 A 船"与"被排除于水道之外，不能进入目的地的 B 船"，而为不同的处理。

关于 A 船，德国联邦最高法院肯定所有权被侵害，判决理由认为对某物所有权的侵害，不限于实体，因事实上作用于某物，致妨害所有人对物之使用权能，亦包括在内。A 船因水道被阻塞而受困，必须搁置于磨粉厂装卸站，其作为一种交通工具的使用功能，实际上已被剥夺，应构成对所有权的侵害。

关于 B 船，德国联邦最高法院则否认所有权被侵害，判决理由认为水道阻塞并未影响 B 船作为运输工具的功能，其自然的利用并未遭剥夺。诚然在水道阻塞期间，原告不能将 B 船行驶到磨粉厂的装卸站，但此仍不足构成对该船所有权的侵害，仅系使原告如其他经营航运者一样，使其对公用水道的使用受到阻碍而已。

案例〔57〕之 2 的码头毁损案，得参照前揭水道阻塞案件加以处理。乙的渔船受困港内不能外出捕鱼，渔船的使用权能遭受侵害，系构成所有权的侵害，得依"民法"第 184 条第 1 项前段规定请求损害赔偿。丙的货船不能入内，其作为运货工具的功能未受剥夺，仍得使用，尚未构成所有权侵害，其所受不利益，乃纯粹经济上损失，不得请求损害赔偿。

三、凶宅案件：台湾地区本土案例

承租人在所租房屋自杀，致房屋价值贬损，屋主得否请求损害赔偿？系近年来重要争议，特再三提出讨论。"最高法院"在 2014 年连续作成两个判决，采否定见解：

1. 2014 年台上字第 583 号判决："查本件上诉人林○娜向被上诉人承租系争房屋，交林○居住使用，林○在系争房屋内烧炭自杀身亡，致系争房屋成为凶宅，价值减损，被上诉人受有经济上之损失，此为原审所认定之事实。林○自杀属于极端终结生命之方式，虽为社会所不赞同，但是否即为有背于善良风俗，不无疑义。且林○烧炭自杀，虽主观上系出于残害自己生命之意思而为，但何以有侵害系争房屋财产上利益之故意，原判决未说明其理由,遽谓林○有侵害被上诉人系争房屋财产利益之故意,进而推认林○之法定代理人上诉人林○振,应依'民法'第184条第1项后段、第187条之规定负赔偿责任,已有可议。次按,因承租人之同居人或因承租人允许为租赁物之使用、收益之'第三人应负责之事由',致租赁物毁损、灭失者,承租人负损害赔偿责任,'民法'第433条定有明文。倘林○不应依'民法'第184条第1项后段负损害赔偿责任,上诉人林○娜即无依'民法'第433条负损害赔偿责任之余地。"

2. 2014年台上字第584号判决:"查被上诉人将系争房屋出租于上诉人莱尔富公司经营便利商店,莱尔富公司交由上诉人成铃彦商行代为经营,成铃彦商行之受雇人陈○○于系争房屋自杀身故,致系争房屋成为凶宅,经济价值减损,此为原审确定之事实。似此情形,系争房屋本身未遭受任何物理性变化,所有权未受侵害,上诉人究系侵害被上诉人何种权利,而须负'民法'第184条第1项前段之损害赔偿责任,仍不无推求之余地。原审遽谓陈○○因执行职务,过失不法侵害他人权利,成铃彦商行自应依'民法'第188条第1项本文规定负雇用人连带损害赔偿责任,已有可议。"

在前揭两个案例,原审法院均肯定房屋所有人得依"民法"第184条第1项前段(侵害所有权)、后段(故意以背于善良风俗之方法加损害于他人)请求损害赔偿。"最高法院"废弃原审见解,基本上应值赞同。盖凶宅使房屋价值减少,并不构成对所有权实体或使用功能的侵害,乃纯粹经济上损失。又在他人所有房屋内自杀,通常实难谓其系故意以背于善良风俗之方法加损害于他人。自杀肇致他人受有经济上损失,情形甚多,例如在公交车、火车、餐厅、百货公司等自杀,致他人营业遭受损失,其被害人范围及责任范围具不确定。又使房屋贬值的情形,不限于自杀,例如工厂排泄废气、邻居经营色情行业、违规兴建大楼阻断别墅眺望风景等,在此等情形,房屋所有人不得以房屋贬值致所有权受侵害而请求损害赔偿。

第三款　往来交易安全义务

"最高法院"判决体现法之适用、请求权基础与论证方法。前曾再三强调,应将"最高法院"判决加以案例化,以供案例研习之用。"最高法院"在一件关于侵权行为法上往来交易安全义务的判决中,提出重要的法律见解,对侵权行为法理论及实务发展具有重大意义。特以此作为案例[58]的研习课题。

案例〔58〕判决案例化与案例研习

在"最高法院"2017年台上字第1148号判决中,富邦银行在莱尔富公司所属门市板丰店门前之公用电话上之墙壁上装设招牌,莱尔富公司与富邦银行缔结之自动化设备建置与营运合作契约第4条约定,莱尔富公司与富邦银行缔约,在其门市据点提供富邦银行设置自动化设备,及户外招牌设置地点,其自动化设备及招牌之所有权归属富邦银行所有,并由富邦银行负责管理及维护。莱尔富公司对于富邦银行所设置之ATM招牌,并无管理或维护之责,仅于发现自动化设备及招牌有故障之情形时,负有通知富邦银行到场进行排障之义务。杨○爱于拨打公用电话时,遭放置在该公用电话上之系争招牌掉落砸伤,向莱尔富公司请求赔偿。原审法院认为本件核与"消费者保护法"所课企业经营者就其服务所生之责任无关。杨○爱在莱尔富公司门市板丰店门前拨打公用电话,遭系争招牌掉落砸伤,难谓莱尔富公司提供之服务不具有合理期待之安全性,应负"消费者保护法"第7条之企业经营者赔偿责任。富邦银行本应至现场维修该招牌,却怠于维修并回复原状,致杨○爱遭该招牌砸伤,则富邦银行自应依"民法"第191条第1项前段规定,对杨○爱因此所受之损害,负赔偿责任。

"最高法院"谓:"按侵权行为之成立,须有加害行为,所谓加害行为包括作为与不作为,其以不作为侵害他人之权益而成立侵权行为者,以作为义务之存在为前提。此在毫无关系之当事人(陌生人)间,原则上固无防范损害发生之作为义务,惟如基于法令之规定,或依当事人契约之约定、服务关系(从事一定营业或专门职业之人)、自己危险之前行为、公序良俗而有该作为义务者,亦可成立不作为之侵权行为。经营商店者,既开启往来交易,引起正当信赖,基于侵权行为法旨在防范危险之原则,对于其管领能力范围内之营业场所及周遭场地之相关设施,自负有维护、管理,避免危险发生之社会活动安全注意义务。于设施损坏时,可预期发生危险,除应尽速(通知)修复,于修复前,并应采取适当措施(或固定、或隔离,至少应设置警告标示),以降低或避免危险发生之可能性,其未为此应尽之义务,即有过失。

查杨○淳为莱尔富公司板丰店店长,为原审所认定。则其应以善良管理人之注意义务妥善经营门市及维护、管理周遭场地之设施,店外骑楼墙面之系争招牌系属该店周遭场地之设施,由其实际支配管领;至于莱尔富公司与富邦银行约定,就自动化设备及系争招牌,仍由富邦银行负责管理及维护,乃其内部约定,并无从拘束往来行人、来店消费者等。而系争招牌自墙面松脱后,遭人置放在公共电话机上,对于往来行人、来店消费者及使用该公共电话之人,具有相当危险性,杨○淳对该危险源,是否不负监督并防免系争招牌坠落而发生危险结果之作为义务?该防免危险发生之作为是否无期待可能性?其仅依约报修,任令系争招牌放置电话上,长达三日,未为其他防免措施,致杨○爱于2009年4月27日中午使用该公共电话时,遭系争招牌砸中头部,而受有上揭伤害,其是否无注意义务违反之过失责任?此既攸关其应否对杨○爱负侵权行为之赔偿责任,自应予以厘清。"(请阅读裁判全文)

请彻底研读本件判决,建构其请求权基础,说明当事人间的法律关系。

一、往来交易安全义务的发展史及理论建构①

案例[58]系采自"最高法院"2017年台上字第1148号判决,其目的有二:①结合实务与理论从事案例研究。②阐述一个重要民法理论的发展史(Dogmengeschichte)。

(一)问题说明

"民法"第184条第1项前段规定:"因故意或过失,不法侵害他人之权利者,负损害赔偿责任。"侵害他人权利的行为出于"作为""直接"(例如驾车伤人)时,推定其具有不法性(结果不法),行为人有过失时,应负侵权责任。

值得提出讨论的有两种侵害态样:①不作为:甲于黑夜将汽车停放于小巷内,"未关车门",乙骑机车撞到车门,身体受伤。②间接侵害:甲制造汽车,使用乙生产的刹车机件,由丙销售,丁购车后驾驶因刹车机件的

---

① 参见拙著:《侵权行为》(第三版),北京大学出版社2016年版,第319页;林美惠:《侵权行为法上交易安全义务之研究》,台湾大学法律学研究所2000年博士论文。

缺陷,发生车祸,身受重伤。学说上称此类制造有瑕疵商品侵害他人权利为间接侵害(mittellbare Verletzung),即其侵害系在加害人的行为过程完成后,因被害人自己的行为(如驾车)、他人的行为(如母亲以有毒奶粉喂食婴儿)或其他事由而发生。在不作为及间接侵害均发生如何认定侵害行为及违法性的问题。

(二) 实务发展

1. "民法"第191条规定的交通安全义务

"民法"第191条规定:"土地上之建筑物或其他工作物所致他人权利之损害,由工作物之所有人负赔偿责任。但其对于设置或保管并无欠缺,或损害非因设置或保管有欠缺,或于防止损害之发生,已尽相当之注意者,不在此限。前项损害之发生,如别有应负责任之人时,赔偿损害之所有人,对于该应负责者,有求偿权。"立法理由谓:"土地上工作物之自主占有人,不问其占有工作物之土地与否,以交通上之安全所必要为限,凡设置工作物保管工作物之方法,一有欠缺,即应修补,务必不生损害,此公法上之义务也。若因欠缺生损害于他人时,即应负赔偿之责。然工作物所有人对于防止发生损害之方法已尽相当之注意者,即可不负赔偿义务。若其损害之原因,别有负责任之人时,(例如建筑工作物之承揽人)工作物所有人,于向被害人赔偿后,自可对于其人行使求偿权。"立法理由所谓交通安全义务,指土地所有人应确保工作物不因其设置或保管的欠缺而伤害道路往来通行之人。"民法"第191条系关于往来交易安全义务的特别规定,具有重要意义。

2. 商品责任与交易安全义务

"最高法院"1989年台上字第200号判决谓:"商品制造人生产具有瑕疵之商品流入市场,成为交易客体,显已违反交易安全义务,因此致消费者受有损害,自应负侵权行为之损害赔偿责任。"又在涉及"建筑法"第39条、第87条是否属于保护他人之法律,及其保护范围是否包括建筑物应有价值的财产损害(纯粹经济上损失)的重要问题上,"最高法院"2006年台上字第625号判决谓:"广合公司虽非实际施工之人,惟其既为建设公司,建造房屋使之流通进入市场,能否不负交易安全之注意义务?倘其明知或因过失而不知系争房屋未按图施工,影响结构安全,而仍交付房屋予购屋者使用,致损害他人之法益,被害人是否不得依侵权行为规定,请求其负损害赔偿责任?俱非无研求之余地。"

3. 往来交易安全义务

"最高法院"2017年台上字第1148号判决承继前两个判决的累积性发展,明确肯定往来交易安全义务。

往来交易安全义务,系指个人或企业在社会活动上应防范其所开启或持续的危险,以避免伤害他人。其功能在于保护不因他人不作为(如开挖道路未采安全措施)或间接侵害(如制造有毒食品流入市面)而受侵害,具有社会安全保障注意义务的性质。

(三)德国法的理论

往来交易安全义务源自德国法,兹就德国实务上三个指标性判决加以说明:

1. 枯树案(RGZ 52, 273)

在1902年(《德国民法典》施行后第二年)的枯树案,位于公用道路为国家所有的枯树倒下,侵害原告的建筑物。原审法院依普鲁士一般邦法规定,认为公务员对道路保养义务的不作为,不负赔偿责任。关于民法的适用,帝国法院(Reichsgericht, RG)认为不适用《德国民法典》第836条规定(相当于"民法"第191条),因为树木不是建筑物,或附着于土地的工作物,当时并无法律规定树木所有人应保证树木安全的保护他人的法律(《德国民法典》第823条第2项,相当于"民法"第184条第2项)。帝国法院认为得适用《德国民法典》第823条第1项(相当于"民法"第184条第1项前段),并以《德国民法典》第836条(相当"民法"第191条)的类推适用为基础,创设一项重要原则:任何人若只要采取必要措施即可能防止他人损害发生时,应就自己支配之物所产生的损害负责。

2. 撒盐案(RGZ 54, 53)

在1903年(枯树案后第二年)的撒盐案,被告(某市)于其所有供公众通行的石阶上未为除雪或撒盐,致原告因路滑跌倒受伤。帝国法院重申枯树案判决的意旨,并进一步认为:任何人以其道路供公众交通使用,应尽到交通安全所要求的照顾义务,国家或私人以作为或不作为的方式违反此项义务时,固属公法义务的违反,同时亦构成民法上的侵权行为。

3. 兽医案(RGZ 102, 373)

某兽医(被告)为患有炭疽症(Milzbrand)的病牛作诊断,炭疽症有传染于人的危险性,该兽医疏于注意,怠于为受委托屠杀病牛的屠夫(原告)消毒并诊断其伤口,致其被传染疾病,长年卧病在床。帝国法院判决原告胜诉,强调任何从事特殊职业活动并提供服务于公众之人,承担一项责任,即行使职务时,应担保一项事务井然有序的进行。这种职业或营业活动促使产生性质特殊的一般法律上义务,得统称为 Verkehrspflicht(往来交易安全义务)。

前揭德国法院判决就《德国民法典》第 823 条第 1 项(相当于"民法"第 184 条第 1 项前段)建立了往来交易安全义务的一般原则,即开启或持续一定危险源之人,负有防范义务,其主要功能在于扩张不作为的侵权责任,并用于判断间接侵害的违法性,以认定在众多之人,何人应就其不作为或间接侵害负侵权责任。

(四)概念及功能

"民法"第 191 条立法理由所称的交通安全义务,在德国法称为 Verkehrssicherungspflicht。"最高法院"所使用的交易安全义务,或往来交易安全义务(交易往来义务),系本书作者就 Verkehrspflicht 而为的翻译。Verkehrspflicht 原指交通安全义务,例如清除路上积雪。Verkehrspflicht 作为 Verkehrssicherungspflicht 的上位概念,包括从事职业活动、制造商品的安全义务。之所以将 Verkehrspflicht 译为交易安全义务,乃着眼于制造人使商品流入市场,进入交易过程(ins Verkehr zu bringen),改称为往来交易安全义务,较能凸显其内容及功能。

(五)发生原因、内容及保护范围

1. 发生原因:危险的创造、支配

(1)开启交通

开启交通系往来交易安全义务最主要的发生原因,所称交通系采广义,包括各种道路、电梯、手扶梯、天桥及庭院走廊等交通的开启,因商店营业、捷运输送、举办演唱会等招来顾客、观众往来从事各种交易行为。前揭德国法上的"枯树案""撒盐案",均属此种类型,夜间停车于路旁,未熄火关门,致醉汉驾车伤人也属此种类型。

(2)职业活动

从事职业活动亦常为往来交易安全义务的发生原因,前揭德国"兽医案"可供参照。从事职业活动的,包括建筑师设计房屋等。例如精神病院应防范病患攻击他人,建筑师须遵守建筑安全法规(法定安全义务)。车厂将汽车交付于无驾照之人,亦属违反往来交易安全义务。

2. 义务内容

往来交易安全义务的内容,指应采取防范危险的措施,此须斟酌危险的性质、严重性、对义务人的期待可能性、行为效益、防范费用、被害人的信赖、自我保护可能性,以及法令规章等因素,就个案加以认定。

3. 保护范围

往来交易安全义务的保护范围的主要问题,在于应受保护之人。捷运公司开启交通,其保护对象除乘客外,尚应包括前来购物之人、经过捷运站道路之行人。超市对来往之人,无论是否购物,皆应为保护。夜间闯入住宅等盗窃之人,则不在保护范围之内。

4. 负安全义务之人

开启或持续危险源之人,例如树木所有人、KTV 经营者、旅店主人或集会活动主办者原则上应负往来交易安全义务。义务人得为数人,例如办公大楼所有人及某层楼的承租人对阶梯安全应共同负责。其由他人承担防范危险措施(如由外保公司负责大楼清洁及维修工作)时,义务人应就其选任及监督的过失负责。

二、请求权基础及案例解说

(一)请求权基础

"民法"第184条第1项前段的侵权行为包括三个层次,即构成要件(狭义)、违法性、有责性(故意、过失)。先图示如下,再作说明:

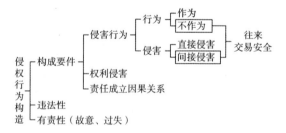

1. 往来交易安全义务的构成要件

往来交易安全义务的功能在于扩大不作为的侵权行为,即于法律规定、契约约定、先行为义务所生的作为义务外,更使其他开启、持续侵害他人权益危险之人,负有防范的作为义务,使违反往来交易安全义务的不作为等同作为而构成侵权行为。间接侵害与不作为具有构造上的类似性,即其致他人的权利遭受侵害,系出于被害人自己或第三人的行为,均因违反防范危险的安全义务而发生。违反往来交易安全义务侵害他人权利,在侵权行为三阶层构造中属于构成要件(Tatbestand)的层次。

2. 往来交易安全义务与违法性

"民法"第184条第1项前段规定对权利受侵害,系采"结果不法",尤其是在直接侵害的情形(如驾车撞人、毁损他人物品),因符合构成要件而推定其有违法性。在间接侵害的情形,最近学说有认为其违法性非因侵害他人权利,仍是由于违反交易往来安全义务。然依传统见解,解释上乃可认为其违法性在于违反往来交易安全义务而侵害他人权利,符合构成要件。

3. 往来交易安全义务与故意、过失(有责性)

往来交易安全义务属于构成要件层次,应与故意或过失(有责性)加以区别。因此应先肯定有往来交易安全义务存在(如树木所有人应清除掉落于人行道的腐烂枯叶),其后再认定义务人是否尽善良管理人的注意,有无过失。此项过失系针对权利的侵害,而非针对往来交易安全义务的违反而言,应就个案斟酌考量意外事故的后果、发生意外事故的可能性、危险的可认知性、防范意外事故危险的可能性与可归责性等因素加以判断。例如在幼儿园或小学附近建筑工事,不能仅悬挂"工地危险"的告示,而应采取控制危险及防范危害的必要措施。

(二)解题构造

请求权基础:第184条第1项前段
Ⅰ 构成要件:
  1. 行为:不作为
    作为义务:往来交易安全义务
    (1)发生:开启交通,创造、支配危险:经营便利商店
    (2)内容:适时采取必要防范措施:监督防范招牌掉落
    (3)义务人:便利商店
    (4)受保护之人:往来行人
  2. 侵害他人权利:身体健康
  3. 因果关系(责任成立)
Ⅱ 违法性:符合构成要件而具违法性,无阻却违法事由
Ⅲ 有责性(故意、过失):未尽善良管理人注意义务

三、案例解答

1. 杨○爱得向莱尔富公司依"民法"第 184 条第 1 项前段规定请求损害赔偿，须莱尔富公司违反往来交易安全义务，未防范招牌掉落，致伤害其身体健康，其侵害行为具不法性，并有过失。

"民法"第 184 条第 1 项前段规定因故意或过失不法侵害他人权利者，应负损害赔偿责任，其侵害行为包括作为与不作为、直接行为与间接行为。例如百货公司电扶梯留有油渍，制造瑕疵商品流入市面。在诸此情形，开启危险或支配危险者，负有维护社会生活往来交易安全义务，保护他人的权利不受侵害。

莱尔富公司经营便利商店，开启往来交易，引起正当信赖，基于侵权行为法防范危险的规范意旨，对于其管领能力范围内的营业场所及周边场地的相关设施，负有维护、管理、避免危险发生的安全注意义务。于其所置设施损坏，可预期发生危险时，除应尽速修复外，于修复前，应采取适当措施（或固定、或隔离，至少应设置警告标示），以降低或避免危险发生之可能性。至于莱尔富公司与富邦银行约定，就自动化设备及系争招牌，仍由富邦银行负责管理及维护，乃其内部约定。系争招牌自墙面松脱后，遭人置放在公共电话机上，对于往来行人、来店消费者及使用该公共电话之人，具有相当危险性，莱尔富公司就其实际管领商店及周边场所设施，负有防范危险的作为义务，保护往来行人不受侵害。

莱尔富公司未尽其管理义务，其门市商店招牌掉落，致被害人的身体健康遭受侵害，违反基于往来交易安全应为之作为义务，侵害他人权利，致生损害，具有违法性。

负有往来交易安全义务之人应适时采取防范危险的必要措施，此须斟酌危险的性质、严重性、对义务人期待可能性、行为效益、防范费用、被害人的信赖及自我保护可能性，以及法令规章等因素，就个案加以认定。莱尔富公司对于系争招牌自墙壁掉落，遭人置放在公共电话机上，长达三日，未为防免措施，致杨○爱身体健康受伤害，对于防范危险未尽善良管理人注意义务。

杨○爱身体健康遭受侵害，与莱尔富公司违反往来交易安全义务，及其因身体健康受侵害而受有损害，均具有相当因果关系。

2. 杨○爱得向莱尔富公司依"民法"第184条第1项前段规定,请求损害赔偿。

第四款　人格权保护与言论自由①

案例〔59〕侵权行为法的"宪法化"

甲系素有争论的政治人物,为现任"立法委员",准备参选连任。某乙陆续撰文并散发传单,指称甲为品德低下、乱开支票、毫无诚信的不入流政客,尤其是承包工程收取回扣,并曾经性侵其助理等。甲认乙不实指控侵害其名誉,请求精神损害赔偿100万元,并请求乙于三大报纸刊登道歉启事,排除其侵害。乙主张其系为公益表达意见,指称诸事乃社会传闻,众所周知,不负侵权责任。甲认乙未善尽查证义务。试说明建构调和人格权保护与言论自由的法律机制,及甲对乙的请求权是否有理由。

一、规范体系的建构

（一）规范机制

"民法"第184条第1项前段规定:"因故意或过失,不法侵害他人之权利者,负损害赔偿责任。"所称权利包括人格权。"民法"第195条将人格权加以具体化,将名誉列于身体、健康之后加以保护,并规定被害人得请求慰抚金或回复名誉适当处分。名誉保护与言论自由关系密切,前者系个人的第二生命,后者为民主社会的基石,二者必须调和,期能兼顾。法院的任务在于努力使个人名誉及言论自由均能获得最大限度的保护,即一方面维护名誉所体现之人的尊严及人格发展价值,另一方面亦须保障一个活泼自由的言论市场,确保新闻自由呼吸(喘息)的空间,不致产生寒蝉效应,造成媒体自我检查、自找限制,难以充分自由表达。

"司法院"释字第509号解释肯定名誉与言论自由系同受"宪法"保护的基本权利。言论自由与名誉二者皆为"宪法"基本权利,二者发

---

① 参见拙著:《人格权法》,北京大学出版社2013年版,第306页以下;《侵权行为》(第三版),北京大学出版社2016年版,第132页以下。

生冲突时,关于行为人的刑事责任,现行法制的调和机制系建立在"刑法"第310条第3项"真实不罚"、第311条"合理评论"的规定,及"司法院"释字第509号解释所创设合理查证义务的"宪法"基准之上。至于行为人的侵权责任,"民法"并未规定如何调和名誉保护及言论自由,基于法秩序的统一性,于适用侵权行为一般原则时应适用"司法院"释字第509号解释所创设之合理查证义务外,并类推适用刑法阻却违法规定。

言论自由与人格权(名誉权)均为基本权利,同受"宪法"保障。基本权利具平等位阶的价值,没有何者显然有较高价值的问题,其发生冲突时应作最适当的调和。"司法院"释字第509号解释指出,应给予言论自由最大限度之维护,乃在强调言论自由的重要性,非谓其当然显有较高于人格权的价值。名誉权攸关人性尊严及人格自由发展,亦为社会存在的基础,与言论自由两相权衡,无论在"宪法"或私法上显然不具"较低"的价值。

(二)侵权行为法"宪法化"及调和机制的建构

言论自由系受"宪法"第11条保障的基本权利,为防止侵害他人的自由权利,得以法律作必要的限制("宪法"第23条)。所称法律主要指"刑法"第310条关于诽谤罪的规定,"民法"第184条关于侵权行为的规定涉及在"宪法"解释上如何调和人格权(尤其是名誉、隐私)与言论自由的思考方法及规范模式。

言论自由对人格权的侵害,得构成侵权行为。"民法"第184条第1项规定:"因故意或过失,不法侵害他人之权利者,负损害赔偿责任。故意以背于善良风俗之方法,加损害于他人者亦同。"此为限制言论自由侵害人格权的法律规定。基于法秩序的统一性及基本权利客观价值体系的第三人效力,侵权行为的成立要件及效果在法律适用上应作符合"宪法"的解释,即参照"宪法"上的判断基准来调和人格权保护及言论自由,学说上称之为私法或侵权行为诽谤法的"宪法化"(constitutionalization of private law, constitutionalization of the law of defamation),兹先提出如下规范机制,再就案例[59]加以论述。

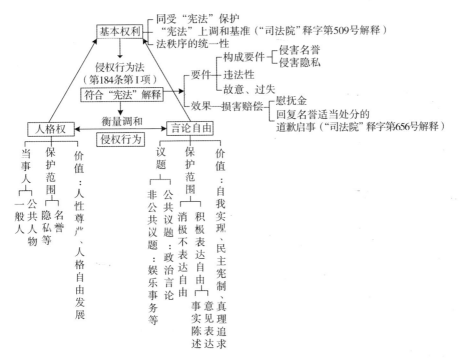

(三)"宪法"基准

"司法院"释字第509号解释谓：言论自由为基本权利，"宪法"第11条有明文保障，应给予最大限度之维护，俾其实现自我、沟通意见、追求真理及监督各种政治或社会活动之功能得以发挥。惟为兼顾对个人名誉、隐私及公共利益之保护，法律尚非不得对言论自由依其传播方式为合理之限制。"刑法"第310条第1项及第2项诽谤罪即系为保护个人法益而设，为防止妨碍他人之自由权利所必要，符合"宪法"第23条规定之意旨。至"刑法"同条第3项前段以对诽谤之事，能证明其为真实者不罚，系针对言论内容与事实相符者之保障，并借以限定刑罚权之范围，非谓指摘或传述诽谤事项之行为人，必须自行证明其言论内容确属真实，始能免于刑责。惟行为人虽不能证明言论内容为真实，但依其所提证据资料，认为行为人有相当理由确信其为真实者，即不能以诽谤罪之刑责相绳，亦不得以此项规定而免除检察官或自诉人于诉讼程序中，依法应负行为人故意毁损他人名誉之举证责任，或法院发现其真实之义务，"刑法"

第310条第3项与"宪法"保障言论自由之旨趣并无抵触。

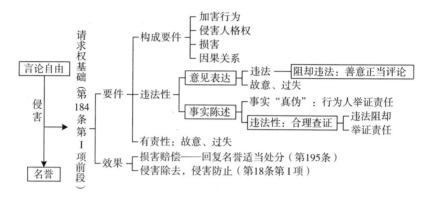

二、案例解说:思考模式

Ⅰ 甲得向乙依"民法"第184条第1项前段、第195条规定请求损害赔偿及回复名誉适当处分,须乙侵害甲的名誉,致生损害,其侵害行为具不法性,并有故意或过失。

（一）构成要件

首先应认定的是乙是否侵害甲的名誉。侵害名誉,指以言语、文字、漫画或其他方法贬损他人在社会上的评价,使其受到他人憎恶、蔑视、侮辱、嘲笑、不齿与其来往等。乙公开指称甲为品德低下、乱开支票、毫无诚信的不入流政客,尤其是收取工程回扣、性侵某女性助理,足以贬损甲在社会上的评价,遭人耻笑,系侵害甲的名誉,致甲精神痛苦,受有损害,二者具有因果关系。

（二）违法性

侵害他人名誉所发表的言论,有为意见表达,有为事实陈述。意见表达,系对事务表示自己的见解或立场,具有主观的确信,包括赞同及非议,有不同的评断余地。事实陈述,指陈述过去或现在一定的具体过程或事态,为描述或经验的性质,具可证明性。为权衡调和言论自由与人格权保护,侵害行为的违法性,应区别意见表达与事实陈述,作不同的认定。

1. 意见表达

"刑法"第311条第3款规定"对于可受公评之事,而为适当之评论者"不罚,阻却其侵权行为的违法性。该条立法理由认为,盖保护名誉应有相当之限制,否则钳束言论,足为社会之害,故以善意发表言论,而有本条所列情形者,不问事之真伪,概不处罚。本条亦于保护名誉及言论自由两者折中,以求适当。

关于公共议题之言论,应先被推定为正当合法权利之行使,此乃"合宪"解释之当然结果,是当言论自由有侵害名誉权之虞时,即应就侵权行为之违法性为一定程序之调整,而"刑法"关于诽谤之免责事由即违法阻却事由之规定,旨在折中保护名誉及言论自由,是属开放概念之名誉之侵害是否构成"不法",基于法律秩序之统一性,为利益权衡之判断时,"刑法"之该免责事由亦应予以列入。换言之,该免责事由于民事侵权行为责任方面,亦同有阻却不法之效果而得予援用,是对于可受公评之公共议题,行为人有相当理由确信其为真实而出于善意为适当之评论者,即得直接或间接援引此项基本人权为正当权利之行使,以阻却不法而免责(参照2006年台上字第766号)。

"刑法"第311条第3款规定及"最高法院"所谓"善意""可受公评之事"或"适当",均属不确定的法律概念,应依立法意旨而为解释。①善意,指其动机非专以毁损他人名誉为目的。②可受公评之事须与公众利益有关,即依事件性质为可接受公众评论的事务。③评论乃主观意见、价值判断的表达,是否适当,应作较宽松的认定,其措辞得为尖锐,带有情绪或感情,对错与否,能否为多数人所认同,在所不问,惟不能作人身攻击。④评论所根据或评论的事实,非众所周知时,应一并公开,俾公众得有所判断,而参与追求真理的言论市场。

2. 事实陈述

事实陈述具可证明性,行为人如能证其真实,则不具违法性。如非事实,则应适用"司法院"释字第509号解释所创设的合理查证原则。"司法院"释字第509号解释意旨,系为衡平"宪法"所保障之言论自由与名誉、隐私等基本人权所为规范性解释,既属因基本权冲突所为具有"宪法"意涵之法律原则,则为维护法律秩序之整体性,就违法性价值判断上趋于一致,自应认在民事责任之认定上,亦有适用上开解释之必要。而行为人就事实陈述之真实性未尽合理查证义务,依其所提资料,客观上不足认有相当理由确信为真实,复足以贬损他人之社会评价时,即应负侵权行为之损害赔偿责任。"最高法院"2009年台上字第1129号判决谓:"民法上名誉权侵害之成立要件，被害人对行为人陈述事实为不实之消极事实，本不负举证责任，上开攸关侵害他人名誉'阻却违法性'之合理查证义务，自应由行为人依个别事实所涉之'行为人及被害人究系私人、媒体或公众人物''名誉侵害之程度''与公共利益之关系''资料来源之可信度''查证对象之人、事、物''陈述事项之时效性'及'查证时间、费用成本'等因素，分别定其合理查证义务之高低，以善尽其举证责任，始得解免其应负之侵权行为责任，俾调和言论自由之落实与个人名誉之保护。"本件裁判的意旨有四：

（1）以合理查证义务调和名誉保护与言论自由。
（2）查证义务属违法性问题。
（3）综合相关判断因素，就个案认定行为人是否善尽查证义务。
（4）行为人（加害人）就其是否善尽查证义务，应负举证责任。

在本件案例，乙指称甲承包某件工程，贿赂官员，收取回扣，曾经性侵其助理，系属事实陈述，乙负有合理查证义务。对于足以怀疑消息之真实性或报道之正确性，不得未经合理查证率予报道。发表评论意见与陈述事实，性质固有不同，然叙述某项事实以之为评论基础，或于评论中夹杂叙述某项事实，倘行为人所述事实足以贬损他人之社会评价，纵令该事实系转述他人之陈述，如明知该转述事实为虚伪或未经合理查证，仍构成不法的侵害行为。乙未举证证明其对指称事实尽合理查证义务，不能以其系转述他人言论，不具违法性，而免予负侵权责任。

（三）有责性

乙声称甲承包某件工程，贿赂官员，收取回扣，曾经性侵其助理，未尽善良管理人注意义务为合理查证，因过失侵害甲的名誉。

（四）损害

甲因乙的事实陈述侵害其名誉，受有精神痛苦的非财产上损害，其所受损害与甲侵害其名誉，具有相当因果关系。

（五）法律效果

1. 慰抚金请求权

甲得依"民法"第195条规定，以乙不法侵害其名誉，而就非财产上之损害，请求赔偿相当之金额。此项金额，应就甲所请求的100万元，斟酌甲名誉所受侵害、甲与乙的身份地位、双方的财产资力及乙故意或过失的程度等情状，加以认定。

2. 回复名誉适当处分(登报道歉)

甲得依"民法"第195条第1项后段规定,以其名誉权被侵害,请求回复原状之适当处分。所称适当处分主要指登报道歉启事。此项规定是否因侵害行为人(加害人)的言论自由及人格尊严而发生"违宪"争议。

"司法院"释字第656号解释谓:"'民法'第195条第1项后段规定:'其名誉被侵害者,并得请求回复名誉之适当处分。'所谓回复名誉之适当处分,如属以判决命加害人公开道歉,而未涉及加害人自我羞辱等损及人性尊严之情事者,即未违背'宪法'第23条比例原则,而不抵触'宪法'对不表意自由之保障。为实践此项解释意旨,法院应在原告声明之范围内,权衡侵害名誉情节之轻重、当事人身份及加害人之经济状况等情形,在合理必要范围内,先命加害人负担费用刊载澄清事实之声明或登载被害人判决胜诉之启事或将判决书全部或一部登报,上开手段仍不足以回复被害人之名誉时,法院始得命加害人公开道歉"(2016年台上字第1534号)。①

甲得否向乙请求在三大报纸刊登道歉启示,应参照"司法院"释字第656号解释及"最高法院"2016年台上字第1534号判决的见解,加以认定。

3. 侵害除去、侵害防止

名誉权既属人格权的一种,受侵害时,被害人得依"民法"第18条第1项规定请求除去其侵害;有受侵害之虞时,得请求防止之。此项防御请求权,以侵害名誉具有违法性即为已足(无论是否为合理查证),不以具有故意过失为要件。甲得向乙请求收回诋毁其名誉的传单,并禁止其印刷传播。

Ⅱ 甲得向乙依"民法"第184条第1项前段及第195条规定请求以相当金额赔偿其非财产上损害。依第195条第1项规定请求为回复名誉的适当处分。依第18条第1项请求除去及防止对其名誉的侵害。

---

① "最高法院"2011年台抗字第283号判决:"被害人因名誉被侵害而得请求加害人赔偿非财产上损害及回复名誉适当处分之权利,依'民法'第195条第1项、第2项规定,因不得让与或继承,固专属于被害人一身之权利,其行使与否? 须尊重被害人之意思。但对于侵害名誉加害人因此所生之义务,则非专属于加害人一身之义务,该项义务在加害人死亡后应由其继承人继承,俾被害人所受侵害之名誉仍可获得救济。"

第五款　雇用人侵权责任①

案例〔60〕赏樱之旅

1. 甲游览公司于春节期间举办武陵农场赏樱团,因人手不足,乃临时商请退休多年的70岁卡车司机某乙担任驾驶员。乙体力不济,违规超速,因刹车失灵翻落山谷。丙等乘客受伤严重,得否向甲、乙请求损害赔偿?

2. 前举案例,在下列情形,乙是否执行职务,不法侵害他人权利? 如何判断? 如何建立一个判断标准?
   (1) 乙转道探访父母,途中发生车祸。
   (2) 乙违反甲的指示私带友人丁赏樱。
   (3) 乙与乘客因行程发生争吵,故意紧急刹车,致乘客受伤。
   (4) 乙与小客车司机因停车吵架,撞毁小客车。
   (5) 乙偷窃乘客留在车内的财物。

一、规范体系

(一)"民法"第188条规定的雇用人侵权责任

在现代分工的社会生活及经济活动中,必须使用或雇用他人来从事一定工作。为合理分配受雇人执行职务不法侵害他人权利的责任风险,"民法"第188条规定:"受雇人因执行职务,不法侵害他人之权利者,由雇用人与行为人连带负损害赔偿责任。但选任受雇人及监督其职务之执行,已尽相当之注意或纵加以相当之注意而仍不免发生损害者,雇用人不负赔偿责任。如被害人依前项但书之规定,不能受损害赔偿时,法院因其声请,得斟酌雇用人与被害人之经济状况,令雇用人为全部或一部之损害赔偿。雇用人赔偿损害时,对于为侵权行为之受雇人,有求偿权。"要了解本条规定内容及其解释适用,须作比较法的观察。

英美法系采雇用人(master)无过失责任(严格责任),受雇人(servant)须有侵权行为(tort),雇用人不能主张已尽选任监督注意而免责。《德国民法典》第831条系采雇用人推定过失责任,受雇人须不法侵害他

---

① 参见拙著:《侵权行为》(第三版),北京大学出版社2016年版,第494页以下。

人,不以具有过失,成立侵权行为为必要。台湾地区"民法"第188条规定,一方面采雇用人推定过失责任,他方面受雇人须有侵权行为,采折中的规范模式,具有如下特色:

1. 雇用人自己责任及受雇人侵权行为:雇用人系就自己选任监督受雇人的过失负责(推定过失),受雇人须具备侵权行为的要件(第184条以下)。

2. 雇用人不能举证免责时,应与受雇人负连带责任。

3. 衡平责任:被害人因雇用人举证免责,不能受赔偿时,法院依其申请,得斟酌雇用人与被害人之经济状况,令雇用人为全部或一部之赔偿。此种"衡平责任",系"民法"独有,一方面表示立法原则乃采过失责任,但借"推定过失"加以缓和;他方面亦不采无过失责任,借衡平责任,以保护被害人。实务上鲜见关于衡平责任的案例。

兹参照前揭说明,图示"民法"第188条的法律构造:

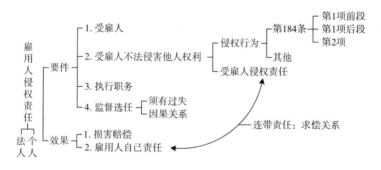

(二)规范体系

"民法"第188条规定所称雇用人包括自然人及法人。"民法"第28条规定法人对于董事或其他有代表权之人,因执行职务所加于他人之损害,与该行为人负连带责任。其不同于"民法"第188条规定,在于其系规定法人因其机关的侵权行为而应自己负侵权责任,无举证免责问题。从而在适用上应明辨其因执行职务而为侵权行为者,究系法人之机关(董事或其他有代表权之人),或系法人的受雇人。

"民法"第188条规定雇用人侵权责任,得与契约责任发生竞合关系。在案例〔60〕之1,甲游览公司就乘客丙等,因乙司机执行职务发生车祸,致其身体健康遭受侵害,得成立"民法"第188条的雇用人侵权责任及第227条的债务不履行责任。侵权责任与契约责任构成民事责任体

系,在理论及实务甚为重要,图示如下,俾利对照:

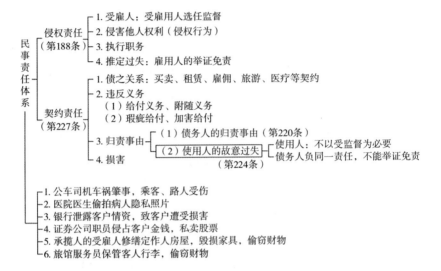

关于雇用人侵权责任与契约责任的竞合适用关系,应特别说明的有三:

1. "民法"第188条系独立的请求权基础,第224条系关于债务人归责事由的规定。

2. "民法"第188条的受雇人须受雇用人的指示监督,第224条的使用人(履行辅助人)不须受债务人的指示监督。例如出卖人经由宅急便交付标的物于买受人,宅急便系自主营业者,不受出卖人指示监督,系属出卖人的履行债务的使用人,而非第188条的受雇人。

3. 雇用人得举证证明,其对受雇人的选任监督已尽必要注意而免责。债务人应就使用人的故意或过失负同一责任,不得举证免责。

二、案例[60]之1解答

(一)丙对甲、乙的侵权行为请求权

1. 丙得向甲、乙依"民法"第188条第1项规定请求连带损害赔偿,须乙系甲的受雇人,执行职务不法侵害丙的身体健康,受有损害,甲不能举证其对乙的选任监督并无过失。

(1)乙是甲的受雇人

"民法"第188条第1项所称的受雇人,并非仅限于雇佣契约所称之受雇人,凡客观上被他人使用之服劳务之人而受其监督者均系受雇人

(1968年台上字第1663号)。此系依第188条规范意旨而为的解释。受雇人的特征在于受雇用人的监督,纳入其组织,服从其指示。监督上的指示包括受雇人从事一定劳务的时间、地点及方式,得为概括或具体。劳务的种类、报酬的有无、时间长短、其所从事的究为事实行为或法律行为、有无代理权限,均非所问。雇用人得为自然人或法人,受雇人通常为自然人,但亦得为法人。其属受雇人的,例如公交车的司机、公司的送货员、周刊杂志社的编辑、快餐店或加油站的工读生、医院的医师及护理师等。

在本件案例,甲商请已退休的卡车司机乙担任游览车驾驶员,从事劳务,受甲监督,不论有无雇佣契约,乙均系甲的受雇人。

(2)不法侵害丙的身体健康

"民法"第188条第1项本文规定受雇人因执行职务,不法侵害他人之权利者,由雇用人与行为人连带负损害赔偿责任。所谓"不法侵害他人之权利",文义未臻明确。就法律规定雇用人与受雇人的连带责任,及雇用人为赔偿后得向受雇人求偿的规定观之,所称"不法侵害他人之权利"须具备侵权行为的要件,尤其是第184条规定一般侵权行为的要件,除该条第1项前段(权利侵害)外,尚包括第1项后段(背于善良风俗方法加损害于他人)、第2项(违反保护他人的法律)及其他侵权行为规定。其保护的客体,除权利外,尚及于其他利益(纯粹经济上损失)。

在本件案例,乙超车不慎,发生车祸,致丙的身体健康受侵害,系侵害丙的权利,致生损害,具不法性,并有过失,乙应依第184条第1项前段规定对丙负侵权责任。

(3)执行职务

雇用人侵权行为的成立须以受雇人"执行职务"不法侵害他人之权利为要件。乙依甲的指示驾车接送客人前往武陵农场赏樱,系执行甲所命或委任职务,其发生车祸,系因执行职务侵害丙的权利(关于执行职务,详见下文)。

(4)雇用人选任监督过失的双重推定

第188条第1项规定:"受雇人因执行职务,不法侵害他人之权利者,由雇用人与行为人连带负损害赔偿责任。但选任受雇人及监督其职务之执行,已尽相当之注意或纵加以相当之注意而仍不免发生损害者,雇用人不负赔偿责任。"该项规定了两个推定。第一个推定是选任监督过失,以倒置举证责任的方法保护被害人,盖选任监督系雇佣关系当事人间的内部事务，属雇用人得为控制的领域，被害人难以查知，由雇用人承担不能举证的不利益。雇用人是否尽其注意义务，取决于其选任受雇人是否尽其注意义务，衡量其能力、品德及性格等是否足以胜任委办职务，并须于任职期间随时予以监督，俾预防受雇人执行职务期间发生不法侵害他人权利的情事。第二个推定系雇用人选任监督的过失与受雇人不法侵害他人权利，致生损害，具有因果关系。雇用人得举证证明，纵加相当之注意，仍不免发生损害，而不负赔偿责任。

在本件案例，甲游览公司组织春节旅游，因员工不足，临时找乙担任驾驶员，未衡量乙系70岁退休多年的卡车司机，是否足以胜任来回武陵农场山路的委办事项，其选任监督具有过失。此项过失与丙因车祸受伤具有因果关系。

综上所述，甲游览公司的受雇人乙因执行职务，不法侵害丙的权利。甲游览公司未举证证明其选任乙及监督其职务之执行，已尽相当之注意。

2. 丙得向甲游览公司及乙依第188条第1项规定请求就其财产上损害及非财产上损害负连带赔偿责任。丙依第195条第1项规定请求赔偿相当金额的慰抚金时，法院对于慰抚金的量定，应斟酌两造（包括负连带责任的雇用人在内）的身份地位、经济状况等关系，不得单以被害人丙与实施侵权行为之受雇人乙的资力为衡量标准。

(二) 丙对甲游览公司的契约债务不履行的损害赔偿请求权

1. 丙得向甲游览公司依第227条、第227条之1规定请求损害赔偿，须因可归责于甲游览公司的事由而为不完全给付，致丙的身体健康被侵害，受有损害。

甲游览公司与丙间成立旅游契约，甲负有依契约内容，安排旅游行程、提供交通或其他相关服务的义务（第514条之1）。乙司机驾车因违规超速发生车祸，因不完全给付（第227条）侵害丙的人格权（身体、健康，第227条之1），致丙受有财产上及非财产上损害。乙司机违规超速，具有过失，乙司机系甲游览公司履行债务的使用人，甲游览公司应与乙过失负同一责任（第224条）。

2. 丙得向甲游览公司依第227条、第227条之1准用第192条、第195条规定请求损害赔偿。

三、案例[60]之 2 解答

(一)执行职务的判断基准

法之适用在于就具体案例寻找法律规范(尤其是请求权基础),明确其要件,并就案例事实从事涵摄。在此过程中的基本问题,系就构成要件的概念加以定义。第 188 条第 1 项规定两个核心概念,一为何谓受雇人;二为何谓执行职务。认定后者更为困难,"最高法院"有时与原审采不同见解,认为原审"殊嫌速断""不无可议""要难谓当",而要求原审法院详加审究①,而为实务上的争议问题,具有法学方法的意义(要件的定义及在个案的涵摄)。

在法之适用上概念的定义,首先要提出判断基准,兹先举两个"最高法院"判决,以供参照:

1. 在一个关于证券公司营业员盗卖股票的案件中,"最高法院"2001 年台上字第 1991 号判决就"因执行职务"的认定基准,作出了定义性的阐释:"'民法'第 188 条第 1 项所称之'执行职务',初不问雇用人与受雇人之意思如何,一以行为之外观断之,即是否执行职务,悉依客观事实决定。苟受雇人之'行为外观',具有执行职务之形式,在客观上足以认定其为执行职务者,就令其为滥用职务行为,怠于执行职务行为或利用职务上之机会及执行职务之时间或处所有密切关系之行为,亦应涵摄在内。"②

---

① 法律适用上的涵摄包括逻辑及评价,为使读者了解其过程的困难,举"最高法院"2011 年台上字第 609 号判决为例,以供参考:"原审认定江○玲为上诉人之会计,其职务为'开立票据、转账',以伪造之印章盖用在上诉人所领取之真正支票上,再以其夫洪○田名义及账户提示领款,乃利用执行职务上机会、时间、处所所为,因从外观上属江○玲执行职务行为等语。惟查发票人之票据开立行为,须由发票人于票据上签名或以盖章方式代之,原审认定江○玲之职务包括'开立票据',是否包括被授权以上诉人之名义签发票据,或保管使用上诉人开立票据所需之印章?抑或仅负责填具空白票据(如日期、金额)后,尚需由他人用印始能完成发票行为?原审关此部分未详予说明,迳予认其职务包括'开立票据',尚嫌速断,且有判决不备理由之失。又本件依原审认定之事实,系争支票均出江○玲以伪造印章方式签发,并以其夫洪○田名义及自己账户提示,惟查江○玲纵有'接触'真正印鉴章机会,惟系争发票行为要属伪造行为,被上诉人所受损害原因,直接因该伪造行为所致,该'伪造行为'外观上是否为执行其职务?抑或系'伪造后持以行使'之外观,令他人误以为系执行职务?如为后者,得否认系客观上足认为与其执行职务有关?均有详加审究必要。"

② "最高法院"在本件判决使用"涵摄"此一在法学方法论具有重要意义的用语。"涵摄"乃德文 Subsumtion 的移译,意指将具体事实涵摄于抽象的法律要件之下,例如某甲的送货员某乙送货途中发生车祸,撞伤路人丙,此一具体事实可涵摄于"因执行职务"不法侵害他人之权利。本件判决所称"涵摄",似系指"包括""涵盖"在内而言。

2. "最高法院"2015年台上字第556号判决:"'民法'第188条第1项所谓受雇人因执行职务不法侵害他人之权利,固不仅指受雇人因执行其所受命令,或委托之职务自体,或执行该职务所必要之行为,而不法侵害他人之权利者而言,即受雇人之行为,在客观上足认为与其执行职务有关,而不法侵害他人之权利者,就令其为自己利益所为亦应包括在内。然倘受雇人行为在客观上不具备执行职务之外观,或系受雇人个人之犯罪行为而与执行职务无关者,自无上开法条规定之适用。"

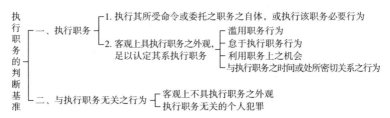

"最高法院"判断基准的核心在于如何依客观事实、行为人外观判断其行为与执行职务有无关联,功能上相当于德国通说所采取的直接内在关联(ein unmittelbar innere Zusammenhang),具有弹性,但亦具不确定性。此项判断基准涉及雇用人、受雇人与被害人三人间分配责任风险的立法政策上的利益衡量。使用他人,享用其利者应承担其风险。雇用人具有较佳能力,得借保险或价格机制分散损害。雇用人得预先规划、事先防范,并计算其可能的损害,内化于经营成本之内,而作合理必要的管控。

(二)案例类型

执行职务应作类型观察,就个案的前揭判断加以认定。其属执行职务"概念核心"领域的,较为明确。其属"边缘地带"的,难免争议。类型具开放性,得为不同的组合,并作必要的调整。

1. 职务的执行

(1)雇用人命令的执行:受雇人执行雇用人关于职务的指示,例如在某处丢弃废料、在某地埋设管线致挖断电缆;此亦包括不作为在内,例如未在工作场所设置安全防范措施。

(2)委托职务自体:例如店员驾车运送货物,发生车祸;水电工装设冷气,污损墙壁;医生手术开错部位。

(3)执行职务的必要行为:奉命采购军用品完毕后,如以其私有轿车载送采购军用品回部队,是否非执行职务之必要行为,亦有再事研求之余地(2000年台上字第1161号)。①

(4)犯罪行为与执行职务：个人犯罪行为通常不具备执行职务的外观，如何认定其与执行职务有关是一个困难的问题，应视其与职务关联的强度，所执行的职务是否增加此项犯罪行为的危险性，雇用人得否预见，并为防范。德国通说认为歌剧院衣帽间服务人员偷窃客人交付的物品，与执行职务具有内在关联。② 法国实务上认为戏院带位员在戏院内对询问前往洗手间女客为强制性交，并予谋杀，乃职务的滥用(abus de fonctions)，雇主应予负责③；澳大利亚法院认为橄榄球球员故意伤害他方球员，使其俱乐部打败对手，雇主亦须负责④；美国法院认为临床治疗师(therapist)的受雇人对就医者为不当性行为时，雇用人不应免责，盖此种医疗职务，存在有信赖关系，被害人有特别保护的必要。⑤

实务上个人犯罪行为是否与执行职务有关，多发生于营业员违法私下代客户保管股票，利用机会盗卖股票(2001年台上字第1235号)；银行理财员侵占客户财产(2007年台上字第2532号)；营业员擅自利用投资人交付保管的存折印鉴取款(2009年台上字第763号)。此等案例较为复杂，涉及事实认定及执行职务认定标准的适用，限于篇幅暂不详论。⑥

2. 职务的违背与执行方法的违背

受雇人违背职务，尤其是违背雇用人所为的指示，是否属执行职务范围，应视其所违背的，究系职务本身或方法而定：

(1)违背职务本身：例如医院护士擅自为病人开刀，公车车掌因司机迟到而擅自开车。此等行为与职务的执行不具客观上的内在关联，雇用人不必负责。

(2)违反职务执行方法：德国实务上有一个案例可供参照。雇用人甲嘱其受雇人乙以A车运送货物，乙自认A车容量过小，须二次搬运，甚不经济，乃擅自使用B车，因B车具有缺陷，发生车祸。德国联邦最高法院认为乙的行为与其执行职务具有内在关联，雇用人应为负责。

---

① 参见吴瑾瑜：《受雇人执行职务之行为》，载《中原财经法学》2001年第6期。
② 参见拙著：《侵权行为》(第三版)，北京大学出版社2016年版，第513页。
③ 参见 Murad Ferid, Das französische Zivilrecht, S. 851.
④ Cantebury Football Club v. Rogers (1993) ATR 81-246 (NSWCA).
⑤ Dan B. Dobbs, Law of Torts, p. 114. 此项信赖关系多存在于医师与病人、神职人员与教友之间，被害人有特别保护的必要。
⑥ 参见拙著：《侵权行为》(第三版)，北京大学出版社2016年版，第541页以下。

3. 职务给予机会的行为

(1)滥用职务的行为:此指以执行职务为手段,而为不法行为。例如,邮差私拆信件,窃取汇款;宅急便送货员窃取托送物品;歌剧院衣帽间管理员窃取寄托物品。此等行为与其职务具内在关联,均应由雇用人负责。

(2)与执行职务具空间、时间或事物上的密切关系:例如运送瓦斯的司机在车内吸烟,引起爆炸。其不具密切关联的,例如运送瓦斯的司机丢弃烟蒂于车外,致他人农舍引起火灾。

(三)案例[60]之2解说:司机驾车与执行职务

汽车系现在社会最重要的交通工具,驾车行驶于道路的,多为受雇人,或为司机,或为业务员,或为各种事业的从业人员,如何认定其肇事行为或其他相关行为系因执行职务不法侵害他人权利,兹就若干具体案例加以说明:

1. 驾车访父母:司机乙在前往武陵农场途中,转道访父母,发生车祸,系利用执行职务机会,依客观事实,时空具有内在关联,应认系执行职务。受雇人非在工作期间驾驶雇用人的汽车访父母途中,因车祸伤害他人亦得认系执行职务(2007年台上字第1312号)。

2. 私带朋友:乙违反雇用人指示,私带朋友丁,与执行职务无关,丁因车祸受伤,仅能向乙依"民法"第184条第1项前段规定请求损害赔偿。

3. 紧急刹车:乙与乘客因服务态度发生争吵,故意紧急刹车,致乘客受伤,乙的行为在客观上具执行职务的外观,应属执行职务的范围。司机违规,经被害人(交通警员)鸣笛命其停车,并以手攀车门索阅驾驶执照,该司机开车猛进,致警员受伤,亦属执行职务。

4. 停车纠纷:司机乙因停车与小客车司机发生纠纷,毁损小客车,与执行职务无关,应由乙司机自负侵权责任(参照1982年台上字第63号判决)。

5. 偷窃财物:司机偷窃乘客放在车内的财物,虽系个人犯罪行为,但该项财物系放在车内,属司机控制范围内,具有信赖关系,雇用人得经由考察司机品德及闭路电视设备,预为防范吓阻,应认与执行职务有关,其情形同于歌剧院或餐厅的受雇人窃取客人寄存的物品。

第八节 损害赔偿

案例〔61〕制造法律问题的车祸

某日清晨细雨霏霏,甲驾其新购的汽车送6岁之幼女乙上幼儿园,其妻丙于巷口微笑招手。甲刚转入快车道时,被丁驾车违规超速撞到。甲身受重伤,住院期间遭受病毒感染死亡,甲的新车受损严重,乙亦身受重伤,严重残障,须长期受看护。丙目睹其事,深受惊吓,精神崩溃,住院治疗,住院期间家中遭盗,财物损失50万元。丙出院后放弃其店员工作,在家看护乙,身心痛苦。又甲曾与戊女同居,怀胎儿庚,戊女3日后知悉甲遭车祸死亡,深受刺激,心脏病复发住院。经查甲对车祸的发生与有十分之三的过失。试问甲、乙、丙、戊、庚得对丁主张何种权利?

一、法律效果、请求权基础与法之适用

(一)以损害赔偿为中心的法之适用

案例体现社会生活,指向法律问题(案例问题),以案例的具体法律问题寻找得予适用的抽象法律规范(请求权基础)。所谓案例的具体法律问题,包括契约上的给付请求权、物之所有权的返还、占有的返还、所受利益的返还等,尤其是损害赔偿,此乃法之适用的基本思考模式,前已再三说明。兹以损害赔偿为中心,简要图示如下(阅读条文):

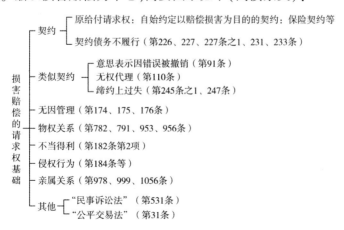

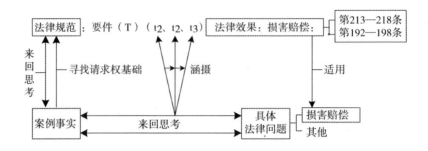

1. 来回于案例事实与案例问题,明确其具体的法律问题(请研读案例〔61〕)。

2. 案例事实涉及损害赔偿时,须依序检查其请求权基础。

3. 损害赔偿的请求权基础分别规定于整个"民法"及特别法,为便于法之适用,"民法"于债编通则统一加以规定,构成损害赔偿债之关系,学说上称之为损害赔偿法。

4. 损害赔偿的规定,系属损害赔偿请求权基础(完全法条)关于法律效果的补充性规定(不完全法条)。

(二)损害赔偿法的体系、原则、结构

法之适用,须对相关法律规范的目的、构造及法律原则有所理解与认识。关于损害赔偿,判例学说已建立了体系化的法释义学,兹仅作纲要式的简要说明,俾供处理案例思考及论证的参考。

1. 法律体系

损害赔偿,"民法"设有三个规范层次:

(1)第一个层次是一般原则性规定,适用于所有的损害赔偿:"民法"第213条至第218条。

(2)第二个层次是侵权行为的一般规定,乃损害赔偿的一般原则的特别规定,应优先适用:"民法"第192条至第198条。

(3)关于某种损害赔偿的特别规定,例如"民法"第233条关于金钱债务的赔偿。

损害赔偿法 ┬ 一般原则性规定：第213—218条[1]
　　　　　├ 侵权行为的一般规定：第192—198条[2]
　　　　　└ 某种损害赔偿的特别规定：第233、638条

2. 损害赔偿法的目的及原则

损害赔偿法具有三个目的：填补损害、预防损害、惩罚制裁。

---

[1] 为便于查阅，抄录相关条文（阅读、思考其规范目的、构造及原则）：

第213条："负损害赔偿责任者，除法律另有规定或契约另有订定外，应回复他方损害发生前之原状。因回复原状而应给付金钱者，自损害发生时起，加给利息。第一项情形，债权人得请求支付回复原状所必要之费用，以代回复原状。"

第214条："应回复原状者，如经债权人定相当期限催告后，逾期不为回复时，债权人得请求以金钱赔偿其损害。"

第215条："不能回复原状或回复显有重大困难者，应以金钱赔偿其损害。"

第216条："损害赔偿，除法律另有规定或契约另有订定外，应以填补债权人所受损害及所失利益为限。依通常情形，或依已定之计划、设备或其他特别情事，可得预期之利益，视为所失利益。"

第216条之1："基于同一原因事实受有损害并受有利益者，其请求之赔偿金额，应扣除所受之利益。"

第217条："损害之发生或扩大，被害人与有过失者，法院得减轻赔偿金额，或免除之。重大之损害原因，为债务人所不及知，而被害人不预促其注意或怠于避免或减少损害者，为与有过失。前二项之规定，于被害人之代理人或使用人与有过失者，准用之。"

第218条："损害非因故意或重大过失所致者，如其赔偿致赔偿义务人之生计有重大影响时，法院得减轻其赔偿金额。"

[2] 第192条："不法侵害他人致死者，对于支出医疗及增加生活上需要之费用或殡葬费之人，亦应负损害赔偿责任。被害人对于第三人负有法定扶养义务者，加害人对于该第三人亦应负损害赔偿责任。第一百九十三条第二项之规定，于前项损害赔偿适用之。"

第193条："不法侵害他人之身体或健康者，对于被害人因此丧失或减少劳动能力或增加生活上之需要时，应负损害赔偿责任。前项损害赔偿，法院得因当事人之声请，定为支付定期金。但须命加害人提出担保。"

第194条："不法侵害他人致死者，被害人之父、母、子、女及配偶，虽非财产上之损害，亦得请求赔偿相当之金额。"

第195条："不法侵害他人之身体、健康、名誉、自由、信用、隐私、贞操，或不法侵害其他人格法益而情节重大者，被害人虽非财产上之损害，亦得请求赔偿相当之金额。其名誉被侵害者，并得请求回复名誉之适当处分。前项请求权，不得让与或继承。但以金额赔偿之请求权已依契约承诺，或已起诉者，不在此限。前二项规定，于不法侵害他人基于父、母、子、女或配偶关系之身份法益而情节重大者，准用之。"

第196条："不法毁损他人之物者，被害人得请求赔偿其物因毁损所减少之价额。"

第197条："因侵权行为所生之损害赔偿请求权，自请求权人知有损害及赔偿义务人时起，二年间不行使而消灭，自有侵权行为时起，逾十年者亦同。损害赔偿之义务人，因侵权行为受利益，致被害人受损害者，于前项时效完成后，仍应依关于不当得利之规定，返还其所受之利益于被害人。"

第198条："因侵权行为对于被害人取得债权者，被害人对该债权之废止请求权，虽因时效而消灭，仍得拒绝履行。"

(1)填补损害

损害赔偿法的基本目的在于填补被害人所受的损害。"民法"第213条第1项规定:"负损害赔偿责任者,除法律另有规定或契约另有订定外,应回复他方损害发生前之原状。"体现于下列原则:

①全部损害赔偿与禁止得利原则:应赔偿被害人的全部损害,并禁止被害人除损害赔偿外,更受有利益。"民法"第216条之1规定:"基于同一原因事实受有损害并受有利益者,其请求之赔偿金额,应扣除所受之利益。"(损益相抵)

②全有全无原则:依全部损害赔偿原则,加害人就其加害行为所致损害,包括所受损害及所失利益,均应负赔偿责任(第216条)。反面言之,责任成立要件不具备时,被害人就其所受损害概不得请求损害赔偿。现行"民法"不采所谓"责任与赔偿比例原则",即加害人的加害行为究出于故意或过失,对损害赔偿的范围不生影响。为缓和全有全无原则,"民法"设有两个重要规定:一是被害人与有过失(第217条)。二是被害人生计酌酌(第218条)。

③回复原状与金钱赔偿:损害赔偿之债的构造系建立在回复原状及金钱赔偿两个方法之上。前者旨在贯彻损害填补原则。后者须有法律的特别规定,其情形有四:

A. 债权人得请求支付回复原状所必要之费用,以代回复原状(第213条第3项)。

B. 应回复原状者,如经债权人定相当期间催告后逾期不回复时,债权人得请求以金钱赔偿其损害(第214条)。此项金钱赔偿系指回复原状所需费用,而非价额赔偿。

C. 不能回复原状或回复原状显有重大困难者,应以金钱赔偿其损害(第215条)。不能回复原状,例如某书被烧毁时,应以金钱赔偿。回复原状显有困难,例如撞毁旧车,修复费用远超过该车的价额时,应以金钱赔偿,以保护加害人。

D. 不法毁损他人之物者,被害人得请求赔偿其物所减少的价额(第196条)。在物受不法侵害的情形,被害人得请求:回复原状;回复原状所需费用;其物因损毁所减少的价额。

对被害人有多种损害赔偿方法,乃在实践损害填补之目的。被害人的选择自由有助于满足其个人的需要,并提高损害赔偿的经济效率。

(2) 预防损害

填补损害亦具有一定程度预防损害的附带效果:①行为基准的设定:损害赔偿责任的成立,系因行为人违反法律规定的义务。损害赔偿责任使行为规范具体化、明确化,俾行为人或他人得有所遵循,以防范侵害他人权益。②侵害行为的避免:损害赔偿责任是一种不利益,趋利避害乃人的天性,损害赔偿责任在多大程度上具有促使行为人或他人避免侵害行为的诱因,视各种因素,诸如事故类型(产品责任、车祸)、侵害行为性质(侵权责任、契约责任)、行为人(个人、企业)、赔偿数额等而定。

预防功能固不能高估,但应予肯定,例如:①某食品公司因其产品被法院认定具有制造上瑕疵,应负巨额赔偿,商誉受损时,该食品公司应会采取必要措施,预防瑕疵再度发生。②某医院的医生因手术开错病人、开错部位、弄错开刀手续而应负损害赔偿时,医院通常会加强医疗安全的管理。

(3) 惩罚制裁

现行法制采民刑分立。民事损害赔偿旨在填补损害,不具惩罚性。损害赔偿的量定原则上不考虑加害人的故意或过失。值得重视的是,近年来的特别法陆续引进美国法的惩罚性赔偿制度,尤其是"消费者保护法"第51条规定:"依本法所提之诉讼,因企业经营者之故意所致之损害,消费者得请求损害额五倍以下之惩罚性赔偿金;但因重大过失所致之损害,得请求三倍以下之惩罚性赔偿金,因过失所致之损害,得请求损害额一倍以下之惩罚性赔偿金。"

惩罚性赔偿金源自英国,存废与否,争议甚多。大陆法系的德国、日本、法国等均不采此制度。中国台湾地区之所以继受此项具美国法及政治文化特色的制度,或因有民刑不分的传统,或过度高估可以借此制度有效吓阻侵害行为。已经制定的法律,更改匪易,应否继续引进惩罚性赔偿金,须特为审慎,不应使惩罚制裁成为损害赔偿法的基本原则。

3. 损害的概念、分类

(1) 损害的概念

损害赔偿,顾名思义,系在于赔偿因加害行为所生的损害。问题在于何谓损害,而发生损害概念(Schadensbegriff)的争论。通说认为"民法"第213条规定系采所谓的差额说,以侵害事故所造成的财产差额作为被害人所受的损害,其基本内容有三:

①以总财产计算差额:其据以比较差额而算定损害的,系侵害事故发生后的财产状况及若无该侵害事故时所应有的财产状态。前者为现实财产状态,后者为假设财产状态。损害乃其计算上的大小（rechnerische Grösse）。其用以计算的,系被害人的总财产,而非个别的损害项目（如人身伤害、物被毁损）。

②损害的主观性:损害的有无及其大小应就被害人的情况,斟酌有利及不利因素加以认定。

③全部赔偿原则:以总财产的差额算定损害,并斟酌及于被害人情事,旨在实现全部赔偿原则。差额说寓有具体化全部赔偿原则,扩大损害赔偿的保护功能。

兹举一例加以说明。甲驾驶卡车违规超速,撞到机车骑士乙。乙住院支出医药费 10 万元,减少收入 5 万元,乙的机车半毁,减少价值 1 万元。乙住院期间不能住进其以 10 万元承租的海滨度假木屋。兹先图示差额说的架构:

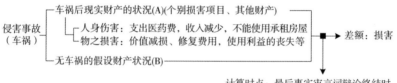

在前揭车祸案例,比较事故前后财产差额,乙所受财产上损害为医药费 10 万元,减少收入 5 万元,机车减少价值 1 万元,共计 16 万元。乙于住院期间不能使用租赁的度假木屋,或物之使用利益的丧失,均非属财产上损害,不列入计算。

关于损害概念,应以自然意义为其出发点,以财产比较上的差额作为损害。何种不利益属于法律上得请求赔偿的损害,应受规范评价。①

（2）损害的种类

①财产上损害及非财产上损害

财产上损害,指具财产价值,得以金钱计算的损害。非财产上损害,指精神、肉体痛苦等不具财产价值,难以金钱计算的损害。侵害财产权时,例如毁损他人具有纪念性的照片、心爱的宠物时,得发生财产上损

---

① 较详细的说明,参阅拙著:《损害赔偿》,北京大学出版社 2017 年版,第 62 页。

害(如物之价值的灭损)及非财产上损害(精神痛苦)。侵害非财产权时,例如伤人身体,或毁人名誉,亦得发生财产上损害(支出医药费,或因名誉被毁致遭解聘)及非财产上损害(肉体或精神痛苦)。

财产上损害与非财产上损害,系"民法"上的法定分类,具重要的意义。无论何种损害,均应回复原状(第213条第1项)。财产上损害不能回复原状时,得请求金钱赔偿(第215条)。但关于非财产上损害,则须有法律特别规定,始得请求相当金额的赔偿(慰抚金)。法律适用上应特别指出的有二:

A. 非财产上损害金钱赔偿的请求权基础的扩大:在侵害行为,"民法"第195条对人格法益概括化,并增设对身份法益的保护。在债务不履行,除增订"民法"第227条之1外,"民法"第514条之8更规定:"因可归责于旅游营业人之事由,致旅游未依约定之旅程进行者,旅客就其时间之浪费,得按日请求赔偿相当之金额。但其每日赔偿金额,不得超过旅游营业人所收旅游费用总额每日平均之数额。"旅游时间的浪费,系非财产上损害,现代社会重视旅游休闲活动,特明定为得请求赔偿的损害。

B. 财产上损害扩大解释的问题:如何认定财产上损害,系损害赔偿法的重要问题。例如甲驾车闯红灯,撞到乙,乙身受重伤住院,其车毁损。乙不能使用该车,不能住进刚在阳明山竹子湖租赁的农舍,其所受的损害应认系非财产上之损害,不得请求损害赔偿。

②履行利益的损害及信赖利益的损害

法律行为上的损害可分为履行利益及信赖利益的损害。履行利益(积极利益),指于法律行为(如买卖契约)发生债务时,债权人可获得的利益,因债务不履行而受损害(第226条)。信赖损害(消极利益),指因信赖法律行为有效成立所受损害,其主要情形:表意人依"民法"第88条及第89条规定,撤销错误的意思表示或传达错误时,对于善意信其意思表示为有效而受损害之相对人或第三人,应负赔偿责任(第91条)。契约因以不能之给付为标的而无效者,当事人于订约时知其不能或可得而知者,对于非因过失而信契约为有效致受损害之他方当事人负赔偿责任(第247条)。应说明者有二:A. 履行利益的损害及信赖利益的损害均包括所受损害(积极损害)及所失利益(消极损害)。例如甲向乙购买某货车,于乙给付迟延时,甲得向乙请求支付司机工资(所受损害)及不能营业(所失利益)的损害。在上举之例,设该车于订约时既已灭失时(第247

条),甲得请求订约费、准备履行费用(所受损害)及丧失订约机会的损害(所失利益)。B. 信赖利益的赔偿不得超过履行利益。

4. 法律构造

(1)责任成立与责任范围:双重因果关系

损害赔偿请求权可分为责任成立与责任范围,图示如下:

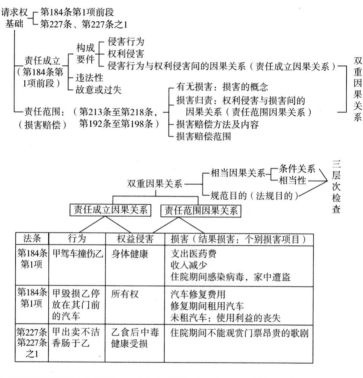

应特别说明的是所谓双重因果关系。损害赔偿的核心,在于何种损害应归由加害人负责,此为因果关系问题。应区别的是:①责任成立因果关系(haftungsbegründende Kausalität),即侵害行为与权利受侵害之间须有因果关系。②责任范围因果关系(haftungsausfüllende Kausalität),即权利受侵害与损害间的因果关系(参照前揭图!)。

应说明的有两点:

①处理损害赔偿案例,须区别责任成立与责任范围,及双重因果关系。

②在责任成立及责任范围因果关系,均应区别条件因果关系及条件关系的相当性。条件因果关系的认定系采"若无,则不"(but-for)的检验

方式。判例学说所谓"无此行为,必不生此种损害",即指条件的因果关系。举例言之,"若无甲之下毒,乙必不死亡"(作为),"若非医生迟不开刀,乙必不死亡"(不作为)(责任成立)。若非身体健康受侵害,不致支出医药费,收入减少(责任范围)。

(2)相当因果关系(条件关系的相当性)

相当因果关系说系由条件关系及条件关系的相当性所构成。在适用上须先肯定某个事由系肇致权益侵害(责任成立)及结果损害(责任范围)的条件(若无则不),然后再检视该条件对权益侵害及结果损害的相当性。相当因果关系具规范性的功能,是一种法政策的思考,应否归责之法的价值判断。

判例学说对相当因果关系采如下的认定公式:无此行为,虽必不生此损害,有此行为,通常即足生此种损害者,是为有因果关系。无此行为,必不生此种损害,有此行为通常亦不生此种损害者,即无因果关系。应说明者有三:①所谓无此行为,虽必不生此损害,系采条件说,用以排除与损害不具因果关系的行为,前已提及,请再参照。②所谓有此行为,通常足生此种损害,系指因果关系的"相当性",并从积极方面加以界定。所谓有此行为通常亦不生此种损害,系从消极方面加以界定,其目的在于排除"非通常"的条件因果关系。③因果关系的"相当性"实务上多以"通常足生此种损害"为判断基准。"最高法院"1987年台上字第158号判决谓:"按侵权行为之债,固须损害之发生与侵权行为间有相当因果关系始能成立,惟所谓相当因果关系,系以行为人之行为造成的客观存在事实,为观察的基础,并就此客观存在事实,依吾人智识经验判断,通常均发生同样损害结果之可能者,该行为人之行为与损害间,即有因果关系。"又"最高法院"1993年台上字第2161号判决谓:"所谓相当因果关系,系以行为人之行为所造成的客观存在事实,为观察的基础,并就此客观存在事实,依吾人智识经验判断,通常均有发生同样损害结果之可能者,该行为人之行为与损害间,即有因果关系。"均采客观的判断基准,以行为时所存在的一切事实及可能预见的事实为基础。

值得特别指出的是,"最高法院"2012年台上字第443号判决谓:按侵权行为之债,固以有侵权之行为及损害之发生,并二者间有相当因果关系为其成立要件(即"责任成立之相当因果关系")。惟相当因果关系乃由"条件关系"及"相当性"所构成,必先肯定"条件关系"后,再判断该条件之"相当性",始得谓有相当因果关系,该"相当性"之审认,必以行为人之行为所造成之客观存在事实,为观察之基础,并就此客观存在事实,依吾人智识经验判断,通常均有发生同样损害结果之可能者,始足称之;若侵权之行为与损害之发生间,仅止于"条件关系"或"事实上因果关系",而不具"相当性"者,仍难谓该行为有"责任成立之相当因果关系"。

本件判决区分责任成立与责任范围,明辨"责任成立因果关系"与"责任范围因果关系",并强调应依序分别检查条件关系及条件的相当性(相当因果关系),精细地明确相当因果关系的解释适用,应值肯定。

二、解题思考及解答

(一)解题思考

案例[61]旨在解说损害赔偿的基本问题。关于责任成立仅就"民法"第184条第1项前段规定加以说明;关于责任范围因涉及多数当事人,图示其基本法律关系,作为解题思考的基础(阅读条文)。

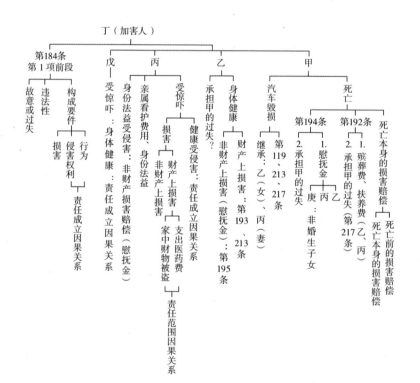

(二) 解答

1. 乙、丙、庚因甲死亡得对丁主张的权利

(1) 甲就其死亡而发生的损害赔偿

丁驾车撞伤甲,侵害甲的身体健康,甲住院期间遭受病毒感染死亡,丁的行为与甲的死亡之间具有因果关系。题旨未提及违法阻却事由,应认侵害行为系属不法。丁驾车违规超速,具有过失。丁致甲死亡,成立侵权行为(第184条第1项前段)。被害人的生命因受侵害而消灭,其为权利主体之能力即已失去,损害赔偿请求权,无由成立,故"民法"特于第192条及第194条规定被害人如尚生存应得利益的请求范围。甲于死亡前因身体健康受侵害的财产上损害(医药费、收入减少)及非财产上损害金钱赔偿请求权(限于契约承认或已起诉者,第195条第2项),得由其子女(乙)及配偶(丙)继承。

甲的新车遭受严重侵害的损害赔偿请求权,由乙、丙继承,除选择行使回复原状,或回复原状所需费用(第213条第1项、第3项)外,并得请求赔偿其物所减少的价额(第196条)。此项物所减少的价额,除技术性赔偿(技术上未能使物完全回复原状,仍留存有客观上可认定的瑕疵,如汽车钣金颜色不协调)外,尚包括所谓交易性贬值,例如事故车因可能隐藏危险而降低其价额。在交易性贬值,不以被害人出售其车为必要,即被害人一方面得继续保有使用该车,另一方面请求交易性贬值的损害赔偿。①

关于甲对丁的损害赔偿请求权,均有"民法"第217条与有过失规定的适用。关于损害的发生,甲与有十分之三的过失,法院得减轻丁的赔偿金额。

(2) 殡葬费请求权

甲之子女乙或其配偶丙(或其他之人)得向丁请求赔偿其支出之殡葬费(第192条第1项)。请求殡葬费之数额,应衡量甲之身份、地位、年龄及经济情况等因素定之,并以实际支出者为限。此种加害人对不法侵害他人致死,对于支出殡葬费之人,亦应负损害赔偿责任,系间接被害人得请求赔偿之特例。此项请求权,自理论言,虽系固有之权利,然其权利系基于侵权行为之规定而发生,自不能不负担直接被害人之过失,倘直接

---

① 参见拙著:《损害赔偿》,北京大学出版社2017年版,第180页以下。

被害人于损害之发生或扩大与有过失时,依公平之原则,亦应有"民法"第217条过失相抵规定之适用(1984年台再字第182号判例)。

(3)乙、丙、庚的抚养费请求权

被害人对于第三人负有法定扶养义务者,加害人对于该第三人亦应负损害赔偿责任(第192条第2项)。乙系甲的未成年子女,丙系甲的配偶,甲负有抚养义务(第1114条以下),加害人丁亦应负损害赔偿责任。庚系非婚生子女,对甲无抚养请求权,不得向丁请求损害赔偿。

(4)乙、丙、庚的非财产上损害相当金额赔偿(慰抚金)请求权

"民法"第194条规定:"不法侵害他人致死者,被害人之父、母、子、女及配偶,虽非财产上之损害,亦得请求赔偿相当之金额。"乙系甲的子女,丙系甲的配偶,均得依此规定向加害人丁请求损害赔偿。

问题在于庚系甲的非婚生胎儿,得否依"民法"第194条规定向丁请求损害赔偿。庚系甲与戊同居所怀孕,胎儿以将来非死产者为限,关于其个人利益之保护,视为既已出生(第7条)。"民法"第194条所称"子、女"应包括非婚生子女。就法律体系言,"民法"亲属编所称子女系指婚生子女及养子女而言,并不及于非婚生子女。然本条所规定的,不是亲子间的权利义务,而是侵害他人之生命时,对与被害人具有一定血统关系者所受精神上痛苦的赔偿问题。依此规范目的,所谓子女,应解释为包括与被害人具有血统关系的非婚生子女。此项解释亦在实践平等原则,生父遭人不法致死,其子女就精神上痛苦请求慰抚金,不应因婚生与否而有所区别。故庚得向丁请求慰抚金,其数额如何始为相当,应斟酌一切情形定之,但不得以庚为胎儿为不予赔偿或减低赔偿之依据(1977年台上字第2759号判例)。

2. 乙因身体、健康受侵害得向丁主张的权利

(1)乙的损害赔偿请求权

①身体健康受侵害

乙因甲的车祸,致身体、健康受侵害,得依"民法"第184条第1项前段规定请求损害赔偿。关于财产上损害,乙得请求赔偿支出的医疗费等。就生活上之需要亦得请求损害赔偿,法院得因当事人之申请,定为支付定期金。但须命加害人提出担保(第193条)。关于精神及肉体痛苦的非财产上损害,乙得依第195条第1项规定向丁请求相当之金额的损害赔偿。

②亲属看护费用

值得特别提出的是,乙身体健康受侵害,乙之母丙放弃工作在家看护,乙得否请求亲属看护的损害赔偿?"最高法院"1999年台上字第1827号判决认为:"按因亲属受伤,而由亲属代为照顾被上诉人之起居,固系基于亲情,但亲属看护所付出之劳力,并非不能评价为金钱,只因二者身份关系密切而免除支付义务,此种亲属基于身份关系之恩惠,自不能加惠于加害人即上诉人。故由亲属看护时,虽无现实看护费之支付,但应衡量及比照雇用职业护士看护情形,认被害人即被上诉人受有相当于看护费之损害,得向上诉人请求损害赔偿,乃现今实务上所采之见解,亦较符公平正义原则。"以"公平正义原则"认为被害人受有"相当于看护费之损害",系对损害的规范评价,对差额说损害概念的修正。准此见解,乙得向丁请求由其母照顾相当于雇用职业护工看护费用的损害赔偿。

(2)未成年子女应否承担法定代理人的过失?

乙搭乘其父甲的汽车上学,甲对车祸的发生与有十分之三的过失。"最高法院"1979年3月21日1979年度第3次民事庭庭推总会议决议(三)谓:"'民法'第224条可类推适用于同法第217条被害人与有过失之规定,亦即在适用'民法'第217条之场合,损害赔偿权利人之代理人或使用人之过失,可视同损害赔偿权利人之过失,适用过失相抵之法则。"修正后"民法"第217条第3项规定:"前二项之规定,于被害人之代理人或使用人与有过失者,准用之。"问题在于未成年人应否承担法定代理人的与有过失。

首先应肯定的是,"民法"第224条关于被害人之代理人或使用人准用的规定,系指法律效果的准用,即须具备第224条的要件,即当事人间须有债之关系。在与加害人间无债之关系时,未成年被害人不应承担法定代理人的过失。其主要理由系基于法定代理制度与对未成年人的保护。代理仅限于法律行为,故须在已成立的债之范围内,关于债务之履行,法定代理人的行为始得视为被害人的行为。在侵权行为的情形,代理人的行为不具代理的意义。法定代理制度系为保护未成年人而设,而未成年人应优先保护,乃"民法"的基本原则,使未成年人径就不具代理性质的行为负责,违背法律保护未成年人的意旨。又法定代理人行为对损害的发生,既然具有相当因果关系,与有原因,则加害人于赔偿后,仍得向其求偿,此一方面可以减轻加害人的责任,另一方面亦足促使法定代理人尽其监督义务。不必牺牲法律所应特别保护的未成年人利益,借以警惕法定代理人。①

3. 丙对丁的请求权

(1)丙因目睹丁肇事伤害甲、乙,致身体健康受损

丁驾车违规超速撞到甲、乙(直接侵害对象),丙当场目睹此事故,受到惊吓致精神崩溃,得否成立侵权行为,实务上尚无相关案例。就"民法"第184条第1项前段规定的要件言,其关键问题有二:①丁的行为是否侵害丙的健康。②丁的行为与丙的健康所受侵害是否具有相当因果关系(责任成立因果关系)。

因目睹或耳闻意外事故而受惊吓,是否致健康受侵害,包括精神疾病在内,应依医学加以认定。一般的痛苦、沮丧、惊恐、情绪不安则不属之。丙因目睹车祸,受到惊吓,住院治疗六日,精神崩溃,应认系健康受侵害。

因目睹或耳闻意外事故而受惊吓,致健康受侵害之人甚多,应依相当因果关系认定得请求损害赔偿被害人的范围。相当因果关系指系无此行为,虽不必生此损害,有此行为,通常即足生此种损害者,是为有因果关系。无此行为,必不生此种损害,有此行为通常亦不生此种损害者,即无因果关系。相当因果关系说系由条件关系及相当性所构成。丁肇致车祸,丙目睹其事,因受惊吓害及健康,丁的行为与丙的健康受侵害具有条件关系。丙为甲、乙之妻、母,目睹其事,在空间及时间上具有密切关系,就此客观的存在事实,依一般人的知识经验判断,通常均有发生同样损害的可能,应认其因果关系具有相当性。

丙因目睹车祸精神受到惊吓,致健康受侵害,得依"民法"第184条第1项前段规定,向丁请求财产上损害及非财产上损害(第195条第1项)。财产上损害包括住院医疗费用及减少的工作收入,此等损害与丙健康受侵害具有相当因果关系(责任范围因果关系)。至于丙住院期间家中遭盗,财物被窃,与丙健康受侵害住院虽具条件关系,但衡诸通常情形,无发生同样损害结果的可能,应认其不具相当性,不得请求损害赔偿。

丁违规超速撞到甲,其车祸的发生甲与有十分之三的过失。于此情

---

① 此为具有争议的问题,较详细的论述,参阅拙著:《损害赔偿》,北京大学出版社2017年版,第326页以下。

形,丙于向丁请求损害赔偿时,应否承担甲的与有过失,不无疑问。德国联邦最高法院(Bundesgerichtshof)曾采肯定说,其主要理由系被害人系基于车祸而为请求,故应负担直接被害对象的过失。① 此项见解固有所据。但衡诸被害人系直接被害人,不同于"民法"第192条及第194条系关于间接被害人得向加害人请求损害赔偿的特别规定,应认被害人无须承担甲对损害发生的过失,丁应为全部损害的赔偿。

据上所述,丙得向丁依"民法"第184条第1项前段规定,请求因目睹车祸,受精神惊吓,致健康受侵害而生住院医疗费用、减少收入等财产上损害(第213条),以及非财产上损害的相当金额的赔偿(第195条)。

(2)看护车祸受伤的残障子女

①丙放弃工作在家看护车祸受伤残障的子女乙

丙放弃工作在家看护车祸受伤残障的子女乙,其因此丧失的收入,系纯粹经济上损失,不得依"民法"第184条第1项规定向丁请求损害赔偿。在此情形,得由乙向丁请求相当于看护费的损害赔偿,前已说明,可供参照。

②身份法益受侵害的慰抚金请求权

"民法"第195条第3项规定不法侵害他人基于父、母、子、女或配偶关系之身份法益者,被害人虽非财产上损害,亦得请求赔偿相当之金额,此项请求权已依契约承诺或已起诉者,得为让与或继承。所谓基于父、母关系之身份法益,系指亲权,其主要内容为对未成年子女之保护及教养权利与义务而言。6岁之乙因丁违规驾车致其身体健康遭不法侵害,受有身体机能障碍及残障状态,且需长期仰赖专人全日照顾(第184条第1项前段)。丙为照顾其子女乙面对医疗手术及长期复健治疗,其母女关系及生活相互扶持之身份法益,受到侵害而情节重大(参照2016年台上字第2109号判决),丙得依第195条第3项规定向丁请求损害赔偿。

4. 戊对丁的请求权

戊女闻知甲遭遇车祸死亡,深受刺激,心脏病复发住院,其健康受侵

---

① BGHZ 56, 163; NJW 1898, 2313. 此等判决在比较法上的分析,参见 Markesinis & Bell & Jansen, Markesinis's German Law of Torts, 5th ed., Hart, 2019, pp. 224—229;拙著:《第三人与有过失与损害赔偿之减免》,载《民法学说与判例研究》(第一册),北京大学出版社2009年版,第72页。

害,与丁肇致车祸之间具有条件因果关系。惟衡诸戊女与甲仅曾为同居关系,非当场目睹甲遭遇车祸,且于三日后始知悉其事,为适当合理限制丁的侵权责任,应认不具因果关系相当性,不成立"民法"第184条第1项前段规定的侵权行为。

主要参考书目

一、中文书籍

王伯琦:《民法总则》,1989 年版
　　　　《民法债编总论》,1986 年版
王泽鉴:《民法学说与判例研究》(1—8 册),2009 年版
　　　　《民法总则》,2022 年重排版
　　　　《债法原理》,2022 年重排版
　　　　《不当得利》(第二版),2015 年版
　　　　《侵权行为》(第三版),2016 年版
　　　　《人格权法》,2013 年版
　　　　《民法物权》(第二版),2010 年版
　　　　《损害赔偿》,2017 年版
史尚宽:《民法总论》,1980 年版
　　　　《债法总论》,1990 年版
李　模:《民法总则之理论与适用》,1992 年版
邱聪智:《新订民法债编通则》,2013 年版
施启扬:《民法总则》,2010 年版
洪逊欣:《中国民法总则》,1997 年版
孙森焱:《民法债编总论》,2018 年版
梅仲协:《民法要义》,1970 年版
黄　立:《民法债编总论》,2006 年版
黄茂荣:《法学方法与现代民法》,2020 年版
杨仁寿:《法学方法论》,2016 年版
郑玉波(黄宗乐修订):《民法总则》,2008 年版

郑玉波(陈荣隆修订):《民法债编总论》,2002 年版

二、外文书籍

Bydlinski, Franz, Juristische Methodenlehre und Rechtsbegriff, 2. Aufl., Wien 1991, Nachdruck 2011.

Canaris, Claus–Wilhelm, Systemdenken und Systembegriff in der Jurisprudenz, 2. Aufl., 1983.

Canaris, Claus–Wilhelm, Grundrechte und Privatrecht, Berlin 1999.

Coing, Helmut, Juristische Methodenlehre, Berlin 1972.

Cross, Rupert/Harris, James W., Precedent in English Law, 4th ed. Oxford 1991, reprinted 2004.

Engisch, Karl, Würtenberger, Thomas/Ollo, Dirk (Hrsg.), Einführung in das Juristische Denken, 11. Aufl., Stuttgart 2010.

Fikentscher, Wolfgang, Methoden des Rechts in vergleichender Darstellung, 5 Bde., Tübingen 1975–1977.

Hager, Günter, Rechtsmethoden in Europa, Tübingen 2009.

Henninger, Thomas, Europäisches Privatrecht und Methode, Tübingen 2013.

Heusinger, Bruno, Rechtsfindung und Rechtsfortbildung im Spiegel richterlicher Erfahrung, Köln 1975.

Kaufmann, Arthur, Das Verfahren der Rechtsgewinnung. Eine rationale Analyse, München 1999.

Koch, Hans–Joachim/Rüßmann, Helmut, Juristische Begründungslehre, München 1982.

Kramer, Ernst, Juristische Methodenlehre, 5. Aufl., Bern 2016.

Larenz, Karl, Methodenlehre der Rechtswissenschaft, 6. Aufl., Berlin 1991.

Larenz, Karl/Canaris, Claus–Wilhelm, Methodenlehre der Rechtswissenschaft – Studienausgabe, 3. Aufl., Berlin 1996.

Looschelders, Dirk/Roth, Wolfgang, Juristische Methodik im Prozeß der Rechtsanwendung, Berlin 1996.

MacCormick, Neil, Legal Reasoning and Legal Theory, Oxford 1978.

MacCormick, Neil/Summers, Robert S. (eds.), Interpreting Statutes: A Comparative Study, Aldershot 1991.

MacCormick, Neil/Summers, Robert S. (eds.), Interpreting Precedents: A Comparative Study, Aldershot 1997.

Mahlmann, Matthias, Rechtsphilosophie und Rechtstheorie, 4. Aufl., 2017.

Möllers, Thomas M. J., Juristische Methodenlehre, 4. Aufl., 2021.

Müller, Friedrich/Christensen, Ralph, Juristische Methodik. Grundlegung für die Arbeitsmethoden der Rechtspraxis, Bd. I, 11. Aufl., Berlin 2013.

Pawlowski, Hans-Martin, Methodenlehre für Juristen, 3. Aufl., Heidelberg 1999.

Puppe, Ingeborg, Kleine Schule des juristischen Denkens, 3. Aufl., Stuttgart 2014.

Raisch. Peter, Juristische Methoden: Vom antiken Rom bis zur Gegenwart, Heidelberg 1995.

Riesenhuber, Karl (Hrsg.), Europäische Methodenlehre, 3. Aufl., Berlin 2015.

Ruthers, Bernd, Die unbegrenzte Auslegung, Tübingen 1968.

Ruthers, Bernd/Fischer, Christian/Birk, Axel, Rechtstheorie, 9. Aufl., München 2016.

Schapp, Jan, Methodenlehre des Zivilrechts, Tübingen 1998.

Wank, Rolf, Die Auslegung von Gesetzen, 6. Aufl., München 2015.

Zippelius, Reinhold, Juristische Methodenlehre, 11. Aufl., München 2012.

索　引

二　画

二重买卖　333,336,402
人格权保护与言论自由　479

三　画

三人关系不当得利　431
个别类推及总体类推　221

四　画

无权处分与不当得利　442
无因管理　388
无因管理上请求权　67
无益支出费用的损害赔偿　344
不当得利　28,136,366,409,415,442
不当得利请求权　67,418,430,447,448
不完全性法条　44
不完全给付　173,351,354,359-360
不法管理　396
不适法的无因管理　393
不真正无因管理　396
不确定法律概念　204
历史方法　55
历史方法与请求权方法　55
历史解释　171
比较法　184,387
反面推论与类推适用　219

凶宅案件　28,469

五　画

代偿请求权　336,344
主观说与客观说的争论　164
立法者的意思　163
"民法"第194条规定的子女　201

六　画

动态体系　296
动物占有人责任　179
扩张解释　170
权利与利益　459
权益侵害不当得利　437,444-445
死者人格权的保护　197
同时履行抗辩权　77
自始主观给付不能　317
负担行为与处分行为　51,245
并存的规范竞合　83
好意施惠行为　254

七　画

形成权与请求权　50
抗辩及抗辩权　69
拟制性规定　46
医疗责任　351
私法的法源　129

体系解释 175
判决 108
判决体裁 109,113
完全性法条 42
补充性法条 45
诈欺 17,304

八 画

表示使者与受领使者 261
规范竞合 81
直接代理与间接代理 269
果实自落于邻地 161,179
制定法上法律漏洞填补、类推适用 211
制定法外的法之续造 236
物之瑕疵担保责任 359
物权行为无因性 419
物权关系上请求权 67
往来交易安全义务 470
胁迫 17,309
法与正义 5
法之发现 127,156
法之适用 127,239,495
法之适用与评价 147
法之续造 132,210,337
法的功能 4
法的概念 2
法学方法论 127,135
法学的科学性 6
法学教育 8,36
法官法 131
法律文义 167
法律行为违反强制或禁止规定 293
法律的规范意旨 163
法律思维 1,34
法律思维与法律适用 8

法律适用的逻辑结构 141
法律概念 13,169
法律解释之目的 163
法律解释的客观性 198
法律漏洞 211,214,337
法律漏洞与类推适用 214
法院判决案例化 27
法秩序的统一性 177
法释义学 135
定义性法条 44
限制解释 170

九 画

契约上请求权 65
契约请求权不发生 286
契约请求权的实现性 311
契约履行请求权 249
适法的无因管理 390
种类之债与给付不能 321
侵权行为的构造 457
侵权行为损害赔偿请求权 68
类推适用 214
前理解 152
宪法与民法的解释适用 187
宪法与私法 187
给付不当得利 418,424

十 画

损害赔偿 107,185,329,370,495
债权双重让与 377,449
债权行为与物权行为 245
借名登记 27,90,340
准用 396
准用性规定 45
消灭时效 74-77,312

案例事实 88
案例研习 23,32,39,94,122,239
请求权与抗辩、抗辩权 69
请求权方法 55
请求权规范 42,69
请求权构造 34
请求权竞合 83,312,404
请求权基础 25,34,156,239,425,438,476
请求权基础方法 49,53
请求权基础的检查 63
通说 120
继续性债之关系 222-223

十一画

辅助规范 42,44
唯一正确答案 150
符合"宪法"的法之续造 196
符合"宪法"解释 189
涵摄 141
隐藏漏洞与目的性限缩 228,233,277

十二画

掌握法律概念 14-15
遗失的意思表示 259
雇用人侵权责任 486
缔约过失等类似契约关系上请求权 66

十三画

概念形成与体系构造 19
概括条款 204,296
概括条款的具体化 296
鉴定体裁 108,122
解除契约 366
解释方法的位阶关系 198
意思表示错误 300